U0455475

中国社会科学院近代史研究所
INSTITUTE OF MODERN HISTORY CASS
1950

中国社会科学院近代史研究所 · 青年学术论坛

中国社会科学院近代史研究所　编

中国社会科学院
近代史研究所

青年学术论坛

Academic Forum for the Youth

（2016年卷）

社会科学文献出版社
SOCIAL SCIENCES ACADEMIC PRESS (CHINA)

目　录

从数据统计再论清代的抄家*

云　妍

关于清代的“抄家”，最早韦庆远先生曾作专文《清代的抄家档案和抄家案件》，利用他在清朝中央档案中见到的抄家案例，将清代抄家案件做了归纳分类，并对其性质和特征做了分析，清代抄家的几乎所有重要问题文中皆已触及。[①] 另一代表性研究是台湾学者魏美月专著《清乾隆时期查抄案件研究》，主要基于台北“故宫博物院”所藏宫中档与军机处档，重点研究乾隆时期的抄家制度和行政程序，涉及查抄执行、查抄范围、抄物处理、清册制造等，考察颇详备。[②] 这些研究起于20世纪七八十年代以奏折、题本为代表的清宫档案的“出土”，研究带有初步性质。

清宫所藏宫中奏折、军机处录副奏折、内阁题本、内务府奏案和奏销档等中央文书中存在大量的抄家原始记录；清代历朝《实录》《起居注》中也有对抄家事件的记载。另外，清代《会典》与《则例》也涉及关于抄家的

* 本文研究发端于2009年美国耶鲁大学管理学院金融学教授陈志武发起的“中国历史上的家庭资产结构研究”课题项目。作为一项准备性研究，清代的抄家案例首次被集中整理和数据化。本文在资料收集方面前后历时七年，蒙陈志武教授和中国人民大学清史研究所林展讲师提供支持，文章写作亦获提宝贵意见，在此诚挚感谢！

① 韦庆远：《清代的抄家档案和抄家案件》，《学术研究》1982年第5期。

② 据作者自述，这些档案并不完整，特别缺少大吏的抄家资料，“主要原因之一在于有些重大事件或与大员相关之资料为当日编史者提出未归档，以致不能和文物一起南迁所致”。见魏美月《清乾隆时期查抄案件研究》，台北：文史哲出版社，1996，第12~13页。此外，近年来还有一些关于清代抄家的研究，如许惠润《清乾隆朝抄家案件研究：以甘肃冒赈案为中心》（博士学位论文，中国人民大学，2000），柏桦、刘延宇《清代抄家案件与抄没法律》（《西南大学学报》2011年第4期），马俊亚《奉旨抄家：乾隆后期的体制之彀与官场生态》（《南国学术》2015年第3期）等。

一些法律规定。近十多年来古籍档案的电子化，数据库与数据分析技术在研究中的逐渐应用，使过去曾经耗时费力的资料查找和信息处理工作在今天变得相对容易和高效起来，也有助于我们去探索和获得一些更具确定性的认知。本文利用新的时代研究条件和技术，试对清宫档案进行全面覆盖，并从统计的角度对清代的抄家做更全景的观察和更精确的描述。

一 表述与流变

目前通常使用的“抄家”一词是一种口语化的表达方式，在历史上的官方典籍文献中其实并不常见，直到清代雍正之后随着抄案大量出现，“抄家”作为约定俗成的词语才逐渐“登场”于正式文献。乾隆十八年（1753）查办河道总督高斌徇纵事案，“抄家”一词首次出现于《清实录》。[①] 而更早些时候，雍正十三年（1735）清宫内务府档案《着赔花名银数汉折》中有“咨送安图抄家案”[②] 之句（作者按：安图系清初权臣明珠次子揆叙之管家，雍正六年被抄），说明“抄家”在日常用语中早已广泛使用并为官方所接受。

在清代官方文献中，抄家更多的表述是“查抄”“入官”以及在清初使用较多的“籍没”，此外还有“籍产”“抄没”“抄产”等。其中，唯“入官”并不完全对应于抄家，官方的追赃、接收无人认领的荒地、查处货物私逃课税等，都会使用“入官”一词，因此它的出现超过实际抄家案件的发生。以《清实录》为代表，集中对其全文做关键词检索，结果发现除了“入官”之外，“查抄”出现的频次最高，其后依次是“籍产”“籍没”“抄没”“抄家”“抄产”（见附录一）。这些表述，事虽同一，但表达方式的不同，也可在一定程度上反映清代抄家的某种流变。

清初的抄家皆称“籍没”（或“籍没入官”），可能主要系延用历代正史中的称法。[③] 此时籍没的特征往往是家口、财产并称，妻子、儿女皆为

① 《清高宗实录》卷 446，乾隆十八年九月庚申，《大清历朝实录》（全文电子版），书同文古籍数据库，下同。

② 中国第一历史档案馆藏《内务府奏销档》（微缩胶卷），第 189 册，0204。

③ 通过对古籍电子数据库检索，发现二十四史中皆称“籍没”。

没收对象；这既符合“籍没”的本义，也与满洲的制度风俗结合在一起，同时又与明清鼎革之际战乱和社会动荡的时代背景有关。据旧本《清太祖实录》，“天命三年四月十六日，拆抚顺城……论功行赏，将所得人畜三十万散给众军”，[1] 可见在当时满洲人心目中，人口、牲畜是最重要的财产。清军入关，剿灭抗清势力与平靖地方盗匪经常视为同一，[2] 籍没在社会层面上大量发生。顺治二年（1645），顺天擒获土贼101名，皆枭首示众，“各犯妻子、头畜、产业相应籍没入官”；[3] 顺治四年，江南反清人士顾咸正等34名人犯被处决，“各犯妻妾子女家产查明籍没起解”；[4] 直至顺治十年，都察院左都御史金之俊疏言，“大清律开载强盗无籍没之条，近者刑部审拟概行籍没，以致地方签解盗属、株累无辜”。[5] 可知当时地方上仍以籍没为普遍。

此外，在满洲统治集团内部也早就流行籍没的风气。清入关之前的1639年，皇太极召集诸王贝勒大臣议豫亲王多铎之罪，“众议削王爵，除本夫妻外一切人口家赀籍没入官；清帝命降为贝勒，分其人口家赀”。[6] 入关之后，多尔衮主持抄没索尼、阿敏等人家产；多尔衮死后，顺治皇帝又抄多尔衮家产。在分析清代抄家之起源时，韦庆远提到“与满族上层统治者相互兼并财产部属的习惯有关”，[7] 应是从这些史实而来。而《清实录》曾载顺治十二年太子太保、户部尚书陈之遴言，“满洲官员有罪，多有籍家产，革世职者”，[8] 更可以佐证此论。

随着入主中原的局面已定，为收拾人心、巩固政权起见，清朝也开始收束和规范抄家行为。顺治九年，刑部尚书刘余祐条陈六事，其中一项即为

---

① 转引自周汝昌《红楼梦新证》上，人民文学出版社，1976，第215页。

② 例如顺治四年六月十一日刑部尚书吴达海题奏审拟“山东大叛季搏、季存济”，首句称“为捉获土贼事”，可见视同贼盗。《内阁大库档案》（全称“中央研究院历史语言研究所现存清代内阁大库原藏明清档案”），网页版，http://archive.ihp.sinica.edu.tw/mctkm2/index.html，登录号：119226－001。

③ 《内阁大库档案》，登录号：007632－001。

④ 《内阁大库档案》，登录号：038877－001。

⑤ 《清世祖实录》卷75，顺治十年五月壬申。

⑥ 转引自周汝昌《红楼梦新证》上，第223页。

⑦ 韦庆远：《清代的抄家档案和抄家案件》，《学术研究》1982年第5期。

⑧ 《清世祖实录》卷88，顺治十二年正月辛亥。

“强盗正法外，律无籍没字样，应免籍没”。[①] 顺治十年，礼科给事中刘余谟疏言：“至满洲籍没之法，查大清律，唯谋反重犯家产入官，其余不在此例，并应一概除去，以昭恤下同仁之谊。”[②] 顺治十一年，兵部侍郎魏琯奏：“籍没非圣朝之会典。”[③] 此后，籍没主要限于“谋反谋叛”之犯；[④] 而随着反清势力逐渐被镇压，籍没事件数量也随之减少，特别从康熙元年（1662）开始，除个别有重案的年份（如康熙八年除鳌拜及其党羽），籍没事件已很少发生（参见图 1）。

清代抄家的转折点发生于雍正时期，正是在雍正一朝才真正开启了清代的“抄家政治”。最主要的转折在于抄家成为政治手段，用于打击异己势力和惩处官员；清代抄家的重心也由此转移至社会上层，特别是大量针对权贵显要和官员阶层。雍正朝最著名的几起抄家事件，包括雍正三年抄没年羹尧及其党羽家产，雍正四年圈禁和抄没胤禩、胤禟家产等，所抄对象或为雍正政敌，或为拥戴雍正继位有功而后势力膨胀的权臣，显与当时的政治斗争紧密相关。雍正四年，雍正皇帝在一道著名上谕中自称，“朕即位以来，外间流言有谓好抄没人之家产者”，[⑤] 可证当时抄家之频繁及社会影响。对此，雍正皇帝的解释是，“犯法之人原有籍没家产之例，是以朕将奇贪极酷之员抄没其家赀，以备公事赏赉之用”，虽然声明是备用于“公事赏赉”，反露出抄家在此时期的又一重要转折，即抄家“果实”尽入皇帝私囊。此前，抄物的归属去向在文献中鲜有记载，大部分仅模糊称“入官”：人口有“给付功臣之家为奴”者；[⑥] 牲畜和财物家当有给还失主或应受赔一方（偷盗情形）者，很多时候也酌情赏予首告和有功之人；产业一般或变价或“造册

① 《清世祖实录》卷 64，顺治九年四月乙丑。

② 《清世祖实录》卷 72，顺治十年二月丁未。

③ 《内阁大库档案》，登录号：294426 - 030。

④ 康熙《大清会典》中载，“凡抄没人口财产，除谋反、谋叛及奸党，系在十恶，依律抄没，其余有犯律不该载者，妻子财产，不在抄没入官之限，违者依故入人流罪论”。卷 114，刑部，律例五，户律二，仓库，《大清五部会典》，书同文古籍数据库，下同。

⑤ 《清世宗实录》卷 46，雍正四年七月丁未。

⑥ “凡谋叛（谓谋背本国、潜从他国）但共谋者，不分首从，皆斩，妻妾子女，给付功臣之家为奴（姊妹不坐），财产并入官。”康熙《大清会典》卷 119，刑部，律例十，刑律一，贼盗。

交部”。[①] 而至雍正时期，清入关已有80余年，满洲上层社会的经济生活形态已发生重大变化；根据雍正元年养心殿校对赵昌、太监魏珠的家产被抄清单，人口、牲畜等不再是财富的主要形式，取而代之的是土地、房产、金银珠宝、玩器古董、字画收藏等，这些内容与原先的中原汉族官僚已无本质区别。[②] 在这样的背景下，抄家重点已不在人口，而在私人财货；而内含人口因素、具有缘坐意味的“籍没”一词显然已不大适用，它在《清实录》及官方各种文献中的出现骤减，以至到雍正之后几近“消失”（见附录一）。

虽然抄家之风兴起于雍正，但雍正在最后几年还是收敛了抄家规模并放宽了政策；[③] 将抄家作为处罚官员的手段全面推行实施的是乾隆皇帝，可以说从乾隆之后，获罪被抄彻底成为清代政治生活中的常态。并且与雍正汲汲于自辩、唯恐外间议论形成对比的是，乾隆对臣下财物的觊觎和搜敛有时几近明目张胆。乾隆十五年查抄云南巡抚图尔炳阿家产，乾隆在给查抄大臣谕旨中嘱道：“伊现查出图尔炳阿任所物件内，若有可以解京看得之物件，即解至京交与崇文门收税处；其不可解京平常之物件就在彼处变价。”[④] 不久之后，贵重物品解京、平常之物留当地变价，已是不成文规定。如乾隆四十七年的一道谕旨中即称：“向来查抄物件，原止应将粗重器皿及糟旧衣服留外估变，若细毛皮张及呢锦等件俱应行解京呈览。”[⑤] 此外，乾隆时期的抄家又更经常在“惩贪”的名义下进行而极具掩饰性，也因此，迅速果断地

① 如顺治十年山东反清势力赵慎宽等人被擒收监，刑部请旨将“各贼名下家产变价、并妻子解部入官，房地造册报部”。《内阁大库档案》，登录号：036530-001。

② 二人家产清单见中国第一历史档案馆译编《雍正朝满文朱批奏折全译》，黄山书社，1998，第2~3、427~428页。

③ 例如在亏空问题上，雍正五年下令，“嗣后有侵欺亏空之员……其搜查宦囊家产及于寄放宗族亲党之处，应不必行矣”（雍正《大清会典》卷34，户部十二）。但雍正皇帝在法律制定上显得反复无常，雍正七年又令“凡有亏空，劾参之后，一面干仟所严追，一面移咨该旗籍，察其房地产业，毋得仍听本家子弟奴仆居住收租”（乾隆《钦定大清会典则例》卷37）。

④ 《宫中朱批奏折》，乾隆十六年闰五月初六日，中国第一历史档案馆藏，档案号：04-01-35-0716-047。

⑤ 《寄谕阿桂等著严讯陈辉祖务得确供不得意在开脱推在属员身上》，乾隆四十七年十月二十四日，中国第一历史档案馆编《乾隆朝惩办贪污档案选编》第3册，中华书局，1994，第2686页。实际上，相较于“细毛皮张及呢锦”，玉器字画等物才是乾隆真正看重之物，只不过从不在纸面上说明。

去查抄（或查封）嫌犯官员的家产自然是获取其贪污罪证的当然途径。乾隆时代抄家谕旨中最常见到的话语之一是，“如有丝毫隐匿寄顿，惟该抚是问”，可见唯恐抄得不彻底、不全面；而大臣们汇报抄家经过的奏折也经常是“臣等会同前往严密查抄”，“一面飞咨……（原籍地）一并查抄办理，毋任丝毫隐匿寄顿”等语。到乾隆后期，凡某官员涉罪，地方官员往往不待皇帝谕旨明示，即刻自觉先往嫌犯地址将家产查封，以防后者隐匿转移资产。[①] 凡此，“查抄”是乾隆时期抄家的核心观念和这一时期抄家的典型表述。

大概是乾隆一朝抄家过甚，嘉庆以后乃至整个 19 世纪抄家规模皆不如前，一方面文献中能见到的抄家谕旨数量减少，另一方面地方在抄家执行上有日渐流于形式的迹象。咸丰二年（1852）曾督饬各省，“估变一切房屋应饬认真督催，据实估变，遵照奏定章程”，[②] 可知当时对抄家变抵事久已不实力贯彻。唯至 19 世纪末光绪时期，抄家在清代经历了最后一次“回光返照”：根据对《清实录》的全文检索结果，“籍产”一词在光绪朝出现数量猛增（高达 190 条记录，见附录一）；结合各条记录内容发现，自光绪元年（1875）开始，抄家几乎清一色地使用“籍产备抵”来表述，与此对应，抄家的理由也同样几乎完全集于亏空一端（“亏欠银两”“亏短银米”“亏款延缴”等）。但是，光绪时期的抄家“收效”甚微。例如，光绪六年山东临朐县知县严家正以“亏短银两”（“正杂仓等款”共银 17000 余两）被逮问并“籍产备抵”，[③] 但直至光绪十九年仅完缴银 2300 百两，终以“原籍及任所并无隐匿资财实系家产尽绝无力完缴”提请豁免结案；[④] 其他大多案例则仅见籍产的谕令，而无任何下文。另外，与乾隆时期抄家多涉总督、巡抚等高级官员的情形不同，光绪朝的抄家很少及于大员，甚至知府一级

① 这一做法在雍正时期已开始强调。雍正《大清会典》中记载，雍正元年“议准：亏空官员于题参时一面任所严追，一面行文原籍地方，将伊一切家产人口等物，逐一严查，造册存案”（卷 34，户部十二）。但似乎直到乾隆时期地方执行才始显积极。

② 《宫中朱批奏折》，光绪十三年十二月十九日，中国第一历史档案馆藏，档案号：04-01-35-1386-046。

③ 《清德宗实录》卷 123，光绪六年十一月辛未。

④ 《内阁题本》，光绪十九年八月初十日，中国第一历史档案馆藏，档案号：02-01-04-22562-003。

者亦少。被下令“籍产”的官员共计444名（见表1），其中三品以上的官员仅1名（总兵卫汝贵，光绪二十年），其余大多为知县。由此，光绪一朝的“籍产备抵”虽然看似壮观，但与乾隆时期相比，实际规模与影响皆不能比肩。

二　抄家数量统计与分布

清代总共发生过多少起抄家案件？这并非不可解之题，因为清代最重要的抄家案件在官方基本都有记录。韦庆远曾看到“约三百件抄家单”,[①] 魏美月讲“整个乾隆六十年间因案被抄家的不下二百人”。[②] 但清宫档案流失、散轶甚至被刻意销毁者数量亦多。笔者检阅《清实录》等已出版的清宫档案资料，后又分别在中国第一历史档案馆和台北中研院查找，从内务府奏销档与奏案、宫中朱批奏折、军机处录副奏折、内阁题本、内阁大库档案中总共确认出2500多个抄家案例（见表1）。[③]

需要说明的是，这一统计仍非完全，因为它统计的只是在现存文献中有记录可据的案例，还有一些案例不在记录范围内或因档案散轶、丢失而漏掉，因此这2000多例也仅是个保守统计；特别是如果考虑到在更广泛的社会层面上还可能存在大量根本不向中央汇报的抄案，这可能还是个非常有限的估计。但是专就官员群体而论，整个清代被抄的官员计有1500多名，这一数字应该比较接近于事实，因为清代抄家从总体上以官员为重点对象，而这一群体客观上被官方文献漏掉的可能性较小。

---

① 韦庆远：《清代的抄家档案和抄家案件》，《学术研究》1982年第5期。

② 魏美月：《清乾隆时期查抄案件研究》，第1页。

③ 上述资料中，目前《清实录》有全文电子版，可通过输入关键词（“入官”“查抄”等）使用全文检索功能查找，其余出版物则以手动方式查找（可能存在一些疏漏）；对中国第一历史档案馆和台北中研院所藏清宫档案，利用其电子检索平台使用标题关键词检索方式查找。所有查找出的案例既存在重复，又相互补充，并且同一案例的资料往往由于各自记载信息不全，需要集中统一起来加以对照参证，以确认出包括人名、年代、身份、地点、事由等在内的基本信息。

表 1 清代历朝抄家数量统计

	总体		官员	
	数量（人次）	分布（%）	数量（人次）	分布（%）
顺治朝（1644～1661）	631	25	76	5
康熙朝（1662～1722）	141	5	49	3
雍正朝（1723～1735）	130	5	90	6
乾隆朝（1736～1795）	769	30	514	34
嘉庆朝（1796～1820）	163	6	125	8
道光朝（1821～1850）	91	4	56	4
咸丰朝（1851～1861）	85	3	70	5
同治朝（1862～1874）	99	4	95	6
光绪朝（1875～1908）	448	17	444	29
宣统朝（1909～1911）	16	1	6	0
总计	2573	100	1525	100

注：本表不使用“案件”计，乃因同一抄案内可能涉及多人（如官员亲属、家仆、长随等连带被抄家），而同一人物一生中也可能存在两次被抄的情形，故统一使用“人次”作为统计单位。

资料来源：（1）《大清历朝实录》（全文电子版，书同文古籍数据库）、《清代历朝起居注合集》（全文电子版，书同文古籍数据库）、《康熙朝汉文朱批奏折汇编》（档案出版社，1985）、《康熙朝满文朱批奏折全译》（中国社会科学出版社，1996）、《雍正朝满文朱批奏折全译》（黄山书社，1998）、《雍正朝汉文朱批奏折汇编》（江苏古籍出版社，1991）、《永宪录》（中华书局，1959）、《清代文字狱档》（增订本，上海书店出版社，2011）、《乾隆朝惩办贪污档案选编》（中华书局，1994）、《宫中档奏折》（雍正朝、乾隆朝，台北“故宫博物院”，1977～1989）、《清宫避暑山庄档案》（全文电子版，书同文古籍数据库）。（2）第一历史档案馆馆藏：宫中朱批奏折、军机处录副奏折、内务府奏销档、内务府奏案、内阁题本。（3）台北中研院藏：内阁大库档案。

由表 1 可见，乾隆时期的抄家是整个清代规模最著者，60 年内抄案几占清代总体的 1/3（30%），可谓清代抄家之“盛世”。顺治朝规模次之（25%），但顺治时期的抄家与当时的特殊时代背景有关（战乱和平叛等），不代表清代抄家的典型。光绪朝的抄家规模不小，特别就官员数量而言仅次于乾隆朝。道光、咸丰、同治三朝抄家数量较少。当然，每一朝的抄家规模也与本朝皇帝各自在位的时间长短有关，并不全然反映抄家的集中程度，因此有必要考察各皇帝执政期间平均每年抄家数。根据表 2 可知，年均抄家数量最高者为顺治朝，但正如刚提到的，清初抄家的典型意义不强，并且如果单从官员被抄情况看，顺治朝抄家频次并不高；除此之外，清末的光绪朝无论从总体上还是单就官员情形看都是抄家频次最高的（平均每年13起）；乾隆朝与雍正朝抄家总体频次也相对较高；嘉庆、咸丰、同治三朝居中；最低的是康熙、道光两朝。

表2 清代历朝皇帝平均每年抄家数

单位：人次

	顺治	康熙	雍正	乾隆	嘉庆	道光	咸丰	同治	光绪	宣统
总体	35	2	10	13	7	3	8	8	13	5
官员	4	1	7	9	5	2	6	7	13	2

如果将清代的抄家数量逐年统计（见图1），则可以看到，抄家数量在时间分布上高度不均。1781年（乾隆四十六年）出现了抄案数量的最大值，这是因为清代最大的一起集体贪污案件“甘肃捐监冒赈案”在当年被查，涉及140多名官员。[①] 第二个高峰值出现在1885年（光绪十一年），奇怪的是，这一年并无重大案件，唯在广西边境发生中法战争，或许其中有某种间接关联。雍正皇帝继位的1722～1723年也是值得关注的年份，这两年的抄家数量几乎是“平地而起”，成为18世纪第一个重要的“抄家年”。

如果从趋势上看，清代抄家数量总体上并无上升或下降的趋势，而是呈时多时少的波动状态。大致而言，康熙时期抄家并不频繁，很多年份无任何抄家记录；雍正初年数量骤升，但随后几年下降；乾隆早期数量尚不明显，大约自1748年（乾隆十三年）数量开始增多，此后间有波动，但数量普遍不低，几乎没有数字为零的年份，只是在1782年甘省集体贪腐案之后抄案数量有所减少；从嘉庆朝至道光、咸丰朝，总体抄家数量逐渐减少；同治、光绪朝开始后局面又变，抄案集中程度相当高，形成清代抄家的最后一个高潮时期。20世纪40年代，清史专家萧一山在评价清朝对中国之统治时，曾形容清代的政治是“松一阵，紧一阵”，[②] 专以抄家的历史来看，颇为吻合。

---

① 关于乾隆四十六年“甘肃捐监冒赈案”案情，参见《乾隆朝惩办贪污档案选编》第2册，“本册案例简介”。

② 萧一山：《清史大纲》，上海古籍出版社，2008，第10～11页。

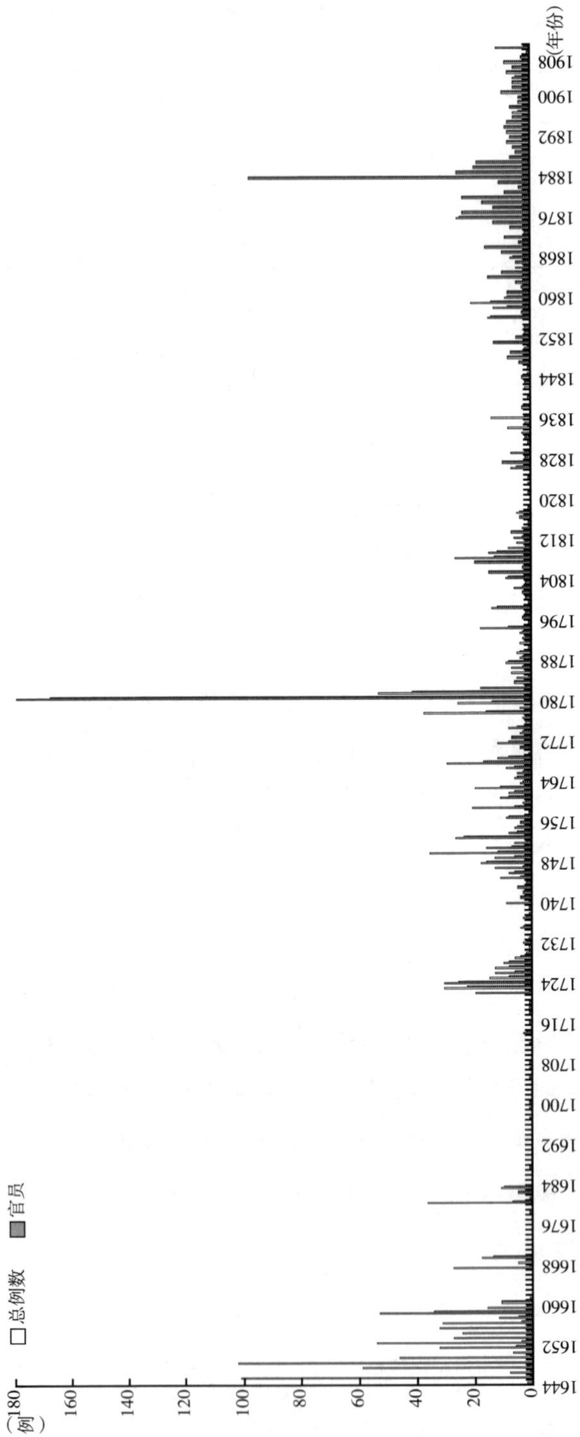

图 1 清代历年已知抄家案例数量统计（1644～1911）

需要补充说明的是，清代文献中关于抄家的记载与目前所能发现的抄家原始记录数量并不十分统一。18 世纪的抄案数量（共 951 例，其中官员 632 例）与 19 世纪（共 807 例，其中官员 714 例）相比，大致等量齐观；但清宫内务府档案中现存的家产清单，内含抄家具体信息的宫中档案（如奏折、题本），以 18 世纪的数量居绝对优势，远远超过 19 世纪，二者是几近 5:1 的比例。这一点也是考察和理解清代抄家数量的一个重要侧面。

三 被抄人员身份统计与分布

清代被抄家者都包括哪些人？对被抄人员身份进行鉴别和统计，发现除官员数量最多之外（占 59%，见表 3），还有官员家仆及长随，官员族亲、幕僚和办事吏员，无官职的士绅、商人、平民及太监、庄头等。

官员的家仆和长随、衙府中办事吏员、幕僚，以及官员族亲，皆属围绕或附庸于官员的群体。官员贪腐，这些人常常参与其中，或是直接贪腐（如收受门包和各种贿礼）。清代官员特别是旗人社会蓄奴之风甚炽，形成所谓“悍仆豪奴”（雍正语）。① 典型者如和珅之家仆刘全（被查出家产 20 余万两，嘉庆四年），② 再如“藉势私蓄”之云贵总督李侍尧家人张永受、八十五、连国雄（乾隆四十五年），③ 历年在主人任上收受门包之陕甘总督勒尔谨家人曹禄（抄出银 2 万余两，乾隆四十六年）等，④ “招摇婪索”之两广总督富勒浑家人殷士俊、李世荣（乾隆五十一年）。⑤ 但官员的族亲，常仅因与获罪官员关系较近而连带被抄，如乾隆四十七年山东巡抚国泰之弟国霖，闽浙总督陈辉祖之弟陈绳祖，本身并未涉案，因被怀疑藏匿其兄家产而同被查抄。

① 萧奭：《永宪录》，朱南铣点校，中华书局，1959，第 135 页。
② 《清仁宗实录》卷 37，嘉庆四年正月壬申。
③ 《乾隆朝惩办贪污档案选编》第 1 册，第 952 页。
④ 《乾隆朝惩办贪污档案选编》第 2 册，第 1194 页。
⑤ 《清高宗实录》卷 1254，乾隆五十一年五月丙辰；卷 1261，乾隆五十一年闰七月辛卯。

表 3 清代被抄人员身份统计

	官员	官员附庸				士绅	商人	民人	其他				不明
		族亲	家仆、长随	吏员、幕僚	合计				皇族宗室	太监	庄头等	合计	
数量(例)	1525	18	69	52	139	87	98	639	12	28	23	63	22
比重(%)	59	1	3	2	5	3	4	25	0.5	1	1	2	1

注：(1)“士绅”在本文中指官员以外的士人群体，一般为有功名的人，如生员、举人。(2)“庄头等”，包括庄头（12 例）、喇嘛（2 例）、神甫（1 例）、披甲（2 例）等。

“民人”是数量仅次于官员的被抄群体（25%）。不过，这一群体数量可能是统计最不完全的一类，因为如前所述，地方上有可能存在相当数量的不记入中央档案的民人被抄案例。另外从已统计的情形看，被抄民人大部分集中于顺治时期各地平定反叛势力的特殊背景下，承平时期则主要因与某案关联才在文献中出现。

“商人”数量占 4%。被抄的商人多为与内务府有关的商人，即通常所谓“皇商”[①]。据台湾学者赖惠敏考察，内务府的主要收入实为关税和盐业。[②] 因此，内务府集结了大批盐商、铜商。这些商人由内务府领出巨额“帑银”行盐或办铜、采买木植，一旦资本不能归还，即被查抄家产。

“士绅”数量占 3%。相当多的士绅案例亦集中于顺治时期，主要系因他们的本来身份是明代臣士而多参与各地反叛事件。如顺治十二年被获之贺王盛、冷应祥、赵成甫、江之龙等 14 人，[③] 皆为前朝官员和士人。清代承平时期的士绅被抄案例则多发生在文字狱案件中。

其他身份的人还包括太监、庄头、皇族宗室，各在 10 例至 20 多例不等；另有喇嘛、神甫等，数量极少，不成规模。

四 事由统计与分布

清代抄家都起于哪些事由？韦庆远在《清代的抄家档案和抄家案件》

① “皇商”一词民间使用较多。

② 参见赖惠敏《乾隆皇帝的荷包》，台北：中研院近代史研究所，2014，第 24 页。

③ 事见《明清史料》己编第二本，商务印书馆，1936，第 186 ~ 188 页，江南总督马国柱残题本。

一文中将清代抄家案件分为四大类：第一类，皇帝对当时最有权势的大臣采取断然措施、逮捕处死并予以抄家的；第二类，对于被认为不符合自己心意或严重违犯封建法纪的臣子给予惩罚并抄家的；第三类，“文字狱”案件中被抄家的；第四类，因财务问题即追缴亏空欠款而予以抄家的。这主要基于档案中所见实际案例和对这些案例的性质判断。魏美月将乾隆时期的抄案总体分为两类：一是纯属财政因素，主要体现为亏空；二是刑法上因罪而查抄，包括侵蚀钱粮、军事失利、违制、欺饰、叛乱等，[①] 这主要基于法律性质。

清代《会典》和《则例》规定了十几种抄家罪由，包括谋反大逆和一些刑事罪因等（见附录二），但是除了谋逆反叛等少数几款能在实际案例中找到对应，这些律法规定与目前已知的清代抄家案情十分脱节。律例中规定的一些抄家罪由，如私铸钱币、“伪造茶引”、猎场误射王公、“投充人生事害民”、边禁处违例贸易、通婚等，在现有案例中极少对应。清代的抄家主要并不依据法律法规，而是与皇帝的主观意志、个人喜好有关。顺治十五年发生顺天府乡试贿赂案，顺治帝欲重惩案员，于是谕礼部，“朝廷选举人才科目最重，必主考同考官皆正直无私，而后实才始得，昨乡试贿赂公行，情罪重大，已将李振鄴、田耜等特置重辟，家产籍没”。这一案件被写入《清会典》和《大清律集解》（雍正内府刻本），可见圣旨即法律。因此，韦庆远之评价，“对什么人和犯什么罪应予抄家惩处，《清律》并无明确的条款，事实上，清代历朝皇帝也从没有受《清律》的约束”，[②] 虽然不尽准确，但相当中的。

在已发现的清代2000多个抄家案例中，就已知事由的案例（占比约97%）来说，抄家的原因和情形复杂多样，难以用单一标准划分。本文依据事类和案件同类程度，分成逆叛、贪腐、亏空、各种失职与败检不法、言论悖谬（文字狱）、军事失利等几类，分述如下。

（一）谋逆反叛及奸党

《清会典》载，“凡十恶条内，谋反谋叛犯人妻妾子女家产应入官”；

① 魏美月：《清乾隆时期查抄案件研究》，第26~27页。

② 韦庆远：《清代的抄家档案和抄家案件》，《学术研究》1982年第5期。

“若在朝官员交结朋党、紊乱朝政者，皆斩，妻子为奴，财产入官”。[①] 谋逆反叛可说是中国历代籍没皆列在首位的理由。

清初各地尚存抗清势力，抓获后皆以“逆叛”定罪并籍没家产，因此顺治时期这些案件数量众多，总计 365 例，约占清代全部因逆罪获抄案例的七成（72%）。清国势定鼎、地方平靖后，“叛犯”数量减少，此后 200 多年因逆叛而抄家的情形存在两种：一是在中央政治权力斗争中失败的权臣，包括其党羽（“奸党”）在内的一批人，如康熙八年被康熙除掉的权臣鳌拜（共抄 13 人），雍正三年失势之年羹尧；二是地方上发生的反叛事件，如康熙六十一年台湾朱一贵案，乾隆四十八年“甘省撒拉逆回案”，乾隆五十二年台湾林爽文案，都涉及抄家。

从数量上看，清代所有因逆叛罪而被抄的案例共 509 例，约占总体的 20%，居各种事由的第二位（见表 4）。

表 4　抄家各案缘由之统计与分布

	逆叛	贪腐	亏空	失职不法	文字狱	军事失利	连带	其他	不明
数量（例）	509	478	837	176	25	64	133	268	83
比重（%）	20	19	33	7	1	2	5	10	3

（二）贪腐

顺治朝首先提出以抄家惩治贪腐。顺治十二年曾谕刑部，“贪官蠹国害民，最为可恨……嗣后内外大小官员，凡受赃至十两以上者，除依律定罪外不分枉法、不枉法，俱籍其家产入官，著为例”，[②] 但 4 年后此令旋即废止；[③] 此后再无对受赃抄家的门槛规定。对于如何贪腐将导致抄家，清代法律法规也再无明确说明。

① 雍正《大清会典》卷 150，律例一，名例上，第 39 页；康熙《大清会典》卷 112，律例三（吏律），职制，第 23 页。

② 《清世祖实录》卷 95，顺治十二年十一月丁亥。

③ “（顺治）十六年谕：贪官赃至十两者，免其籍没，责四十板，流徙席北地方，其应杖责者，不准折赎”，康熙《大清会典》卷 122，律例十三，刑律四，第 4 页。

贪腐在清代抄家中是最常见的理由之一，而实际的情形远为复杂。最易辨的贪腐行为是贪污，如1781年甘省贪腐案，主犯王亶望据说贪污达“三百万两”；[①] 1799年和珅被抄出巨额家产，亦显属贪污。此外还有一些“勒派”、搜刮课敛的情形，也可定性为“贪腐”，如1781年山东巡抚国泰勒派通省属员婪索得银8万两。[②] 但是，有一些案例虽出自贪腐案件，情节并不简单，弹性很大。如1725年查办年羹尧，凡举其大逆、欺罔、僭越、狂悖、贪黩等罪8款共计92条，年羹尧被捕时即称：“我之此罪岂可谓没有？我乃是亦有，非亦有，亦不能全说成非。”[③] 这是“欲加之罪，何患无辞”类的案例。再如，1780年云贵总督李侍尧因贪腐被抄，但是据案内供词，李侍尧仅在广东一地曾先后斥资近3万两委人采办各种珍奇时异留备进贡，[④] 也就是说他的个人财宝中为数不少是用以“孝敬”皇帝的，这种“贪腐”性质实在难断。

从数量上看，以贪腐获罪被抄的案例达478例，占19%，仅次于亏空罪和逆叛罪而居第三。

（三）亏空

《清会典》中对亏空有明确而具体的追赔细则，概括而言，亏空并不立即导致抄家，如果超过一定限期，才抄没家产“抵赔”（见附录二）。但在实际的执行中也容易出现亏空官员事先寄顿隐匿资产、限满之后以无力完结为由规避抵赔。雍正时期试图整饬这种现象，于是做出更严格的规定，“一面于任所严追，一面行文原籍将伊家产严查存案”，但是效果并不明显；雍正五年颁谕旨宣布收回此法，似要表明自己之宽宏仁厚，实际上是无力整

① 乾隆四十七年十月十二日一份上谕提到“王亶望贪纵婪索家赀至三百余万之多”，《乾隆朝惩办贪污档案选编》第3册，第2613页。

② 《乾隆朝惩办贪污档案选编》第3册，第2445页。

③ 《都统拉锡奏报规劝年羹尧之情折》，雍正三年十月十六日，《雍正朝满文朱批奏折全译》，第1226页。

④ 乾隆四十五年四月十九日《两广总督巴延三奏报查出李侍尧在广东置办物件及现存银两委员解京折》中提到，“四十二年，李侍尧曾差把总赍银三千两来粤采办各灯及宫扇……又四十三四等年三次送到纹银一万两，除短平外换番银一万零一百七十七两零，又金一千二百一十二两三钱零，俱托为代置物件，共用去银五千九百六十四两零……所办各物内，灯扇洋锦金塔挂屏花瓶等项俱已运京……”《乾隆朝惩办贪污档案选编》第1册，第1044页。

饬的体现。到乾隆时期，中央对地方的控制有所增强，地方官员又每有邀功之态，对抄家之令着力贯彻，虽然《清会典》中规定限内未完才令抄家，但实际并不恪守这一准则。乾隆三十七年，云南铜厂报有铜斤及工本银两亏空，委管厂务之宜良县知县朱一深迅被“查封其原籍任所资产备抵”。[①] 乾隆四十年，四川松岗站员通判冀国勋被查出亏短军需（私销军粮），迅即被革职，“所有冀国勋任所原籍资产，严行查抄，并将北路总理知府王立柱革职，将任所及在京资产一并查封，以备抵补冀国勋赀财之不足”。[②]

在清代抄家的各种理由中，亏空因其目的在于弥补“公”项，因此从某种程度上最具“正当性”。但实际情况亦不简单，由于亏空在清代相当普遍，因此也极易成为官员获罪的理由。如雍正三年直隶巡道宋师曾以亏空罪被籍资产，据《永宪录》载，他其实是年羹尧党羽。[③]

另外，清代的亏空其实包含多种，一些“欠交”也属亏空，如乾隆四十三年木商刘思远被抄，因系“欠交变价木植银三万六千余两”。[④]

因亏空被查处的案例中，有相当一部分是内务府官员和商人。清代凡织造、榷关监督、盐政等多由内务府派员前往料理。《红楼梦》家族原型曹氏父子历任江宁织造，雍正六年即以亏空治罪被抄；更早被抄的苏州织造李煦也出身内务府（雍正元年被抄）。曹、李之后，内务府外任官被抄者在整个清代从未间断，如乾隆二十七年浒墅关监督安宁被抄，乾隆二十八年苏州织造普福被抄，乾隆六十年江宁织造同德被抄，同年九江关监督福英亦被抄，嘉庆二十三年苏州织造和明被抄，道光五年（1825）浙江织造福德被抄。商人因亏空被抄较著名的有：乾隆二十八年盐商朱立基案，“盐商朱立基等亏空永庆号（引者按：内务府引地）应交本利暨课帑银二十五万四千余两”，[⑤] 包括朱立基在内的七名山西籍商人皆家产被抄；乾隆三十七年盐商同文被抄，同文亦系内务府“引商”；乾隆四十八年

---

① 《乾隆朝惩办贪污档案选编》第1册，第214页。

② 《清高宗实录》卷984，乾隆四十年六月辛巳。

③ 萧奭：《永宪录》，第189页。

④ 《清高宗实录》卷1055，乾隆四十三年四月丁巳。

⑤ 《清高宗实录》卷698，乾隆二十八年十一月乙卯。

因办铜而亏帑的内务府商人范清济；乾隆五十二年“欠交帑利等银十六万余两”之长芦盐商牛绳祖。[①]

从数量上看，因亏空而被抄的案例数量最多（837 例），占 33%，位居抄家罪由之首。但所有这些案件六成（共 519 例，占 62%）集中于同光二朝，因此代表清代抄家的罪因主流需要审慎思考。

（四）各种失职、败检和不法行为

清代抄家案例中有一些并不涉及贪污敛财或经济问题，而是由于各种欺隐、瞻徇、失察，或是履行职责时“玩殆”，或是执行不力（“办理不善”“种种错谬”）等。例如，顺治十七年户部右侍郎周亮工婪赃案内承问官程之璿、田缉馨等因“徇情将赃银豁免”而被抄；[②] 再如，乾隆十六年山东巡抚准泰和乾隆四十三年江宁布政使陶易，皆因各自任内查办“文字”（悖逆言词、违禁书籍）不力而被抄；又如，乾隆二十八年归州盗案，被抄官员包括湖北巡抚周琬（串通欺弊）、湖北布政使沈作朋、湖北巡抚兼署湖广总督爱必达（蒙混回护）、武昌府知府锡占（有意迁延）。[③]

这一类数量上有 176 例，占 7%。

（五）言论悖谬（文字狱）

清代文字狱获罪者主要以下层士绅为主，最知名的几则案例主犯皆举人、贡生；少数几例兼及官员，如乾隆二十九年“书写逆词”的秦州知州赖宏典，[④] 再如乾隆四十六年曾官至大理寺卿、因为父请谥并从祀文庙而触怒圣颜的尹嘉铨。

文字狱案有时还有其他原因。乾隆二十年“胡中藻坚磨生诗抄案”，乾隆本人在案件查办过程中讲“朕御极以来从未尝以语言文字罪人”，但事实情形是，胡中藻系老臣鄂尔泰门生并与其侄鄂昌交好，而鄂尔泰与大学士张廷玉有隙，双方各成势力、互相攻讦，乾隆皇帝恶其党争，又恶胡中藻为鄂

---

① 《清高宗实录》卷 1257，乾隆五十一年六月辛丑。

② 《清世祖实录》卷 130，顺治十六年十一月己未。

③ 《宫中档乾隆朝奏折》第 18 辑，台北“故宫博物院”，1978，第 272 ~ 273、455 页。

④ 《清高宗实录》卷 718，乾隆二十九年九月辛亥。

尔泰党羽，于是召集群臣，命撮举胡中藻《坚磨生诗抄》诗句，谓其悖逆诋讪怨望之处甚多，将胡处斩。[①] 有不少文字狱案因私怨而起。例如乾隆四十三年“徐述夔一柱楼诗案”，徐述夔当时已故，同里仇人蔡嘉树与徐述夔之孙因田而起争讼，蔡家总管童志璘因早年曾与徐述夔有嫌隙，趁机衔恨报复，向官告发。[②] 再如乾隆四十四年至四十五年“祝廷诤续三字经案”，祝廷诤为江西德兴县监生，当时亦已身故，此案起于族人祝平章被祝廷诤之孙祝洄控告盗卖公田，而后携嫌将祝廷诤所作《续三字经》检举。[③]

因文字狱被抄者在数量上与其他几类事由相比并不高，目前有明确记载者仅见 25 例（占 1%），但在清代的抄案中有一定代表性。

（六）军事原因

清代抄家案例中还有一部分系因军事上失利、弃守、违纪、贻误等。清代律例对军事上犯什么样的错误会导致抄家没有特别规定，仅在《钦定中枢政考（八旗）》《理藩院则例》中对军前退缩和观望提出惩处之法，其中包含“籍没”（见附录二）。

清代承平时期用兵有若干次，几乎每一场战事都有因军事原因而被问抄的官员。如乾隆十九年至二十年平定准噶尔部时被认为“畏葸怯懦”的兵部尚书舒赫德、将军策楞，被认为互相推诿之定西将军永常、协办陕甘总督刘统勋。乾隆三十三年对缅甸的战事中，被抄官员包括“逃跑”之木邦保护同知陈元震、大理府知府郭鹏翀、总兵索柱（遇贼退回）、参将王栋、“迁延误事”之领队大臣额勒登额、大理提督谭五格；同年在另一路，被抄官员包括被俘之守备卢怀亮、马子健、王呈瑞。[④]

从数量上看，因军事原因获罪被抄的案例目前发现 64 例，占总数的 2%。

---

① 《清代文字狱档》（增订本），上海书店出版社，2011，第 36 页。

② 《清代文字狱档》（增订本），第 597 页。

③ 《清代文字狱档》（增订本），第 269 页。

④ 《清高宗实录》卷802，乾隆三十三年正月辛丑，《宫中档乾隆朝奏折》第29辑，第72～74页；第30辑，第108～109页。

（七）连带

有一些抄产案例属于同案涉及，系属从犯，或本身并无直接责任而因与获罪者关系较近被抄。较常见的是官员犯案，其帮助料理家务、运营资产的代理人，或有资金往来的商人。如乾隆四十三年叶尔羌办事大臣高朴私贩玉石案中，被抄者包括与高朴有交易往来的玉商张鸾和商民赵钧瑞。[①] 同样常见的是族亲连带，特别是子被父连、弟被兄连的情形。如乾隆三十二年总督杨应琚因军事失利被抄，其子宝庆府知府杨重穀亦受牵连；乾隆三十三年额勒登额被抄，其弟隆安保受连；乾隆四十六年“甘省捐监冒赈案”中湖北安陆府知府姜兴周因涉案被查抄，其子姜秀（云南嶍峨县典史）资产亦封贮，以“借抵伊父官项”；乾隆四十七年“闽浙总督陈辉祖侵盗王亶望入官财物案”中，除闽浙总督陈辉祖被抄外，胞弟陈绳祖续被查抄，其管门长随杜泰、张诚等人虽查无从中侵匿情弊，但也仍然被抄。[②]

从数量上看，连带被抄者有 133 例，比重占 5%。

（八）其他

除以上几类典型罪由外，还有一些仅在某些地区和范围内适用。例如，蒙古地区规定偷窃牲畜者籍没家产，乾隆时期的题本中有一批这样的“籍产”案例。[③] 再如，“窝隐逃人”者籍没，适用于隐匿已被划入旗人财产而自行逃走或被拐走的奴隶人口，多发生于清初。还有一些属于劫盗、为恶等刑事罪由，身份上以民人居多，也主要发生于顺治时期。此外还有若干不成类别或性质模糊的事由，如雍正二年林鼎因“不守本分、生事扰民”而被饬查家产。[④]

从数量看，这些案例总计 268 例，占总体的 10%。

---

① 乾隆四十三年十月二十日谕陕西巡抚毕沅：“赵钧瑞久在回疆牟利，其家计自必饶裕，今该犯身获重罪，理应查抄家产，以警奸贩，著传谕毕沅即速派委干员前往渭南县将赵钧瑞家产赀财严密查抄，毋任丝毫隐匿寄顿。”《乾隆朝惩办贪污档案选编》第 1 册，第 544 页。

② 《乾隆朝惩办贪污档案选编》第 3 册，第 2819、2828 页。

③ 如乾隆十七年协办大学士、署刑部尚书阿克敦题奏正白旗乌那哈佐领下闲散巴图尔偷窃羊只案，“查定例查哈尔蒙古偷窃四项牲畜者，将首犯拟绞监候秋后处决、抄没家产牲畜给付事主等语。巴图尔应照例拟绞监候秋后处决、抄没家产牲畜给付事主”。《内阁大库档案》，登录号：075137 - 001。

④ 《雍正朝汉文朱批奏折汇编》第 3 册，第 355 ~ 356 页。

余 论

抄家非自有清一代始，近者如明代亦不乏其例，以明代小说反映世态之广，却不见任何篇章叙于此，似乎影响并不深刻，唯至清代曹雪芹之《红楼梦》，抄家成为重要主题而入于文学作品，甚至成为清代政治生活的重大隐喻，颇耐人寻味。为何清代的抄家有某种特殊性？究其原因，主要在于清代将抄家无度推广，官场上获罪被抄成为政治生活常态；本文的数据统计也恰好验证了这一点。清初魏琯请议除“籍没”时提及“籍没非圣朝之会典”，此后直至清终无人再及，几成绝响，不知乾隆皇帝如见此语将做何感想。其实，籍没与所谓“圣朝”并无本质关联，何况扣封私人产业以备抵所欠公项，原在法理上成立，关键在于清代抄家远远超出事理权责的应有范围，成为皇权唯我独尊、对人生杀予夺的集中表达；另外，抄家所得或直接或辗转入于皇帝私库，抄家名为“入官”，实为“入私”，最值诟病。

抄家制度在清末改律中趋于废除。《大清法规大全》中审时度势地提出以国外法律为参考：“近日日本明治维新亦以改律为基础，新律未颁即将磔罪、枭首、籍没、墨刑先后废止，卒至民风丕变，国势骎骎日盛”；[①]“古有籍没之例，今各国已皆废止，盖籍没者没收全部，累及他人，大戾刑止于一身之原则”。[②] 于是，新律章将抄家从法律规定中以模糊淡化的方式去除，仅保留了“谋反谋叛”一条适用，但处罚程度减轻。

> 此次修定各条因新章宽免缘坐，将财产入官各例量与节删，虽仍留谋反谋叛二条，系改为一半充赏、一半入官，或仍给家属，已与从前稍异，律首仍依旧律，胪举系属疏漏，应将除笔内“及奸党系在十恶”七字节去，并于依律下增注酌量二字，以昭划一。[③]

然而历史仍有惯性，抄家制度在中国历史上并未尽行终止，清代的积习

---

① 清·礼制部纂辑《大清法规大全》，宣统元年刻本，法律部卷 3，第 8 页。

② 清·礼制部纂辑《大清法规大全》，法律部卷 11，第 118 页。

③ 清·礼制部纂辑《大清法规大全》，核订现行刑律仓库下，第 2 ~ 3 页。

也或隐或显继续发挥作用。民国时期存在的众多“逆产充公”事件，某种程度上也可说是此未废之款之变形延续。

附录一　“抄家”各表述在《清实录》中出现频次

单位：条

	顺治	康熙	雍正	乾隆	嘉庆	道光	咸丰	同治	光绪	宣统	总计
籍没	76	48	4	12	21	2	1	3	0	1	168
入官	65	75	39	395	71	139	28	33	31	1	877
抄没	1	1	6	28	7	13	1	0	0	0	57
查抄	0	0	0	221	84	64	37	53	43	4	506
抄家	0	0	0	18	13	5	6	5	0	0	47
籍产	0	0	0	3	0	0	0	1	190	2	196
抄产	0	0	0	9	5	9	3	5	3	0	34

注：（1）表中数字系检索出的记录条数，并不代表实际抄家案例数，因为这些词语在同一抄家案件中可能反复出现，且在实际原文中的含义可能恰好相反，比如“免其籍没”。因此表中数字只反映各词语在不同时期的使用数量。（2）《大清历朝实录》还包括清太祖（努尔哈赤）、清太宗（皇太极）时期，由于不在清代的一般历史分期范围，故未列入。

资料来源：《大清历朝实录》（全文电子版），书同文古籍数据库。

附录二　清代《会典》《则例》中关于抄家罪由的法律规定

罪由	表述	始定时间及备注
谋反大逆		
（1）谋反、谋叛	（1）“凡十恶条内，谋反谋叛犯人妻妾子女家产应入官”	
（2）奸党	（2）“若在朝官员交结朋党、紊乱朝政者，皆斩，妻子为奴，财产入官”	
贪赃	“今后内外大小贪官，受赃至十两以上者，不分枉法不枉法，俱籍没家产入官”	顺治十二年谕，十六年废
亏空		
（1）州县官亏空（如一年不完）	（1）“若逾限不完……所有家产一并搜变赔还”	（1）康熙四十一年
（2）追赔拖欠（如三限不完）	（2）“倘三限均不能完，即将财产籍没，变卖抵偿”	（2）雍正二年
（3）运官挂欠粮米（欠六分以上）	（3）“欠六分以上者斩，仍照例籍其家产妻子抵偿”	（3）康熙四十三年
（4）八旗催追侵贪银两	（4）“如逾限不完，将伊家产变价交官”	（4）雍正七年
（5）办铜亏帑（铜商）	（5）“自该商领银之日为始，定限两月置货齐备……如有逾限并无货物出口者或非采买易铜货物，即将该商严究，并行原籍地方著落家产严追帑项”	（5）雍正十一年
（6）盐商欠课项（逾限不完）	（6）“所欠新课带征等项，著落引窝家产变抵”	（6）乾隆五年由盐法律内移入

续表

罪由	表述	始定时间及备注
私造		
(1)私铸制钱	(1)"私铸为首及匠人斩决,家产入官";"若拿获销毁制钱之犯审实将为首者斩决家产入官"	(1)顺治十八年
(2)伪造茶引	(2)"伪造茶引者处斩,籍没当房家产"	(2)乾隆十五年
边禁处各种违例		
(1)台吉官员等	(1)"台吉官员等携家擅出斥堠游牧及窝隐偷盗喀尔喀马匹贼人、擅责喀尔喀人劫夺马匹什物者革职,家产籍没"	(1)康熙元年
(2)外藩蒙古各旗佐领	(2)"外藩蒙古各旗佐领下有为盗者,罚该佐领……十家长鞭一百,家产籍没"	(2)康熙四年
(3)私卖军器	(3)"擅以甲胄、弓矢兵器卖与喀尔喀、厄鲁忒等及给亲戚者……若系庶人,为首者绞,家产牲畜籍没"	(3)康熙五年
(4)私遣贸易	(4)"喀尔喀、厄鲁忒、汤古忒、巴尔虎等处,私遣人往贸易、遣人探亲、出斥堠迎往贸易招揽贸易者……十家长鞭一百、罚一九、赀财入官,为首贸易之人绞、籍其家,余各鞭一百、罚三九、赀财入官"	(4)康熙十三年
(5)行劫杀人伤人	(5)"不分首从,俱斩,妻子家产籍没;不曾杀人伤人者,为首二人绞,妻子家产籍没……若止一人,鞭一百,籍没家产,免其妻子"	(5)康熙十三年
(6)掘王公墓	(6)"发掘王贝勒贝子公等墓者为首一人拟斩监候妻子家产籍没"	(6)康熙十三年
(7)外藩蒙古私采人参	(7)"外藩蒙古王公主郡主等家人、旗人偷向禁地采参者,为首人斩,妻子家产牲畜并所获俱入官"	(7)康熙十七年
(8)私通婚姻	(8)"台吉等擅与喀尔喀厄鲁忒人婚姻往来者革去爵级不准承袭,所属人全给其近族兄弟,除其子外家产牲畜俱入官"	(8)康熙十八年
(9)边禁偷窃劫盗	(9)"边禁等地方劫盗者……俱斩,妻子家产牲畜籍没,给与事主,不系盗贼,因其坏边,为首一人绞,除妻子外家产牲畜籍没"	(9)康熙十九年
(10)外藩蒙古入内地为盗	(10)"外藩蒙古人入内地为盗者,事发,量赔所盗物,其妻子家产牲畜籍没及所罚一并入官"	(10)康熙二十二年
窝隐		
(1)窝隐逃人	(1)"凡窝家正法,妻子家产籍没给主"	(1)顺治五年
(2)官绅窝隐	(2)"见任汉文武官员并休致回籍闲散官员、进士、举人、贡生、监生窝隐逃人者,本身并妻子流徙尚阳堡,家产入官"	(2)顺治十一年
(3)官员家人窝隐	(3)"本官不知情免罪,其窝家及另户人照例治罪,家产入官;系同居者其妻子房地免议,家产财物入官"	(3)顺治十一年
(4)喇嘛、蒙古部落	(4)"凡喇嘛将家人及私收人为班第,并隐留部册无名之喇嘛者,喇嘛处绞,家产籍没。……蒙古部落人等隐留私自行走之喇嘛,及将家人与属下人送与喇嘛为班第者……(其该管之)十家长,鞭一百,家产籍没,以其半入官,半给出首之人"	(4)康熙六年

续表

罪由	表述	始定时间及备注
军事		
(1)马禁(私养马匹)	(1)"违者本人处斩,家产入官"(现任文武官员及兵丁准其养马,武举生童等许各养马一匹)	(1)顺治五年
(2)私铸红衣炮位	(2)"俱处斩,妻子家产入官"	(2)康熙十九年雍正三年设为定例,嘉庆十六年查私铸炮位,系此照叛逆科断,妻子下增"给付功臣之家为奴"八字(嘉庆《钦定大清会典事例》卷613,第2页)
(3)军事上观望、退缩不前(视情节而定)	(3)"务须排列整齐,各按本队缓辔前进,如不按本队前进、尾随他队及弃离本队由他队前进并他人前进伫立观望者,应治以斩、绞、籍没,征责革职拟罪之处各按所犯完结";"平人败阵者斩,籍没其妻子产畜……凡列阵攻战时须从客纵马,各按队伍前进,若不按队伍前进,尾附他队或离本伍入他伍或他队皆进立视不前者,各按所犯治以削爵、籍没、惩罚之罪,罪重者斩"	
其他		
(1)投充之人生事害民	(1)"除本犯正法外,妻孥家产尽行入官"	(1)顺治八年
(2)造畜蛊毒杀人	(2)"凡造畜蛊毒堪以杀人及教令者斩,造畜者财产入官"	(2)康熙二十二年
(3)猎场误射王公	(3)"射中贝子公等,如伤重者处死,仅伤皮肉照例鞭责、家产籍没"	(3)乾隆十四年
(4)蒙古偷窃牲畜(牛羊驼马四项)	(4)"凡民人在蒙古地方偷窃四项牲畜者,俱照蒙古例,为首拟绞监候,抄没家产"	

章太炎儒术新诠中的近代学术嬗变

彭春凌

引　论

思想史的探究往往会面临两种古今对话的境况：一种是掘发过去曾经存在却未被认知的新奇观念图景，它截然不同于当下人们所认同的宇宙自然规律、人类社会伦理结构及运行方式；另一种则是发现前人某些重要观念现已是妇孺皆知的常识，或者早已为学界陈词。为切实走进历史观念生长、蔓延乃至发生撕裂的语义环境，进行前一种研究需要一个“去陌生化”的过程，从事后一种研究则需要一个“去熟悉化”的过程。对“陌生”的历史观念去陌生化，意味着于意料之外探索符合历史真相在情理中的解释；对“熟悉”的历史观念去熟悉化，则必须体察貌似平平无奇的观念、宣言在登场之初惊涛骇浪、石破天惊的意义，把握它们与历史情境相拉扯所形成的巨大张力。只有这样，思想史才能从梳理“观念的历史”（the history of ideas），走向探讨“在历史中的观念”（ideas in history）。[①]

所谓“章太炎儒术新诠”，意指1899年太炎（1869～1936）《儒术真论》一文将真儒术之本质严格定义为“以天为不明及无鬼神二事”。[②] 从思想学术史角度观照太炎对儒术的这种新诠释，会面临第二种古今对话的境

① “观念的历史”与“在历史中的观念”，引自 Leslie Butler，*From the History of Ideas to Ideas in History*，*Modern Intellectual History*（Cambridge University Press，2012），pp. 157－159。

② 章氏学：《儒术真论》，《清议报》第23册，1899年8月17日，中华书局（影印本），1991，第1507页。

况，即在“上帝已死”、祛除巫魅的世界范围的启蒙思潮，以及占据近代中国思想主流的无神论谱系中，“以天为不明及无鬼神”这一观点本身并无特异之处。到18世纪中叶，在步入现代文明的地域，“万有引力确实是物质的内在性质”的观点已被普遍接受，“内在的吸引和排斥加上大小、形状、位置和运动，成为物理上不可还原的物质的第一性质”。[①]《儒术真论》的两篇解说性附文《视天论》与《菌说》呈现了为太炎儒术新诠提供支持的知识基础，它们推崇以牛顿力学原理为支柱的近代宇宙天体理念，以原子微粒的运动和相互作用来解释万物的产生。这表明，章太炎的儒术新诠又可视为对16、17世纪科学革命所致学术“范式转换”的后续和不十分到位的常规普及性工作。

然而，回到19、20世纪之交中国的历史场域，章太炎的儒术新诠却着实不同凡响。一方面，正如既有研究所揭示的那样，它既是章太炎跟康有为（1858～1927）之孔教论进行艰苦思想鏖战的成果，又受到明治日本国体论这一跨文化因素的激发。[②]它参与到彼时思想界最激烈焦灼的问题中，充满了历史对话的活跃因子。另一方面，也正是本文要着重考察的，分析架构太炎该学说学术质量的逻辑构件，包括他将真儒术之本质界定为“以天为不明及无鬼神”的文献依据和理论基础，近代中国学术嬗变的动态图景可得到一定程度的呈现。此处所谓学术嬗变，除了包含托马斯·库恩（Thomas S. Kuhn）指出的科学革命所带来的“范式转换”这一普遍层面外，还意味着学术风气转移、话题变换、方法改辙等学术史中的跳跃与撕裂，以及学者间的共识、争竞等一系列更加具体鲜活的层面。

---

① 托马斯·库恩：《科学革命的结构》（第2版），金吾伦、胡新和译，北京大学出版社，2012，第90页。英文原文参见 Thomas S. Kuhn, *The Structure of Scientific Revolutions* (Chicago and London: The University of Chicago Press, 1996), pp. 105－106。

② 姜义华《章炳麟评传》（南京大学出版社，2002，第315～332页）着力于从章太炎对康有为建立孔教的驳议层面进入《儒术真论》。彭春凌《儒学转型与文化新命——以康有为、章太炎为中心（1898～1927）》（北京大学出版社，2014，第83～118页）探讨了《儒术真论》的出炉与章太炎在日据台湾所历殖民统治经验之间的关系。从章太炎整体的儒学思想及其冲击儒学传统的角度进行考察的研究著作，可参阅王泛森《章太炎的思想（一八六八～一九一九）及其对儒学传统的冲击》，台北：时报文化出版事业有限公司，1985；张昭军《儒学近代之境：章太炎儒学思想研究》，北京师范大学出版社，2011；王玉华《多元视野与传统的合理化：章太炎思想的阐释》，中国社会科学出版社，2004；等等。

章太炎在对儒、墨差异进行再讨论的过程中，将焦点集中于墨家对儒者主张“以天为不明”及“无鬼神”的批评，将其落实为确认“真儒术”的文献依据。他一则继承旧学，欣赏孙诒让（1848～1908，字仲容，号籀庼）代表的“本说经家法，笺释诸子”[①] 的传统；二则试图区隔治子与治经的不同径路，将治子界定为“寻求义理”的“主观之学”，为“旁采远西”、涵纳新学提供管道。19 世纪 40 年代海通之后，以牛顿定律作支撑的近代宇宙天体的认知被全面译介入中国，迅速更替了明末传入的旧西学。在它对中国学界产生的第一波大面积影响中，章氏对儒术之新诠处于较前锋的位置。植根于牛顿定律，太炎《菌说》论述了万物自己生成、自己进化的万物“自造”说，[②] 奠定了章太炎“依自不依他”[③] 哲学和思想的基础。[④] 一如胡朴安所说，学术作为“有生之物”，其生长演变，“一产生于外部之结婚，一产生于内部之反动”。[⑤] 章太炎的儒术新诠，无论从科学革命“范式转换”的普遍视角来审视，还是察之以中国传统学术的自我调适以及西学东渐的历史轨迹，都从一定程度上折射了近代中国学术嬗变的某些重要面相。

一　章太炎对儒墨差异的再认识以及对治经、治子方法的区隔

太炎《儒术真论》诠释孔子代表的真儒术，认为其本质“独在以天为不明及无鬼神”。[⑥]《訄书》初刻本（1900）《独圣》下篇与之呼应，谓“有黄能无薏苡，有六天无感生，知感生帝之谩，而仲尼横于万纪矣”。[⑦]“以天

① 孙诒让：《自序》，《墨子间诂》，孙启治点校，中华书局，2001，第 3 页。

② 章氏学：《菌说》，《儒术真论》附文，《清议报》第 28 册，1899 年 9 月 25 日，第 1838 页。

③ 章太炎：《答铁铮》，《民报》第 14 号，1907 年 6 月 8 日，第 117 页。

④ 坂元ひろ子「章炳麟の個の思想と唯識仏教—中国近代における万物一体論の行方」『連鎖する中国近代の“知”』研文出版、2009、73 頁。章太炎“依自不依他”的哲学，以往一般从他汲取佛教义理的角度予以解析。太炎学术经历了由儒入佛的过程，从早年“独于荀卿韩非所说，谓不可易”，到辛亥革命前十年“谓释迦玄言，出过晚周诸子，不可计数”（章太炎：《蓟汉微言》，《蓟汉三言》，虞云国标点整理，辽宁教育出版社，2000，第 60 页）。本文侧重讨论的《儒术真论》撰于 1899 年，仍处于太炎早年的学术思路中。对太炎此一时期所奠定的“依自不依他”观念，本文更多地从儒学及西学方面进行考察。

⑤ 胡朴安：《〈札迻正误〉跋》，孙诒让：《札迻》，梁运华点校，中华书局，1989，第 428 页。

⑥ 章氏学：《儒术真论》，《清议报》第 23 册，1899 年 8 月 17 日，第 1507 页。

⑦ 章太炎：《独圣》（下），《訄书》初刻本，《章太炎全集》（三），上海人民出版社，2014，第 103 页。

为不明”及“无鬼神”二者均意味着并无超绝于人间的神秘力量，这奠定了太炎相当长时期认知儒术的基础。①

从《儒术真论》列出的文献依据来看，章太炎是利用《墨子》中墨家批评儒者“以天为不明”且主张“无鬼神”的记载，来界定儒术之内涵。《儒术真论》开篇即指出，孔子之后，儒分为八，“传者独有孟、荀”，汉代儒杂刀笔，儒杂墨术，日益“杂糅无师法”；“儒术之真”，只有《墨子·公孟》篇公孟子、程子与墨子之“相问难”才“记其大略”，而“圣道之大，无能出其范”。具体地讲，章太炎认定“真儒术”的文献依据是《墨子·公孟》篇如下两条记录：其一，“子墨子谓程子曰：‘儒以天为不明（旧脱天字，毕本据下文增），以鬼为不神，天鬼不说，此足以丧天下。’”其二，“公孟子曰：‘无鬼神。’又曰：‘君子必学祭祀。’子墨子曰：‘执无鬼而学祭礼，是犹无客而学客礼也，是犹无鱼而为鱼罟也。’”② “以天为不明及无鬼神”之前半句出自墨子对儒者的批评，后半句出自《墨子》中塑造的儒者形象公孟。有意思的是，《墨子》不仅提供了太炎界定儒术本质的文献依据，而且其“尊天”“事鬼”观念正与“以天为不

① 至少从《儒术真论》（1899）到《诸子学略说》（1906）承认孔子“变机祥神怪之说而务人事”（《国粹学报》第 20 期，《国粹学报》影印本第 5 册，广陵书社，2006，第 2167 页），再到《驳建立孔教议》（1913）谓“宗教则为孔子所弃”（《雅言》第 1 期，1913 年 12 月 25 日，“文录”栏，第 5 页），“以天为不明及无鬼神”一直是太炎认知儒术、与康有为孔教论相博弈的基础。然而，太炎晚年（1935～1936）在苏州章氏国学讲习会讲演，其对儒墨关系的认知趋于平和，尤其是对孔子与“敬天明鬼”的关系论述更加通达。他主张《论语》及《三朝记》的记载乃孔子之语。《三朝记·千乘篇》谓“立有神则国家敬，兼而爱之，则民无怨心，以为无命，则民不偷”。太炎称，“立有神即墨子所谓明鬼也，以为无命则墨子所谓非命也”，“孔老之于鬼神，措辞含蓄，不绝对主张其有，亦不绝对主张其无”，“殆由孔老皆有用世之志，不肯完全摧破迷信，正所谓不信者吾亦信之也”；他甚至对墨子“明鬼”也表示某种理解，谓“墨子明鬼亦有其不得已者在”，“用宗教迷信之言诱之，使人乐从，凡人能迷信，即处苦而甘”［《章氏国学讲习会讲演记录·诸子略说》（1935～1936），张昭军编《章太炎讲国学》，东方出版社，2007，第 325～326 页］。本文集中论述《儒术真论》的观念及其学术史意义，对太炎晚年思想的变化暂不做处理。

② 章氏学：《儒术真论》，《清议报》第 23 册，1899 年 8 月 17 日，第 1505～1507 页。所引《墨子·公孟》原文，见孙诒让《墨子间诂》，第 459、457 页。按：墨子说的“鬼”往往包括神。故《墨子·明鬼下》批评主张无鬼者，云：“今执无鬼者曰：‘鬼神者，固无有。’旦暮以为教诲乎天下，疑天下之众，使天下之众皆疑惑乎鬼神有无之别，是以天下乱。”（《墨子间诂》，第 223 页）其简括的说法为“鬼”，而正、反两面的具体申说则均落实为“鬼神”。

明及无鬼神”相对，因此《墨子》显然又是太炎认定真儒术的对照物。

清儒曹耀湘（？～1887）曾撰《墨子笺》，依据跟儒术及世情的疏离与弥合，将墨子学说分为四类：其一，“为儒家所排斥，世情所畏恶者”，节葬、非乐、非儒；其二，“为儒家所排斥，而世情不以为恶者”，兼爱、非命；其三，“为世情所畏恶，而儒家不以为非者”，尚同、非攻、节用；其四，“与儒术相合，而亦不违乎世情者”，尚贤、天志、明鬼及亲士、修身、贵义诸说。[①] 曹耀湘的分析，大致符合两千年中国学术史视野以及一般社会心理层面上儒家与墨家的异同。从发展的角度看，儒家对儒、墨根本分歧的认知有主次，也有变易。孟子对准“兼爱”开辟了批判墨子的主战场，两千年来正统儒者力压墨学之焦点在兹，而荀子批判墨子的焦点则在其“非乐”，这几乎是后进学人共有的学术常识，太炎后来撰著的《诸子学略说》亦有类似表述。[②]

孔子之后，儒家枝繁叶茂，历代亦有奉行理性精神、从一定程度上否定神秘力量的儒者，如钱锺书谓“盖‘唯心’之程、朱，辟鬼无异‘唯物’之王充、范缜”。[③] 在《清议报》所载《儒术真论》的附录中，太炎曾特意表彰范缜的《神灭论》。然而论儒之真义，不可回避先秦元典本身的记载。在公认的儒家文献中，《诗》《书》言天言帝之语甚多，毋庸举列。孔子尝谓“天生德于予”（《论语·述而》），“君子有三畏：畏天命……小人不知天命而不畏也”（《论语·季氏》），“鬼神之为德，其盛矣乎”（《中庸》）。《论语·八佾》记：“祭如在，祭神如神在。子曰：‘吾不与祭，如不

① 曹耀湘：《墨子笺》，清光绪三十二年湖南官书局排印本，《墨子大全》第 1 编第 19 册，北京图书馆出版社，2002，第 634 页。

② 太炎《诸子学略说》的原文是“兼爱、尚同之说，为孟子所非；非乐、节葬之义，为荀卿所驳。其实墨之异儒者，并不止此。盖非命之说，为墨家所独胜”（《国粹学报》第 21 期，《国粹学报》影印本第 5 册，第 2179 页）。与曹耀湘的判断略有不同的是，太炎将“尚同”也视为孟墨区分之焦点，然其《诸子学略说》并未就此做详细阐述。太炎后来逐渐以《齐物论释》（1910）等作品，建立自己以不齐为齐的“齐物平等”思想，他斥责“天志、尚同”是“以众暴寡”，违背孔子的“忠恕”与庄子的“齐物”［参见《订孔下》，《检论》（1915），《章太炎全集》（四），上海人民出版社，2014，第 434 页］。太炎认可墨家的“非命”说，亦源于他否决有超人间、主宰人间祸福的神秘力量。在《菌说》中，他详细解说了儒家的“命”说，认为大儒倡导的是“天无威庆而人有报施”（《清议报》第 32 册，1899 年 12 月 13 日，第 2103 页）；在《诸子学略说》里，他认为“墨子之非命，亦仅持之有故，未能言之成理”（《国粹学报》影印本第 5 册，第 2179 页）。

③ 钱锺书：《管锥编》第 5 册，中华书局，1986，第 110 页。

祭。'"[①] 凡此均可见孔子尊天事鬼神之本旨。中国民间社会更有求神畏鬼的积习。所以，曹耀湘谓天志、明鬼乃墨学"与儒术相合，而亦不违乎世情者"，可以说道出了文化大传统的实情。[②] 太炎为力证"以天为不明及无鬼神"乃真儒术，可谓两条腿走路。一方面，从孔子存史的角度解读他与六经的关系，谓"六经言天言帝，有周公以前之书，而仲尼删述，未或革更，若曰道曰自然而已矣"；又谓儒家"无鬼而祭"，"因是以致思慕"，[③] 并非认可鬼神为实存。另一方面，则径行从《墨子·公孟》篇中摭取其描述或转述儒者主张的"以天为不明"及"无鬼神"二语以为证明和概括之具。此时太炎的立足点，与墨家对儒学之睽违墨学的自我认知悬契。

章太炎从墨学入手定义真儒术，确也别有幽怀。一则，彼时康有为以基督教为参照，对儒教进行宗教改革，把具有"天志""明鬼"思想的墨子纳入传统儒家圣人之谱系，谓"其觉识益大，其爱想之周者益远，尧、舜、禹、汤、孔、墨，是其人矣"。[④] 太炎以对"敬天明鬼"的向背来区隔墨家与儒家，从而抵制康有为的孔教思想。二则，太炎彼时主张学问要"摭拾诸子，旁采远西"，[⑤] 如此清晰的儒术的界定，目的是为西方科学实验之学顺利被纳入中国主流文化提供跳板。如此一来，就出现了将主流传统观念中儒与墨颇相合的部分，诠释为儒、墨基本分歧的极端化倾向。这是太炎对儒墨差异的再认识，它关联着太炎学术乃至整个思想史的复杂变迁。揆诸清代中叶以来墨学兴起的背景，特别是基于太炎在创作《儒术真论》前

---

① 朱熹：《四书章句集注》，中华书局，1983，第98、172、25、64页。

② 儒墨两家在天志、明鬼上的相似性，可参康有为《孔子改制考》、傅斯年《性命古训辨正》等著论。章太炎阅读过曹耀湘的《墨子笺》，还特别欣赏他对墨子短丧的解释。曹耀湘谓，"墨子之为丧也，近以三日，久以三月，其为时也极少。而观其书中《节用》、《非乐》诸篇所陈，则墨家者流，其平日所以自奉养其耳目口体者，盖无以甚殊于居丧之时。虽以三月为期，谓之终身之忧，可也。今日士大夫之为丧，则徒有其文，而无其实"（曹耀湘：《墨子笺》，《墨子大全》第1编第19册，第511页）。章太炎引用曹氏此说，赞其"最为通达"。章太炎想说的是，墨子名义上的短丧实质上则是"终身之忧"，当今之世礼仪崩毁，不能用短丧为借口而摒弃丧礼，而更重要的是强调丧礼背后切实的哀痛。参见章太炎《原墨》，《检论》，《章太炎全集》（三），第442页。

③ 章氏学：《儒术真论》（1899），《清议报》第23册，第1508页；第25册，第1641页。类似的表述亦可见于《訄书》初刻本之《独圣下》篇。

④ 康有为：《觉识篇》，《清议报》第18册，1899年6月18日，"支那哲学"栏，第1164页。

⑤ 章氏学：《儒术真论》，《清议报》第23册，1899年8月17日，第1505页。

后对孙诒让《墨子间诂》的承继、应和及反思，观察太炎对儒墨差异的认知如何从研讨孟墨争“兼爱”的合理性，转到认定荀墨之争以“非乐”为焦点，再转到刻意突出儒墨对“敬天明鬼”观念的向背，可从一定程度上把握清末学术从观念到方法“变中有变”的新探索。[①]

儒墨于战国时并称显学，汉以后儒术独尊，墨学遭埋没近两千年。清中叶，乾嘉大儒汪中（1745～1794）、卢文弨（1717～1795）、孙星衍（1753～1818）、毕沅（1730～1797）、王念孙（1744～1832）、王引之（1766～1834）均治墨学。毕沅撰《墨子注》十六卷，完成了前无古人的全面注释《墨子》的工作，成就尤著。此后，俞樾（1821～1907）、戴望（1837～1873）等亦参与其中。清末孙诒让“集众说，下以己意”，撰成《墨子间诂》，“神旨迥明，文可讽诵”。[②] 该书有附录一卷，含《墨子篇目考》《墨子佚文》《墨子旧叙》；复有《墨子后语》（上、下），含《墨子传略》《墨子年表》《墨学传授考》《墨子绪闻》《墨学通论》《墨家诸子钩沉》。[③] 附录与后语“考订流别，精密闳括，尤为向来读子书者所未有”，[④] 组成了完整的墨学研究及批评史。它们与《墨子间诂》正文合订成册。全书写定于“壬辰、癸巳间”（1892～1893），甲午（1894）夏印成三百部木活字印本，[⑤] 至宣统二年（1910）才刻成定本刊行。20 世纪上半叶墨学鼎盛，实以该书为依托。[⑥] 梁启超（1873～1929）和章太炎——后来治清代学术史的两位大家，均予《墨子间诂》以一部学术著作所能得到的最高评价。梁启超赞孙诒让将考据学“诸法并用”，“识胆两皆绝伦，故能成此不朽之作”；

① 解启扬《章太炎墨学研究述论》（《中国哲学史》2005 年第 1 期）用归纳的方法，综合考察、评价了章太炎毕生的墨学研究。而本文立足于《儒术真论》前后，章太炎对儒墨疆界认知的转变，来探讨章太炎与孙诒让《墨子间诂》为代表的清学的关系，与解文的方法论和问题意识均有不小的差别。解文讨论章氏的墨学研究并未涉及《儒术真论》。

② 章太炎：《孙诒让传》，《太炎文录初编》，《章太炎全集》（四），第 219 页。

③ 按：其中《墨子篇目考》与《墨子佚文》为毕沅述，孙诒让校补。

④ 梁启超：《中国近三百年学术史》，商务印书馆，2011，第 280 页。

⑤ 按：此为孙诒让《自序》的说法，见《墨子间诂》，第 4 页。

⑥ 关于近代墨学史，参阅罗检秋《近代墨学复兴及其原因》（《近代史研究》1990 年第 1 期），以及郑杰文《20 世纪墨学研究史》（清华大学出版社，2002）；梁启超与近代墨学的关系，参阅罗检秋《梁启超与近代墨学》（《近代史研究》1992 年第 3 期），以及黄克武《梁启超的学术思想：以墨子学为中心之分析》（《中央研究院近代史研究所集刊》第 26 期，1996 年 12 月，第 41～90 页）。

又谓，“盖自此书出，然后《墨子》人人可读。现代墨学复活，全由此书导之。古今注《墨子》者固莫能过此书，而仲容一生著述，亦此书为第一”。[①] 章太炎赞孙氏学问“精媁足以摩掇姬、汉，三百年绝等双”。[②] 孙诒让解释《墨子间诂》之书名，谓：“昔许叔重注淮南王书，题曰《鸿烈间诂》。间者，发其疑牾；诂者，正其训释。今于字谊多遵许学，故遂用题署，亦以两汉经儒本说经家法，笺释诸子。”[③] 以治经法治诸子，正是《墨子间诂》采用的方法。

跟梁启超一样，章太炎在《墨子间诂》印行后很快就读到了该书。[④] 1890 年，太炎入诂经精舍，从学于俞樾。俞樾与孙诒让之父孙衣言（1815～1894）为好友，二人曾分主苏、杭两地紫阳书院，时称“东南两紫阳”。[⑤] 比俞樾年轻二十余岁的孙诒让，一直以“父执”视俞樾。[⑥] 1895 年，他将《札迻》《墨子间诂》两书赠予俞樾，俞欣然为之作序。而 1896 年，章太炎、宋恕于杭州成立经世实学社。孙诒让为表支持，寄《札迻》《墨子间诂》《古籀拾遗》《周书斠补》各两部及家刻本《永嘉丛书》（十三种），赠给经世实学社。[⑦] 据章氏与谭献书，至 1897 年 4 月，他“已购一通”《墨子间诂》，并赞其“新义纷纶，仍能平实，实近世奇作”。[⑧] 同年，孙诒让、章太炎正式开始书信往来，两人终生未觌面，但一直情意笃厚。[⑨]

---

① 梁启超：《中国近三百年学术史》，第 280 页。

② 章太炎：《孙诒让传》，《太炎文录初编》，《章太炎全集》（四），第 220 页。

③ 孙诒让：《自序》，《墨子间诂》，第 3 页。

④ 梁启超回忆，《墨子间诂》“初用活字版印成，承仲容先生寄我一部，我才二十三岁耳。我生平治墨学及读周秦子书之兴味，皆自此书导之”（《中国近三百年学术史》，第 280 页）。梁出生于 1873 年，亦即 1895 年获得该书。

⑤ 俞樾：《春在堂随笔》，辽宁教育出版社，2001，第 2 页。

⑥ 孙诒让：《答日人馆森袖海》（1907），孙延钊：《孙衣言孙诒让父子年谱》，徐和雍、周立人整理，上海社会科学院出版社，2003，第 350 页。

⑦ 参见孙延钊《孙衣言孙诒让父子年谱》，第 276～277 页。

⑧ 章太炎：《与谭献》（1897 年 4 月 20 日），马勇编《章太炎书信集》，河北人民出版社，2003，第 3 页。太炎在作于 1893 年的《膏兰室札记》卷 3，四六九“非而谒楹”中，用小字援引了孙诒让《墨子间诂》的训释，谓“《经下》曰：以槛（楹之误）为抟（孙氏诒让曰：抟即《备城门》篇之柴抟积抟，盖聚束柴木之名）”［《膏兰室札记》，《章太炎全集》（一），上海人民出版社，2014，第 260 页］。根据《墨子间诂》成书的时间，以及太炎接触《墨子间诂》的时间，这段文字应该是此后的补录，而非作于 1893 年。

⑨ 甚至到 1914 年，章太炎幽囚北京，还嘱咐家人，所藏《墨子间诂》及孙诒让另一部大著《周礼正义》务必完整无缺。参见章太炎《致龚未生书六》（1914 年 8 月 20 日），汤志钧编《章太炎年谱长编》，中华书局，1979，第 478 页。

该年 9 月，章太炎在《实学报》上发表《儒墨》，谓墨子“盭于圣哲者，非乐为大”。[①] 此时他承继荀学立场斥责墨子“非乐”，并由此勘定儒、墨之疆界。《实学报》上的《儒墨》篇在略做修改后，收入太炎《訄书》初刻本。从《儒墨》来看，在发表《儒术真论》之前，章太炎紧随孙诒让的观念与方法，对儒墨畛域的认知和《墨子间诂》大端吻合。

这里的“大端吻合”，可从两个层面来解析。

第一，孙诒让与章太炎在尊重原始文献的前提下，均试图瓦解儒墨在传统主流认知中的最大芥蒂，即对墨家“兼爱”说宽容有加，认为此说与儒之“孝慈”并不矛盾。这表明清代中期以降，学术及世风转移，儒家僵硬的纲常伦理秩序在思想界发生了一定程度的松动。

儒墨互斥，其隔阂一向邈若山河。汉之后治教一体，“学者咸宗孔孟，而墨氏大绌。……其于墨也，多望而非之，以迄于今。学者童丱治举业，至于皓首，习斥杨、墨为异端”。[②] 如此对待墨家，凸显的是孟子导夫先路的大传统。大儒中，韩愈率先站出来替墨子说话，谓墨子被儒者所讥讽的“上同、兼爱、上贤、明鬼”诸项，在孔子那里其实都有体现，比如，“孔子泛爱亲仁，以博施济众为圣”，就是“兼爱”的表现；又谓：“儒墨同是尧舜，同非桀纣，同修身正心以治天下国家，奚不相悦如是哉？余以为辩生于末学各务售其师之说，非二师之道本然也。孔子必用墨子，墨子必用孔子；不相用，不足为孔、墨。”[③] 韩愈此论颇受道学家非议。[④] 至清中叶，贯

① 章炳麟：《儒墨》，《实学报》第 3 册，1897 年 9 月 17 日，沈云龙主编《近代中国史料丛刊三编》第 80 辑第 792 册，台北：文海出版社，1995，第 151 页；另参《訄书》初刻本。《訄书》重订本《儒墨》将“盭于圣哲者”改为“戾于王度者”，见《章太炎全集》（三），第 7、134 页。

② 孙诒让：《墨子通论》序，《墨子后语》，《墨子间诂》，第 734 页。

③ 韩愈：《读墨子》，《韩昌黎文集校注》，马其昶校注，马茂元整理，上海古籍出版社，1986，第 39、40 页。

④ 韩愈的表态也酿就儒林一段公案。如程颐批评韩愈，“言孔子尚同兼爱，与墨子同，则甚不可也”（《河南程氏遗书》第 18 卷，程颢、程颐：《二程集》，中华书局，2004，第 231～232 页）。严有翼指出，退之读《墨子》“以孔墨为必相用”，“其《与孟简书》则又取孟子距杨墨之说……推尊孟子，以为其功不在禹下。……殊不知言之先后，自相矛盾”（韩愈撰，文谠注，王俦补《新刊经进详注昌黎先生文》卷 11，《续修四库全书》第 1309 册集部别集类，上海古籍出版社，1994，第 568 页上）。

通儒墨才渐成势力。汪中谓儒墨“其意相反而相成”。[①] 毕沅则称，《墨子》非儒，“则由墨氏弟子尊其师之过，其称孔子讳及诸毁词，是非翟之言也。……翟未尝非孔”；墨子“亦通达经权，不可訾议”。[②] 海通以降，墨学成为西学的镜像以及“西学中源”观的依托。援墨入儒之论大都为援西人中说的变体。甲午后，“风会大开，人人争言西学”。[③] 趋新学者愈加正面认识“兼爱”说之价值。俞樾认为孟墨互用，乃“安内而攘外”之道。[④] 黎庶昌（1837～1896）也主张“孔必用墨，墨必用孔”，泰西各国“本诸墨子”，推行尊天、明鬼、兼爱、尚同等术，立耶稣、天主教，“而立国且数千百年不败”。[⑤] 康有为在万木草堂授课，直言“墨子与孔子异者不在‘兼爱’二字，孟子以‘兼爱’攻墨子，尚未甚的”。[⑥]

孙诒让、章太炎处于推崇墨子“兼爱”学说的时代思潮中，但比上述学人显得更加理性和克制。孙诒让谓：“墨氏兼爱，固谆谆以孝慈为本……班固论墨家亦云‘以孝视天下，是以尚同’，而孟子斥之，至同之无父之科，则亦少过矣。”[⑦] 孙氏更希望从学理上辨明“兼爱”并不意味着“无父”。章太炎同样从这一角度来为“兼爱”说洗冤。1893 年他在诂经精舍时

① 汪中：《墨子序》，引文参见孙诒让《墨子附录》，《墨子间诂》，第 670 页。汪中之子汪喜孙在编辑汪中文集时，对《墨子序》原文有改动，如将“墨子之诬孔子，犹孟子之诬墨子也”，改为“墨子之诬孔子，犹老子之绌儒学也”（参见汪中《新编汪中集》，田汉云点校，广陵书社，2005，第 410 页）。而孙诒让《墨子附录》所见乃汪中原文。汪中针对荀、孟两家对墨子的攻击，指出荀子《礼论》《乐论》，“为王者治定功成盛德之事”，而墨之节葬、非乐，所以“救衰世之敝”；墨子的“兼爱”，是从“国家慎其封守，而无虐其邻之人民畜产”“以睦诸侯之邦交”角度而言的，并非“无父”，荀墨、孟墨均无矛盾。

② 毕沅：《墨子注叙》，孙诒让：《墨子附录》，《墨子间诂》，第 661、662 页。毕沅谓墨子“亦通达经权，不可訾议”，针对的是《墨子・鲁问》“国家昏乱，则语之尚贤、尚同；国家贫，则语之节用、节葬；国家憙音湛湎，则语之非乐，非命；国家淫僻无礼，则语之尊天、事鬼；国家务夺侵凌，则语之兼爱、非攻”（孙诒让：《墨子间诂》，第 475～476 页）。

③ 俞樾：《诂经精舍课艺》第八集・序（1896），引自汤志钧编《章太炎年谱长编》（增订本），中华书局，2013，第 20 页。

④ 俞樾：《序》（1895），孙诒让：《墨子间诂》，第 2 页。

⑤ 黎庶昌：《读墨子》，遵义市地方志编纂委员会编《拙尊园丛稿》，中国文史出版社，2007，第 145 页。

⑥ 《万木草堂口说》（1896～1897），张伯桢整理，《康有为全集》第 2 集，中国人民大学出版社，2007，第 233 页。

⑦ 孙诒让：《墨子通论》序，《墨子后语》，《墨子间诂》，第 733～734 页。

曾撰《孝经本夏法说》，考证《孝经》与墨子学说的关联。其文曰：“欲明《孝经》首禹之义，必观《墨子》，墨子兼爱，孟轲以为无父，然非其本。”[①] 1897 年章太炎于《实学报》第 3 册上发表《儒墨》，批评诋毁墨子“兼爱”乃噧言（即过甚之言）。太炎认为，墨子“兼爱”和张载“凡天下疲癃残疾惸独鳏寡，皆吾兄弟之颠连而无告者”，是“一理而殊分”的关系，并且“墨家宗祀严父，以孝视天下”，更不能说是“无父”。[②] 太炎撰《儒墨》不是自说自话，有其实际的批判对象。《实学报》第 3 册起首，便登载吴县王仁俊《实学平议》卷 1《民主驳义》，反对采用西方政制。王仁俊指出，“墨子尚同，是故选天下之贤者，立以为天子”，此为“泰西合众国立民主之滥觞”。又引孟子为权威，作为中国向来拒绝墨子学说的依据，谓“摩顶放踵，兼爱巨辜，独亚圣距之”。他深为不满的是，“以二千余年前中国所放斥迸逐之言，不意二千余年后竟支离蔓延，而乃流毒我四万万黄种”。[③] 章太炎将《儒墨》刊发于他主持的《实学报》的同一册，斥责诋毁墨子兼爱说为无父乃末流之噧言，具体言之就有针对王仁俊保守言论的意图。[④]

---

① 章太炎：《孝经本夏法说》（1893），《太炎文录初编》，《章太炎全集》（四），第 6 页。《孝经本夏法说》如此评判，主要基于《淮南子·要略》篇所谓“墨子学儒者之业，受孔子之术，以为其礼烦扰而不说，厚葬靡财而贫民，服伤身而害事，故背周道而用夏政”（何宁：《淮南子集释》，中华书局，1998，第 1459 页）。

② 章炳麟：《儒墨》，《实学报》第 3 册，1897 年 9 月 17 日，《近代中国史料丛刊三编》第 80 辑第 792 册，第 151 页。此段文字略经修改后，收入《訄书·儒墨》篇，批评更加明显，谓诋毁墨子“兼爱而谓之无父”者，乃“末流之噧言，有以取讥于君子”[《訄书》初刻本，《章太炎全集》（三），第 7 页]。

③ 王仁俊：《民主驳义》，《实学平议》卷 1，《实学报》第 3 册，1897 年 9 月 17 日，《近代中国史料丛刊三编》第 80 辑第 792 册，第 145 页。

④ 章太炎支持“兼爱”说，却并不反对爱之等差，这里有必要做进一步澄清。《墨子·非儒》篇云：“儒者曰：‘亲亲有术（杀），尊贤有等。’言亲疏尊卑之异也。”（《墨子间诂》，第 287 页）儒者坚持爱有等差，容易将爱局限于亲人的小范围之中，形成自私之爱。《孟子》批评墨子“兼爱”，认为墨子将爱父母等同于爱路人，忽视了亲亲为先，所以是“无父”。双方各自强调了爱的一个面向。近代趋新人士在为兼爱说辩护的过程中，也表达了一些担忧。比如黄遵宪《日本国志》一方面赞赏泰西运用“源盖出于《墨子》”的理念和学说，诸如“人人有自主权利”（尚同）、“爱汝邻如己”（兼爱）、“独尊上帝、保汝灵魂”（尊天明鬼）、“机器之精，攻守之能”（《墨子》备攻备突，削鸢能飞之绪余）、“格致之学”（《墨子·经》上下篇），使社会获得长足的进步；另一方面则担忧，“其流弊不可胜言也，推尚同之说，则谓君民同权、父子同权矣；推兼爱之说，则谓父母兄弟，同于路人矣。天下之不能无尊卑、无亲疏、无上下，天理之当然，人情之极则也。圣人者知其（转下页注）

第二，孙诒让和章太炎都站在认同儒家的立场上，强调儒墨之间仍旧有根本性的、难以调和的界限或鸿沟，即在礼乐问题上顽固对垒。

孙诒让谓，墨家“于礼则右夏左周，欲变文而反之质，乐则竟屏绝之，此其与儒家四术六艺必不合者耳”；而“墨儒异方，跬武千里，其相非宁足异乎”。[①] 彼时思想界在表彰“兼爱”、抬高墨学地位之余，确有一些矫枉过正、试图全面疏通乃至混同儒墨的倾向。孙诒让坚守儒墨之界限，故《墨子间诂》多次明文批评力图弥合墨、儒二家的毕沅。而事实上，孙诒让的态度和俞樾《墨子间诂》序也有明显的违和感，孙氏诸多批评明指毕沅，但移至俞樾身上也是合适的。

《墨子间诂》附录收入了毕沅《墨子注叙》。孙诒让在毕沅诸论后，加按语逐条反驳。毕《叙》称：“非儒，则由墨氏弟子尊其师之过，其称孔子讳及诸毁词，是非翟之言也。”孙诒让按，“此论不确，详《非儒》篇”，[②] 即据《非儒》墨翟叱孔的记载予以否认。毕沅注《非儒》篇时解释说，《孔丛·诘墨》篇多引《非儒》，《非儒》实为“墨氏之学者设师言以折儒也”。又说，《亲士》诸篇没有“子墨子言曰”一语，乃“翟自著”，《非儒》篇没有“子墨子言曰”一语，乃“门人小子臆说之词”，“并不敢以诬翟也”；总之，《亲士》与《非儒》“例虽同而异事，后人以此病翟，非也”。[③] 孙诒让《墨子间诂》录毕注后，撰按语加以驳斥。他指出，《荀子·儒效》篇也记载过“逢衣浅带，解果其冠，略法先王而足乱世”的俗儒，说明“周季俗儒信有

（接上页注④）然，而序以别之，所以已乱也。今必欲强不可同、不能兼者，兼而同之，是启争召乱之道耳”。他预言，“浸假而物力稍绌，民气日嚣，彼以无统一、无等差之民，各出其争权贪利之心，佐以斗狠好武之习，纷然其竞起……卒之尚同而不能强同，兼爱而无所用爱，必推而至于极分裂，极残暴而后已；执尚同、兼爱以责人，必有欲行均贫富、均贵贱、均劳逸之说者。吾观欧罗巴诸国，不百年必大乱”（黄遵宪：《日本国志·学术志一》，陈铮编《黄遵宪全集》下，中华书局，2005，第 1399 ~ 1400 页）。其实，无论是康有为，还是章太炎，为“兼爱”说话，都是强调该学说没有忽略“孝弟”，并非“无父”，他们都未否认爱有等差。甚至对章太炎来说，承认血缘亲疏、阶层等级、性别等人类社会的差别性和“不齐”的现实，进而以法律制度、道德伦理来规范、协调和维持社会的运作和秩序，是其“合群明分”“尊荀”政治哲学的基础。所以他此一时期创作《平等论》，认为“去君臣、绝父子、齐男女”无助于社会秩序稳定，“平等之说，非拨乱之要”（章炳麟：《平等论》，《经世报》第 2 册，丁酉七月中，1897，“本馆论说”栏，第 9、10 页）。

① 孙诒让：《自序》，《墨子间诂》，第 1、2 页。

② 毕沅《墨子注叙》及孙诒让按语，孙诒让：《墨子附录》，《墨子间诂》，第 661 页。

③ 毕沅：《非儒》按语，孙诒让：《墨子间诂》，第 286 页。

如此所非者"，墨翟是以他所见的俗儒言行为依据来"非孔子"；墨子对孔子的斥责，"大氏诬诋增加之辞"。孙诒让意识到，毕沅强词夺理是想泯灭儒墨界限，故斩钉截铁地回应说："儒墨不同术，亦不足异也，毕氏强为之辩，理不可通。"①

毕沅《墨子注叙》为证明孔墨本无芥蒂，指出《墨子》在《非儒》篇外，"他篇亦称孔子，亦称仲尼，又以为孔子言亦当而不可易，是翟未尝非孔"；并且，"孔子之言多见《论语》、《家语》及他纬书传注，亦无斥墨词"。② 孙诒让对此有点哭笑不得，谓："墨子盖生于哀、悼间，较之七十子尚略后，孔子安得斥之？此论甚谬。"③ 墨翟生于鲁哀公（前494～前467年在位）、悼公（前466～前429年在位）之间，值春秋战国之际，年代在孔子之后，孔子如何能斥责一个未来人呢？孙诒让之批评毕沅，始终基于文献事实，本于两汉经儒说经之家法，④ 其要即章太炎后来提到的经师六原则，"审名实、重左证、戒妄牵、守凡例、断情感、汰华辞"。⑤

俞樾为《墨子间诂》作序，基本上正面认同墨子，谓其"达于天人之理，熟于事物之情"。他还指出，"唐以来，韩昌黎外无一人能知墨子"；⑥ 强调毕沅之前，韩愈早就主张，儒、墨互相攻击之词，乃孔、墨后学刻意张扬师说，对对方加以诋毁，并非孔、墨本人的观点，儒学、墨学相互为用，并无不可逾越之鸿沟。俞樾认同韩愈，意味着他在很大程度上认同毕沅。对于熟知韩愈、毕沅观点的孙诒让来说，单是这个判断，就足以让他和俞樾保持距离。

---

① 孙诒让：《非儒》按语，《墨子间诂》，第286页。

② 毕沅：《墨子注叙》，孙诒让：《墨子附录》，《墨子间诂》，第661～662页。

③ 孙诒让：《毕沅〈墨子注叙〉》按语，《墨子附录》，《墨子间诂》，第662页。

④ 从解析《墨子·鲁问》如下一段话的不同视角，也能见出毕沅、孙诒让治学态度的差别。《鲁问》篇记墨子语魏越云："国家昏乱，则语之尚贤、尚同；国家贫，则语之节用、节葬；国家憙音湛湎，则语之非乐，非命；国家淫僻无礼，则语之尊天、事鬼；国家务夺侵凌，则语之兼爱、非攻。"孙诒让据此指出，"《汉志》墨子书七十一篇，今存者五十三篇"，从墨子对自己学问的自述来看，"自《尚贤》至《非命》三十篇，所论略备，足以尽其恉要矣"；今存《墨子》虽然残缺，只剩五十三篇，但基本上涵盖了墨子学说之大体（孙诒让：《自序》，《墨子间诂》，第1页）。毕沅对此段文字做了义理方面的发挥，谓其言说明墨子学说"通达经权，不可訾议"（毕沅：《墨子注叙》，孙诒让：《墨子附录》，《墨子间诂》，第661页）。

⑤ 太炎：《定经师》，《民报》第10号，1906年12月20日，第77页。

⑥ 俞樾：《序》（1895），孙诒让：《墨子间诂》，第1页。

孙诒让以父执视俞樾，在学问上却保持自负与骄傲。他在去世前一年（1907）有答日人馆森鸿（1862～1942，号袖海）书，[①] 可谓着意经营的自序传。他在信中婉拒馆森鸿拜师之请，谓“凡治古学，师今人不若师古人”，自己出家塾后，“未尝师事人，而亦不敢抗颜为人师”。他之后举出的例子就涉及俞樾，“曩者曲园俞先生于旧学界负重望，贵国士大夫多著弟子籍，先生于某为父执，其拳拳垂爱，尤愈常人，然亦未尝奉手请业”。[②] 俞樾确实被近代日本人视为传统学问的最高权威。黎庶昌论俞樾有云：“中土名人之著声日本者，于唐则数白乐天，近世则推先生。”[③] 孙诒让却偏偏向日本人表白，自己并未向俞樾“奉手请业”，尽管深得俞氏垂爱；且谓“师今人不若师古人”，其未便言明之意即俞樾不若古人，自己也不必师之。[④] 在该信后文中，孙诒让大谈专家研究“贵有家法”，认为“以晚近习闻之义训读古经、子，则必迷谬龃龉，遗失古人之旨”，还表白自己“自志学以来所最服膺者”为王念孙王引之父子，以及段玉裁、钱大昕、梁玉绳。[⑤] 孙氏所喜所不喜，一目了然。

而章太炎《儒墨》一文指出，墨子“苦身劳形以忧天下，以若自觳，终以自堕者，亦非乐为大”。[⑥] 此时他跟孙诒让一样，将儒墨在礼乐问题上的对垒作为区隔儒墨的界限。这就意味着，儒墨分歧的主战场从占据传统主流观念的孟墨之争转到了荀墨之争。章太炎抨击墨子“非乐不歌”、违背人性，[⑦] 符同于清中叶以降反思理学、礼学复兴，以及近代人文主义召唤人性

---

① 馆森鸿是章太炎的朋友，两人结识于1898年底太炎避戊戌党祸、旅居台湾期间。彼时馆森鸿是日本在台湾总督府的官吏，章太炎则任职于总督府的官办媒体《台湾日日新报》。馆森鸿曾师从日本大汉学家重野安绎，和太炎有许多共同话题，1899年中，太炎在馆森鸿的陪伴下前往日本本岛游览。孙诒让很可能是章太炎介绍给馆森鸿的。

② 孙诒让：《答日人馆森袖海》（1907），孙延钊：《孙衣言孙诒让父子年谱》，第350页。

③ 黎庶昌：《序〈曲园自述诗〉》（井上陈政刻，1890），引自王宝平『清代中日学術交流の研究』汲古書院、2005、79頁。俞樾在日本的影响，参见该书第二章《俞曲园和日本》。

④ 章太炎在《孙诒让传》中提到，“是时德清戴望、海宁唐仁寿、仪征刘寿曾，皆治朴学，诒让与游，学益进”［《太炎文录初编》，《章太炎全集》（四），第219页］。从学问承继的角度，孙诒让当然有老师，只是在他心目中，这些老师的学问估计都不如古人。

⑤ 孙诒让：《答日人馆森袖海》（1907），孙延钊：《孙衣言孙诒让父子年谱》，第351页。

⑥ 章炳麟：《儒墨》，《实学报》第3册，1897年9月17日，《近代中国史料丛刊三编》第80辑第792册，第151页。另参《訄书》初刻本，《章太炎全集》（三），第7页。

⑦ 康有为：《孔教会序（其二）》，《孔教会杂志》第1卷第2号，1913年3月，第6～7页。

回归的思潮。[①] 此外，他批评“非乐”说，还体现了清末的“尚武”风气。[②] 他说：“儒者之颂舞，熊经猿攫，以廉制其筋骨，使行不愆步，战不愆伐，惟以乐倡之，故人乐习也；无乐则无舞，无舞则薾弱多疾疫，不能处憔悴。将使苦身劳形以忧天下，是何以异于腾驾蹇驴，而责其登大行之阪矣。”[③] 没有音乐之“倡”，人们不跳舞、不锻炼，导致体弱多病，想“苦身劳形以忧天下”都做不到。无论如何天马行空地阐发义理，章太炎立论的基础，即儒、墨有根本分歧，且其根本分歧在对待乐的态度上，显然能够得到儒、墨两家文献的强力支持。《墨子·非乐》篇明确主张，禁止那些口之所甘、目之所美、耳之所乐，却不中“圣王之事”“万民之利”的欲求和行为，《非儒》则抨击儒者“繁饰礼乐以淫人，久丧伪哀以谩亲”。[④] 而儒家之荀学以化性起伪为宗旨，乐与礼并为其根本义。《荀子·乐论》指出：“先王之道，礼乐正其盛者也。而墨子非之。故曰：墨子之于道也，犹瞽之于白黑也，犹聋之于清浊也，犹欲之楚而北求之也。”由此可见，孙诒让、章太炎对儒墨界限的上述判断，均持守了经师“重左证、戒妄牵”等信条。

在传统学术范围内，太炎生平最佩服的清代学者就是孙诒让。其早年的《膏兰室札记》（1891～1893）有与俞樾商榷之处，对孙氏《札迻》却颇多称许。[⑤] 1906 年，太炎撰《定经师》，将所见经师分为五等。第一等“研精故训而不支，博考事实而不乱，文理密察，发前人所未见，每下一义，泰山不移”，[⑥] 代表学者为俞樾、黄以周（1828～1899）及孙诒让。将差不多晚一代的孙诒让与已经名满天下的俞樾、黄以周并列，表现出太炎对孙诒让的极端推崇；他并提三人乃有意安排，端的为揄扬名气弱于其他二人的孙诒让。章太炎

① 参见张寿安《以礼代理：凌廷堪与清中叶儒学思想之转变》，台北：中研院近代史研究所，1994。

② 如章太炎《訄书》初刻本有《儒侠》篇，梁启超撰有《新民说·论尚武》和《中国之武士道》诸篇，颇可见清末的尚武风气。

③ 章炳麟：《儒墨》，《实学报》第 3 册，1897 年 9 月 17 日，《近代中国史料丛刊三编》第 80 辑第 792 册，第 151 页。另参见《訄书》初刻本，《章太炎全集》（三），第 7 页。

④ 参见《墨子·非乐上》《非儒下》，孙诒让：《墨子间诂》，第 250、291 页。

⑤ 《膏兰室札记》与俞樾商榷处，见卷 2，三一八“好迩而训于礼”；认同《札迻》处，见卷 3，四二五“而求之乎浣准”［《膏兰室札记》，《章太炎全集》（一），第 152～153、223 页］。

⑥ 太炎：《定经师》，《民报》第 10 号，1906 年 12 月 20 日，第 77 页。

《瑞安孙先生伤辞》谓三人中，孙诒让“名最隐，言故训，审慎过二师”。[①] 他分别为三人作传，对孙之评价远在俞、黄之上，称赞他“三百年绝等双”。太炎还对比俞樾和孙诒让，扬孙而抑俞。其《孙诒让传》谓，孙氏“书少于《诸子平议》，校雠之勤，倍《诸子平议》”。《诸子平议》乃俞樾代表作，身为弟子的太炎深知乃师学问之病。岂止是俞樾，在太炎看来，“诒让学术，盖龙（笼）有金榜、钱大昕、段玉裁、王念孙四家，其明大义，钩深穷高过之”。[②]

总之，撰著《儒术真论》之前的章太炎走在孙诒让“本说经家法，笺释诸子”的道路上，学术结论也和孙氏无差。但孙诒让已将清学发挥到极致，固守这一方法，太炎大概只能厕身于孙氏之后。《儒术真论》中一些名目的考据仍受《墨子间诂》的启发，[③] 然而，它将“以天为不明及无鬼神”

① 章太炎：《瑞安孙先生伤辞》（1910），《太炎文录初编》，《章太炎全集》（四），第230页。

② 章太炎：《孙诒让传》，《太炎文录初编》，《章太炎全集》（四），第219~220页。

③ 1899年的《儒术真论》开篇做了一个烦琐考证，证明《孟子·万章》中的公明高即《墨子·公孟》中的公孟。文章表面上是与惠栋（1697~1758）对话，兼驳“近人孙诒让仲容”的考证。实际上，章太炎以“公明”“公孟”同声相借为证，采用的是他深所不喜的宋翔凤（1779~1860）的观点，文中不具其名罢了。《墨子间诂》事实上早就罗列了惠栋、宋翔凤的观点，章太炎应该是在阅读孙书后有所发挥。孙诒让在《公孟》第四十八的注释中列出了惠栋、宋翔凤以及他本人对公孟子身份的理解。曰：“惠栋云：‘公孟子即公明子，孔子之徒。’宋翔凤云：‘《孟子》公明仪、公明高，曾子弟子。公孟子与墨子问难，皆儒家之言。孟与明通，公孟子即公明子，其人非仪即高，正与墨翟同时。’诒让按：《潜夫论·志氏姓》篇‘卫公族有公孟氏’，《左传·定十二年》孔《疏》谓公孟絷之后，以字为氏。《说苑·修文》篇有公孟子高见颛孙子莫及曾子，此公孟子疑即子高，盖七十子之弟子也。”（《墨子间诂》，第449页）孙诒让不同意惠栋和宋翔凤以公孟子为《孟子》中公明子的说法，认为公孟氏渊源有自，非公明氏。他倾向于认为《墨子》中的公孟就是《说苑》中的公孟子高，乃曾子弟子。章太炎却同意惠、宋二人的说法，认为“公孟子、公孟子高、公明高为一人”。他举出的文献上的理由，主要是公孟子高、公孟子和公明子在三个文本中所言思想相似。其一，《说苑·修文》谓颛孙子莫对公孟子高曰：“去尔外厉，与尔内色胜，而心自取之，去三者而可矣。”而《墨子·公孟》篇“公孟子谓墨子曰：‘君子共己以待，问焉则言，不问焉则止。’又曰：‘实为善，人孰不知？今子遍从人而说之，何其劳也。’”太炎认为两者意义相同，皆为“去外厉之意”，则“公孟子即公孟子高明甚”，“即此愈知公孟即公明”。其二，太炎主张：“《孟子·万章》篇有长息问公明高，即为公孟子高。且孟子言舜之怨慕，而举公明高之言以为证。又言：‘人少则慕父母，五十而慕者，独有太舜。’”而《墨子》中，“公孟子则曰：‘三年之丧，学吾之慕父母。’墨子驳之则曰：‘夫婴儿子之知，独慕父母而已，父母不可得也。然号而不止，此其故何也？即愚之至也。然则儒者之知，岂有以贤于婴儿子哉！’”太炎指出，“是公孟子之言，与孟子所述慕父母义，若合镮印”。章太炎还提出公孟与公明文字相通的论证（与宋翔凤的角度相同），谓“公孟、公明虽异族，然同声相借，亦有施之姓氏者。今夫‘司徒’、‘申屠’、‘胜屠’，本一语也。而因其字异，遂为三族。‘荀’与‘孙’、‘虢’与‘郭’，本异族也，而因其声同，遂相假借。今‘公孟’‘公明’，亦犹‘荀’‘孙’、‘虢’‘郭’，虽种胄有殊，而文字相贸，亦无不可”（《儒术真论》，《清议报》第23册，1899年8月17日，第1505~1506页）。

作为确认真儒术的标准，亦即儒区别于墨的焦点，则显然是在孙诒让相关学术判断及太炎“昨日之我”以外，旁开出另一种思维。

章太炎儒术新诠的目的不在复原儒术，而在借助儒的权威之名，来重塑“世情”。他非常清楚，在儒家典籍，包括孔子本人言论里，难以找到支撑自己理论的证据，所以才转向墨家非儒的文献。然而，《儒术真论》开头明言，即便是《墨子》中道出了“真儒术”的公孟子，他的言论也还“醇疵互见”，必须“捃摭秘逸”才能“灼然如晦之见明”，找到“宣尼微旨”。[①] 就是说，即便面对有大量言论传世的孔子，研究者也必须从真伪、瑕瑜掺杂的别家史料中，搜罗那些隐秘、被遮蔽的东西，如此才能在暗夜中发现光明，找到孔子真正精深微妙的意旨。这是一种以研究者主体能动性为导向的方法论；践行它，意味着一定程度上挣脱清代经学家拘泥于客观性的套路。[②]《儒术真论》已经显露章太炎对研治诸子学的新的方法论思考。到 1906 年的《诸子学略说》，他从理论上更完整地表述了“说经与诸子之异”、治经与治子殊别。

刘师培（1884～1919）一向被章太炎视为同道。《国粹学报》1905 年创刊第 1 期刊发了《章太炎再与刘申叔书》，称“今者奉教君子，吾道因以不孤”。[③] 同期期刊上，刘师培发表了《周末学术史序》，其中《宗教学史序》则直接对《儒术真论》发难。[④] 其言谓：“孔墨二家，敬天明鬼。孔子以敬

① 章氏学：《儒术真论》，《清议报》第 23 册，1899 年 8 月 17 日，第 1506 页。

② 梁启超《清代学术概论》（上海古籍出版社，2004，第 36 页）、吕思勉《先秦学术概论》（东方出版社，2008，第 3 页）均谓清学匮乏理论思想建构，“于主义无所创辟”。太炎本人在《訄书》重订本（1904）《中国通史略例》中，强调用“新理”以敹徇“典常”，“必以古经说为客体，新思想为主观”。此言虽是针对史学研究而言的，但体现了章太炎此一时期对泰西、日本新的学理孜孜以求的态度。在国家图书馆（北海分馆）藏的《訄书》手改稿（1910～1913）中，“新理”被改为“名理”，“必以古经说为客体，新思想为主观”二语被改为“必以经说为材料，思慧为工宰”［《章太炎全集》（三），第 335、338 页］。1915 年出版的《检论》删去了《中国通史略例》。删除西学、新理，以及西人和日本人的痕迹，是国图藏《訄书》手改稿和《检论》比较普遍的做法，体现了辛亥前后太炎的思想倾向。这并不足以否定《訄书》重订本（1904）中他对西学及日本学问的接纳。

③ 《章太炎再与刘申叔书》，《国粹学报》第 1 期，1905 年 2 月 23 日，“撰录”，《国粹学报》影印本第 4 册，第 1315 页。

④ 刘师培此一时期和章太炎进行了极丰富的学术对话，需另文分析。比如，《周末学术史序·宗教学史序》就明文提到章太炎的《訄书·争教》，称该文对阴阳术数派，“言之最详”（《国粹学报》第 1 期，1905 年 2 月 23 日，“学篇”，《国粹学报》影印本第 4 册，第 632 页）。

天畏天为最要，又信天能保护己身。故其言曰‘天生德于予，桓魋其如予何?’又以天为道德之主宰，曰‘获罪于天，无所祷也’。又以天操人世赏罚，曰‘故大德者必受命’。而《礼记》四十九篇，载孔子所论祭礼甚多。”刘师培以敬天明鬼为孔墨相合之处，征诸两家文献，实属一般性的正确结论。而他将矛头指向章太炎的意图十分明显。太炎《儒术真论》称，“仲尼所以凌驾千圣，迈尧舜，轹公旦者，独在以天为不明及无鬼神二事”；刘师培则说，“孔子非不敬天明鬼也”。《儒术真论》以《墨子》中公孟子所言“无鬼神”作为真儒术的本质；刘师培批驳道，“或据《墨子》儒家‘无鬼神’一言，然此或儒家之一派耳”，[①]“或据”之“或”，显然指向章太炎。刘师培在《国粹学报》上连载《国学发微》，重申了类似的质疑。[②]

而1906年，章太炎在东京国学讲习会讲演《论诸子学》，后以《诸子学略说》为名，同年刊发于《国粹学报》，与刘师培此前在该报上的质疑隐隐构成对话之势。文章开篇谓：

> 中国学说，其病多在汗漫。春秋以上，学说未兴，汉武以后，定一尊于孔子。虽欲放言高论，犹必以无碍孔氏为宗。强相援引，妄为皮傅，愈调和者，愈失其本真，愈附会者，愈违其解故。故中国之学，其失不在支离，而在汗漫。……惟周秦诸子，推迹古初，承受师法，各为独立，无援引攀附之事。虽同在一家者，犹且矜己自贵，不相通融。……《韩非子·显学》篇云，“……孔墨之后，儒分为八，墨离为三，取舍相反不同，而皆自为真。孔墨不可复生，谁使定世之学乎?”此可见当时学者，惟以师说为宗，小有异同，便不相附，非如后人之忌狭隘，喜宽容，恶门户，矜旷观也。盖观调和、独立之殊，而知古今学

① 刘光汉：《周末学术史序·宗教学史序》，《国粹学报》第1期，1905年2月23日，“学篇”，《国粹学报》影印本第4册，第631页。

② 刘师培在《国学发微》中说，“孔子以敬天、畏天为最要，故言‘祭神如神在’，又言‘获罪于天，无所祷也’。而《礼记》四十九篇中，载孔子所论祭礼甚多，则孔子之信鬼神，咸由于尊崇祭礼之故矣”（《国粹学报》第9期，1905年10月18日，“丛谈”，《国粹学报》影印本第4册，第1260页）。

者远不相及。[①]

周秦诸子对峙最甚者，莫过于儒墨。后儒调和、泯灭儒墨界限，依太炎之见当属“汗漫”之病。太炎此处虽未点破，但韩愈、毕沅甚至其老师俞樾显然都在被批评范围之内。这段文字表明，太炎再次和孙诒让《墨子间诂》站在一起，坚持“儒墨不同术”，诸子各有持守。他指出，相较于调和、汗漫的学风，“古学之独立者，由其持论强盛，义证坚密，故不受外熏也”，[②] 认为如此才真正可贵。

接下来，明显不同于孙诒让《墨子间诂》标榜的“本说经家法，笺释诸子”，[③] 太炎针锋相对地提出了“说经与诸子之异”：

说经之学，所谓疏证，惟是考其典章制度与是非且勿论也。欲考索者，则不得不博览传记。……其学惟为客观之学。……若诸子则不然。彼所学者，主观之学，要在寻求义理，不在考迹异同。既立一宗，则必自坚其说，一切载籍，可以供我之用。[④]

太炎承认像孙诒让那样“为客观之学”的学术贡献，但同时又认为，治诸子“主观之学”也可以开出一条新路，“寻求义理”而非“考迹异同”同样有不容诋毁的价值。

从《儒术真论》（1899）略显独断地申明“仲尼所以凌驾千圣，迈尧舜，轹公旦者，独在以天为不明及无鬼神二事”，到《诸子学略说》（1906）在抨击儒家“热中竞进”外，仍承认孔子“变禨祥神怪之说而务人事，变畴人世官之学而及平民，此其功亦夐绝千古”，[⑤] 再到《驳建立孔教议》

① 章绛：《诸子学略说》，《国粹学报》第20期，1906年9月8日，《国粹学报》影印本第5册，第2159～2160页。

② 章绛：《诸子学略说》，《国粹学报》第20期，1906年9月8日，《国粹学报》影印本第5册，第2160页。

③ 孙诒让：《自序》，《墨子间诂》，第3页。

④ 章绛：《诸子学略说》，《国粹学报》第20期，1906年9月8日，《国粹学报》影印本第5册，第2160～2161页。

⑤ 章绛：《诸子学略说》，《国粹学报》第20期，1906年9月8日，《国粹学报》影印本第5册，第2167页。

（1913）称孔子“为保民开化之宗，不为教主”，“所以为中国斗杓者，在制历史、布文籍、振学术、平阶级”，且解释儒家典籍“时称祭典”，实“以纂前志，虽审天鬼之巫（诬），以不欲高世骇俗，则不暇一切粪除”，“以德化则非孔子所专，以宗教则为孔子所弃”，[①] 太炎对孔子本人的态度随时势变迁而有所调整，但孔子“以天为不明及无鬼神”，否决存在超人间的神力，构成太炎相当长时期“立一宗”、成系统的儒术义理之核心。而从《儒术真论》表白自己是“捃摭秘逸”于《墨子》数语，以拾“宣尼微旨”，到《诸子学略说》明确治诸子乃“主观之学”，“既立一宗，则必自坚其说，一切载籍，可以供我之用”，可以说，将治经与治子的方法分殊开来，为章太炎儒术新诠提供了方法论的保证，他可以此回应类似于刘师培《周末学术史序》的质疑。太炎之儒术新诠由是成为从方法到理论自洽的体系。

1915年章太炎出版《检论》，内中有《原墨》篇。该篇以《訄书》初刻本《儒墨》篇为原型，做了较大调整。在《儒墨》篇原有的抨击墨子“戾于王度者，非乐为大”之外，加了一句“墨子者，善法意，尊天敬鬼，失犹同汉儒”。[②] 这说明，一方面，太炎保持自己早年与孙诒让一致的判断，认定荀子抨击墨家“非乐”，是凸显儒墨本质分歧之焦点；另一方面，他又将自己从《儒术真论》开始增添的新元素——真儒术否定“尊天敬鬼”“以天为不明及无鬼神”，作为抨击墨子的核心依据。太炎思想的发展呈现清晰的历史层累。

面临远西传入的新思潮，新一代学人在敬畏、承续前辈之余，从思想到方法都勉力开出一番新天地。太炎在20世纪20年代甚至将诸子学径直等同于“西洋所谓哲学”；他剖析治诸子学之难，指出“深通小学”是治诸子学的基础，“近代王怀祖、戴子高、孙仲容诸公，皆勤求古训，卓然成就，而后敢治诸子”，“然犹通其文义，识其流变，才及泰半而止耳。其艰蹊难晓之处，尚阙难以待后之人也。若夫内指心体，旁明物曲，外推成败利钝之故者，此又可以易言之耶？”[③] 这些表达都是志在超越前人的隐微的夫子自道。

---

① 章太炎：《驳建立孔教议》，《雅言》第1期，1913年12月25日，“文录”栏，第3~5页。

② 章太炎：《原墨》，《检论》，《章太炎全集》（三），第440页。

③ 章太炎：《说新文化与旧文化》（《太炎学说》，1921）、《时学箴言》（原刊《中华新报》，1922），引自汤志钧编《章太炎年谱长编》，第618、661页。

章太炎早年之于孙诒让在墨学上的渊源及其后来在方法论层面上的变异，凸显了传统学术以自我调适的方式而实现的嬗变和转型。[①]

二 牛顿定律介入太炎真儒术认知的路径

“牛顿定律”在本文指的是牛顿三大运动定律和万有引力定律。怀特海（Alfred North Whitehead，1861－1947）在其名著《科学与近代世界》中指出，牛顿定律在西方的发展经历了从伽利略（Galileo Galilei，1564－1642）、笛卡尔（René Descartes，1596－1650）、惠根斯（Christiaan Huygens，1629－1695）到牛顿（Isaac Newton，1642－1727）《自然哲学的数学原理》两个世纪的时间；上述四位学者通力“合作”所获得的成就，“毫不夸大地可以认为是人类知识的成就中最伟大的和无与伦比的成果”。[②] 牛顿力学体系提供了一个物质宇宙的景象，它“标志着从哥白尼开始的对亚里士多德的世界图像所作转变的最后阶段”，也是“近代科学开始形成的标志”。[③]

章太炎以“寻求义理”的治子方法，从墨家文献中发掘出证成真儒术的文献依据。然而，这一打着“儒”招牌的新真理，其得以确立的深层次思想依据和逻辑构件却是 16、17 世纪科学革命的伟大成果。也就是说，在

① 胡适《中国古代哲学史》（原题为《中国哲学史大纲卷上》，1918 年写成付印，1919 年出第一版）一著，捕捉到孙诒让、章太炎两代学人之间的学术嬗变，谓：“清代的汉学家，最精校勘训诂，但多不肯做贯通的工夫……到了孙诒让的《墨子间诂》，可谓最完备了……但终不肯贯通全书，述墨学的大恉；到章太炎方才于校勘训诂的诸子学之外，别出一种有条理系统的诸子学。”胡适指出，太炎的《原道》《原名》《明见》《原墨》《订孔》《原法》《齐物论释》，“都属于贯通的一类”［《胡适文集》（六），北京大学出版社，1998，第 181～182 页］。胡适特别强调佛教对太炎的意义，举列的著述也均晚于 1899 年的《儒术真论》。但事实上，《儒术真论》是太炎落实诸子“主观之学”的一部分水岭式的著作，而这一时期，他对佛学尚未如 1903 年后那么热衷，其所采纳的主要还是泰西的科学。此外，太炎在 20 世纪 20 年代与胡适关于经学、子学方法之争，请参阅陈平原《中国现代学术之建立——以章太炎、胡适之为中心》，北京大学出版社，1998，第 240～274 页。

② Alfred North Whitehead, *Science and the Modern World: Lowell lectures, 1925* (New York: New American Library, 1948; Originally published, 1925), p. 47。中文翻译参见怀特海《科学与近代世界》，何钦译，商务印书馆，2009，第 53 页。

③ 艾萨克·牛顿：《自然哲学的数学原理》，“导读”，曾琼瑶、王莹、王美霞译，江苏人民出版社，2011，第 20 页。

19、20 世纪之交，太炎的儒术新诠虽披着传统话语的外衣，表面上类似于中国固有的木质建筑，但在其木质纹理外表之下，形构和支撑它的却主要是西学东渐浇铸的钢筋混凝土。他的工作，遥远、不十分到位地呼应了科学革命所建立的新范式。章太炎并非天文学家，也不擅长天文学的数理分析。在新的宇宙天体知识进入中国并逐步普及于知识阶层之际，他从宇宙天体的新知中，攫获了对宇宙、世界支配及运行方式的新认识；他将力学的支配和运动原理贯穿到对万物之观照中，构筑了自身宇宙认知及哲学思维的立足点，进而重新诠释儒术的本质。

《清议报》上刊发的《儒术真论》有两篇不可或缺的解说性附文，即《视天论》与《菌说》。《视天论》根据牛顿定律所解释的天体运行中引力与离心力的关系，得出结论：日月众星“于昊穹，则本未尝隶属”；[①] 星体皆是宇宙中相对独立的系统，它们的运行关系是由力的吸引与拒斥的相互作用建立起来的。《菌说》则以原子微粒的运动及力的相互作用来解释万物的生成，论证物乃“自造”，[②] 与上帝等任何神秘力量无关。《儒术真论》与《视天论》、《菌说》三篇当中，《视天论》最早成形。此文 1899 年 1 月登载于章太炎所任职的《台湾日日新报》，文字略加增删后，在 1899 年横滨《清议报》以《儒术真论》附文的形式刊发。从文献产生的先后顺序，也可旁证牛顿定律在《视天论》与《菌说》之间的逻辑过渡；就是说，《视天论》接受宇宙天体新知并从中理解牛顿定律，乃是《儒术真论》“以天为不明及无鬼神”判断的知识基础。这些定律使天的实态及天在万物生成中的作用得到较为清晰的阐释，最终瓦解了上帝鬼神之超越性存在。本节以及下一节，将在清末西学东渐的大背景下，揭示太炎接受牛顿力学等新知，并以这种新的知识为支持，确立对儒术本质的新诠释。

接下来首先将考索《视天论》的西学知识来源，分析它如何运用清末新近传入的近代天文学知识和力学原理来取代清代占统治地位的学说，批驳基督教神学宇宙观，且激活中国古代宇宙学说之一“宣夜”说。由此我们将获得一个绝佳个案，观察此波承载科学革命主要成果的西学在中国的受容

① 菿汉阁主：《视天论》，《台湾日日新报》1899 年 1 月 8 日，汉文第 5 版；亦参见章氏学《视天论》，《儒术真论》附文，《清议报》第 25 册，1899 年 8 月 26 日，第 1643 页。

② 章氏学：《菌说》，《儒术真论》附文，《清议报》第 28 册，1899 年 9 月 25 日，第 1838 页。

情况：新的话语与范式直如大浪滔天，覆盖、更替了往旧传入的西学，又如细雨润物，令消隐乃至枯萎的传统重获生机。

此前已有研究者指出，《视天论》的科学依据乃英国天文学家侯失勒（John Frederick William Herschel，1792－1871）原著、1851 年出版的《天文学纲要》（*Outlines of Astronomy*）。[①] 该书由伟烈亚力（Alexander Wylie，1815－1887）口译，经李善兰（1811～1882）删述，命名为《谈天》，1859 年由上海墨海书馆（The London Missionary Society Press）推出首版。然而，牛顿力学原理传入中国已有时日，太炎在诂经精舍时期也援引过《谈天》，可为何直到 1899 年的《视天论》，太炎才将观照《谈天》的重点移至牛顿力学原理，并以万有引力生成摄力与离心力的关系，来解释宇宙天体的存在状态呢？其中玄机，此前学界并未措意深究。而这必须从牛顿定律进入中国后，太炎自身认知的发展变化讲起。

力学特别是牛顿定律进入中国，有多重脉络可寻。“力学”（Mechanics）于明清时也被译为“重学”。[②] 明末，传教士邓玉函（Jean Terrenz，1576－1630）口授、王徵译绘《远西奇器图说录最》（1627），介绍了近代欧洲机械工程学、物理学；之后专门介绍力学的书籍较为鲜见。逮至晚清，中国学界对深奥的力学仍较陌生。1858 年，上海墨海书馆出版了伟烈亚力、王韬合译的小册子《重学浅说》，该书概述了近代力学的分类及原理。1859 年，以西洋言重学“最善”[③] 的英国物理学家胡威立（William Whewell，1794－1866）的《初等力学教程》（*An Elementary Treatise on Mechanics*）为底本，由李善兰与艾约瑟（Edkins Joseph，1823－1905）合译的《重学》出版，将牛顿三大运动定律第一次完

① 朱维铮、姜义华编注《章太炎选集》时，整理罗列了《视天论》涉及的天文学知识点在《谈天》中的对应情况。见朱维铮、姜义华编注《章太炎选集》（注释本），上海人民出版社，1981，第 44～48 页。

② 关于中文早期用“重学”或“力学”来翻译 Mechanics（力学）相关内涵的界定问题，请参阅阿梅龙《重与力：晚清中国对西方力学的接纳》，郎宓榭、阿梅龙、顾有信编著《新词语新概念：西学译介与晚清汉语词汇之变迁》，赵兴胜等译，山东画报出版社，2012，第 202～239 页。

③ 李善兰：《序》（1866），艾约瑟口译，李善兰笔述《重学》（20 卷），《丛书集成续编》第 82 册自然科学类，台北：新文丰出版公司，1989，第 455 页。

整地介绍到中国。[①] 正如艾约瑟所言，“言天学者，必自重学始”；[②] 晚清研讨天文学的书籍，有不少曾述及牛顿力学原理，特别是万有引力定律。比如，同样是1859年出版的《谈天》，其卷8《动理》，即详细分析了支撑天体运行、解释“地何以绕日，月何以绕地，且俱终古不停”原理的万有引力定律，谓“奈端（引者按：即牛顿）言天空诸有质物，各点俱互相摄引，其力与质之多少有正比例，而与相距之平方有反比例”。[③] 伟烈亚力、王韬合译的《西国天学源流》《重学浅说》也有对该原理的表述。[④] 总体而言，借由专业的力学与天文学书籍，晚清学者接触牛顿力学原理有不少可选择的管道。

事实上远在《视天论》之前，太炎早就知晓侯失勒，并且引用过《谈天》。海通之后，人人争言西学，《谈天》颇受新兴知识阶层欢迎。[⑤] “近引

① 《重学》一书并未提及牛顿的名字，但完整阐述了牛顿力学三大定律。其卷8谓“动理第一例：凡动，无他力加之，则方向必直，迟速必平；无他力加之，则无变方向及变迟速之根源，故也”；“动理第二例：有力加于动物上，动物必生新方向及新速度，新方向即力方向，新速与力之大小率，比例恒同”；“动理第三例：凡抵力正加生动，动力与抵力比例恒同，此抵力对力相等之理也”［艾约瑟口译，李善兰笔述《重学》（20卷），《丛书集成续编》第82册自然科学类，第531～534页］。

② 艾约瑟语引自钱熙辅《识》（1859），艾约瑟口译，李善兰笔述《重学》（20卷），《丛书集成续编》第82册自然科学类，第456页。

③ 侯失勒原本，李善兰删述，伟烈亚力口译，徐建寅续述《谈天》（18卷附表3卷）卷8，第2～3页。

④ 《西国天学源流》谓，“奈端曾求其故，知天空诸体，其道不能不行椭圆，乃由万物摄力自然之理”［伟烈亚力口译，王韬仲弢著《西国天学源流》，《西学辑存六种》，己丑秋淞隐庐遁叟校印，第29页］。《重学浅说》谓，“考获抛物之径路，水液两质之流动，并物力互相摄引之理者，为英人奈端”；“重学力所包甚广，重由地心而发，凡体皆含摄力，体大而质密者，则摄力大而重，体下而质松者，则摄力小而轻。地球较地面各物，大而至无比，故地面所有之体，皆为地球所摄。虽地面诸物皆有轻重，而地球摄各物之方向，恒向地心。故谓重由地心而发也。凡行星之绕日及自转，水与风之动法，皆合重学力之理，而人之造作亦归重学”（伟烈亚力原译，王韬笔著《重学浅说》，原书1858年由墨海书馆出版，参见《西学辑存六种》，光绪庚寅仲春淞北逸民校刊，第1、18～19页）。

⑤ 哈巴安德（Andrew Patton Happer，1818－1894）的《天文问答》、合信（Benjamin Hobson，1816－1873）的《天文论略》其实是海通之后第一批介绍西方天文学的著作。晚清对西方天文学的翻译和介绍，参见熊月之《西学东渐与晚清社会》，中国人民大学出版社，2010，第7、152～154页。关于《谈天》的影响，参见邹振环《〈谈天〉与近代科学方法论》，《影响中国近代社会的一百种译作》（修订本），江苏教育出版社，2008，第51～53页。

西书，旁傅诸子”，[①] 乃太炎早年于杭州诂经精舍学习时的主要取向。太炎《膏兰室札记》（1891～1893）庞杂征引了当时流行的地理、天文、生物、化学等诸种西学。[②] 该书卷 3 第四二九条“化物多者莫多于日月”，特别援引侯失勒《谈天》及赫士（W. M. Hayes）《天文揭要》。其引用《谈天》，主要是解释太阳之光热对地球生命的意义。太炎曰：“地面诸物，无日之光与热，则不能生动，气非热则永静而不成风，雷电亦由热气所感动，噏铁力北晓皆由日气所发也。植物资水土，动物食植物，亦互相食，然无太阳之热则俱不生。草木成煤以资火化，海水化气，凝为雨露，为泉泽江河，皆热力也。因热力，诸原质之变化生焉。”[③] 彼时，太炎对宇宙天体学说的兴趣主要在地圆说、太阳光与热的意义、地层结构等方面。虽然他也提到月球摄引之力对地球潮汐的作用，但并未自觉以宇宙天体新知中蕴含的牛顿运动定律来解释万物的运行，更未以此构筑其宇宙认知及哲学思维的出发点。

关键性的改变发生在 1897～1898 年。先是，严复之译作《天演论悬疏》在《国闻汇编》上刊出。紧接着，汪康年主持《昌言报》，组织曾广铨、章太炎合译了《斯宾塞尔文集》的《论进境之理》与《论礼仪》；[④] 两文出自斯宾塞（Herbert Spencer，1820－1903）《论文集：科学的，政治的和推断的》（*Essays：Scientific，Political，and Speculative*），原名为《论进步：其法则和原因》（*Progress：Its Law and Cause*）以及《礼仪与风尚》（*Manners and Fashion*）。《天演论悬疏》与《论进步：其法则和原因》均涉及斯宾塞诠释的星云假说（Nebular Hypothesis）。在严复引介以及太炎亲自参与翻译双重作用下，太炎依据星云假说，转过头来再领悟《谈天》所言的宇宙天体状态，进而才创

① 章太炎：《与谭献》（1896 年 8 月 18 日），马勇编《章太炎书信集》，第 2 页。太炎在《实学报叙》中说“以欧罗巴学上窥九流”（《实学报》第 1 册，1897 年 8 月 12 日，《近代中国史料丛刊三编》第 80 辑第 792 册，第 3 页），在《儒术真论》中言“摭拾诸子，旁采远西”（《清议报》第 23 册，1899 年 8 月 6 日，第 1505 页），体现的都是同样的学术取向。

② 参见熊月之《早年的章太炎与西方“格致”之学》，《史林》1986 年第 2 期。

③ 章太炎：《膏兰室札记》卷 3，四二九“化物多者莫多于日月”，《章太炎全集》（一），第 226 页。

④ 汪康年《昌言报》组织翻译斯宾塞文集与严复的引介有关；而严复、章太炎同时翻译斯宾塞著作和社会学论著，两人颇有交往。参阅王天根《严复与章太炎社会学思想的对峙与交流》，《广西大学学报》2003 年第 2 期；黄克武、韩承桦：《晚清社会学的翻译及其影响：以严复与章太炎的译作为例》，沙培德、张嘉哲主编《近代中国新知识的建构》，台北：中研院，2013。

作了《视天论》及《菌说》。换言之，作为不可忽视的中介与契机，斯宾塞进化学说对天体演变的论述，促使太炎较为主动地理解解释宇宙天体运转方式的力学原理。这从一个侧面反映了晚清西学凌杂涌入中国的历史图景。

严复《译〈天演论〉自序》清楚概括科学革命以来西学之大势，谓“西学之最为切实，而执其例可以御蕃变者，名、数、质、力四者之学是已”，质即物质，力即物质间的相互作用；而“大宇之内，质力相推，非质无以见力，非力无以呈质”。牛顿力学原理推动了新的宇宙认知。该序谓：“奈端动之例三，其一曰：‘静者不自动，动者不自止，动路必直，速率必均’。此所谓旷古之虑。自其例出，而后天学明，人事利者也。”又谓：“后二百年，有斯宾塞尔者以天演自然言化，著书造论，贯天地人而一理之，此亦晚近之绝作也！其为天演界说曰：‘翕以合质，辟以出力，始简易而终杂糅。’”[①] 斯宾塞进化学说将科学革命所揭示的物质构成以及物质间的运动法则，贯穿自然与社会的整体演变。在《悬疏二》的译文之后，严复加入按语，以星云假说来解说“翕以合质”，云：“翕以聚质者，即如日局太始，乃为星气，名涅菩剌斯，布濩六合，其质点本热至大，抵力亦多，继乃由通吸力收摄成珠，太阳居中，八纬外绕，各各聚质，如今是也。”[②] “涅菩剌斯”是严复对“nebulous”（星云）的音译。

康德（Immanuel Kant，1724－1804）1755年在《宇宙发展史概论》中提出了星云假说，主张太初，基本颗粒充斥宇宙空间，在引力与斥力作用下，逐渐形成了太阳系的星体和宇宙秩序。正如该书另一个标题所示，康德的目的是“根据牛顿定理试论整个宇宙的结构及其力学起源”。[③] 康德的观

---

① 严复：《译〈天演论〉自序》，《国闻汇编》第2册，1897年12月18日。原刊影印本参见孔祥吉、村田雄二郎整理《国闻报（外二种）》第10册，国家图书馆出版社，2013，第78～79页。

② 严复按语，赫胥黎造论、侯官严复达恉《天演论悬疏》，《国闻汇编》第4册，1898年1月7日，《国闻报（外二种）》第10册，第213页。

③ 伊曼努尔·康德（Immanuel Kant）《宇宙发展史概论》（或《根据牛顿定理试论整个宇宙的结构及其力学起源》，1755），全增嘏译，上海译文出版社，2001。此书是据德文版译出。有英文版将该书翻译为 Universal Natural History and Theory of the Heavens or An Essay on the Constitution and the Mechanical Origin of the Entire Structure of the Universe Based on Newtonian Principles, translated by Ian Johnston (Arlington, Virginia: Richer Resources Publications, 2008)。

点起初并不受重视，天文学家拉普拉斯（Pierre-Simon Laplace，1749 - 1827）后来提出了相似的理论。威廉·赫歇尔（William Herschel，1738 - 1822）通过改进的器械，观察到由气体和尘云构成的星云和模糊尘雾凝缩为一个中心恒星，证明了星云假说的合理性。斯宾塞正是在这样一种理论大环境中，运用星云假说来解释太阳系的形成，并引申出进化的话题。[①]《论进步：其法则和原因》一文用星云假说解释太阳系的形成，曰：

Let us again commence with the evolution of the Solar System out of a nebulous medium. From the mutual attraction of the atoms of a diffused mass whose form is unsymmetrical, there results not only condensation but rotation: gravitation simultaneously generates both the centripetal and the centrifugal forces. While the condensation and the rate of rotation are progressively increasing, the approach of the atoms necessarily generates a progressively increasing temperature. As this temperature rises, light begins to be evolved; and ultimately there results a revolving sphere of fluid matter radiating intense heat and light — a sun. There are good reasons for believing that, in consequence of the high tangential velocity, and consequent centrifugal force, acquired by the outer parts of the condensing nebulous mass, there must be a periodical detachments of rotating rings; and that, from the breaking up of these nebulous rings, there will arise masses which in the course of their condensation repeat the actions of the parent mass, and so produce planets and their satellites — an inference strongly supported by the still extant rings of Saturn.

参考译文：

让我们从太阳系由星云介质中演化出来开始讨论。形状不对称的分

---

① 威廉·赫歇尔（William Herschel）即《谈天》原作者侯失勒的父亲。另外，星云假说与进化思想的关系，参阅 Peter J. Bowler, *Evolution: The History of an Idea*, Revised edition (Berkeley and Los Angeles: University of California Press, 1983, 1989), pp. 36 - 39。在斯宾塞同时期，星云假说其实是伦敦知识圈的老生常谈，相关分析参阅 Mark Francis, *Herbert Spencer and the Invention of Modern Life* (Stocksfield: Acumen Publishing, 2007), pp. 154 - 155, 374。

散物质的原子彼此间相互吸引，不仅导致凝聚，也产生旋转：万有引力同时生成向心力和离心力。随着凝聚和转速的持续增多，原子的彼此接近必然产生逐渐增高的温度。随着温度的升高，光开始形成；最终一个拥有液体物质、放射出强烈热和光的旋转球体——太阳便形成了。有很好的理由相信，由于快速的切向速度以及随之而来的离心力，再加上被凝结的星云物质的外围部分所捕获，一定存在旋转环的周期性脱离；并且，由于星云环的破裂脱离，将会出现一些物质重复它们母物质的凝聚过程，行星和它们的卫星因此产生——这个推论可以得到现存的土星环的强烈支持。[①]

章太炎《论进境之理》将此段翻译为："曩令执太阳行星之形，而问其产气所始，则必曰气化之矣。是何也？吸力所届，则气中之散点，萃而若粟之穗。故是时即生吸旋二力，吸以增重，旋以增速，然后生热度，而有上荨之光，其卒之则若水沫之转者，斯太阳矣。……积点转愈速，且以生离心力，盖起傅著不过如胶漆，胶漆尚有脱离，则积点可知。其耀魄旁散，斯成环绕之圈。故凡行星多有光带，与附从之月，如土星其最著也。"[②] 严复曾据《昌言报》第1期所载《斯宾塞尔文集》，指责曾、章译文"满纸唵呓"。[③] 就这一段文字来说，章氏译文对原文的诠释确实不到位，翻译的结果不尽如人意，但其过程足令太炎多少了解斯宾塞的观点。太炎译文虽未将"星云假说"作为一个专有名称予以提出，却勾勒了星云假说的大体样貌，所谓"吸力所届，则气中之散点，萃而若粟之穗"，简言之即物质微粒在引力作用下聚集起来。此外，太炎还将下面一句，"It follows as a corollary from

① 原文参见 Herbert Spencer, "Progress: Its Law and Cause," in *Essays: Scientific, Political, and Speculative*, Vol. I (London: Williams and Norgate, 1868), p. 34。参考译文为笔者所译。斯宾塞《论进步：其法则和原因》原作于1857年，章太炎译《斯宾塞尔文集》所采为1868年版，此版文句上与1857年版相同。斯宾塞之后对文章又有修改。关于章太炎译《斯宾塞尔文集》原文版本及其他相关问题，此前研究未有说清，笔者另有文章予以辨析和论说。

② 曾广铨采译，章炳麟笔述《斯宾塞尔文集·论进境之理》，《昌言报》第3册，光绪二十四年七月二十四，《近代中国史料丛刊三编》第33辑，台北：文海出版社，1987，第139页。

③ 严复：《论译才之难》(1898年9月1日)，马勇主编《严复全集》卷7，福建教育出版社，2014，第88页。

the Nebular Hypothesis, that the Earth must at first have been incandescent; whether the Nebular Hypothesis be true or not, this original incandescence of the Earth is now inductively established — or, if not established, at least rendered so highly probable that it is a generally admitted geological doctrine”，翻译为，“由此以推，则地球之初，必有光辉，而不论散点积成之说，亦无由知之”。[①]这就表明，与严复的音译不同，太炎将“星云假说”（Nebular Hypothesis）意译为“散点积成之说”。从对牛顿力学原理的理解来看，斯宾塞原文明确提到“万有引力同时生成向心力和离心力”（gravitation simultaneously generates both the centripetal and the centrifugal forces）。太炎并没有将其译出，译文中的“吸旋二力”并非对应原文的“向心力和离心力”。尽管如此，太炎译文还是提出了“离心力”（centrifugal force），并对它的性质做了譬喻性的讨论，所谓“盖其傅著不过如胶漆，胶漆尚有脱离，则积点可知”。太炎意识到，离心力、斥力制衡了物质间不断吸引的趋向，行星和卫星才得以相对独立地存在与运行。

彼时太炎周边的知识圈子，以离心力与向心力来解说宇宙天体的存在状态，已颇为时尚。如谭嗣同《以太说》亦谓：“一地球，何以能摄月球与动植物？一日球，何以能摄行星彗星流星？……在动重家，必曰：离心力也，向心力也。”[②] 通过参与翻译斯宾塞的论说，加之严复刊行《天演论悬疏》及当时知识环境或多或少的刺激作用，星云假说潜移默化地影响了章太炎。也就是说，《视天论》虽“肇始于”《膏兰室札记》[③]，但创作《视天论》时，太炎实质上已从牛顿力学原理层面深化了对《谈天》等西学文献的理解。所以，《视天论》将《膏兰室札记》以地圆说、太阳光热的意义、地层结构等为关注重点转移到牛顿力学原理，以万有引力生成摄力与离心力的关系来解释宇宙天体的存在状态，尝谓：

① 原文参见 Herbert Spencer, “Progress: Its Law and Cause,” in *Essays: Scientific, Political, and Speculative*, Vol. I (London: Williams and Norgate, 1868), p. 35。所引译文参见曾广铨采译，章炳麟笔述《斯宾塞尔文集 · 论进境之理》，《昌言报》第 3 册，第 140 页。笔者试译如下：“从星云假说可以推论，地球最初一定是炽热的；而无论星云假说是否为真，地球最初的炽热是通过归纳可以确立的学说，或者说，即便并非确立，也有极高的可能性，以至于它被现在的地质学说普遍承认。”

② 谭嗣同：《以太说》（1898），蔡尚思、方行编《谭嗣同全集》（增订本）下册，中华书局，1981，第 433 页。

③ 沈延国：《膏兰室札记校点后记》，《膏兰室札记》，《章太炎全集》（一），第 270 页。

> 往者宗动天之说，以为诸层玻璃，互相包裹，列宿日地，皆如蚁行，而以天为旋磨，此其说近于浑。盖今者各体相摄之说，以为浮行太空，以己力绕本轴，以摄力绕重心，绕重心久，则亦生离心力，而将脱其缰锁，然于昊穹，则本未尝隶属也。此其说则近于宣夜。以新旧说相较，新说轨合，而旧说辄差。然则视天之说，不愈彰明较著乎?[①]

《谈天》卷8《动理》论离心力云，“以索之一端系石，手持一端而旋舞之，石必生离心力。拉索令紧，而索力必有限；旋太急，拉索力大过其限，则索绝而石飞；恰如限，则不绝。知索力之限，即能推当用若干速率”；并称，“设以索联地心，与地面之重物而旋之，令速率所离心力恰如索力，则物必绕地心行，而有摄力令物恒向地心，与索力等，用以代索，则物仍绕地心行不变。月之绕地，亦此理也”。[②] 文章以手拉绳索、系石旋转之例，彰显天体运动中引力与离心力的关系。《视天论》所用譬喻性语言“脱其缰锁”即脱化于《谈天》，但《视天论》对离心力的解说更加简洁。太炎概括牛顿定律支撑下的天体运行状态，有“今者各体相摄之说，……然于昊穹，则本未尝隶属也”云云，亦显得十分自如。

总之，牛顿定律介入太炎对真儒术的认知，乃借由斯宾塞进化学说所介绍的星云假说曲折达成。这一路径的发现，有利于体察清末西学传入时的复杂样态。

三　新旧西学更替与太炎真儒术认知的深层次知识基础

从《视天论》批评话语的矛头所向，我们还能看到外来文化传入与接受过程中的某种诡谲景况：一些由外传入并艰难获得认同、站稳脚跟甚至占据了统治地位的学说，时过境迁之后，很可能以被遗忘的方式迅速为新的外入学说取代。井然有序的批判、扬弃、“交接”，往往并非历史上思想变易

① 章氏学：《视天论》，《儒术真论》附文，《清议报》第25册，1899年8月26日，第1642～1643页。

② 侯失勒原本，李善兰删述，伟烈亚力口译，徐建寅续述《谈天》（18卷附表3卷）卷8，益智书会，1883，第1～2页。

的实态。

《视天论》批评，“往者宗动天之说，以为诸层玻璃，互相包裹，列宿日地，皆如蚁行，而以天为旋磨”。[①] 此处所言，最接近亚里士多德（Aristotle，384B. C. –322B. C.）水晶球体系的宇宙模型。[②] 该宇宙模型明末随耶稣会士的著作传入中国。[③] 在利玛窦（Matteo Ricci，1552 –1610）《乾坤体义》，傅汎际（Francisco Furtado，1589 –1653）译义、李之藻（1565~1630）达辞的《寰有诠》，阳玛诺（Emmanuel Diaz，1574 –1659）的《天问略》等书中，均有推介。亚里士多德水晶球体系的宇宙模型将宇宙视作层层叠套的球层体系，层与层之间的关系及其整体形态是，“相包如葱头皮焉，皆硬坚，而日月星辰定在其体内，如木节在板，而只因本天而动，第天体明而无色，则能通透光，如琉璃水晶之类”；地球居中，静止不动，地球之外的球层依次是月球、水星、金星、太阳、火星、木星、土星、恒星八个球层，第九层则是“宗动天”。[④] 应该讲，章太炎对这一宇宙模型的细节并不熟悉，以致关键的地方论述有误。这个体系的中心——地球是静止不动的，可太炎却写成，“列宿日地，皆如蚁行”，[⑤] 似乎地球也居一层，

① 章氏学：《视天论》，《儒术真论》附文，《清议报》第 25 册，1899 年 8 月 26 日，第 1642 页。

② 关于水晶球体系在西方天文学中的产生、演变，在中国的流传、影响诸问题，请参见江晓原《天文学史上的水晶球体系》，《天文西学东渐集》，上海书店出版社，2001，第 345~357 页。

③ 明清之际，西方古典天文学和一部分近代天文学学说，随基督教传入中国。相关研究很多，可参阅江晓原《明清之际中国学者对西方宇宙模型之研究及态度》，《天文西学东渐集》；山田庆儿：《近代科学的形成与东渐》，《古代东亚哲学与科技文化：山田庆儿论文集》，辽宁教育出版社，1996。

④ 利玛窦在《乾坤体义》中明确称“第九重谓宗动天”；同时，《乾坤体义》中又绘有“乾坤体图”，以第九重为无星水晶天，第十重为无星宗动天，第十一重永静不动（利玛窦：《乾坤体义》，《景印文渊阁四库全书》第 787 册，子部六，天文算法类一，台湾商务印书馆，1982~1986，第 759~760 页）。至于天体究竟由多少个球层构成，继承亚里士多德学说而来的各家见解并不相同。《寰有诠》有专节“论天有几重”。傅汎际称，在亚利（即亚里士多德）那里，天只有八重，亚里士多德误指“列宿天”为“宗动天”。傅汎际根据中古星家的观测，又将列宿天分为两层，以第八重天为众多极微之星，第九重天为列宿之天，第十重天才是宗动天（参见傅汎际译义，李之藻达辞《寰有诠》，华东师范大学图书馆藏明崇祯元年灵竺玄栖刻本，《四库全书存目丛书》，子部九四，齐鲁书社，1995，第 103、146 页）。阳玛诺则以第十一重为宗动天，最高的第十二重为天主上帝诸神居住的永静不动之天（阳玛诺：《天问略》，中华书局，1985，第 1 页）。

⑤ 章太炎《儒术真论》（手改抄清稿）的《视天论》中将“列宿日地，皆如蚁行”，改为“列宿日月地，皆如蚁行”（国家图书馆北海分馆藏本，第 6 页），仍旧不符合亚里士多德体系中地静止不动的设计。

随球层而动，这就不完全符合亚里士多德的模型了。

《谈天》对西方天文学史的介绍极为简略，仅提到“古有诸层玻璃天载星而转之说”，[①] 没涉及哥白尼（Copernicus，1473－1543）日心说与托勒密（Ptolemy，85－165）地心说的斗争，也没提到折中日心地动说和地心体系的第谷（Tycho Brahe，1546－1601）天文学说。[②] 太炎将类似亚里士多德宇宙学说者以“旧说”笼统概括，应该受到《谈天》简介西方天文学发展史的部分影响。但是，将此“旧说”置于中国接受西方天文学说的历史中观照，太炎模糊的时间表述“往者”颇值得推敲。

明末，徐光启（1562～1633）、李天经（1579～1659）先后主持，汤若望（J. Adam Shall von Bell，1592－1666）等四名耶稣会士参与编撰了《崇祯历书》137 卷（1629～1634），全面介绍欧洲天文学。汤若望后将《崇祯历书》删改压缩成 103 卷，更名为《西洋新法历书》，连同所编新历献给清廷，清廷尝将新历颁行天下。清朝官方钦定的宇宙模型，事实上就是《崇祯历书》推崇的第谷模型。《崇祯历书》有“七政序次古图”，显示的是与亚里士多德模型之地心系统颇为接近的托勒密模型，又有“七政序次新图”，展现第谷模型。相关解说区分了两者，且拒斥前者而赞同后者。第谷模型具双中心，一方面“地球居中，其心为日、月、恒星三天之心”；另一方面，水、金、火、木、土五大行星“又以日为心”，绕之运转。这就打破了亚里士多德及托勒密仅以地球为中心的观念。与此同时，《崇祯历书》反对古说之称“各星自有本天，重重包裹，不能相通，而天体皆为实体”（此实指亚里士多德学说，托勒密学说虽也以地球为静止中心，但其中无实体天球，诸“本天”也只是天体运行轨迹的几何表示）。《崇祯历书》推崇的第谷模型，天并非实体，“诸圈能相入，即能相

---

① 侯失勒原本，李善兰删述，伟烈亚力口译，徐建寅续述《谈天》（18 卷附表 3 卷）卷 2《命名》，第 1 页。

② 王扬宗《〈六合丛谈〉所介绍的西方科学知识及其在清末的影响》一文，论《谈天》之特点云，“尽管其中也对本轮均轮、水晶球模型等西方天文学史上较有影响的旧说略有批驳，但全书很少涉及西方天文学的发展历史，而直接从 19 世纪中叶西方天文学所达到的水平立论”（该文载沈国威编著《六合丛谈》附解题·索引，上海辞书出版社，2006，第 148 页）。

通，不得为实体”。[①] 总之清朝占据主导地位的天体模型并非亚里士多德模型，而且，“在明末及有清一代，迄今未发现任何坚持 Aristotle 宇宙模型之天文学家”。[②]

这就很有意思了，在清代占据主导地位的天体模型甚至都没有成为新学说的对手，就被章太炎搁置和遗忘了。太炎选择的对手是在明清间并未构成主流的另一派学说，是中世纪后期亚里士多德宇宙模型与基督教神学全盘结合之后对宇宙运行方式的阐发。在中国，这种观念的代表著述是明末傅汎际译义、李之藻达辞的《寰有诠》。当然，无论是亚里士多德模型、托勒密模型还是第谷模型，都和日心地动的哥白尼学说相背，从宣传哥白尼学说的角度，反击它们任何一家都有道理。[③] 然而，太炎《视天论》更感兴趣的，是通过牛顿定律来探讨宇宙的运行方式，引申出《菌说》所倡万物“自造”观念，从而证成他对真儒术本质的界定——“以天为不明及无鬼神”，从学理上说，将《寰有诠》代表的宇宙观作为对手，无疑更具针对性。

《寰有诠》的原文底本，是葡萄牙耶稣会立科因布拉大学（Coimbra）

---

① 徐光启等修辑《崇祯历书》（影印本），《五纬历指》卷 1，《故宫珍本丛刊》第 382 册“天文算法”，海南出版社，2000，第 180～181 页。汤若望删改本更名为《西洋新法历书》，《五纬历指》卷 1 的相关论述得到保留，参见《西洋新法历书》第 3 册，《故宫珍本丛刊》第 385 册“天文算法”，海南出版社，2000，第 96～97 页。

② 江晓原：《明清之际中国学者对西方宇宙模型之研究及态度》，《天文西学东渐集》，第 363 页。第谷体系在中国的传播和影响，也可参见该书“第谷天文工作在中国的传播及影响”“第谷天文学说的历史作用：西方与东方”等节。

③ 1760 年，耶稣会士蒋友仁（Michel Benoist，1715－1774）向乾隆献《坤舆全图》，详细介绍了哥白尼学说。蒋友仁指出，哥白尼学说，“置太阳于宇宙中心，太阳最近者水星，次金星，次地，次火星，次木星，次土星”，“以太阳静，地球动为主”，继承哥白尼学说者，有刻白尔（Johannes Kepler，1571－1630，今译为开普勒）、奈端（今译为牛顿）等，而“今西士精求天文者，并以歌白尼所论序次，推算诸曜之运动”（《地球图说》，蒋友仁译，钱大昕等修改，中华书局，1985，第 7 页；按：此书为《坤舆全图》的说明文字）。此前，《崇祯历书》将哥白尼列为四大天文学家之一，多处介绍其学说内容，黄宗羲之子黄百家（1643～1709）也完整介绍过哥白尼学说。然而，此说并未获得中国知识界的广泛认可。知识界领袖阮元（1764～1849）在 1799 年编讫的《畴人传》中，批评“地球动而太阳静”的学说是“上下易位，动静倒置”，“离经畔道，不可为训，固未有若是甚焉者也”［阮元：《畴人传》卷 46《西洋四》附传论（1799），阮元等《畴人传汇编》，广陵书社，2009，第 550 页］。四十多年后，在西学中源的想象推动之下，阮元以张衡的地动仪为“地动天不动之仪”，不再坚持反对哥白尼的日心说，而谓“蒋友仁之谓地动，或本于此，或为暗合，未可知也”［阮元：《续畴人传序》（1840），《畴人传汇编》，第 552 页］。

对亚里士多德《论天》（*De Coelo*）的注解本。《寰有诠》是中国第一部系统介绍亚里士多德以及西方中世纪正统宇宙学说的译著。其卷1论“万物共一最初者义”，无论是在亚里士多德著作，还是在科因布拉大学的注解本中都没有出现，完全是傅汎际本人的再创作。[①] 而这一卷集中表达了天主作为第一原因创造世界的神学内容，同时也将亚里士多德《论天》置于基督教神学的框架之中。

《寰有诠》卷1谓万作“必有为最初作之所以然，是谓天主”，它举出了五条论证。第一条论证云，“就作所以然而推，凡属可觉之物，必有作之所以然，夫万作所以然之中，固无一能自造自成者，有作之者在先，乃有其效在后……凡万作之所以然，皆相关相接而生，推寻原本，不得谓之无穷递传，而无所止极也。必有最初之作者，以为万作者之所共属”，而“必有为最初作之所以然，是谓天主”。第四条论证谓：“就物之动而推，凡属动者，依他而受动；盖受动者属能，而施动者属为。”又谓：“此一物之一分，不得谓其亦施动，亦受动。而凡受动者，必他有所依而受之动也。夫凡施动者，既他有所依而受动，则必有他施动者。而其他者，亦依他而受动。其相推相动之伦，不得无穷无极，是谓无最初施动者，无最初施动者，则亦无次施动者。盖凡次施动者，受动于最初施动者而动，则必当追而至于一最初施动而不自动者，是谓天主。”[②] 简单总结，就是说有作之者在先，才有其效在后，世间万物都不可能是自造自成；凡万作皆相关相接而生，作与作之效向其初始推求并非无所止极，“最初作之所以然”即天主。而在运动上，有施动者，才有受动者，动只能是“依他而受动”，世间万物不受外力作用

① 《寰有诠》原文底本是 *Commentarii Collegii Conimbricensis Societatis Iesv. In Qvatvor Libros de Coelo Aristotelis Stagiritae*（耶稣会立科因布拉大学注解：斯达济亚人亚里士多德《论天》四卷）；该书完成于1560年，作者可能是 Marcos Sorge、Pedro de Fonseca 和 Pedro Cómez 三人之一。关于《寰有诠》的研究，尤其是它与底本的关系，参见惠泽霖（Hubert Verhaeren）《论〈寰有诠〉译本》，方豪译，《我存杂志》第5卷第3期，1937年，第127～128页；方豪《李之藻研究》，台湾商务印书馆，1966，第九章“李之藻之译介宇宙论——《寰有诠》”，第103～115页。较为详尽的研究参见石云里《〈寰有诠〉及其影响》，《中国天文学史文集》第6集，科学出版社，1994，第232～260页；也可参见冯锦荣《明末熊明遇〈格致草〉内容探析》，《自然科学史研究》第16卷第4期，1997年，第311页。

② 傅汎际译义，李之藻达辞《寰有诠》，华东师范大学图书馆藏明崇祯元年灵竺玄栖刻本，《四库全书存目丛书》，子部九四，第7～9页。

时，处于静止状态；施动与受动向其初始推求也并非无穷无极，溯层层传递的施动和受动关系而上，所得最初的施动者乃是天主。由此，最初之作者与最初施动而不自动者，达到了必然的同一。

亚里士多德宇宙模型内的运动关系，符合《寰有诠》第 1 卷对作者与其效、施动者与受动者关系的阐述。这也是该宇宙模型被纳入基督教神学体系的原因之一。《寰有诠》载，“今我明辩，天动恒均，所谓均者，专论上重，其下诸重，动固不一”，傅汎际特意加小字，将“上重”注为“宗动天”，解释道，“亚利（引者按：即亚里士多德）证天动均停，无迟疾之异，第论宗动天所以旋运而成昼夜者”。宗动天的运转是均匀的，因它的旋转形成了昼夜。并且，宗动天作为施动方，其运动又带动了下层天球的运动，所谓“缘受动诸天，层累承接，中间绝无一物为间，又缘每重以上层含抱下层，而总一枢极，故上天之运，能挈下天而运”。①

太炎《视天论》针对的“往者宗动天之说”及其所说“列宿日地，皆如蚁行，而以天为旋磨”的运行方式，正是《寰有诠》阐发的宇宙运行方式。其间，牛顿定律对太炎思想的启发是根本性的。这非常类似于怀特海所言，牛顿运动定律否定了两千年来阻碍物理学进步的信念，关键在于它处理了科学理论中必备的一个基本概念——“观念上的独立系统的概念”（the concept of an ideally isolated system）：

> 这个概念包括了事物的一种基本性质。没有这个概念的话，科学，甚至于人类有限智能中一切的知识都不可能存在。这个“独立”的系统倒不是一个唯我主义的系统，唯我主义的系统认为离开我就一切都不存在了。这种独立系统则是在宇宙范围之内独立存在。这就是说，有许多关于这系统的真理，只要通过统一的和系统的关系图式推演到其余的事物作为参照就行。因此，独立系统的概念并不是在本质上独立于其余事物之外的系统，而是和宇宙间其他各种事物细节没有因果上的依赖关系的系统。同时，所谓没有因果上的依赖关系也只是对这一独立系统的

① 参阅《论诸天同类否》《论宗动天以下从东从西之运》，傅汎际译义，李之藻达辞《寰有诠》，华东师范大学图书馆藏明崇祯元年灵竺玄栖刻本，《四库全书存目丛书》，子部九四，第 109 页上下、第 117 页上。

某些抽象特性而言的，并不是指这一系统的全部具体情况。①

章太炎强调，在摄力与离心力配合下的天体运行，“各体相摄之说”，表明星体“于昊穹，则本未尝隶属也”。② 这里的“未尝隶属”，即可视为“观念上的独立系统的概念”的一种呈现。

太炎指出，“地之必有倚赖于太阳者”，“以其辉润暄蒸，能生万物”。地球“并不是在本质上独立于其余事物之外的系统”，但其存在和运行与太阳“没有因果上的依赖关系”，“夫体成圆球者，未或不动，动则浑沦四转，无待于覆”，地球“非专恃”太阳之“覆庇”。太炎对万有引力定律进行了举一反三的运用，强化了对近似于“观念上的独立系统”的理解。如谓：“苟无太阳，则自荧惑而外，至于海王，斯五行星者，其体质轨道皆大于地，亦未尝不能摄地，使绕一重心也。”易言之，即便没有太阳，地球也会被其他质量大于自己的星体之引力所摄。由于“凡体大者必能摄小体”，太阳其实也被质量远大于它的星体所摄，“地既为日所摄矣，而持蛇夫第七十星光大日一倍，天狼星光大日四十二倍……皆是能摄日者也。人第见地球为日所摄，而不知日球亦因摄而动”。③

太炎基于万有引力定律，对《寰有诠》阐述的“作”者与其效以及施动与受动的单向、有限的关系进行了根本性解构。作与作之效、施动与受动之关系可以无所止极，同一物体能够既是施动者又是受动者，并无最初的施动者，亦即并无所谓最初之“作”者。而太炎将《视天论》“观念上的独立系统的概念”运用于观照万物，就有了《菌说》自己生成、自己进化的万物“自造”说。该说彻底否定了《寰有诠》“夫万作所以然之中，固无一能自造自成者”的逻辑，也否定了万作之上有一最初之作者。《菌说》里物乃“自造”的用语，亦似特别针对《寰有诠》万作所以然“固无一能自造自成”的表述。

---

① Alfred North Whitehead, *Science and the Modern World: Lowell lectures*, 1925, p. 47。中文翻译参见怀特海《科学与近代世界》，第 54 页。

② 菿汉阁主：《视天论》，《台湾日日新报》1899 年 1 月 8 日，汉文第 5 版；亦参见章氏学《视天论》，《儒术真论》附文，《清议报》第 25 册，1899 年 8 月 26 日，第 1643 页。

③ 章氏学：《视天论》，《儒术真论》附文，《清议报》第 25 册，1899 年 8 月 26 日，第 1643 ~ 1644 页。

虽然亚里士多德的水晶球宇宙模型在清代并未得到官方承认，但《寰有诠》所载“宗动天”之说，作为对亚里士多德“上重”天的附会与解说，还是有一定影响的。《崇祯历书》对《寰有诠》的“宗动天”采保留其说法又略有回避的态度。[①] 天文历算学家王锡阐（1628～1682）《五星行度解》则认同宗动天运行之力施加于七政。[②] 《四库全书总目》批评《寰有诠》“议论夸诈迂怪，亦为异端之尤”；[③] 故《四库全书》不收该书而仅存其目。这也导致乾隆之后，该书流传甚尠，“不甚见称于世”。[④]

从现存史料还不能最终判定太炎知晓宗动天、水晶球体系，究竟是直接读到了《寰有诠》相关论说或受它影响的学说，还是仅凭耳食。[⑤] 然而在清末，太炎重要的学术工作是批判基督教神学，批判“自景教之兴，则宠神上帝，以为造万物”。[⑥] 彼时，传教士传播的西学中大量掺杂万物俱由“上

---

① 《崇祯历书》推崇第谷的宇宙模型，认为“三天之行（日、月、太白）皆由一能动之力，此能力，在太阳之体中耳”。但《崇祯历书》保留了《寰有诠》“宗动天”的说法，姿态上则是回避的。如有问“宗动天之行若何”，其正解曰，“地体不动，宗动天为诸星为上大球，自有本极，自有本行，而向内诸天，其各两极皆函于宗动天中，不得不与偕行。如人行船中，蚁行磨上，自有本行，又不得不随船磨行也。求宗动天之厚薄，及其体其色等，及诸天之体色等，自为物理之学，不关历学。他书详之（如《寰有诠》等）”。徐光启等修辑《崇祯历书》（影印本），《五纬历指》卷 1，《故宫珍本丛刊》第 382 册“天文算法”，第 181～182 页。

② 王锡阐谓，“历周最高卑之原，盖因宗动天总挈诸曜，为斡旋之主。其气与七政相摄，如磁之于针，某星至某处，则向之而升；离某处，则达之而降，升降之法，不为直动，而为环动”（《五星行度解》，中华书局，1985，第 8 页）。

③ 永瑢等撰《四库全书总目》卷 125 子部杂家类存目二，中华书局，1965，第 1081 页下。

④ 陈垣：《浙西李之藻传》（1919），黎难秋主编《中国科学翻译史料》，中国科学技术大学出版社，1996，第 592 页。

⑤ 1857～1858 年，《六合丛谈》曾载伟烈亚力、王韬合译的《西国天学源流》（第 1 卷第 10 号，1857 年 10 月 18 日），介绍托勒密（译为“多禄某”）学说时指出，“又谓天有层数，每层有硬壳，质如水晶，能透光，每壳上一行星居之，诸行星天外有恒星天，亦如水晶透光，其外又有宗动天，磨动诸天，每日一周，其外有天堂焉，此皆其徒附会之说，非多禄氏本意焉”（伟烈亚力口译，王韬仲弢著《西国天学源流》，《西学辑存六种》，己丑秋淞隐庐遁叟校印，第 8 页）。这说明其时有人误以为水晶球体系是托勒密的观点。最有意思的是，1859 年伟烈亚力在为《谈天》写序时，说“昔多禄某谓地居中心，外包诸天，层层硬壳”［伟烈亚力：《序》（1859），《谈天》（18 卷附表 3 卷），第 1 页］，颇有以讹传讹的味道。章太炎也可能受这些论说的影响，以为西学的“旧说”可概括为宗动天、水晶球体系。

⑥ 章太炎：《天论》，《訄书》初刻本，《章太炎全集》（三），第 16 页。

帝创造”的内容。如《膏兰室札记》屡次提及韦廉臣（Alexander Williamson，1829－1890）的《格物探原》，该书5/6的篇幅是宣传基督教教义。太炎早就宣布，“天且无物，何论上帝”。[①] 而基督教神学的宇宙观正是《寰有诠》的内核。这就决定了《儒术真论》即便不是直接针对《寰有诠》，也必然与它所代表的知识话语交锋。

明清之际第一次西学东渐的天文学成果中，占据主流的第谷模型被太炎搁置或遗忘，而不居主流、结合亚里士多德宇宙模型与基督教神学的《寰有诠》的相关论述，却被放在了审判台上。这从一个侧面表现出，清末这次西学东渐，科学革命建立的新范式覆盖一切，不可阻挡，新西学迅速替代旧西学，实现了学术的嬗变。

这里有必要对太炎《视天论》言及的传统天学资源做一些探讨，它们强烈地提示着太炎对新知的受容。

《视天论》开篇指出，中国古代言天体有三家之说——“周髀”说、“宣夜”说、“浑天”说。[②] 宣夜说主张天无形质，并非固态，日月星辰皆自然“无所根系”地悬浮于空中，彼此不相依附，星体之间充斥着“气”；太炎认为宣夜说“合于分刌节度”，即最符合宇宙天体存在的实态。章氏此文几乎全援引《晋书·天文志》对“宣夜”说的解释，并且给出了肯定性的评价。其言曰：“昔余尝持视天之说，以为远望苍然者，皆内蒙于空气，外蒙于阿屯以太而成是形，非果有包于各耀而成太圜之体者也。既而读汉秘书郎郤萌所记宣夜之说云：天了无质，仰而瞻之，高远无极，眼瞀精绝，故苍苍然也。譬之旁望远道黄山而皆青，俛察千仞之深而窈黑；夫青非真色，而黑非有体也。日月众星，自然浮生虚空之中，其行其止，皆须气焉。是以七耀或逝或住，或顺或逆，伏见无常，

① 章太炎：《膏兰室札记》卷3，四六二“天”，《章太炎全集》（一），第256页。

② 《后汉书·天文志上》刘昭注引蔡邕《表志》之言曰：“言天体者有三家：一曰《周髀》，二曰《宣夜》，三曰《浑天》。”（《后汉书》，中华书局，1965，第3217页）《晋书·天文志》详细解说了三家论天的特征。其中，“浑天”说主张，“天地之体，状如鸟卵，天包地外，犹壳之裹黄也；周旋无端，其形浑浑然”；“周髀”说即“盖天”说，“言天似盖笠，地法覆盘，天地各中高外下”。浑天说以天地皆为圆球，天包地如蛋壳包蛋黄；盖天说以天地皆为圆盖，天上而地下（《晋书》卷11《天文上》，中华书局，1974，第285、278页）。

进退不同，由乎无所根系，故各异也（见《晋书·天文志》）。呜呼！斯言也，可谓合于分刌节度者矣。”①

肯定近代天文学解释的宇宙模型近似于中国古代宣夜说，并非章太炎的独创。伟烈亚力于 1867 年出版的《汉籍解题》（*Notes on Chinese Literature*，又译为《中国文献记略》）就指出，虽然传统的宣夜说并没有流传下来，但中国人认为宣夜说与欧洲人传入的天体系统非常近似。② 李约瑟（Joseph Needham，1900－1995）后来在《中国科学技术史》中赞扬宣夜说，云：“中国这种在无限的空间中飘浮着稀疏的天体的看法，要比欧洲的水晶球概念先进得多；虽然汉学家倾向于认为宣夜说不曾起作用，然而它对中国天文学思想所起的作用实在比表面上看来要大一些。”③ 实事求是地讲，宣夜说是中国古代流传的一种影响并不大的学说，它顶多使章太炎在面对水晶球概念时，抱持审慎而不轻信的态度。牛顿定律提供了“无所根系”“未尝隶属”的宇宙天体系统的确切证明，才真正激活了宣夜说。这一点，对认知支持太炎重新界定真儒术的《视天论》，具有十分特别的意义。这也体现了近代科学最显著的特征，即超越时间与空间，对各方面、所有个体都有普遍适用性和客观性。

《视天论》谓：“盖众星附丽天河，成大椭球，太阳率八行星，成一世界，而各恒星亦皆有所属之地球，其上所生人物，与此不异，所谓三千大千世界者近之矣。”④ 此处，章太炎将不可思议的天河恒星群视为太阳系的复制品。于是天河之恒星群虽阔大辽远，人类无力登越，但它们又具有某种可

① 章氏学：《视天论》，《儒术真论》附文，《清议报》第 25 册，1899 年 8 月 26 日，第1641～1642 页。太炎的引文和《晋书·天文志》的记载只个别文字有出入，《晋书·天文志》原文为：“宣夜之书亡，惟汉秘书郎郗萌记先师相传云：‘天了无质，仰而瞻之，高远无极，眼瞀精绝，故苍苍然也。譬之旁望远道之黄山而皆青，俯察千仞之深谷而窈黑，夫青非真色，而黑非有体也。日月众星，自然浮生虚空之中，其行其止皆须气焉。是以七曜或逝或住，或顺或逆，伏见无常，进退不同，由乎无所根系，故各异也……”（《晋书》卷 11《天文上》，第 279 页）

② Alexander Wylie，*Notes on Chinese Literature*：*with Introductory Remarks on the Progressive Advancement of the Art*；*and a List of Translations from the Chinese*，*into Various European Languages*（Shanghae：American Presbyterian Mission Press，1867），p. 86.

③ 李约瑟：《中国科学技术史》第 4 卷第一、二分册，科学出版社，1975，第 115～116 页。

④ 章氏学：《视天论》，《儒术真论》附文，《清议报》第 25 册，1899 年 8 月 26 日，第 1644 页。

知性，无限星空必有无数的“地球”、无尽的生命。此种想象在 19 世纪末风行全球。比如，伟烈亚力猜测天河约十亿的行星“必俱有动植诸物如我地球”;[①] 侯失勒谓：“夫天空如是其大也，诸星如是其多也，安知非别有动植诸物，生于其中耶?”[②] 可谓众口一词。《视天论》又称：“若夫火星之民，能开二渠以转漕，与通达之国不异。”火星上有运河（canal)，乃 19 世纪 70 年代之后逐渐流行的学说，美国天文学家罗威尔（Percival Lawrence Lowell，1855 - 1916）是该学说的强烈支持者。他 1895 年出版《火星》(*Mars*)，将火星上的沟槽描述成运河。章太炎这些表述，均可见清末思想界与全球流行思想紧密关联。

《视天论》否定天之神性与上帝造人，尝谓：“知实而无乎处，知长而无本剽，则上帝灭矣，孰能言其造人与其主予多殃庆耶。”[③] “知实而无乎处，知长而无本剽”，源自《庄子·庚桑楚》所谓“有实而无乎处者，宇也；有长而无本剽者，宙也”。据郭象注，此语意为“四方上下未有穷处”，“古今之长无极”,[④] 即空间与时间无穷无极。显然，单知时空绵延无际并不必然导致“上帝”或天之神性的消失。《视天论》此语之上有一句：“北极虽大，宁独无绕乎?”所有天体都遵循万有引力定律才是关键所在，并不存在一个超越性、终极性的原因即“上帝”或神性之天。牛顿力学的基本定律解释了天体存在和运行的状态，使遥远无穷的未知，都能以已知、可感的方式得到对象化的投射和预计。浩瀚星空不过是无穷的太阳系、无数的地球、无尽的生命、无量的欲界烦恼……太炎意识到，这才是神秘终极力量消失的根源。[⑤]

---

① 伟烈亚力：《序》(1859)，侯失勒原本，李善兰删述，伟烈亚力口译，徐建寅续述《谈天》(18 卷附表 3 卷)，第 2 页。

② 侯失勒原本，李善兰删述，伟烈亚力口译，徐建寅续述《谈天》(18 卷附表 3 卷)，卷 16，第 1 页。

③ 章氏学：《视天论》,《儒术真论》附文，《清议报》第 25 册，1899 年 8 月 26 日，第 1644 页。

④ 郭庆藩：《庄子集释》，王孝鱼点校，中华书局，2004，第 800 ~ 801 页。

⑤ 单单相信时空无穷极、天河内外由无数的太阳系组成、无数的“地球”上有无量的生命，并不必然消减对上帝的信仰。比如传教士伟烈亚力跟太炎一样相信这些宇宙天体知识，但他因此而更加赞叹造物主的伟大，谓“伟哉造物！其力之神，能之巨，真不可思议矣”[伟烈亚力：《序》(1859)，侯失勒原本，李善兰删述，伟烈亚力口译，徐建寅续述《谈天》(18 卷附表 3 卷)，第 2 页]。选择怎样的信仰，毕竟和个体主观上愿意相信什么有关。

总的来说，接纳以牛顿力学定律为核心的近代科学，才是章太炎重新将真儒术之本质界定为“以天为不明及无鬼神”的深层次知识基础。

余　论

太炎早年于《膏兰室札记》中，已根据王充《论衡·物势篇》“天地不故生人，人偶自生”的观念，驳斥了上帝造人之说。[①]《菌说》里，太炎用原子运动“欲恶去就”（“欲、就为爱力、吸力，恶、去为离心力、驱力”）两种背反力量的不断作用，来解释万物的生成与进化。[②] 在牛顿定律的支撑下，太炎进一步将“人偶自生”说，引申、落实为万物“自造”说。

太炎 1900 年梓行的《訄书》初刻本有《公言》上、中、下三篇。上篇起始谓，“大明若弹丸而力四匝，胁驱其侍从八行星，以从于轨道，而形体亦肖之。是故道重学于日之侍从之地，以为圜倚转，转亦倚圜，则万物以为公言，侻也”。此数语明确提出，力学对太阳系形态及运转规律的揭示是千真万确的真理。太炎在《公言》篇末留下一句意味深长的话：“夫舍日，而重学不可以为公言，则无公言乃公言矣！今吾犹不能遁于照临之外，其焉能越是范乎？”[③] 离开太阳系，力学就不能成为公言了，甚至可以说就没有公言存在了。但是，人类如今仍不能遁逃于太阳系之外，那么依太炎之见，牛顿定律就是君临、支配世界的真正规范与“公言”。正是牛顿力学原理对天

---

① 《论衡·物势篇》原文参见黄晖《论衡校释》，中华书局，1990，第 144 页。章太炎的运用，参见《膏兰室札记》卷 3，四一一“造人说”，《章太炎全集》（一），第 209 页。

② 《菌说》原文如下：“盖凡物之初，只有阿屯，而其中万殊，各原质皆有欲恶去就，欲就为爱力、吸力，恶去为离心力、驱力，有此故诸原质不能不散为各体，而散后又不能不相和合。夫然，则空气金铁虽顽，亦有极微之知。……彼其知则欲恶去就而已，不如是不能自成原质，亦不能相引而成草木。夫其桥起而相引也，则于是有雌雄片合，而种类成矣。有种类则又有其欲恶去就，而相易相生相摩，渐以化为异物。故既有草木，则草木亦如瞽之求明，如痿之思起，久之而机械日生，刻意思之以趋于近似，而其形亦遂从之而变，则于是有蜃蛤水母。彼又求明，则递为甲节，为脊骨，复自鱼以至鸟兽而为蝯狙猩狒以至为人，此所谓随序之相理也。”见章氏学《菌说》，《儒术真论》附文，《清议报》第 28、29 册，第 1838、1901 页。

③ 章太炎：《公言》上，《訄书》初刻本，《章太炎全集》（三），第 12 页。相比于《视天论》，《公言》的立论还略有些后退。《视天论》倾向于天河内外的星群皆类似于太阳系。而《公言》则疑惑，天河的星群，“其形若剪刀与并夹”，它们的转动难道也是椭圆形的轨道，“圜与转之相倚”吗？如此模式，“出乎日畿，其尚为公言乎”？

体运行状态的解释，稳固了太炎日月星辰“未尝隶属”“无所根系”等观念上的独立系统；他并以“欲恶去就”来描述引力与离心力的关系，证成万物“自造”，从而建构“依自不依他”的哲学观念，确立了真儒术“以天为不明及无鬼神”。

近代科学的东渐深刻改变了中国社会与思想界的面貌，清末新传入的西学也覆盖了明末传入的旧西学。鲁迅曾言：“盖科学者，以其知识，历探自然见象之深微，久而得效，改革遂及于社会，继复流衍，来溅远东，浸及震旦，而洪流所向，则尚浩荡而未有止也。”[①] 致力于传统学术的学人同样被裹挟于这股浩荡洪流之中。清学巨擘孙诒让深明“五洲强国竞争方烈，救焚拯溺，贵于开悟国民，讲习科学”的道理，谓“不佞曩者所业，固愧刍狗已陈，屠龙无用，故平日在乡里未尝与少年学子论经、子古义，即儿辈入学校，亦惟督课以科学”。[②] “真新学者，未有不能与国学相挈合者也”，[③] 乃清末研习国学者的一种重要姿态。章太炎“以欧罗巴学上窥九流”，将对儒术本质内涵的认知建构在科学尤其是力学基础之上，令其重放光彩。在这种诠释中，国学与自西传入的科学并未构成时间上的先后关系，也没有形成自我和他者的二元对立。太炎对儒、墨差异进行再认识，试图从学术史层面将“以天为不明及无鬼神”确立为儒学区别于墨学的焦点；同时又从方法上倡言治子乃发扬研究者能动性、“寻求义理”的“主观之学”，为国学涵容西方近代科学打开空间。由是，太炎对真儒术的诠释不仅是方法和理论上自洽的体系，而且拥有近代科学的支持。“公言”洪流浩荡，浸润、滋养了中国文化的土壤，构成了亦古亦今之儒术观念的真正思想基盘。

---

① 鲁迅：《科学史教篇》（1907），《鲁迅全集》第1卷，人民文学出版社，2005，第25页。

② 孙诒让：《答日人馆森袖海》（1907），孙延钊：《孙衣言孙诒让父子年谱》，第351页。

③ 国学讲习会发起人：《国学讲习会序》，《民报》第7号，1906年9月5日，第129页。

政治联姻的背后

——载沣娶妻与荣禄嫁女

张海荣

政治联姻是古今中外各政权、部族或家族团体，为实现特定的政治目的或其他战略意图，经常采用的一种有效手段。在清朝历史上长期大行其道的“指婚”，正是政治联姻的突出表现。其间起决定作用的，从来都是最高统治者的利益，而非婚配双方的意愿。载沣与荣禄之女的联姻，也不例外。

光绪二十七年八月二十四日（1901 年 10 月 6 日），因八国联军攻陷京城而西狩的慈禧太后和光绪皇帝自西安起程回銮。同年十一月二十六日（1902 年 1 月 5 日），两宫驻跸保定期间，慈禧太后颁布懿旨，将大学士荣禄之幼女瓜尔佳氏指为醇亲王载沣福晋。当时，因庚子年克林德（Ketteler，K. A. Baron von）被杀前往德国道歉的载沣刚刚回国并抵达行在，而“己亥建储”时所立大阿哥溥儁也被革除名号，赶出宫廷。在即将抵京之际，慈禧太后做出这一决断，在高度敏感的清朝政坛引发不小的震动。特别是载沣此前已订有婚约，这桩以“悔婚”为代价的指婚，引发皇室不少责难，也成为中外舆论关注的焦点。对于载沣与荣禄之女的联姻，近代以来论者或据野史笔记以为谈资，一些学者在学术层面虽有所涉猎，却无专门考察。[①] 本文特梳理相关史实，并就该问题及其对晚清政局的显著影响略做讨论，以就教于方家。

---

① 本文修改过程中承蒙马忠文、李细珠研究员悉心指教，李文杰副教授、王刚博士、朱大益硕士也提出了很好的意见，特此致谢！相关研究参见庄练（苏同炳）《中国近代史上的关键人物》中册，中华书局，1988，第 283 ~285 页；陈宗舜《末代皇父载沣》，（转下页注）

一　与载沣擦肩而过的两门婚约

载沣（1883～1951），字亦云，醇亲王奕譞之子。奕譞先后育有七子，除幼殇者，仅存四子，即次子载湉、五子载沣、六子载洵、七子载涛。载湉即光绪帝，为正福晋、慈禧太后胞妹叶赫那拉氏所出；载沣、载洵、载涛皆为侧福晋刘佳氏（五品典卫德庆之女）所出。载沣虽系庶出，但在王府诸子中居长，光绪十六年奕譞去世后，承袭醇亲王爵位。光绪二十年，慈禧太后万寿，赏戴三眼花翎。二十六年正月，奉旨在内廷行走。同年冬，补授内大臣。二十七年正月，补授阅兵大臣，旋充正蓝旗总族长。[①]

载沣的性格敦厚和善，喜好读书，被长辈视为“少年老成”的一类。其容貌举止也称得上英挺俊秀，从容沉静。当年有机会接触王公权贵的美国传教士何德兰（I. T. Headland）曾这样描述载沣：“他缄默少语，相貌清秀，眼睛明亮，嘴唇坚毅，腰板笔挺，虽不及中等身材，但浑身透露着高贵。他尊严，聪明，虽然话不多，但跟人交谈时从来不会没有话说。他不喜欢闲聊，但和自己平级的人在一起时却也会毫不迟疑地幽默一番。”[②] 这大体道出载沣的为人秉性。

身为御弟、亲王，载沣的尊贵地位不言而喻，然而他也有不能自主的一面，其表现之一便是婚姻之事系由慈禧太后亲自指定，这就是清代的“指婚”制度。自满洲入关之日起，出于巩固皇室政权和稳定国家政治局面的考虑，皇族婚姻一直奉行严格的“指婚”制度。清初皇室与满、蒙贵族的多重联姻，便是有力的说明。后因皇族人口不断增多，为及时

（接上页注①）北方文艺出版社，1987，第21～25、146～147页；柳白（陈宗舜）《历史上的载沣》，中国工人出版社，2007，第31～36页；喻大华《慈禧为何选择载沣摄政》，《紫禁城》2000年第4期，第21～24页；王文丽《溥仪的生母瓜尔佳氏》，赵继敏、王文锋主编《末代皇帝溥仪在紫禁城》，吉林大学出版社，2013，第116～121页；王刚《荣禄与晚清政局》，博士学位论文，北京大学历史系，2014，第203～238页；马忠文《荣禄与晚清政局》，社会科学文献出版社，2016，第320～321页。另外，高阳（许晏骈）《慈禧全传之六·瀛台落日》（中国友谊出版公司，1984）也有一定参考价值。

① 丁进军编选《载沣等王公亲贵履历》，《历史档案》1988年第1期，第59页。

② 何德兰：《慈禧与光绪——中国宫廷中的生存游戏》，晏方译，中华书局，2004，第113页。

婚嫁计，乾隆三年（1738）始规定，指婚范围仅限于近亲宗室，即“皇上伯叔辈王贝勒等子女、兄弟辈王等子女，至十五岁请旨”，其余宗室子女，除特旨指婚外，“余酌量及时婚嫁”。[①] 迨至慈禧太后当权，通过政治联姻笼络权贵、维护和巩固自身权力，更是其屡试不爽的有效手段。其中，最为突出的就是她竭力促成自己母家与皇室的联姻，如以其胞妹婉贞嫁醇王奕譞，另一妹嫁宗室奕劻（作者按：庆王奕劻之弟）；大弟照祥之女，嫁贝勒载澍；二弟桂祥有三女，一贵为光绪皇后，一嫁辅国公载泽，一嫁顺承郡王纳勒赫；[②] 幼弟佛佑之女，嫁贝子溥伦。[③] 以载沣的身份、地位及其与光绪帝的特殊关系，他的婚姻大事，自然也要依从慈禧太后的心愿。

有确凿的档案依据表明，慈禧太后首度为载沣指婚，系在光绪二十六年四月，适逢“戊戌政变”后不久、“大阿哥”溥儁新立的政治敏感期。载沣的指婚对象因之更加不同寻常。依照清朝制度，“指婚”原本是与“选秀女”相联结的。“选秀女”始于顺治年间，是指清廷从八旗和内务府三旗中定期挑选未婚女子，因目的不同，大致分为两类：第一类，每三年一次，由户部请旨阅选八旗秀女，选中者“或备内廷主位，或为皇子、皇孙拴婚，或为亲、郡王及亲、郡王之子指婚”；第二类，每年一次，由内务府请旨阅选内务府秀女，选中者多供内廷使役。[④] 但是，光绪二十年甲午之后，受宫廷政争和内忧外患的影响，清廷一度停止阅选八旗秀女，直至光绪三十二年才复举，却又因无人应选而就此废除。[⑤] 载沣的指婚对象显然不是从“秀女”中选拔，而是由慈禧太后从贵族女子中自行挑选，虽有违定制，选择的主观性却更强。

然而机缘巧合的是，慈禧太后为载沣指婚后不出数月，八国联军攻入北

① 昆冈等撰《清会典事例》第1册，卷1“宗人府一·天潢宗派·婚嫁”，中华书局，1991，第8～9页。

② 金承艺：《慈禧太后的家族》，《清朝帝位之争史事考》，中华书局，2010，第232～246页。

③ 宗谱编纂处编《爱新觉罗宗谱》甲册，第2～3页。

④ 吴振棫：《养吉斋丛录》卷25，北京古籍出版社，1983，第264页。

⑤ 参见许妍《清代“选秀女”制度研究》，硕士学位论文，中央民族大学历史文化学院，2009，第10～27页。

京，不少官员眷属以身殉难，这位未来的亲王福晋也未能幸免，其真实身份更随之成谜。光绪二十七年三月初二日，《申报》关于这位准福晋殉难的消息曾做如下报道，称其为前任巡抚福润之女：

> 原任山东巡抚福中丞润之女公子，曾蒙皇太后指婚为醇邸福晋，惟尚未迎入府第。客岁联军入城，女公子投井殉难，中丞之太夫人年逾八旬，亦自尽身死。自中丞以下，阖门殉难，计老幼男女十五名。①

福润（？～1900），字少农，蒙古正红旗人，乌齐格里氏，前兵部尚书爱仁之子，前大学士、著名保守派倭仁之侄，历任刑部右侍郎、工部尚书、总理衙门大臣、山东巡抚、安徽巡抚等职。光绪二十二年，因病开缺，庚子国破，阖家殉难。但在学界另一公认真伪羼杂的《景善日记》中，关于此位未来福晋的身份，却留下这样的记载："与醇亲王指婚之萨克达氏，亦从容引药而死。"②

要确定这位未来福晋的真实身份，还是应该采信官方的说法。光绪二十六年，大学士昆冈等《胪陈殉难各员事迹请旨赐恤折》奏称：

> 花翎头品顶戴、前任奉天府府尹福裕之子侄兵部员外郎衡璋、刑部员外郎衡玖、闲散衡镕等呈报：职父福裕、母章佳氏于七月二十一日京城沦陷，偕婶母原任澧州知州福昌之妻爱新觉罗氏，原任内阁学士福楙之妻萨尔图克氏，并其女系本年四月奉旨指婚醇亲王，内阁侍读学士福敏之妻杭阿坦氏并其女，均同时仰药投井殉节等情……③

该折明确交代，载沣的指婚对象是前任内阁学士福楙之女乌齐格里氏，

① 《神京录要》，《申报》1901 年 4 月 20 日，第 2 版。

② 《景善日记》（光绪二十六年七月二十一日），中国史学会主编《中国近代史资料丛刊·义和团》（一），上海人民出版社，1957，第 84 页。

③ 《申报》1901 年 1 月 25 日，第 1～2 版。

指婚时间是光绪二十六年四月，庚子事变中，仰药投井殉节。美国公使康格夫人也证实，乌齐格里氏确系投井而亡。[①]

乌齐格里氏出身清贵世家，祖父爱仁、伯祖父倭仁都是地位崇高的蒙古王公，虽然福楙官阶仅至从二品且早逝，但其家族地位在满蒙朝贵中仍是屈指可数。特别是大学士倭仁曾任上书房师傅，任惇王奕誴师傅，奕誴之子即端郡王载漪，载漪之子即“大阿哥”溥儁，乌齐格里氏家族显然与惇王一系关系密切。慈禧太后为载沣指婚乌齐格里氏，一则考虑到这门婚事对她构不成任何政治威胁，二则或亦有从政治上钳制醇亲王府的隐衷，甚至部分反映了端王的意愿。早自甲午以来，受帝后党争的影响，慈禧太后与醇亲王府的关系一直难称融洽。其中典型的例子，一是光绪二十二年奕譞嫡福晋婉贞去世后，慈禧太后到醇亲王府吊丧，事事找碴儿，导致王府上下惊惧不已。二是翌年慈禧太后未事先知会，就将奕譞侧福晋刘佳氏心爱的小儿子载涛过继给固山贝子奕谟（嘉庆第五子之后）为嗣，致使刘佳氏大受打击。三是1897 年慈禧太后听闻醇亲王府出了皇帝，即奕譞京西妙高峰陵寝有一株异常高大的白果树，“‘白’、‘王’二字合起来，岂不是个‘皇’字?”遂命人将这株白果树锯掉（引者按：另一说谓，前年由奕譞承修的慈禧太后普陀峪陵寝被发现渗漏严重，引起她严重不满，此举系借机泄愤[②]）。[③] 由此再联系到慈禧太后为载沣指婚时，恰逢“戊戌政变”与“己亥建储”后，帝后之间势同水火之际，一向精于权术的她，怎可能漠视醇亲王府的政治动向?

尽管如此，载沣个人对于这桩婚事似乎并无不满。光绪二十六年闰八月初六日，当其获闻这位“画石桥福宅姑娘”乌齐格里氏殉难的消息后，还在日记中写下这样饱含款款深情和深切哀悼的话：

> 伉俪虚名，夫妻休想。未睹卿容，遽尔永别焉。

---

① 《致爱女》（1903 年 12 月 15 日），萨拉·康格：《北京信札——特别是关于慈禧太后和中国妇女》，沈春蕾等译，南京出版社，2006，第 232 页。

② 苏继祖：《清廷戊戌朝变记》，中国史学会主编《中国近代史资料丛刊·戊戌变法》（一），上海人民出版社，2000，第 353 页。

③ 爱新觉罗·溥杰：《回忆醇亲王府的生活》，中国人民政治协商会议全国委员会文史资料研究委员会编《晚清宫廷生活见闻》，文史资料出版社，1982，第 215 ~216 页。

记曰：且夫佳偶虚名，心哀原聘，本年七月联军入都之变，传闻画石桥福宅姑娘，先奉〇〇〇（皇太后）懿旨指为余之福晋，尚未拴婚通聘者，今已殉难，年方十七岁（引者按：虚岁）。惜哉！恸乎！特记。①

由此也再度证实这门婚姻确为慈禧太后指定。

两宫西狩期间，醇亲王载沣一家因未及随銮，避居城外西山奕譞陵寝；庚子年闰八月，才在日本人护送下返回王府居住。大约在此之后，载沣的母亲刘佳氏又为儿子订下第二门婚约。鉴于此前已有慈禧太后指婚的先例，刘佳氏为载沣自行择配，似属逾礼，但若联系到当时慈禧太后、光绪帝避难西安，迟迟未定回銮之期，载沣又已过适婚年龄（作者按：清朝王公15虚岁即可议婚），制度上亦有先结亲、再奏闻的例外，刘佳氏于此特殊时期自行做主择配，也并非僭越。② 载沣之子溥仪在其回忆录中证实其父确曾重新定亲，只是称载沣西安随驾似有误：

我父亲随慈禧、光绪在西安的时候，祖母重新给他订了一门亲，而且放了“大定”，即把一个如意交给了未婚的儿媳。按习俗，送荷包叫放小定，这还有伸缩余地，到了放大定，姑娘就算是“婆家的人”了。放大定之后，如若男方死亡或出了什么问题，在封建礼教下就常有什么望门寡或者殉节之类的悲剧出现。③

曾在醇亲王府当差的太监冯乐亭也证实：“摄政王十九岁（引者按：虚岁）那年，从德国赔罪回京，早已经订婚了，可老佛爷偏偏为他指婚……”④

关于载沣续聘的对象，同样存在一些不同说法。第一说称系前理藩院尚

① 爱新觉罗·载沣：《醇亲王载沣日记》，光绪二十六年闰八月初六日，群众出版社，2014，第6页。

② 宗室定寿等纂光绪朝《钦定宗人府则例》卷1，“宗室觉罗婚丧”条，光绪三十四年（1908）木刻本，第10页。

③ 爱新觉罗·溥仪：《我的前半生》，群众出版社，1964，第31页。

④ 贾英华：《末代太监孙耀庭传》，人民文学出版社，2004，第90页。

书绍祺之女，见于已革兵部委署主事笔帖式廷宪的家书，唯语气不甚确定。“醇邸久已定亲……先定关系秋皋（引者按：绍祺）九哥家，未知是否？”① 第二说称系前任将军希元之女，见于王照《方家园杂咏纪事》：“某亲王先已订婚，系勋旧将军希元之女，太后勒令退婚，改订荣女。”② 希元（1843～1894），字赞臣，伍弥忒氏，蒙古正黄旗人，曾祖父为乾嘉名将、三等公德楞泰，祖父苏冲阿、父亲倭什讷、叔父花沙纳皆为清朝显贵。希元以荫生入仕，咸丰二年（1852）袭侯爵，官至福州将军、署理闽浙总督。第三说见于《大公报》，称为锡侯之女。“庚子巡幸西安后，始经九爷福晋，另为某邸作伐，聘定锡侯之女。”③ “九爷福晋”，即孚郡王奕譓福晋，载沣的九婶。第四说见于刘体仁《异辞录》，称：“其时，醇王已聘定故侯熙元之女，慈圣不许，特指大学士荣禄女与王为婚，册封福晋……”④

以上四种说法，看似各有不同，但细观后三说，皆称该女之父为某侯爵，且“希元”“锡侯”“熙元”，在当时指的应是同一人，即一等侯希元。较之慈禧太后首次为载沣指婚的对象，希元之女的出身更加高贵，且素有贤名，又由孚郡王福晋出面做媒，亦是相当有面子。刘佳氏和载沣对于这桩婚事十分满意，应该不在话下。然而这一婚约之所以在历史上留下痕迹，并不是由于女家的身份，而是因为它很快成为慈禧太后再度指婚的牺牲品。也正因为如此，相关记录只见诸非官方文字，即便载沣日记中也似乎刻意抹去相关记载，仅在光绪二十七年正月十八日日记中，以满文十分突兀地写下这样欲语还休的一句话：“余将续聘妻一事。”透露此一事件背后确有隐情，同时也提示了载沣第二门婚约可能成立的时间。⑤

① 《廷宪致九弟函》（光绪二十八年正月初一日），中国第一历史档案馆编辑部编《义和团档案史料续编》下册，中华书局，1990，第 1679 页。

② 王照：《方家园杂咏纪事》，荣孟源、章伯锋主编《近代稗海》第 1 辑，四川人民出版社，1985，第 21 页。

③ 《时事要闻》，《大公报》1902 年 8 月 8 日，第 3 版。

④ 刘体仁：《异辞录》卷 4，上海人民出版社，1984，第 45 页。

⑤ 爱新觉罗·载沣：《醇亲王载沣日记》，第 26 页。

二 慈禧太后再度指婚

光绪二十七年，无论对于载沣的婚姻还是仕途而言，都是一个非常特殊的年份。这年四月，年仅18周岁的他奉旨作为钦差头等专使大臣，就上年德国公使克林德在华被杀一事赴德国致歉。原本慈禧太后并未对这位年轻且无政治资历的少年亲王特别在意，然因德国公使表示："我国必欲近支亲王，最近则莫如醇王。"[①] 载沣遂被推到中外交涉的前沿，成为清朝历史上第一位出使西洋的亲王。虽然此后德国政府一度要求载沣的参赞随同人员觐见德皇时须行跪拜之礼，存心侮辱中国，但在清政府的竭力请求、载沣本人的坚决抵制和德国国内外的舆论压力下，载沣还是顺利渡过了难关，并受到德国皇室的隆重礼遇。在此期间，载沣不卑不亢的政治风度、谦和得体的言行举止和乐于接受新生事物的开明姿态，也为其在国内赢得了"贤王"的美誉，并让近年来对醇亲王府颇无好感的慈禧太后也不得不重新掂量载沣的政治价值。

光绪二十七年九月二十三日，载沣自德国返沪，奉旨："著到京公事安置后，即来迎驾。"[②] 十月十七日，载沣启程赴开封行在。二十日，懿旨撤销溥儁"大阿哥"称号，并即出宫，但又同时宣布"应俟选择元良，再降懿旨，以延统绪"。[③] 二十九日，载沣抵开封。翌日，蒙慈禧太后召见，赏银400两，而后奉懿旨随扈，充对引大臣。十一月二十六日，驻跸保定府清苑县期间，慈禧太后下旨将大学士荣禄之女指给载沣。[④]

荣禄之女，即瓜尔佳・幼兰（1884～1921），侧室刘佳氏所出，小名"福妞儿"，自幼深受荣禄宠爱。曾被慈禧太后养于宫中，人称"八姑娘"。此女容貌标致，精明能干，但性情泼辣，个性极强。受当时皇室暂停"选

---

① 《张翼禀夫子（荣禄）文》（光绪二十七年），中国社会科学院近代史研究所编《近代史所藏清代名人稿本抄本》第1辑第70册，大象出版社，2011，第709页。

② 《张之洞收上海醇王爷来电》（光绪二十七年九月二十九日到），中国社会科学院近代史研究所编《近代史所藏清代名人稿本抄本》第2辑第88册，大象出版社，2013，第667页。

③ 中国第一历史档案馆编《光绪宣统两朝上谕档》第27册，广西师范大学出版社，1996，第217页。

④ 爱新觉罗・载沣《醇亲王载沣日记》，光绪二十七年十一月二十六日，第75页。

秀”的影响，瓜尔佳氏虽已年至 17 周岁，仍不能自行婚配。慈禧太后的指婚，不啻体面地解决了荣禄父女的一大难题。

慈禧太后之所以在“大阿哥”刚遭废黜和回銮抵京在即的特殊时刻、特殊地点，将这样一位身份和性格都非常特殊的女子指给载沣，显然不是一时兴起，而是出于特定的政治考量做出的重要战略性选择。其一，当然是维护个人权势地位与缓解帝后矛盾的需要，同时也是借机笼络载沣的有效手段。庚子事变后，慈禧太后始终悬系于心的头等大事，就是列强会逼迫她归政光绪。即便《辛丑和约》签订后，两宫回銮途中，她心中的这层顾虑也未能彻底消除。如今除光绪帝博得国内外舆论的普遍同情外，醇亲王府也因其在庚子事变中相对超然的政治表现和载沣使德取得的良好外交效果，赢得了列强的另眼相待。此前慈禧太后倚重有加的一干王公大臣，在两宫回銮前，或殒命或革爵。面对内外交困的被动局面，慈禧太后也不得不以退为进，主动谋求改善帝后关系，以巩固和扩大统治基础。促成载沣与荣禄之女的联姻，正是她为缓解帝后矛盾迈出的关键一步。“（慈禧太后）又虑及国中后患，前以醇邸久已定亲，而太后召见醇邸母，忽出荣女，立逼使定之。……意恐太后万岁后，皇上有积怨之心，故先结援系也。”①

其二，这也是为了酬答荣禄的政治忠诚和保全荣禄。作为慈禧太后手下股肱之臣，无论是“戊戌政变”还是庚子事变期间，荣禄都坚决拥护慈禧太后的政治权威。尤其是庚子事变期间，尽管他并不赞同慈禧太后和顽固诸臣的所作所为，却仍被动执行慈禧太后围攻北京使馆区的错误指令，并因此一度被列强指为“祸首”，险遭清算。除此之外，荣禄在京产业也在战乱中被劫掠无余，其长女、正妻、独子亦于庚子事变期间和回銮途中相继亡故。尽管如此，荣禄依然顶着巨大压力，与李鸿章、庆亲王和东南疆吏携手力挽狂澜，抵制列强的归政要求。凡此种种，既让慈禧太后异常感激，也让其心生同情。为防范回京之后列强在惩治荣禄的问题上再有后言，她除了在上谕中屡次设辞为荣禄开脱和命袁世凯出面向英国公使斡旋外，此次安排荣禄之女与载沣的联姻，也是酬答兼保全荣禄的一种有力表态。

① 《廷宪致九弟函》（光绪二十八年正月初一日），《义和团档案史料续编》下册，第 1679 页。

其三，是出于对未来皇位继承人的考虑和安排。“己亥建储”固然宣告失败，但由此抛出的储君问题，始终是关乎朝局稳定和爱新觉罗皇室绵延相传的根本问题。光绪帝虽适值壮年，但自戊戌政变后，身体状况一直不佳，且其缺乏生育能力已是公开的秘密，这注定未来的皇嗣只可能从近支宗室中挑选。当时血缘最近且地位最为尊贵的三大王府中，惇亲王奕誴三子——载濂、载漪（同时也是钟端郡王奕詥嗣子）、载澜，皆被指为庚子事变的“祸首”而被夺爵失势，载漪次子、大阿哥溥儁也因之被废；恭亲王奕訢长子载澂早逝，次子载滢因卷入庚子事变被革爵，载滢长子溥伟虽过继于载澂而袭封恭亲王，但年已 21 岁且已娶妻，不合慈禧太后蓄意扶立幼主的诉求。余下的只有醇亲王府在庚子事变中持相对超然的立场，且在血缘、亲缘关系上与慈禧太后最为接近。何况同光以来，慈禧太后久有拉拢醇亲王府、打压恭亲王府的政治倾向，载沣诚朴谦卑的性格又酷肖其父奕譞，倘若载沣与荣禄之女的婚姻成立，并诞下儿子，承嗣大统，不但慈禧太后的长期执政地位仍能确保无虞，即便是让光绪帝选择，此子也将是未来皇嗣的优先人选。《字林西报》就斩钉截铁地认为：“中国政府不立嗣则已……设醇邸有子，则入选无疑矣。”①

其四，此举可能还有平衡皇族势力的考虑。庚子事变以来，随着以端王为首的一干顽固王公失势，在皇族内部，几乎是庆亲王奕劻一头独大。慈禧太后在倚重奕劻办理对外交涉的同时，却也担心奕劻因获得列强支持，而对自己的统治构成一定威胁。载沣在血缘和亲缘关系上，无论如何都比奕劻亲厚得多，且较之老谋深算的奕劻，更容易被慈禧太后掌控。王照的分析可谓切中肯綮：“某亲王（引者按：载沣）既被此牢笼，惟视太后为圣明，日见亲任。太后用以抵制庆王，亦如任崔玉贵以抵制李莲英。盖凡老臣老奴皆务妥慎，对于干犯礼义之端，不敢有一字唯诺，故太后皆防其掣肘，而预制之也。若某亲王之童骇，则可玩之于股掌之上。慈禧，慈禧，可谓知人也已。”②

不过慈禧太后再度指婚之际，是否已知载沣订有婚约，也是一重要疑

① 《北京近事述函》（译《字林西报》），《中外日报》1901 年 12 月 25 日，第 2 版。

② 王照：《方家园杂咏纪事》，《近代稗海》第 1 辑，第 22 页。

问。由于事出隐秘，直接证据颇不易得。对此事一直跟踪报道的《大公报》，却披露载沣并未将此事向慈禧太后奏明，直至抵京后，经由其侄女、孚郡王福晋儿媳告知，慈禧太后才获悉背后曲折。不仅如此，由于戊戌政变后、庚子事变前，慈禧太后就曾有过将荣禄之女指给载沣的表态，却遭荣禄回绝，如今见光绪帝、载沣受到列强推重，荣禄又见风使舵，主动希望促成两家的联姻。这也是此一指婚公布后引发皇室公愤的重要原因：

某相（引者按：荣禄）女指婚某邸（引者按：载沣）之事，近日大遭天潢之公议。盖戊戌年皇太后曾有将某相女指婚某邸之意。当时某相面奏，奴才小女无貌无才，不敢上侍贵胄，事遂中止。庚子巡幸西安后，始经九爷福晋，另为某邸作伐，聘定锡〔希〕侯之女，而太后不知也。及回銮抵保定，某相忽以其女求配某邸，太后许之。适某邸迎銮至保，即于召见时面谕其事。某邸闻命，仓皇不敢对。现在锡〔希〕侯女公子已有所闻，屡欲仰药，始由九福晋之媳，即太后之内侄女，将其中情节奏知皇太后。太后深悔之。嗣又经各福晋等在太后前，共责某相之欺罔，并述其戊戌之辞婚。盖以某邸为今上之弟，彼时皇上不柄事权，故渠不肯从命，此次求婚者，因见各国皆推重皇上，朝臣又有奏请归政之意，故欲结此婚姻，以为固宠希荣之地。不然，何以前辞之而后又求之耶？公论所在，太后慈意亦为之动。……某相因此慈眷稍衰……①

日前各福晋因醇邸姻事，多在太后前责备荣相……旋经荣相之夫人，不时进内婉言以为调停，慈意始转。故醇邸与荣相之女联姻一事，始奉懿旨，仍着照办……②

以上报道极力撇清慈禧太后的责任，而将荣禄斥为反复无常之徒。但事实上，戊戌政变后，慈禧太后是否曾起意将荣禄之女指给载沣，并未见该报

① 《时事要闻》，《大公报》1902 年 8 月 8 日，第 3 版。
② 《时事要闻》，《大公报》1902 年 8 月 26 日，第 3 版。

之外的其他相关记载，只能姑且存疑。窃以为即便有之，在光绪帝及其同党正遭受慈禧太后残酷打压的紧张局势下，此一提议也很可能只是对醇亲王府和荣禄的一种政治试探。另外，从指婚时机看，慈禧太后之所以选择在抵京之前二日，而非抵京之后指婚，很可能正是预料到皇室中有可能出现反对声音，才迫不及待地公布婚事。尽管如此，以上文字还是非常敏锐地捕捉到此一联姻双方不同的态度与立场。

庚子事变后，荣禄虽然侥幸逃脱列强的制裁，且权势有增无减，却始终为中外舆论所不谅。更重要的是，参与“戊戌政变”终究是荣禄的一块心病，加之慈禧太后年事日高，他也不得不为将来计、为身后计。正如李定夷所分析：“戊戌之役……荣禄既因此结怨于帝，而心常惴惴危惧，虽得孝钦之覆庇，而太后之年龄，倍蓰于帝，使一旦先帝而故，则荣禄之身家，将有不测之祸。”他还披露，荣禄为达到联姻载沣的目的，曾贿赂李莲英数十万两。[①] 此外，荣禄早年与老醇亲王奕譞私交甚笃，就其个人感情而言，与醇亲王府并无芥蒂，何况女儿将来若能诞下嗣子，承袭皇位，更为其求之不得。再者，联姻醇亲王府也为荣禄制衡庆亲王增加了一重胜算。换言之，此次指婚，无论是出自慈禧太后的主动，抑或荣禄的营谋，其利益目标都大体重合。

再从皇室的态度来看，《大公报》已提及当时皇室女眷的群起抗议，而她们的这种姿态，无疑与醇亲王府当家人刘佳氏的立场直接相关。其时载沣与希元之女已行“大定”，倘若中途变卦，等同退婚，将令女家颜面扫地。何况荣禄是发动“戊戌政变”的祸首，瓜尔佳氏素有跋扈的名声，更重要的是，刘佳氏担心未来的孙子重蹈光绪帝的覆辙，所以无论是从王府前途，还是私人情感而言，她都很难坦然接受此次指婚。王照绘声绘色地写道：

> 某王之太侧福晋入宫哭求太后曰：“我之儿妇已向我磕过头，毫无过失，何忍退婚，教人家孩子怎么了。”太后坚执不许……[②]

① 李定夷：《醇王妃自尽记》，上海国华书局，1947，第4~9页。

② 王照：《方家园杂咏纪事》，《近代稗海》第1辑，第22页。

既怕因慈禧怪罪而担负抗旨的罪名，又怕因退“大定”引起女方意外，又气又惧，刘佳氏甚至得了间歇性神经错乱症。至于载沣，虽未在公开场合流露任何不满，但婚后“一连多日，脸上始终没有一丝笑容”。[①]

此次联姻最大的牺牲品——希元之女，则因此葬送了终身幸福。有记载称，该女闻讯后含恨自杀。[②] 不过《大公报》却称，该女并未身死，而是“情愿守贞不字，以终其身”。[③]

经由庚子事变的打击，慈禧太后的政治威望虽然严重受损，但在皇权专制体制之下，她依然拥有不容置疑的绝对权力。“一切事情都受到她严密的控制，即便是宫廷成员的订婚和嫁娶，都概莫例外。”[④] 醇亲王府，无论是就其血缘、亲缘关系和在皇族中的显赫地位而论，还是就其在帝后关系、中外关系中的特殊存在而言，无疑都切合了当时慈禧太后的多重需要。为载沣指婚荣禄之女，正是其加紧控制醇亲王府的前奏。紧随其后，光绪二十七年十二月，慈禧太后又为载洵指婚刑部郎中善佺之女。翌年六月，载洵奉懿旨承继瑞敏郡王奕誌（嘉庆第四子绵忻之子）为嗣，原本过继贝子奕谟为嗣的载涛，转继钟端郡王奕詥（道光皇帝第八子）为嗣，均承袭贝勒。同年底，慈禧太后为载涛指婚崇礼之女；崇礼同样是后党的中坚人物。凡此，固然有助于庚子事变后载沣和醇亲王府政治地位的显著提升，更凸显了慈禧太后急欲协调帝后关系、巩固满族政权、重建统治秩序的专制心态，同时这也是“辛酉政变”以来，慈禧太后与醇亲王府的血缘与政治联盟在新的历史形势下的赓续与发展。

三　家事与国事

醇亲王载沣与荣禄之女瓜尔佳氏的结合，轰动了整个清朝政坛，也成为爱新觉罗皇室最后十年影响最为深远的一桩政治联姻。

---

① 贾英华：《末代皇妹韫龢》，人民文学出版社，2011，第 20 页。

② 王照：《方家园杂咏纪事》，《近代稗海》第 1 辑，第 22 页。

③ 《时事要闻》，《大公报》1902 年 8 月 12 日，第 4 版。

④ 《新闻专稿：清国独裁者慈禧逝世，北京政局令人关注》（1908 年 11 月 16 日），郑曦原等编译《帝国的回忆：〈纽约时报〉晚清观察记》，三联书店，2001，第 164 页。

依照清朝规制，亲王婚仪的整个过程既隆重又复杂。第一步当然是指婚，并圈定负责筹办婚事的大臣、命妇。第二步，亲王择吉日至福晋家行纳采礼。第三步，福晋家在迎娶的前一天将妆奁送至亲王府中。而后是奉迎新妇、合卺、设宴、新婚夫妇朝见帝后、九日归宁等礼。除男方载沣本身贵为御弟外，新福晋瓜尔佳氏的父亲又是炙手可热的当朝首辅，婚礼更是办得格外盛大奢华。

为了彰显对这桩婚事的格外重视，慈禧太后除亲自指婚外，还在婚礼举办前夕，赏给荣禄之妾、瓜尔佳氏之母正一品封典，命为正室。这一则是给荣禄门庭锦上添花，二则也让载沣面上增光。不仅如此，慈禧太后还特赐瓜尔佳氏治奁银 1 万两（作者按：前一年赏给李鸿章的治丧银也不过 5000 两），并谕令内廷人员代为置办各种奁具。[①]

与此同时，内外官员也都竞相有所表示。依照旗人规矩，汉大臣与亲贵通庆吊，喜庆只能递送如意以申敬意。[②] 所以相较于醇亲王府，荣禄宅第才是各方送礼的重心。荣禄向有贪财之名，早自戊戌年在军机大臣任上，其拜门费就增至千金（作者按：同期，拜大学士麟书为师仅需百金）；辛丑回銮之后，其拜门费更是高达万金。[③] 而今荣禄又以当朝首辅攀上皇家姻亲，官员中送礼献媚者更是纷至沓来。

近代史研究所藏“荣禄档”透露了此时期部分人员向荣禄送礼的情况，谨整理如下（见表 1）。

表 1　荣禄嫁女时部分人员向荣禄送礼情况

官职及与荣禄的关系	姓名	送礼情况
苏松太道、门生	袁树勋	奁敬 2000 两，绣件 16 匣；另送荣禄绣蟒袍套一副，燕菜 4 匣
署理山西布政使、门生	吴廷斌	奁敬 2000 两
安徽定远知县	曾光煦	礼物 8 种

① 《中外大事记（八月）：相国恩荣》，《经济丛编》1902 年第 13 期，第 3 页。

② 高阳：《慈禧全传之六・瀛台落日》，第 6 页。

③ 北京市档案馆编《那桐日记》上册，光绪二十三年六月十七日、光绪二十四年十二月二十六日，新华出版社，2006，第 245、300 页；《录件》，《大公报》1902 年 6 月 20 日，第 7 版。“拜门”，即拜老师，求为门生。

续表

官职及与荣禄的关系	姓名	送礼情况
苏州知府、门生	向万鑅	仪敬 1000 两
江南织造	祥　煜	仪敬 1000 两
杭州织造	锡　麟	仪敬 2000 两，另被褥、枕头、片金、衣料等
直隶按察使、门生	周　浩	仪敬 1000 两
湖南布政使	张绍华	仪敬 1000 两
福建陆路提督	程文炳	仪敬 1000 两
署理广东提督、门生	夏毓秀	仪敬 200 两
直隶署理知州	窦以筠	仪敬 1000 两
江西广饶九南道	瑞　澂	仪敬 400 两
江西吉南赣宁道	贺元彬	仪敬 1000 两
浙江乍浦副都统	柏　梁	礼物 8 种
署理绥远城将军、归化城副都统	文　瑞	仪敬 200 两
署理广西布政使	希　贤	仪敬 2000 两
署理湖南布政使	湍多布	仪敬 1000 两
漕运总督、门生	陈夔龙	仪敬 1000 两，礼物 8 种
湖南衡永郴桂兵备道	谭启瑞	仪敬 1000 两
长芦盐运使	杨宗濂	仪敬 3000 两
出使奥国大臣、门生	吴德章	洋首饰一木箱
两广盐运使	国　钧	仪敬 2000 两
两江总督	刘坤一	仪敬 2000 两
河南黎阳知县	张心泰	仪敬 300 两
福州将军	崇　善	仪敬 4000 两，福州特产数种
凉州副都统	恒　寿	礼物 10 种
江苏巡抚、门生	恩　寿	仪敬 2000 两
福建补用道	黎国廉	仪敬 1000 两

资料来源：《近代史所藏清代名人稿本抄本》第 1 辑第 64 ~ 74 册，并参考王刚《荣禄与晚清政局》附录 2 “荣禄嫁女时各地官员礼单”、附录 3 “荣禄门生名单”，第 235 ~ 238 页。

通过表 1 虽然仅能看到外官送礼情况之冰山一角，但也可以大约窥见当时的送礼规格。外官督抚，一般送银 2000 两，格外亲厚者，达 4000 两。司道送银，一般 1000 两；收入格外丰厚的海关道，往往不低于 2000 两。司道以下各官，送银数百两不等，或予礼物若干。值得注意的是，以上官员不少是荣禄的门生，袁树勋、恩寿、希贤、湍多布、吴廷斌等人，更是著名贪渎。至于京官，据称“至少非数千金不能出手”。[①] 反观光绪二十一年（1895）庆亲王嫁女时，银库郎中那桐送银不过200余两；恭亲王嫁孙女时，所送礼物最贵重者也不过三镶白玉如意1柄。[②]

除“荣禄档”外，中外报刊和时人笔记对各方向荣禄的送礼情况也有所披露。《杭州白话报》称，荣禄门生、载沣心腹、内阁侍读学士张翼，“所送的礼物甚多，内有手钏一付，价值约一万一千金”。[③]“广东学台文治，送了一枝碧玉簪，珍贵得狠。刘学询进呈新山玉碗，新奇得狠。新放法国钦差孙宝琦送外洋织毯，里面织成的全是人物，花样翻新，光怪夺目，出色得狠。其余各大臣，送浙江、江宁定织之件，不知多少，亦合用得狠。新放新疆省藩台周浩，此次送荣相女公子添箱礼十色，有人讲这一封礼，约值万余金。又有人讲，新疆藩台缺，要算是中国第一个顶肥的缺呢。”[④]《中外日报》报道，当时“凡京外各大员无不馈送妆奁，皆穷极奢靡”。[⑤] 胡思敬形容：“疆帅各遣使赍金帛致贺，赃物累累。”[⑥] 外国舆论同样颇多攻击荣禄有“嫁女敛财”之嫌。《文汇西报》甚至称：“各省督抚暨各部尚书、侍郎以及各邸第，所送礼物之多，即太后万寿、皇上大婚，当亦不及。”[⑦]

经过一番紧张筹备，光绪二十八年七月十八日，载沣亲至荣禄宅行纳采礼。八月二十八日，荣禄家致送妆奁，场面极为显赫。据称奁礼共计320余抬，内有朝珠12匣，每匣约值银万金，除外官、京官所送添箱礼外，自备嫁具亦值百万两。不过最引人瞩目的还是慈禧太后所赏珍件8抬，内以珠花、钗、环最为贵重，并有红轿1顶，方顶车子1辆。[⑧] 翌日，即醇亲王府迎娶正日，婚礼场面之阔绰更是一时无两。“各亲王均往贺喜”，荣禄的亲家、礼亲王世铎还向荣禄递送如意，双膝请安。当晚喜筵，“只有庆王、肃

① 《中国近事：宰相受礼》，《新民丛报》第17号，1902年10月2日，第94页。

② 北京市档案馆编《那桐日记》上册，光绪二十一年十二月十六日、十七日，第196～197页。

③ 澜太郎：《北京纪闻》，《杭州白话报》第2卷第1期，光绪二十八年（毛边纸木刻本，不同于报纸铅印本，下同——作者注），第2页。

④ 澜太郎：《北京纪闻（续）》，《杭州白话报》第2卷第2期，光绪二十八年，第1页。

⑤ 《京师近事述要》，《中外日报》1902年9月23日，第2版。

⑥ 《同罪异罚》，胡思敬：《国闻备乘》，中华书局，2007，第75页。

⑦ 《函论北京近事》（译《文汇西报》），《中外日报》1902年12月25日，第2版。

⑧ 澜太郎：《北京纪闻（续）》，《杭州白话报》第2卷第2期，光绪二十八年，第1页。

王、四大军机，都在厅上，其余都摆在两廊，这种排场，真是大极的了”。[①]

荣禄嫁女，适逢两宫回銮后不久，国家刚刚幸免“瓜分”之祸，满目疮痍，百废待兴，正有待于统治者卧薪尝胆、励精图治。然而作为当朝首辅的荣禄，一则因身体状况每况愈下，屡屡请假，耽延了许多重要政务的处理；二则家事也牵引了他相当多的精力。由于此前荣禄在京产业靡有孑遗，他只得重置产业，另觅新宅。接着又着手筹办其侄女与贝勒溥伦的婚事，这是其巩固个人权位，密切与皇室关系的又一举措。不过最重要的还是大肆操办爱女与载沣的联姻，并趁机植财纳贿，这是清末“政以贿成”现象愈演愈烈的腐败源头之一。

当时许多人在给荣禄送礼的同时，也或明或暗地道出了他们的种种诉求，或为求官求差，或为夤缘攀附，或属另有请托，而以第一种影响最为恶劣。譬如荣禄嫁女前后，其门人汪瑞高先是新放直隶通永道，旋又简放长芦盐运使，“数日之间，连连升官，真真快得狠”。[②] 这些尚属小动作。大而言之，荣禄嫁女后不久，因刘坤一病殁而空出的头等要缺——两江总督，也与候选人的送礼情况不无关系。当时社会舆论颇多认为，奉旨暂督两江的张之洞将很快实任其职。然因荣禄出面反对，最终是由才干远逊于张的原云贵总督魏光焘补缺。荣禄之所以中意魏，原因不止一端，但与魏借荣禄嫁女的由头，一气送出 20 万两银子，恐怕难脱关系。[③] 反观张之洞，当时却并未有所表示：“女公子大喜，一时竟致疏略，礼仪有阙，愧歉交深……”[④] 作为当朝首辅的荣禄，尚且满腹私谋，指望清朝政治能在他的引领下走向清明，实属缘木求鱼。

另外，受荣禄嫁女事件的冲击，原本应在国家政治中占据头条的新政改革，一时也颇有从大众舆论中淡出的趋势。《选报》的评论一针见血：“近日都中各友来函，多言荣相家事者，然今天下所责望于宰相者，亲政也，变法也，家政之张弛，抑末耳。”[⑤] 《字林西报》也认为荣禄嫁女事件的背后，

---

① 谰太郎：《北京纪闻》，《杭州白话报》第 2 卷第 1 期，光绪二十八年，第 2 页。

② 谰太郎：《北京纪闻（续）》，《杭州白话报》第 2 卷第 2 期，光绪二十八年，第 1 页。

③ 高阳：《慈禧全传之六·瀛台落日》，第 5 页。

④ 《张之洞致荣禄函》（光绪二十九年），《近代史所藏清代名人稿本抄本》第 1 辑第 69 册，第 197 页。

⑤ 《所闻录：宰相家事》，《选报》第 28 期，1902 年 9 月 12 日。

折射出其本人对中国变法前途缺乏信心："闻其女公子嫁时所得奁赠甚丰，即荣禄亦大有所获。……故中国变法实非彼之所愿。"①《中外日报》的观察也指出，当时国内的改革氛围不仅不及戊戌时期，甚至不及回銮以前。

> 回銮至今已逾半年，而起视斯世，实无振兴气象。上之人，固日以招权纳贿，为聚私财、长子孙之计；其穷而在下者，亦惟汲汲顾影，存一得过且过之想。非特远不及戊戌春夏间，天子当阳之时，即较之西狩以后、回銮以前，其人心之一动一静，一则有希冀之心，一则有绝望之心，亦若有天渊之别。②

事实上，就新政条令的出台情况和中央政府的督促力度来看，两宫返京之后、光绪二十九年春荣禄去世之前的一年左右时间里，清朝的改革确实处在一种徘徊不前的状态。

尽管如此，就载沣个人的发展来看，自从有了联姻这层关系，他的仕途可谓一路畅通。成婚之前，载沣仅官至内大臣和接受过一些临时任命，还称不上拥有实质性的权力。成婚之后，荣禄随即游说慈禧太后，希望让载沣早入军机，加之慈禧太后的刻意扶植，载沣迅速成长为清末政坛的一颗耀眼新星。尤其载沣长子溥仪于光绪三十二年正月降生之后，他更是迅速跻身国家权力核心。仅仅 6 年时间，年仅 26 岁的载沣就爬到军机大臣的高位，并在光绪、慈禧过世之后，随着溥仪继位为宣统皇帝，父以子贵，成为执掌国柄的监国摄政王。

此一联姻固然给载沣带来意想不到的政治红利，却也使其背上沉重的政治包袱，这在其主持国政后，问题愈加凸显。胡思敬指出，宣统年间，朝中除大权臣奕劻外，又新生七党，"皆专予夺之权，茸阘无耻之徒，趋之若鹜"。载沣福晋瓜尔佳氏及其母族，即为其中之 。由于荣禄嗣子良揆骄奢无能，其政治遗产实为瓜尔佳氏继承。瓜尔佳氏既"颇通贿赂，联络母族为一党"，又颇与外廷交通，遂成为载沣执政的一大困扰。刘体仁也披露：

---

① 《论荣禄为中国首相》（译《字林西报》），《中外日报》1902 年 11 月 14 日，第 2 版。

② 《论说：论时局之可危（上篇）》，《中外日报》1902 年 6 月 16 日，第 1 版。

“两宫龙驭上宾，王摄政，福晋势益张，颇以簠簋不饬闻于外。”① 除有妻如此外，载洵、载涛也仰仗太福晋刘佳氏为护符，分别出掌清朝海军和军谘府事务，为七党之二。此三党不但肆意干政，揽权夺利，且彼此攻讦，以致王府内部风波不断。“于是太福晋毁福晋，（福晋）又毁载洵、载涛，监国大为所困，尝避居三所，累日不敢归。”②

载沣对内既无以齐家，对外又受制于隆裕太后、奕劻、袁世凯和虎视眈眈的列强，国家的政治外交局势遂较此前愈加浑浊不堪。出于救国救民的迫切需要，改良派鼓起了立宪风潮，革命派掀起了武装起义，载沣监国不足 3 年，清王朝就在内忧外患中走向终结。然而正如载涛所指出的：载沣是由慈禧太后一手扶植起来的，她“执掌政权数十年，所见过的各种人才那么多，难道说载沣之不堪大任，她不明白吗？我想决不是。她之所以属意载沣，是因为她观察皇族近支之人，只有载沣好驾驭，肯听话”。③ 所以清朝亡于载沣之手，仅仅是一种表象，更深层次的原因，还是慈禧太后在政治私欲与国家利益之间，最终选择了前者。

余　论

作为一桩影响清朝命运和近代中国历史进程的重大事件，载沣与荣禄之女的结合，本质上就是一场政治联姻。但若放到当时的政局中观察，无论是慈禧太后、荣禄、瓜尔佳氏，还是光绪帝、载沣、醇亲王府，其实都是此次联姻的既得利益者。此次联姻之得以实现，背后诚然有命运作弄的成分，但根本上还是源于慈禧太后对国内外局势的综合判断和对政治权术、世情人心的深刻洞察。通过“指婚”这种略带温情的政治手段，她不但举重若轻地化解了甲午战争以来帝后之间的长期对立局面，巩固和改善了统治基础，也有效避免了异日“戊戌政变”旧案重提，确保了自己与荣禄的身后之名，同时还为未来清朝的皇嗣继替指明了方向。可以说，在慈禧太后统治中国的近半个世纪里一手促成的诸多联姻中，此次联姻是她走得格外高明的一步

① 刘体仁：《异辞录》卷 4，第 45 页。

② 《张翼倚醇府势盗卖官矿》，胡思敬：《国闻备乘》，第 129 页。

③ 载涛：《载沣与袁世凯的矛盾》，《晚清宫廷生活见闻》，第 79 页。

棋，也是辛丑回銮之后令她相当得意的一件事。

作为当事人的载沣，明明已有婚约，且明知是慈禧太后和荣禄联手终结了兄长光绪帝的政治命运，还是毫无异议地接受了慈禧太后的再度指婚，正可见其政治上对慈禧太后的绝对服从和个性的懦弱，这也是此后慈禧放心、放手扶植载沣，乃至将清王朝最终交托到他手中的重要原因。然而既然载沣在本人的婚姻和家庭问题上，尚且缺乏担承，让其为整个国家的命运负责，更属强其所难。他好逸畏事的性格和处世态度，注定他只能成为一个顺从现状的人，而很难扮演一个改变现状的人，何况他面对的还是一个千疮百孔、苟延残喘的末日王朝，面对的是一个数千年未有之大变局。清王朝最终断送在他的手上，既是必然中的偶然，也是偶然中的必然。

1912 年民国肇建之后，载沣退居私邸，并于当年另娶一侧室，过上向往已久的平淡生活。然而时局的波谲云诡，总是出人意料，醇亲王府的特殊地位，注定其不可能真正享有平静安逸。特别是载沣之妻瓜尔佳氏出于家族责任和对慈禧太后的政治崇拜，依然一心憧憬清王朝的复辟。为此她不顾载沣反对，大肆挥霍家产，一面向父亲旧友袁世凯、徐世昌等屡屡示好，一面结交父亲旧部袁德亮之流，期望他们能够为清王朝的复辟铺路搭桥。然而螳臂当车的她，最终还是被无情碾碎于时代的车轮之下。1921 年瓜尔佳氏的自杀，成为民国史上醇亲王府的一大悲剧。尽管如此，瓜尔佳氏播下的复辟种子，在其长子溥仪、次子溥杰心中继续生根发芽，并驱使他们朝着复辟的泥淖，越走越远，越陷越深。至于醇亲王府的其他家庭成员，也在未来的半个多世纪里，在不同的历史时期和治乱格局中，演绎着没落王孙非同寻常的历史命运。

日俄战争后的中日东三省电信交涉

薛轶群

日俄战争后，随着日本继承俄国在“南满”的权益，完善在该地区的通信网络成为其在东北扩张的迫切需求。日本先后接管韩国的电信事业，将战时军用的电信设施开放民用，加强了“满洲”、朝鲜半岛与本土之间的通信网建设，此举影响到拥有中国对外通信专利权的大北、大东电报公司权益，也给东北亚国际通信环境带来了新的变化。[①] 另外，清政府不仅试图收回被日本、俄国侵占的东三省电信利权，也希望利用这一契机，寻求中日韩之间直接通信的可能性，以摆脱中日之间大北电报公司通信专利权的桎梏。日俄战争后的中日东三省电信交涉即产生于这样的背景之下。

关于晚清中日之间的电信交涉，学界的研究多集中于围绕朝鲜半岛、闽台、日台之间电信问题的中日角力。[②] 而东三省地区的电信交涉包含多

---

① 日本于1871年通过丹麦大北电报公司铺设的海参崴—长崎—上海海线开始国际通信，1882年为委托大北公司铺设长崎—釜山海线，向该公司许以20年日本与亚洲大陆之间的国际通信专利权（1900年又允诺延长10年）。而清政府1899年1月与大北、大东两公司缔约，赋予阻止他国海底电信线在中国沿海登陆的排他性通信专利权，庚子事变后该合同的有效期又被延长至1930年底。

② 山村義照「朝鮮電信線架設問題と日朝清関係」『日本歷史』(587)、1997年4月；郭海燕：《从朝鲜电信线问题看甲午战争前的中日关系》，《近代史研究》2008年第1期；郭海燕：《甲午战争前后日本构筑朝鲜电信网的军事行动与对外交涉》，《抗日战争研究》2014年第4期；林於威：《闽台海底电线与中日交涉之研究（1895～1904）》，硕士学位论文，台湾政治大学台湾史研究所，2010；貴志俊彦「植民地初期の日本—台湾間における海底電信線の買収・敷設・所有権の移転」『東洋史研究』70巻2号、2011年9月；王东：《甲午战前中朝关系与朝鲜电报线的建设》，《史学月刊》2016年第6期。

个层面，既有海底电信线的连接、管理及中韩边境接线等传统问题，又涉及铁路附属地内外国电信局与中国电报局之间互相传递电报等实际运用问题。学界虽然就双方的交涉过程有所提及，但限于运用的史料，对清政府内部决策的过程与交涉中方针的变化、国际形势变化对既有通信体制的冲击以及第三方因素对交涉的影响等仍有待深入地探讨。[①] 本文拟利用台北中研院近代史研究所藏外务部档案、台北"国史馆"藏邮传部档案及日本外务省、英国外交部等史料，更为系统地考察清政府的应对，厘清围绕东三省电信利权的中日交涉过程，并兼顾东北亚国际通信环境的变化，阐明影响中日电约缔结的国内、国际要素及实际电信运用中的问题。

一 1905年北京会议与中日初期交涉

为筹备海防，1884年9月李鸿章奏请在修建北塘至山海关电信线的基础上，由山海关延长至营口、旅顺，正式开始东北的通信网建设。此后逐渐扩展，至1900年东北境内已有电信局所22处，电线总长达8500余里。[②] 由于其目的重在国防及保障官电畅通，因此形成的电信网仅仅覆盖了东三省的主要干线。1896年9月，清政府与俄国签署《合办东省铁路公司章程》，其中第6条规定，"凡该公司建造、经营、防护铁路所必需之地，又于铁路附近开采沙土、石块、石灰等项所须之地……准其建造各种房屋工程，并设立

---

① 夏维奇《晚清电报建设与社会变迁——以有线电报为考察中心》（人民出版社，2012，第165～169页）主要基于台北中研院近代史研究所编纂的《海防档·丁·电线》等史料，对中日交涉的史实进行了梳理，而王鹤亭《晚清中外电信交涉》（硕士学位论文，苏州大学历史系，2004）从国际法的视角肯定了清政府收回东北地区电信主权的努力，但二人都认为在日本强权下中国做出了巨大让步。日本的大野哲弥『国際通信史でみる明治日本』（東京、成文社、2012、221～263頁）与有田輝雄『情報覇権と帝国日本3—東アジア電信網と朝鮮通信支配』（東京、吉川弘文館、2016、333～380頁）主要从日本扩张东亚通信网的视角出发，指出日本控制朝鲜半岛的通信为其奠定了东北亚通信网的霸权地位，而中日电约的成立也降低了大北公司在东亚的实际影响力。因《海防档·丁·电线》之中并未完全收录东三省中日电信交涉的档案，故既往研究中对清政府的交涉方针缺乏全面的分析，也未对电约签订后的实际电信运用情况等进行展开叙述。

② 交通部铁道部交通史编纂委员会编《交通史电政编》第1册，交通部总务司，1936，第25～27页。

电线，自行经理，专为铁路之用”。俄国借此获得在铁路附属地内架设电信线的权利，成为其在东三省扩张电信的嚆矢。[①]

庚子事变后，东北境内的电信局所及杆线或遭义和团民破坏，或被俄军占领，几乎无一幸免。俄国在占领东北全境后，又于 1900 年委托大北电报公司铺设旅顺至烟台的海底电信线。《辛丑条约》签订后，1902 年清政府根据与俄国签订的《交收东三省条约》，收回了奉天、新民、锦州三个电报局。翌年，督办电政大臣袁世凯派遣道员陈同寿赴东北筹划修复通信网，但又因日俄战争的爆发而不得不中断。

日俄战争时期，因清政府的“中立”政策，清军均退至铁路沿线两旁的 60 俄里之外，并通饬东北各地，宣告由俄军自行保护铁路电线。[②]另外，日本于 1904 年 3 月 9 日切断了上述的烟台—旅顺海底电信线，封锁了旅顺的对外通信，并于同年 5 月开通了佐世保至大连的海底电信线。这是日本修建的首条连接海外大陆的海线，在战时的军用通信中起到了重要作用。[③] 随着战争的主战场移向辽东半岛，日军在所到之处铺设电报电话线，而原属清政府的电杆、电线、电报局也都遭到不同程度的破坏。[④] 战争期间，东北的 22 个电报局除锦州、新民府外，均处于瘫痪状态。[⑤]

当美国有意介入调停后，清政府迅速命出使各国大臣积极收集所驻国政府动向，并要求各地督抚就东三省的善后方略及应对日俄和谈的方针上奏具

---

① 《合办东省铁路公司章程》限定铁路的电信线仅用于铁路事务，但俄国之后为谋求东北重要城市与本国的通信联系，在未得到清政府允许的情况下，擅自在东清铁路全线铺设电信线，收发官商电。南満洲鉄道株式会社哈爾濱事務所『満州の電政・前篇』哈爾濱、南満洲鉄道株式会社、1930、82～95 頁。

② 《俄人自行保护铁路电线案》（光绪三十年正月至二月），孙学雷、刘家平主编《国家图书馆藏清代外交孤本档案》第 41 册，全国图书馆文献缩微复制中心，2003，第 17162～17241 页。

③ 奥谷留吉『日本電気通信史話』東京、葛城書店、1943、203 頁；日本電信電話公社海底線施設事務所編『海底線百年の歩み』東京、電気通信協会、1971、152～154 頁、168～169 頁。

④ 《日俄在东边等处毁坏电局电杆》（光绪三十年十一月）、《日本军用电线移植铁路迤东》（光绪三十一年四月），台北“国史馆”藏邮传部档案，登录号：017000001907A、017000001911A，“邮传部档案”的藏所在下文注释中不再注明。

⑤ 徐世昌等编纂《东三省政略》卷 11，“实业・附东三省电政”，李澍田等点校，吉林师范学院古籍研究所整理，吉林文史出版社，1989，第 8 页。

体意见。在电信问题方面，日俄《朴次茅斯和约》签署后，清政府于1905年9月9日即由中国电报总局洋总管德连陞（F. N. Dresing）[①] 照会日本递信省，提出“鉴于商业及政治上的重要性”，希望率先就修建旅顺或大连与烟台之间的海底电信线及中韩之间的通信问题与日方进行协商。[②] 如下文所述此举出自电政大臣袁世凯的授意，主要基于如下考虑。第一，烟台是京津地区与上海之间电信线的中转要地，庚子事变时德国擅设烟台—青岛—上海线，大东与大北公司又先后铺设了烟台—大沽线、烟台—威海卫线、烟台—旅顺线，为避免重蹈覆辙，清政府冀望通过尽早协商烟旅海线保护在烟台的中国电报局权益。第二，中韩之间横跨鸭绿江的九连城—义州线毁于中日甲午战争后，因韩国拖欠中方垫付的建设费用一直未被修复。[③] 此外，日俄战争爆发后，日本全面接管韩国的电信事业，并随着战线的扩大，在东北多处设置军用通信所，架设军用电话电报线，侵害了中国的电信主权，因此，该问题也亟须解决。[④]

日本收到清政府的照会后，因忙于批准《朴次茅斯和约》的手续及准备中日之间关于东三省善后的谈判，并未及时回复。但9月底有传言称俄国意图通过大北公司向清政府转让烟旅海线后，日本外务省与参谋本部迅速做出反应，命驻天津总领事伊集院彦吉向袁世凯确认此事。袁世凯则借机提出该海线可由中日合办，并向伊集院探询日本意向，驻华公使内田康哉遂向外

① Frederik Michael Nicolai Dresing（1867－1912），丹麦人，1884年进入大北电报公司，先后被派驻欧洲、中国，1903年就任上海电报高等学堂总教习，后被雇为中国电报总局洋总管，不仅在技术上多有建言，还多次代表清政府参与电信方面的对外交涉、出席国际电政会议。1912年11月15日因肺炎死于北京，其墓现位于上海宋庆龄陵园的外国人墓园。*The Electrical Review*，Vol. 71，November 29，1912，pp. 880－881。

② 《F. N. Dresing致递信大臣大浦兼武函》（1905年9月9日），日本外務省外交史料館藏『日清郵便約定締結一件　第1巻』外務省記録、2. 7. 1. 11，属“外務省記録”的日文档案藏所在下文注释中不再注明。

③ 交通部铁道部交通史编纂委员会编《交通史电政编》第3册，第170～171页；朝鮮総督府逓信局『朝鮮通信事業沿革小史』京城、朝鮮総督官房総務局印刷所、1914、6～10頁；郭海燕：《从朝鲜电信线问题看甲午战争前的中日关系》，《近代史研究》2008年第1期。

④ 日本递信省宣布1905年4月1日起在中韩境内的军用通信所开始收发普通商电，并设定日文、英文电报的价格为每字日元20分。「軍用通信所の公衆電報開始」『東京朝日新聞』1905年3月30日；「満州開発の施設」『東京朝日新聞』1905年4月1日。日本报纸的社论中多期待此举促进贸易。

务省建议可利用袁的想法进行交涉。[1]

1905 年 11 月，根据日俄《朴次茅斯和约》，日本为继承俄国在东北的权益与清政府在北京商议善后事宜。中国的全权大臣为庆亲王奕劻、外务部尚书瞿鸿禨、直隶总督袁世凯，署外务部右侍郎唐绍仪、商部右参议杨士琦、翰林院检讨金邦平、商部主事曹汝霖任书记官。日本的全权大臣为特派全权大使小村寿太郎、特派全权公使内田康哉，外务省政务局长山座圆次郎，公使馆书记官落合谦太郎、郑永邦，外务书记生高尾亨任书记官。会谈地点设在北京锡拉胡同练兵处，[2] 自 11 月 17 日至 12 月 22 日共计举行 22 次会谈。

双方首度提及东三省的电信问题是在 11 月 29 日的第 7 次会谈中，日本在之前的大纲 11 条之外，提出 6 项追加条件，其中第 3 款为“中国政府允由旅顺口至烟台、由牛家屯至营口并在铁路沿线之日本电报事务由日本经理，并允由营口至北京之中国电线杆上附加电线一条”。[3] 对此，袁世凯于 12 月 4 日第 11 次会谈中提出了如下的修正案：

> 中国允由旅顺至烟台海底电线在借地期限内作为中日暂行合办，日本专管旅顺之一端，中国专管烟台之一端，彼此各收报费无庸划拨。其在南满洲沿铁路各电线照旧存留，但只可传递铁路关涉各事，不准收有费之商报。所有中国在庚子以前原有各官商电线产业，日本政府一律交

① 《驻上海事务代理松冈洋右致外务大臣桂太郎电》（1905 年 9 月 30 日），《驻华公使内田康哉致外务大臣桂太郎电》（1905 年 9 月 30 日），《驻烟台领事小幡酉吉致外务大臣桂太郎电》（1905 年 10 月 1 日），『日清郵便約定締結一件　第 1 巻』外務省記録、2.7.1.11。「芝罘旅顺間海底電線ニ関シ袁総督合辦ノ意向」（1905 年 10 月 20 日）外務省編『日本外交文書』第 39 巻第 1 册、東京、日本国際連合協会、1959、447～448 頁。

② 邹嘉来：《仪若日记》（未刊本），光绪三十一年十月二十一日，日本东洋文库藏，下同。据邹嘉来日记记载，小村一行于 11 月 12 日晚 8 时抵北京，下榻于东交民巷的六国饭店。当晚外务部尚书那桐、外务部右侍郎伍廷芳、顺天府尹李希杰前往车站迎接。小村于 11 月 13 日下午拜访庆亲王奕劻，15 日与内田一起招待外务部首脑，16 日上午与内田觐见慈禧与光绪帝并递交国书，下午又赴外务部主办的宴会。邹嘉来：《仪若日记》，光绪三十一年十月十六日、十七日、十九日、二十日。

③ 大野指出日本向中国提交该追加条款的日期为 11 月 22 日（大野哲弥『国際通信史でみる明治日本』、23 頁），误。22 日是小村致电桂太郎报告上述条款的日期，向中国提出的日期为 11 月 29 日。外務省編『日本外交文書』第 38 巻第 1 册、東京、日本国際連合協会、1958、123 頁、129 頁。

还中国接管，中国并得以随时扩充电线及邮政利权。[①]

由此可见，中国的基本方针是由中日合办旅顺—烟台海底电信线，禁止“南满洲”铁路沿线的日本电信局收发商报，收回东三省的电信利权。

对于日本提出的增设营口至北京电信线的要求，袁世凯以庚子事变时的八国联军为例，指出虽然日军现驻扎在营口，但撤兵后电信线也应一并撤去，且一旦承认日本的要求，他国必将仿效，因此无法同意。而牛家屯—营口的电信线因该段已设铁路，无须另文注明。小村也表示对中日合办烟旅海线并无异议，双方一致同意经调查后再商讨报费计算及“满洲”境内军用电信线的处理问题。[②]

在12月9日的第14次会谈中，中日继续就电信问题进行协商。小村先行撤回增设营口—北京电信线的提议，就烟旅海线表示基本上同意中国的提案，具体事项日后可随时商议。但对于归还中国电信线的要求，小村认为经庚子事变及日俄战争后，中国的电信线已被破坏殆尽，现存均为日军铺设的电信线。袁世凯则称，中国可赎买这些电信线，且购回“北满”的电信线事宜也正与俄国进行交涉。小村主张条约中只写入烟旅海线，但袁坚持须同时写明陆地与海底电信线的事宜。经过一番争论后，双方同意撤回各自的提案，并将“嗣后凡有关于奉天省陆线及旅烟海线交接事件，可随时随事彼此商定办法”的声明写入会议节录。[③]

然而，在会谈迎来最终阶段时，新民府—奉天的电信线问题再次成为双方争论的焦点。12月18日的第20次会谈中，袁世凯强调须在会议节录中加入如下内容，“奉新间日本军占取中国电线应从速交还，未交以前由中国在该处电杆挂线通电，其余原有各线路中国应即分别修复”。小村认为，电信线相关事宜此前会议已定日后妥商，无须另定条文。袁世凯遂表示须先确定商议的具体日期，

① 《中日全权大臣会议东三省事宜节录第十一号》，王彦威纂辑，王亮编《清季外交史料》卷194，王敬立校，书目文献出版社，1987，第9页。

② 「満洲ニ関スル日清交渉談判筆記·第11回本会議」外務省編『日本外交文書』第38卷第1册、310～313頁。

③ 《中日全权大臣会议东三省事宜节录第十四号》，《清季外交史料》卷194，第15页；「満洲ニ関スル日清交渉会議録第十四回」「満洲ニ関スル日清交渉談判筆記·第14回本会議」『日本外交文書』第38卷第1册、191～192頁、337～339頁。

在得到小村回国后当从速催办的承诺后，同意在节录中删去该段条文。[①]

经过一个多月的交涉，中日于 12 月 22 日正式签订《会议东三省事宜》正约及附约，日本继承自俄国的权益正式得到清政府的承认。另外，根据存记于会议录的事项，汇总为《中日会议节录内存记条文》，上述的电信问题也被列入其中。[②]

中日会谈期间，双方约定保守秘密，袁世凯也采取措施严防泄密，[③] 因此协议的内容多不为人所知。条约批准后，即有抨击中国的利权多受侵害的言论。[④] 后世学者对此也有批评清政府全盘接受日本的要求，丧失了诸多利权，[⑤] 但也有学者认为正是袁的外交努力为中国挽回了部分利权。[⑥] 1905 年袁世凯除任直隶总督兼北洋大臣外，还身兼督办铁路、电政大臣，练兵会办大臣，会议商约大臣等多项职务，在清政府内部的实际影响力之大可谓一时无二。1905 年围绕“满洲”善后问题的中日会议，也是袁作为清政府的核心人物首次登上对外交涉的舞台中心，自当在交涉中保持慎重的态度且据理

① 《中日全权大臣会议东三省事宜节录第二十号》，《清季外交史料》卷 194，第 31 ~ 33 页；「満洲ニ関スル日清交渉会議録第二十回」「満洲ニ関スル日清交渉談判筆記・第 20 回本会議」『日本外交文書』第 38 巻第 1 册、200 ~ 201 頁、374 ~ 376 頁。

② 「満洲ニ関スル日清交渉談判筆記・第 2 回本会議」「満洲ニ関スル日清交渉談判筆記・第 18 回本会議」『日本外交文書』第 38 巻第 1 册、215 頁、357 頁；《清季外交史料》卷 194，第 34 ~ 37 页。正如第 11 次、第 14 次会谈中双方的交锋所示，中日在针对“奉天省陆线及烟旅海线交接”事宜方面的态度略有不同。中国认为日本撤兵后撤去军用电信线是理所当然，更关心的问题在于此前照会递信省的内容，即烟旅海线的中日合办及中韩边境的电信线交接，但日方更重视如何确保已在“满洲”收发商电的既得利益，双方认识的分歧导致以“可随时随事彼此商定办法”含糊的表述写入条文，这也是之后交涉久延不决的一个原因。

③ 会谈过程中，袁世凯严格控制相关人员的出入，监视信函的往来，并对有关“满洲”问题的新闻电报实行审查，内外都处于严加戒备的状态。「清国政府の検閲」『東京朝日新聞』1905 年 12 月 1 日；「北京会議（四）秘密の保たるる所以」『東京朝日新聞』1905 年 12 月 6 日；「袁の電報検閲」『東京朝日新聞』1905 年 12 月 13 日；《停止检查满约电信事》，《申报》1905 年 12 月 5 日，第 1 张第 2 版。会议结束后，据称唐绍仪曾将此次会谈的特征概括为“三密：亲密、详密、秘密”。外務省編『小村外交史』東京、紅谷書店、1953、227 頁。

④ 《政府各大员不满意于满约》，《申报》1906 年 1 月 13 日，第 1 张第 2 版。

⑤ 王芸生：《六十年来中国与日本》卷 4，天津大公报社，1932，第 252 页；吕思勉：《日俄战争》，商务印书馆，1928，第 103 页。

⑥ 李恩涵：《唐绍仪与晚清外交》，《中央研究院近代史研究所集刊》第 4 期（上），1973 年 5 月，第 86 页；张华腾：《袁世凯对东北问题的关注与东三省改制》，《中国边疆史地研究》第 20 卷第 2 期，2010 年；吕慎华：《清季袁世凯外交策略之研究》，台北：花木兰文化出版社，2011，第 275 页。

力争。[①] 相对于日俄朴次茅斯和谈在27天内举行了10次正式会谈，中日在36天内举行了22次正式会谈，强度之大、交涉进展之困难可想而知。正因为袁的不懈周旋，谈判的进展缓慢超乎日本的预料之外，日本也难掩焦虑之情，一时坊间甚至揣测会谈或将不欢而散。[②] 从《谈判笔记》中记载的袁的活动来看，其在会谈中虽然抱病在身，[③] 仍长时间与日方争论条款的细则，迫使日本做出了一定让步。正是因为袁世凯锲而不舍的交涉，日本欲大幅扩大在"南满洲"权益的企图才未得逞。

二 1906年东京会议与中日交涉之僵局

北京会议期间，德连陞作为电政顾问从上海的中国电报总局赴京。1906年1月7日，其在归途中拜访日本驻烟台领事小幡酉吉，告知近期将代表清政府赴日交涉烟旅海线事宜，并传达了清政府的基本立场，即在旅顺或大连可由日本电信局收发官电与商电，在烟台的日本电信局只可收发日本政府官电，其他商电均由中国电报局收发。小幡将此报告外务省，指出从"满洲"各地向山东或是中国南方拍发电报，均须辗转通过旅顺—营口—天津的线路传递，如烟旅之间直接通信，不仅可以减少报费，实现迅捷地联络，还可在通商与经济方面为"关东州"与山东半岛的繁荣创造条件。小幡强调，为

① 庆亲王因病只出席了第1次、第16次、第17次、第18次、第22次会谈，除去首尾两次礼节性的仪式外，实际只参加了3次，而会谈中中方主要的发言者为袁世凯，可认为其是实质的交涉负责人。另据邹嘉来日记可知，在收到日本的11条大纲后，袁世凯亲自起草了修正案，并获得了庆亲王与瞿鸿禨的认可。邹嘉来：《仪若日记》，光绪三十一年十一月二十六日。

② 「長時間の談判（行悩みの情形あり）」『東京朝日新聞』1905年12月11日；「北京会議　所謂行悩の疎通」『東京朝日新聞』1905年12月13日；「北京会議中止論」『東京朝日新聞』1905年12月16日。在谈判结束后的欢送宴会上，小村曾向曹汝霖吐露，"此次我抱有绝大希望而来，故会议时竭力让步，我以为袁宫保必有远大见识眼光，对于中日会议后，本想与他作进一步讨论两国联合对抗俄国之事，不意袁宫保过于保守，会谈时咬文嚼字，斤斤计较，徒费光阴"。这从侧面反映了袁世凯坚持维护主权，甚至令谈判对手小村也感到难缠。曹汝霖：《一生之回忆》，中国大百科全书出版社，2009，第50页。

③ 《日本全权大使小村寿太郎致临时兼任外务大臣桂太郎电》（1905年12月6日），『日本外交文書』第38巻第1冊、136頁；「袁世凱の病気」『読売新聞』1905年12月10日。

对抗德国在山东的势力，有必要通过烟旅海线加强两地之间联系的紧密性。[①] 根据中日在北京会议上达成的协议，经过递信省与外务省的意见交换，1906 年 3 月 8 日日本终于正式回复德连陞之前的照会，表示愿意就此进行协商。[②]

与此同时，清政府迅速着手修复东北的通信网，1906 年北京电报局总办黄开文奉命赴当地与日军、俄军相关人士协商接收、修复电信线事宜。首先，就奉新段电信线，日本拒绝于撤兵之前向中国移交后，袁世凯采取权宜之计，暂向日本借线一条以图恢复奉天至新民府之间的通信，待日军撤兵后再图收回。[③] 此外，袁世凯决定沿南满铁路新建奉天—长春—吉林与奉天—辽阳—营口段电信线，实现与中国原有电信线的连接，并拟订计划增设奉天—安东、铁岭—通江子—法库门段电信线，补修奉天至铁岭以北及铁岭至新民府段电信线，全面重建东北的电信事业。当中国通告日本勿妨碍电信线的架设、修复作业时，日本却以“若通过日军占领地时，在撤兵之前须保护军务”为由予以拒绝。1906 年 3 月末，铁岭至新民府段的 900 多根电杆与公主屯至新民府段的 300 多根电杆先后被日军擅自切断，外务部向日本表示了强烈抗议，要求赔偿相关损失并防止再发生类似行为。[④]

在围绕电信问题中日针锋相对时，清政府于 5 月派遣电报总局总办周万鹏[⑤]与德连陞赴日协商东三省的电信问题。5 月 28 日举行的第一次会谈中，

---

① 《驻烟台领事小幡酉吉致外务大臣加藤高明机密信》（1906 年 1 月 16 日），『日本外交文書』第 39 卷第 1 册、443 ~ 447 頁。

② 《递信大臣山县伊三郎致 F. N. Dresing 照会》（1906 年 3 月 8 日），『日清郵便約定締結一件　第 1 巻』外務省記録、2. 7. 1. 11。

③ 中研院近代史研究所编《海防档·丁·电线》，台北：中研院近代史研究所，1957，第 2623 ~ 2625、2627、2629 ~ 2637 页。

④ 《海防档·丁·电线》，第 2652 ~ 2653、2668 ~ 2673、2682 ~ 2693 页。

⑤ 周万鹏（1864 ~ 1928），字翼云，上海宝山县人。1873 年被选派赴美留学，1881 年自 Holyoke 高等学校毕业后进入电信预备学校学习，旋因清政府之命于同年 9 月回国。之后历任上海电报局总管、会办、总办及电报总局总办、闽浙电政监督、交通部邮传司长兼邮政总局电政督办、江苏电政监督兼上海电报局长、上海电报传习所监督等职。《前交通部邮传司司长翼云周公行状》，卞孝萱、唐文权编《民国人物碑传集》，团结出版社，1995，第 268 ~ 275 页；民国《宝山县再续志》卷 14，“人物志事略”，第 1 ~ 4 页，张允高、钱淦等纂修《中国方志丛书》1931 年影印本（台北：成文出版社，1975）；Edward J. M. Rhoads, *Stepping Forth into the World: The Chinese Educational Mission to the United States, 1872 – 81* (Hong Kong: Hong Kong University Press, 2011)。

周万鹏向递信省提出了两项协定的草案，分别为《中日电信协定草案》（13款）与《中韩电信协定草案》（11 款）。[①]

《中日电信协定草案》的主要内容如下：

1. 日本在协定缔结后的一个月内，自旅顺附近铺设至烟台之海线，该海线在两端上岸及电报局所需设备之相关费用，由中日双方各自分摊。

2. 海线之烟台一端由中国管理，旅顺一端由日本管理，维修费由双方各自负担。

3. 为传递旅顺与烟台之间的日本官电，烟台中国电报局设一线连接烟台日本领事馆，相关设备之费用由递信省负担。

4. 为传递烟台与关东州之间的日本官电，烟台中国电报局每日早间八点钟起，每三小时内设三十分钟，允准烟台日本领事馆与旅顺直接通报。

5. 日本允准中国在旅顺附近设一电报局，与租借地外之中国电报局接通，并可与旅顺日本电报局直接通报。

6. 日本如与大北公司签订新的协定，或是修订现有之协定，须保证相关规定同意中日可经韩国国境通报。如日本未与大北公司修订或更新协定，当再与中国协商。

7. 本协定有效期至 1912 年 12 月 31 日，如更改或作废，须于 12 个月前通知对方。

而《中韩电信协定草案》的主要内容如下：

1. 设一横跨鸭绿江之电线，连接中韩境内的中国电报局与韩国电报局。

2. 两端电局的建设费用由双方各自负担，横跨鸭绿江之电线为韩

① 《递信大臣山县伊三郎致外务大臣林董机密信》（1906 年 6 月 1 日），『日本外交文書』第 39 卷第 1 册、455～463 頁。

国所有，铺设及维持费用由韩国负担。

3. 如韩国与俄国签订电信协定，经由西伯利亚线传递电报，须保证报费不得低于中韩之间的报费。

4. 本协定有效期至 1912 年 12 月 31 日，如更改或作废，须于 12 个月前通知对方。

值得注意的是，中国在《中日电信协定草案》的附注中明确提出此协定基于“满洲的商电收发属中国电报总局专管范围”的前提，旨在除“满洲”的租借地与铁路附属地外，完全恢复中国在东三省的电信主权。而《中韩电信协定草案》则试图通过朝鲜半岛实现中日之间的直接通信，以摆脱大北公司专利权的限制。[①]

面对中国的积极提议，日本似乎显得准备不足。在 6 月 5 日的第二次会谈中，递信省以并无权限讨论“满洲”电信的主权问题为由，提出只协商烟旅海线的连接、报费的设定等专门事项。中方则反驳称应优先讨论根本性的问题。[②] 翌日，周万鹏与德连陞照会外务省，希望就该问题明确具有相关权限的谈判对象。[③] 在收到周万鹏的报告后，袁世凯通过外务部与驻日公使杨枢，要求日本政府同时就烟旅海线及中韩边境的电信线连接问题进行协商。[④] 但日本坚持此次协商不应涉及奉天省内电信管辖权之类的基础问题，且中国在中韩边境未设有电信线，因此只宜讨论烟旅海线问题，拒绝做出让

① 日本自 1906 年 1 月起接管所有韩国的邮政、电信业务，而连接日本与朝鲜半岛的呼子—釜山海线原由大北公司铺设，日本政府 1890 年以 8.5 万日元的价格购回了呼子至对马段海线，但围绕对马至釜山段的交涉则一直进展缓慢，直至 1910 年才以 16 万日元的价格与大北达成一致。当时中国也关注着大北与日本的交涉动向，原设想日本一旦成功收购该段海底电信线，可不介于第三者实现两国的直接联络，从而共同摆脱大北公司专利权的束缚。朝鮮総督府通信局『朝鮮通信事業沿革小史』、10～13 頁、80～81 頁；日本電信電話公社海底線施設事務所編『海底線百年の歩み』、84～86 頁、170～171 頁。

② 《递信大臣山县伊三郎致外务大臣林董机密信》（1906 年 6 月 6 日），『日本外交文書』第 39 巻第 1 冊、463～464 頁。

③ 《周万鹏、F. N. Dresing 致外务大臣林董照会》（1906 年 6 月 6 日），『日清郵便約定締結一件　第 1 巻』外務省記録、2.7.1.11。

④ 《海防档·丁·电线》，第 2680 页；『日本外交文書』第 39 巻第 1 冊、464～465 頁。

步。[①] 换言之，中国认为自身的提案完全履行了北京会议上达成的协议，而日本却将会谈的宗旨定为“商议技术性事项”，有意回避中国的要求，双方立场的分歧初现端倪。

随着谈判进程受阻，在东京滞留一个多月后，中方改变方针，表示中韩接线一事可待日本撤兵后再行协商，希望先就烟旅海线问题进行磋商。[②] 依照中国修改后提出的《中日电信协定草案》（12 款），中日分别于 7 月 11 日与 13 日进行了两次会谈。

中国的新提案主要就如下两点做出了修改。第一，删去了“满洲的商电收发属中国电报总局专管范围”的表述，追加了“日本政府承诺烟台日本领事馆利用烟旅海线，不收发官电之外的电报。如有违反，本协定立即失效”一条。第二，删去了涉及大北公司的相关条文，追加了“本协定自烟旅海线铺设之日起立即生效，有效期直至日军从满洲撤兵，且中国修建至韩国边境的电线，双方一致同意协商中韩电信联络，修改本约之日”的内容。[③]

7 月 11 日的会谈中，递信省通信局局长小松谦次郎表示日本的立场与中国的提案相去甚远，并主张日俄战争前俄国曾在烟台收发官电、商电，故日本可继承该权利。而中方辩驳称，俄国未经中国允许擅自收发商电，中俄并未缔结任何协定，双方辩论后未果。接着，13 日的会谈中小松提出了日本的基本立场，即“烟旅海线由日本政府铺设及所有，与烟台日本邮局相连接，允自该局引一线接通中国电局，由中日共同利用该海线”。周万鹏则答以新草案是根据电政大臣之训令修改而成，对于日本的提案须呈报本国听候指示。但袁世凯指出，中日双方在烟旅海线上具平等权利，无法接受日本的主张，同时认为日本无意让步，遂决定中止此次东京谈判。周万鹏与德连陞也于 7 月 16 日踏上归途。[④]

---

① 「電線接続交渉委員会ノ決裂事情回答ノ件」（1906 年 6 月 25 日），『日本外交文書』第 39 巻第 1 册、467～468 頁。

② 「電線接続交渉ニ関スル清国委員ノ権限ニ付清国政府訓電ノ件」（1906 年 7 月 5 日），《周万鹏、F. N. Dresing 致通信局长小松谦次郎函》（1906 年 7 月 5 日），『日本外交文書』第 39 巻第 1 册、469～471 頁。

③ 「芝罘旅順間電線接続ニ関スル清国委員ヨリ草案提出ノ件」（1906 年 7 月 10 日），『日本外交文書』第 39 巻第 1 册、472～477 頁。

④ 「芝罘旅順間電線接続交渉日清委員会決裂事情通報ノ件」（1906 年 7 月 19 日），『日本外交文書』第 39 巻第 1 册、477～479 頁；《海防档·丁·电线》，第 2690 页。

关于此次交涉决裂的原因，递信省的官方说辞为只有就专门事项进行协商的权限，但据驻日公使杨枢密报，外务大臣林董曾私下告知日本拒绝中国的提案源于两点。第一，电线与铁路有密切关系，铁路问题尚未解决，难以遽议电线事宜。第二，东三省现处于日本军政之下，须待日军撤兵后，两国应商事件方可从容筹议。[①] 但实际上日本拒绝协商东三省的电信问题，应是在“满洲”扩张电信利权的既成事实上，意图加强对该地区通信的实际控制。自 5 月 15 日开始，日本利用安东县、营口、大连、旅顺、辽阳、奉天等 17 处的军用通信所收发商电，5 月 25 日起又将收发日文商电的范围扩大至西旅顺、东大连、普兰店、瓦房店、熊岳城、大东沟、大孤山等 19 处。其报费设定为每字日元 30 分，对于未设电报局之处，则通过邮递扩大通信网络。[②] 日俄签订《朴次茅斯和约》后的 1905 年 10 月，日本陆军省即从军事、经济、政治的需求出发，强调确保直隶、山东、奉天省与韩国及日本本土之间通信权的必要性。[③] 递信省也希望经佐世保至大连间海线收发商电的范围不限于日本与“满洲”之间的局部通信，而是扩充至国际电报，确定了撤兵后也不关闭日本在“南满”电报局的方针。[④] 与此相对的是，袁世凯旨在收回东三省的电信主权，将日本的电信利用限制在铁路附属地内。在临近东京会谈前，外务部右参议朱宝奎曾向驻华代理公使阿部守太郎暗示，如日本成功赎买对马—釜山线，中日之间的电报联络即可不经第三者，对于两国均大有益处，[⑤] 但日本未有积极的回应。围绕烟旅海线，日本提出的单独铺设、管理的要求，比起北京会谈时达成的协议可说是有了大幅后退，双方迥异的态度导致会谈不欢而散。

① 《收驻日本杨大臣致丞参信一件密件》（光绪三十二年五月二十二日），台北：中研院近代史研究所藏外务部档案，02-02-007-04-003，“外务部档案”的藏所在下文注释中不再注明。

② 「満州電報事務拡張」『東京朝日新聞』1906 年 5 月 15 日；「満州の公衆電報」『東京朝日新聞』1906 年 6 月 3 日；「満州電報の配達」『東京朝日新聞』1906 年 6 月 4 日。

③ 《陆军次官石本新六致外务次官珍田捨巳函》（1905 年 10 月 14 日），『満韓並之ト直接ニ関連スル地方ニ於ケル電信網ノ設備ニ付陸軍省意見申出一件』外務省記録、1.7.4.21。

④ 「満洲ニ於ケル公衆電報及旅順芝罘間海底電線ノ経営ニ関スル逓信省ノ意見開陳ノ件」（1906 年 8 月 16 日），「在満我電信局ノ海外電報取扱ニ関シ照会ノ件」（1906 年 8 月 16 日），『日本外交文書』第 39 巻第 1 冊、486～490 頁。

⑤ 「奉天省ニ於ケル陸上電信線接続並旅順芝罘間海底電信線連絡問題ノ件」（1906 年 5 月 22 日），『日本外交文書』第 39 巻第 1 冊、453～454 頁。

在此过程中，日方档案中留存的德连陞在赴日谈判前后向日本发送的三封密电尤为耐人寻味。第一封密电是1906年4月21日自上海发出，内容为德连陞告知日前已敦促袁世凯尽早决定与日本协商电信问题，并称自己与周万鹏5月初将被派往日本。但发自4月27日的第二封密电透露情况发生了变化，袁世凯“采纳了一部分无知部下的进言，立场有所转变”，即袁认为“在中国修复东三省的电线之前，与日本交涉中韩边境电信联络一事亦属无益。这意味着对韩国皇帝的侮辱，而旅顺只是一租借地，与日本协商、签署协定并非明智之举”，最后袁世凯甚至发出了“从日本处得到回复等了好几个月，应该也要让日本等待同样长时间”的意气之言。得知袁的态度骤变后，德连陞大为吃惊，立即致电朱宝奎，说明了中国应采取的立场；同时告知日本正就赎买对马—釜山线与大北公司交涉，分析大北可能就出售该海线索取回报，即要求日本保证中日达成的协议将不损害大北的利益。因此建议在5月底大北的董事米歇尔森（Peter Michelsen）访日前，应迅速与日本达成协议。之后，德连陞再度致电袁世凯，指出日本有可能与庚子事变时德国、法国一样强行铺设电信线，力劝袁早日开启谈判，但仍未能如愿。究其原因，德连陞认为或是俄国暗中贿赂京中的官员，煽动反日的情绪。

第三封密电是德连陞回到中国后的7月25日发出的。其中称自己及中方官员对交涉过程中日本的态度大感失望，同时指出正因日本的失策，谈判一无所获，不解日本为何特意激怒在中国极具影响力之人物（指袁世凯），暗中对日本的应对表示了不满。[1]

另外，正如德连陞的密电中所提及，在中日交涉的过程中也不可忽视大北公司的动向。1906年4月，依照大北公司董事长史温生（Edouard Suenson）的指示，大北的远东地区总经理伯纳（Iwan Berner）照会日本递信省，声称愿派大北董事米歇尔森与总办白森（J. J. Bahnson）为代表，就一度中断的对马—釜山线出售事宜重开谈判。[2] 同时，大北公司也担心中日

① 『日清郵便約定締結一件　第1巻』外務省記録、2.7.1.11。这三封密电均使用了代号，第一封与第二封电文的收件人为Mr. X. Y. Z，署名为P. Q. R，第三封电文的收件人为Mr. X，署名为P。从电文的内容可以判断发件人为德连陞，收件人极有可能是外务省的官僚。

② 《Berner致通信局长小松谦次郎照会》（1906年4月6日），『佐世保大連間海底電線ニ依ル日満間電信交換一件』外務省記録、1.7.4.25。

通过中韩电信线直接通信，对中日交涉的动向保持了高度关注。5月中旬，伯纳致电日本递信省的电信顾问斯通（W. H. Stone）[①]，指出中韩接线虽然会侵害大北的权益，但如附加一定的条件也可予以承认，希望派米歇尔森作为大北的代表，参加中日的正式会谈。但斯通认为递信省将会拒绝大北的要求，回复称现在并非协商对马—釜山线的时机，在此之前应先确定日本与大北谈判的时期与场所。[②] 随后，日本开放"南满"的军用电信线用于收发商电，大北公司在得知日本计划利用佐世保—大连海线收发日本、"满洲"、韩国之间的电报后，表示其专利权将受到侵害，呼吁相关各方进行协商，[③] 但日本对此置之不理。

1906年9月1日，日本宣布大连开放通商的同时，设在旅顺、大连、奉天、安东、辽阳、营口、铁岭的日本电信局也开始通过佐世保—大连海线收发国际电报。对于日本这一单方面的行为，中国表示铁路沿线的电信线只能用于铁路相关的业务，并向日本及万国电政公会声明决不承认日本以军用电信线收发商电的非法行为。同时，敦促日本按照北京会议达成的协议，尽快重开谈判。[④] 对于佐世保—大连线传递国际电报的低价竞争，大北公司董事长史温生向日本强烈抗议，认为损害了该公司

① William Henry Stone（1837－1917），爱尔兰人，电信技师。1872年受雇于日本工部省电信寮，除从事技术指导外，还协助制定电信相关法规。甲午战争与日俄战争时分别因功获二等勋、一等勋，旅日40多年后在东京去世，葬于青山灵园。東京朝日新聞社編『朝日日本歴史人物事典』東京、東京朝日新聞社、1994、68頁；高橋善七『お雇い外国人7　通信』東京、鹿島研究所研究会、1969、188～193頁。

② 《Berner致Stone密电》（1906年5月18日），《Stone致Berner电》（1906年5月21日），《Berner致Stone电》（1906年5月25日），《Stone致Berner电》（1906年5月26日），『佐世保大連間海底電線ニ依ル日満間電信交換一件』外務省記録、1.7.4.25。

③ 《P. Michelesen致递信大臣山县伊三郎照会》（1906年6月30日），『佐世保大連間海底電線ニ依ル日満間電信交換一件』外務省記録、1.7.4.25。

④ 《海防档·丁·电线》，第2696～2697页。日本于1906年10月将大量的电信器材秘密运入"满洲"，此举也引起了英国方面的注意。据英国驻沈阳总领事弗尔福德分析，这些器材更可能用于电话事业，且当时除牛庄外，铁岭、沈阳、辽阳、安东各地的电话系统均被日本垄断，预测日本军政结束后，该问题将成为中日交涉的一个焦点。Consul-General H. E. Fulford to Sir J. Jordan, January 9, 1907, "Confidential British Foreign Office Political Correspondence, China, Series 1, 1906－1908" [Microfilm], *The National Archives* (*TNA*), FO371/224/7681。

的通信专利权，[①] 并通过俄国驻华公使璞科第（D. D. Pokotiloff），提议由日本、中国、大北公司三方共同协商来解决这一问题。[②] 然而日本反驳称佐世保—大连线为连接辽东租借地与本土之用，收发国际电报是"帝国之自由"，而铁路沿线传递商电是继承自俄国的权利，毫不理会大北的抗议。[③]

为打破僵局，1907 年 1 月底德连陞赴北京拜访了日本公使林权助，解释称中日电信线相连的难题在于大北专利权的限制，如中日的电信线在"南满洲"相连，并通过日本的陆线或佐世保—大连海线传递国际电报，将违反与大北的合同，因此解决方法是将中日间的通信限定为局部范围，或是国际电报的价格须与大北线保持一致。就烟旅海线，德连陞再次提出中日合办的方针，并称去年东京会谈中因翻译的问题未能充分进行沟通。[④]

在此次会晤中，为准备重开谈判，德连陞将自己拟定的草案事先交给林公使过目。其内容除了一些条款的变动外，基本上沿袭了 1906 年东京会谈时清政府提交的修正案。林权助在指出内容还需进一步修改的同时，与德连陞一致同意基于该方案在随后的谈判中力求达成妥协。德连陞认为林权助的回答较之前大为合理，迅速向清政府做了报告，表示将在中日达成协议后以

① 《P. Michelsen、Bahnson 致递信省函》（1906 年 9 月 10 日），『佐世保大連間海底電線ニ依ル日満間電信交換一件』外務省記録、1. 7. 4. 25。

② 《海防档・丁・电线》，第 2698、2702 页。除 1874 年 12 月至 1875 年 6 月拉斯勒福曾短暂出任丹麦驻华公使外，晚清丹麦驻华使臣一职均由俄国公使代理。因丹麦王室与俄国皇室的姻亲关系，以及俄国皇室为大北公司的大股东，俄国公使也常就大北公司事宜与清政府进行交涉。

③ 但驻华公使林权助向外务省的报告中，指出此问题的中方实际负责人为袁世凯，日本的强硬姿态"有损中国的种种对日感情"，"进一步激起强烈的反感"，或将影响其他问题的交涉，建议应采取合作路线，商讨与铁路沿线之外的中国电报局相互连接等有利于双方之事。「在満我電信局ノ海外電報取扱ニ対スル清国政府ノ抗議ニ付辯駁ノ件」（1906 年 9 月 22 日），「電信問題ニ関シ清国政府ヨリ抗議ノ件」（1906 年 9 月 28 日）『日本外交文書』第 39 巻第 1 冊、497 ~ 504 頁。

④ 大北公司董事米歇尔森于 1907 年 2 月也拜访了林公使，商议了对马—釜山线的出售及佐世保—大连线的相关问题，并表示针对日本的抗议是出于向公司股东应尽之义务。「清国電政局顧問『ドレージング』ヨリ満洲ニ於ケル日清電信線連絡上ノ難点ニ関シ申出ノ件」（1907 年 1 月 31 日），「日清電信線連絡問題並大北電信会社支配人来訪談話ノ件」（1907 年 2 月 12 日），外务省编『日本外交文書』第 40 巻第 1 冊、東京、日本国際連合協会、1960、625 ~ 627 頁。

同样的宗旨与俄国协商“北满”的电信问题。[①]

然而，对于清政府的提案，递信省认为虽较之前有所让步，但仍就烟台的日本邮局不能直接收发电报及须向清政府支付费用表示不满。递信大臣山县伊三郎声称“继承（日俄）战前俄国享有权利为唯一之主义”，坚持如不满足这一点即无必要与中国进行协商。[②] 随后德连陞与林公使又进行了数次的磋商，清政府做出让步，同意烟旅海线可传递日文商电，但最后因递信省态度强硬，双方意见相持不下，交涉再次中断。

1906 年清政府的官制改革，把电政与路政、邮政、船政均归于新成立的邮传部管辖之下。电报总局因结算，于 1907 年 5 月正式完成移交邮传部的手续，并改称电政局。之后的中日交涉则通过邮传部进行。[③]

三　英国的介入与中日交涉之转机

中日电信交涉陷入停滞后，清政府转而优先处理中俄间关于“北满”的电信问题。在俄国准备撤兵，提出转让东清铁路之外的电信设施之后，清政府一方面命令当地官员接收，另一方面由邮传部与璞科第协商，确立了撤去东清铁路附属地以外俄国电局、收购所有电信线和电杆等附属品的方针。[④] 对于日本拒绝支付的本线费，璞科第表示没有异议，同时暗示如将经烟旅海线、大连—佐世保线传递的中日电报限定为官电，大北公司应不会反对。[⑤] 1907 年 5 月 21 日与 23 日，清政府与东清铁路公司签署《东省铁路附

① 「清国電政局顧問『ドレージング』ノ日清電信条約私案要領報告ノ件」（1907 年 2 月 25 日），『日本外交文書』第 40 巻第 1 册、627～628 頁。此处可见清政府希望优先与日本协商电信问题的初衷。德连陞将于 4 月启程赴欧，其一度对中日交涉的进展充满乐观，并期待在里斯本与相关各方磋商协定的细则。《P 致 X 电》（1907 年 2 月 13 日），『佐世保大連間海底電線ニ依ル日満間電信交換一件』，外務省記録，1.7.4.25。

② 「『ドレージング』ノ日清電信条約案ニ対スル我方ノ意向ニ関スル件」（1907 年 3 月 11 日），『日本外交文書』第 40 巻第 1 册、642 頁。

③ 苏全有：《清末邮传部研究》，中华书局，2005，第 47～48 页。

④ 由于这些电信线窳败不堪，亟须重加修整，运回本国费用又不菲，因此俄国急于减价出售。最初俄方出价 19 万卢布，清政府指出其中一部分原为中国之物，不应混淆，最终双方议定计价洋银 12 万元。《海防档・丁・电线》，第 2726～2729、2742～2743 页。

⑤ 「日清電信連絡問題ニ付在清露国公使ト ノ談話報告ノ件」（1907 年 3 月 1 日），『日本外交文書』第 40 巻第 1 册、628～629 頁。

属地外满洲电线交还中国换文》，以银 12 万元的价格购回以下电信线及材料：（1）齐齐哈尔至海兰泡；（2）齐齐哈尔至铁路车站；（3）哈尔滨至密海路西门诺夫斯克两线并本线各站所有器具、电池与材料；（4）海林铁路车站至宁古塔；（5）陶赖昭至吉林两线；（6）陶赖昭至伯都讷；（7）陶赖昭至五棵树、宽城子；（8）宽城子铁路车站至城；（9）海拉尔铁路车站至城；（10）吉林、额木索、宁古塔线及所拟额木索、提塔苏线现有之一切电线材料。[①]

此后，清政府开始接收“满洲”北部的电信线，并于 10 月 7 日与东清铁路公司签订《东清铁路电报合同》（10 款），成功撤去了东清铁路附属地外的俄国电报局，并就长春、海林、哈尔滨、齐齐哈尔、海拉尔等地中国电报局与俄国电报局之间的连接与电报的传递做出明确规定，不仅实现了讯息传递的快捷性，也保障了中国电报局的权益。[②] 合同不仅在开头注明“凡在中国境内发寄官商电信或准他人发寄官商电信，乃中国所有之主权，而操诸电局。中国政府允许路局（指俄国东清铁路局）建造铁路，并准其建设电线，传递电信，以应铁路必需之用，惟此项电线专为铁路办公所需之用，以示限制”，还在第 9 款中规定，“倘日后东三省日、俄两国铁路电线接通，路局允许只传铁路真实公务互相交接之报”，对日俄之间利用东清铁路与南满铁路直接相连传递电报进行了牵制。

与俄国的交涉告一段落后，清政府再次向日本提出就南满铁路的电信线、烟台与辽东半岛之间海线及中韩边境接线事宜重开谈判。但日本坚持必须满足以下条件，即经日本电信线传递的电报不向清政府缴付费用，保留营

① 《海防档 · 丁 · 电线》，第 2731 ~ 2733 页。王铁崖编辑的《中外旧约章汇编》中收录的该换文，称赎买金额为墨洋 100 万元，石楠在确认了英译本、俄译本与汉译本之后，指出该金额的舛误及若干地名翻译不准确之处。石楠：《〈中外旧约章汇编〉补正两则》，《近代史研究》1986 年第 2 期。

② 《会订东清铁路附设电线交接办法合同》（光绪三十三年四月），邮传部档案，登录号：017000001901A。中俄电约签订后并未立即公布，邮传部在编辑本部奏议时也因“事关重要应守秘密者存目不印”未收录合同全文（邮传部参议厅编《邮传部奏议类编 · 续编》，“例言”，沈云龙主编《近代中国史料丛刊》第 14 辑第 140 册，台北：文海出版社，1967）。如下文所述，1908 年 8 月中日协商电约时，德连陞曾秘密将中俄电约的最终草案提示给日方，而日本直至 1910 年 1 月才通过东清铁路公司副总裁文策尔掌握了中俄电约的全部内容。但英国公使朱尔典 1908 年 2 月已通过清政府的“线人”入手中俄电约的中文副本，并报告英国外交部。Sir J. Jordan to Sir Edward Grey，February 5，1908，FO371/408/9699。

口、辽阳、奉天、长春以及其他在南满铁路附近商埠的日本电信局及附属设施，大连至烟台之间的日本邮局可直接收发官电、日文商电。这些有损主权的要求招致了清政府的反对，谈判再次陷入僵局。①

在中日交涉停滞之时，12 月 10 日俄国公使璞科第突然照会外务部，声称决不承认中国在“南满”电信问题交涉中向日本许以特殊权益，并根据中俄电约第 10 款，在一年期限内中国若不能按照中俄同等条件与日本达成协议，将宣布中俄电约作废。②

收到该照会后，清政府陷入了两难的境地。如与俄国保持同等条件，要求支付本线费、撤去铁路附属地外的电报局等主张的正当性无疑得到了支持，但难题是如何在一年的期限内使日本改变强硬的态度。在这样的情况下，周万鹏表示英国大东公司正担忧日本在“南满”收发国际电报或有损自身的在华利益，建议可通过与日本有同盟关系的英国调停，打开目前的僵局。外务部也采纳了该建议，当即致电驻英公使李经方，希望英国出面说服日本。③

英国大东电报公司正担心一旦中日无法达成协议，日本将可能寻求与俄国陆线相连实现与欧洲的通报，而低廉的报费将会与大东、大北公司形成竞争，影响两公司的收益，因此呼吁英国政府运用与日本的良好关系介入，避免中日交涉决裂损害英国权益。④

英国外相葛雷（Edward Grey）一方面指示驻日大使窦纳乐（Claude

---

① 《海防档·丁·电线》，第 2747～2749 页。此时，驻北京的日本公使与递信省之间的意见对立日益严重。林权助对递信省僵硬的态度提出异议，暗地批评其注重细枝末节、忽略根本，希望政府从大局利益重新调整方针。对此递信大臣山县伊三郎表示强烈不满，称林公使“反复使用欠妥之语”，指责其偏向中国。1908 年初山县因铁道预算问题辞职，由内相原敬兼任递信大臣。『日本外交文書』第 40 巻第 1 冊、673～681 頁；大野哲弥『国際通信史でみる明治日本』、251 頁。另外，负责交涉的德连陞也对递信省“非妥协的姿态”深感失望，指出协议受阻是因为日本不遵照“合作与让步的原则”，将中国看成本国的一个县。《P 致 X 电》（1907 年 11 月 7 日），『日清郵便約定締結一件　第 2 巻』外務省記録、2.7.1.11。

② 《海防档·丁·电线》，第 2750 页。

③ 《海防档·丁·电线》，第 2751～2753 页；《外部致李经方请英国劝日本闭歇南满铁路境外电局电》（光绪三十三年十一月二十日），《清季外交史料》卷 208，第 10 页。

④ Mr. W. Bullard to Sir J. Jordan, March 1, 1907, FO371/224/12745; *Eastern Extension Australasia and China Telegraph Company to Foreign Office*, October 25, 1907, FO371/224/35295.

MacDonald）向日本表明，通过俄国线路减价与欧洲通报将给英国电报公司带来巨大的损失，这同样也是英国国家战略利益的巨大损失；另一方面，要求驻华公使朱尔典（J. N. Jordan）就中日交涉的最新进展做出报告。[①] 朱尔典于12月底报告了中日电信交涉的原委，其认为中俄电约的第9款规定即便将来日、俄两国铁路电线接通，也不能传递商电，且不得以低价与中国电报局竞利最为重要，同时说明了中日争论的焦点以及俄使最近的照会内容。朱尔典指出，如俄国废除电约，不仅会恢复东清铁路附属地之外的电报局与中国电报局形成竞争，而日俄也有可能无视中国与大东公司，单独在“满洲”就日俄间直接通报达成协议，这样日本即可经由俄国确保与欧洲的通信线路，从而损害大东公司的利益。[②] 为避免俄国毁约，葛雷指示窦纳乐向日本政府表达英国立场，称期待中日比照中俄电约，就“南满”电信问题达成协议。同时向其秘密透露大东、大北公司已就中日、菲律宾与欧美的国际报费降价初步达成协议，接下来将争取美国太平洋商务水线电报公司及德荷电报公司的同意，可在适当时机向日本暗示英国有意降低日英间通报费用，诱使日本放弃通过俄国建立与欧洲通信的新线路。面对英国的担忧，日本解释称并无新设与欧洲通信线路之意，外务大臣林董私下也向窦纳乐称可以向清政府支付本线费，同时表示已指示驻北京公使，愿意与中国达成令人满意的协议。[③]

在英国建议双方应相互让步后，日本的态度有所缓和。1908年2月3日，林公使将以下的最终让步方案告知德连陞。第一，中国承认烟台的日本报房可用烟台与租借地相接之海线收发烟台本处的日本官电及烟台与日本设有电报各处往来的日文商电。第二，日本可裁撤铁路沿线以外及未开商埠之内的电局，但位于铁路沿线及设在商埠界内的电局予以保留。第三，允诺支付小额的本线费。2月15日，林权助又对第二项的电报收发范围做出补充说明，提出限定为往来于日本本土的日文假名电报、带罗马字的日文电报及

① Sir Edward Grey to Sir C. MacDonald, October 31, 1907, FO371/224/36004; Sir Edward Grey to Sir J. Jordan, December 19, 1907, FO371/224/41337.

② Sir J. Jordan to Sir Edward Grey, December 20, 1907, FO371/224/41633; Sir J. Jordan to Sir Edward Grey, December 23, 1907, FO371/408/4359.

③ Sir Edward Grey to Sir C. MacDonald, January 3, 1908, FO371/408/40; Sir C. MacDonald to Sir Edward Grey, January 9, 1908, FO371/408/978.

西文电报。[①] 对于日本的提案，德连陞认为已比之前大有让步，提出如照中国拟定办法可酌情允准。在德连陞起草的方案基础上，邮传部做出如下修改。第一，烟台一端海线由中国政府安设及管理，日本邮局须在指定时间内传递日本官电及与日本各处往来之日文假名商电，且不得收发往来中国各处电报。第二，铁路附属地外之日本电局应归还中国，日本民众拍发电报可享受一定优惠。[②]

然而，日本以最终方案无变更余地为由，拒绝了邮传部尚书陈璧的提议。[③] 因英国的介入而出现转机的中日交涉再度前景不明。赴葡萄牙参加万国电信会议的德连陞 4 月 22 日从里斯本致电邮传部，表示俄国所定期限紧迫，宜尽早定夺，以便在当地与日本委员磋商细则。德连陞还提到，朱尔典曾对其称日本已迁就中国，如不接受日本所拟各节，责任在中国，更不能期望英国之援助，敦促尽快制定应对方案。邮传部担心如保留铁路沿线商埠的日本电报局，其他国家也将会效法此先例，但如若不允，“日本既占据在先，又复扩充于后，恐遂蔓延无制，日久事生，诸多棘手”，转而向外务部及东三省总督、奉天巡抚征求意见，并希望由外务部出面正式交涉。[④]

5 月 19 日朱尔典前往外务部，声称英国准备调停“南满”的电信问题，向外务部递交了 4 点节略。第一，“满洲”所有日本电局除铁路各局及附近铁路商埠数处电局外，其余全行停闭。第二，凡来往电报应纳中国税捐。第三，按照俄国章程，允限制通行电报。第四，烟台—大连海线允定合宜章程，查视来往电报。朱尔典指出中日交涉难点在于铁路沿线外商埠的日本电报局应如何处置，强调可注明拟允日本在“满洲”收发日文电报条款加以限制，而日本同意缴付本线费可视为承认中国主权，极力劝说中国接受日本的条款。[⑤]

---

① 外务省编『日本外交文書』第 41 卷第 1 册、東京、日本国際連合協会、1960、241 ~ 246 頁。

② 《烟台大连电线并南满铁路电线事》（光绪三十四年四月初二日），外务部档案，02 - 02 - 007 - 01 - 001。

③ 『日本外交文書』第 41 卷第 1 册、248 ~ 250 頁。

④ 《烟台大连电线并南满铁路电线事》（光绪三十四年四月初二日），外务部档案，02 - 02 - 007 - 01 - 001；《南满电线问题请与日使开正式交涉并见复由》（光绪三十四年四月初七日），外务部档案，02 - 02 - 007 - 01 - 002。

⑤ 《南满洲电线事》（光绪三十四年四月二十日），外务部档案，02 - 02 - 007 - 01 - 004。

对于英国的节略，邮传部认为第二、第三、第四点均可承认，但关于第一点，如保留铁路附属地外商埠内之日本电报局，与俄国所订电约或有可能作废，而目前商埠尚未定界，将来划界交涉时平添牵掣，更有他国效法日本之虞，如胶济、滇越铁路援此先例，将穷于应对。邮传部指出，俄国废约与否的关键，“不在日约之成不成，而在日约与俄约之是否一律”，建议可应允日本水线减费、设日文报生等优惠条件以示让步，并就英国节略，提出如下相应的修改方案。

第一，拟申明为南满洲所有日本电局，除附近铁路各局外，均归还中国管辖。如日本发寄和文电报，中国电局可特设晓东文报生代为发递，如实为铁路发递之电报，可特别减费。（如不得已必须许其设局，亦须指明局名及数目，免开议详约时又多一番要求，仍以不准设局为是。）

第二，拟申明为凡来往电报，照中俄电约应交中国电局过线费，惟电费价目并不过多，应俟订定合同细目时再行酌定。

第三，拟申明为所有日本电局收递电报，日本政府承允仅收假名写成之日文电报，或罗马音拼成之日文电报或西文电报与日本设有电报迳归管辖之处往来者，并不侵占中国电局利益，至日本铁路电局与中国电局彼此通报办法，悉照北满洲中俄电约办理。（此条系预备，必须许其设局而言，若能不准其设局，则此条可删去。）

第四，拟申明为中国特别允许日本在大连烟台海中设立水线，其大连一头直至离烟台七英里半为止，由日本安设修养，其烟台一头则在烟台海岸之七英里半，由中国安设修养，并接至烟台东岸之中国电局。水线之大连一头，全归日本使用，其烟台一头，则归中国使用，并归中国所有。惟因欲供日本特别之用，故烟大水线当在日间所定时刻径与日本之烟台邮局接通，准由该邮局在该线传递实系烟台本处之日本官电以及烟台本处之日本商电与日本设有电报径归管辖之处往来者，惟此等商电须用假名书写，此项报费由日本量予津贴中国若干，此事当于订立详约时议定。凡中国其余各处来电，日本允竭力阻止，不使在烟台接转。至经由该水线传递之报所有本线费与过线费及传报时刻，一切详细条目，当于两国议定电约时商定。惟此项水线系特别允许之件，以后不得将水线扩充，亦不建造陆线或无线电报，及不论他法争夺中国电局内地暨海滨电报权利。并须声明，此草约有一条不成，则须全盘另议。①

邮传部的草案对于日本的要求设定了底线，即一旦准许保留铁路沿线外日本电局，也须确定具体的局名及数量，并限制日本肆意扩大利权，力图维护中国电报局的权益。外务部经过右参议梁如浩与奉天巡抚唐绍仪的商议，同意了邮传部拟定的方案，并表示如日本仍坚持保留铁路附近长春、辽阳等处商埠的电局，可设定两年或三年的过渡期限暂由日本自行管理，待中国培养通晓日文电报的报生后，即可满期后收回。②

在里斯本参加万国电信会议的周万鹏、德连陞按照邮传部的最新提案询问了与会日本委员的意向，但日本再次表示了拒绝。鉴于日本不肯让步的态度，外务部担心一旦罢议，不仅前功尽弃，日本原设 20 多处电局无法撤去，中俄电约也将作废，因此拟定一通融办法，将中日电约暂定为过渡性质的合同，须订明修改换约的期限为 3 年或 5 年，期满后另行订约，冀望以此保留收回日本电局的权利。③ 此时清政府已就向日本做出一定程度的妥协做好思想准备，送至邮传部的该函上分别有外务部总理大臣庆亲王奕劻、会办大臣那桐、尚书袁世凯、左侍郎联芳等首脑的签字，可视为面临中日交涉前清政府高层最后定下的指导性方针。

四 《中日电约》的签订与缔约后的电信利用情况

接到清政府的指示后，结束了里斯本万国电信会议及欧美视察的周

① 《南满洲中日电约英使所送节略兹加条议送复并录送俄使照会及中俄电约此事可否与唐中丞妥商惟葡会期迫宜早决议由》（光绪三十四年四月二十三日），外务部档案，02-02-007-01-006。

② 《南满洲日本电局事》（光绪三十四年四月二十九日），外务部档案，02-02-007-01-008。朱尔典在致英国外交部的报告中指出，清政府中唐绍仪的反对态度最为坚决，唐声称日本在战争结束后将军用电信线转为民用不合情理，中国决不允许牺牲主权来接受这些外国电报局的存在。Sir J. Jordan to Sir Edward Grey, May 11, 1908, FO371/408/16175; Sir J. Jordan to Sir Edward Grey, May 27, 1908, FO371/408/24135。

③ 《中日电约事》（光绪三十四年六月初一日），外务部档案，02-02-007-01-011。

万鹏与德连陞在归途中再度赴日，于8月14日照会日本政府要求重开中日电约的谈判并提出5条节略。第一，中日电约缔结后，中国收回铁路附属地之外的日本电信线，并向日本支付相应的金额。第二，在南满铁路附近的商埠，中国特许设一电线连接铁路附属地用于传递日本电报，该电线由中国政府管理，限期10年。第三，上述特许电线由日本政府任命之事务官在中国电局内操作，中国为此设一特别事务室。第四，该电线仅限于收发日本官电、假名或罗马字电报，不得攘夺中国电局之利益。第五，设于上述商埠内之日本电局不得直接收发商电，一切均须通过中国电局实行。①

对此日本政府选派外务次官石井菊次郎与外务省通商局长仓知铁吉为交涉委员，与中方委员展开谈判。但在进入正式交涉前，德连陞应日本的要求，秘密地将中俄电约的最终草案提供给了石井。② 德连陞的这一举动极为意味深长，其提供的版本故意隐匿了第9款关于牵制东清铁路与南满铁路互传电报的内容，并在手续费及决算时期等方面与正式的条约存在若干差异之处。③ 不管怎样，日本为对比俄国所获权益，在谈判前夕入手中俄电约的文本自然意义重大。然而，日本对该文本的真实性一直存疑，曾用非常手段进行过确认。④ 最终得知上述差异是在1910年1月自东清铁路副总裁阿列克桑德尔·尼古拉耶维奇·文策尔（Александр Николаевич Вентцель）处获

① 「日清電信協約ノ清国案ニ対スル覚書提示ノ件」（1908年8月15日），『日本外交文書』第41卷第1册、259~261頁。

② 《F. N. Dresing致外务次官石井菊次郎函》（1908年8月19日），『滿州ニ於ケル日露及露清間電線関係雜纂』外務省記録、1.7.4.22。

③ 德连陞曾向英国驻日大使窦纳乐告知日本政府并不知晓第9款这一秘密条文，窦纳乐也指出该条款极为重要，若俄国废除中俄电约，日俄即有可能就此达成协议，而日本若通过俄国陆地电信线与欧洲通报，费用将远低于英国大东公司的海线，英国的权益也会受到严重影响。Sir C. MacDonald to Sir Edward Grey, October 3, 1908, FO371/408/34270; Sir C. MacDonald to Sir Edward Grey, October 4, 1908, FO371/408/38934。

④ 德连陞住宿东京帝国酒店期间，发生了一起诡异的失窃事件。在其就寝时，有关中国电报机密文件在内的所有个人文件遭窃，但最终未抓获任何嫌疑人，失窃文件也不知所终。"The Telegraph Convention Ratified," *The North - China Herald & S. C. & C. Gazette*, February 13, 1909; "A Sensational Burglary," *The North-China Herald & S. C. & C. Gazette*, February 20, 1909; Lancelot Lawton, *Empires of the Far East: A Study of Japan and of Her Colonial Possessions, of China and Manchuria and of the Political Questions of Eastern Asia and the Pacific* Vol. Ⅱ (London: Grant Richards Ltd., 1912), pp. 1203 - 1204。

取该电约的副本之后。①

日本收到中国的节略后，经过外务、递信、陆军三省的共同审议，于 8 月 22 日提出相应的 5 条提案，基本承认中国的要求，但另外要求增加烟台陆线由日本建造及收发西文商电，设于南满铁路附近商埠之日本电局应与铁路附属地内享受同等待遇，须由设于中国电报局内之日本电报房直接收发日本官电、日文商电或西文商电。此外，“满洲”现有的日本电话局不能交还中国，在另订协定之前维持现状等内容。② 邮传部认为“满洲”现有之电话线也应由中国出价赎回，如日方不允，也须指定某处电话不得扩充。对于日本主张保留的南满铁路外电局，中国允特借一线或两线归日本使用，期限可放宽至 15 年，但均应由中国电报局经理，反对日本报房直接收发电报，且不得包括西文商电。③ 8 月 30 日，周万鹏与德连陞根据邮传部的修改意见，向石井递交了中日电约的 8 条大纲。经双方协商后，中国允让铁路附属地外商埠之日本电局可传递与日本电局往来之电报，规定由日本电报生在中国电局内收发，并于 9 月 9 日向日本提出了最终草案。④ 之后围绕注明指定商埠、电话线不得扩张等具体表述及电信线的赎买价格，双方经多次谈判，于 10 月 12 日正式签订中日电约。⑤ 具体八款内容如下：

第一款　中日两国当于关东省某处安设水线一条，通至烟台。该水线自离烟台七英里半归日本安设、管理，七英里半之南归中国安设、管理。该水线于离烟台七英里之北彼此相接。关东一头全归日本办理，烟

① 《驻俄临时代理大使落合谦太郎致外务大臣小村寿太郎密电》（1910 年 1 月 26 日），《驻俄临时代理大使落合谦太郎致外务大臣小村寿太郎机密信》（1910 年 2 月 6 日），『滿州ニ於ケル日露及露清間電線関係雜纂』外務省記録、1. 7. 4. 22。

② 「清国側ノ日清電信協約案ニ対スル我方対案通報ノ件」（1908 年 8 月 22 日），『日本外交文書』第 41 巻第 1 冊、264 頁。

③ 针对邮传部的意见，外务部表示为达成妥协，应以周万鹏等在现场交涉者拟定之办法为优先，透露出外务部希望以灵活的态度推动交涉进展，早日达成协议的考虑。《周道万鹏等电称日外部送来电约办法五条本部拟定更正各条并附原电请核定见复由》（光绪三十四年七月三十日），外务部档案，02－02－007－01－013；《函复邮传部中日电约先由周道等酌拟办法请呈核定由》（光绪三十四年八月初二日），外务部档案，02－02－007－01－014。

④ 『日本外交文書』第 41 巻第 1 冊、265～268 頁；《海防档·丁·电线》，第 2822～2823 页。

⑤ 《复邮传部函复电约事》（光绪三十四年九月十四日），外务部档案，02－02－007－01－024；『日本外交文書』第 41 巻第 1 冊、277～281 頁。

台一头全归中国办理。惟该水线每日当直接至日本烟台邮局若干时，以应日本特别之需，其时刻当足敷所用，由彼此议定。烟台日本邮局可由该水线收发烟台本境与日本电局来往之日本官电及烟台本境之日本商电。惟此项商电，须用日文书写。此项电报，日本当付给中国本线费若干，其数目当由彼此议定。其烟台中国电局至日本邮局连接之线，当由中国建造、管理。其余中国各处来往电报，日本允竭力阻止，不使在烟台接转，并承允若非先经中国允许，于租借地外及铁路境外中国各处不安设水线、建造陆线并电话线，以及各种无线电报，惟以后他国若有举办，当援利益均沾之条办理。至由关东、烟台水线传递之报，其本线费及过线费价目当特订合同遵行。

第二款　日本在满洲铁路境外之电线应由中国付给日本日洋五万元，当立即全行交与中国。其满洲铁路境外日本电话线，日本愿与中国妥订办法。办法未订以前，日本允若非先经中国政府允许，当不再扩充，亦不用为传递电报，争夺中国电报生意。

第三款　在满洲附近日本铁路境之商埠，计安东、牛庄、辽阳、奉天、铁岭、长春六处，中国政府允自各该商埠通至铁路境内借给电线一条或两条，全归日本使用，以十五年为期。此项电线至铁路界为止，由中国巡管妥善。

第四款　本约第三款所指之借线应由日本所用之日本报生在中国电局内收发电报，其所需合宜之报房及办公之处由中国备给，每年共租金墨西哥洋七百元，由日本付给，惟报生之寓处不在其内。

第五款　本约第三款所指之借线只可用为传递与日本电局往来之报。

第六款　在本约第三款内所指之商埠，日本报房当设立于中国电局之内，其投送日本电报之信差当不着特别号衣。

第七款　所有在满洲日本电线所发之报，日本允每年付给中国政府日洋三千元，以作贴回之费。

第八款　本约当由中日两政府核定，俟烟台、关东水线及日本在满洲电线详细合同订妥后，即当施行。

中日电约签署后，日方又新任递信书记官兼外务书记官田中次郎为谈判委员，与中方进行细则的磋商。经过约 1 个月的协商，中日于 11 月 7 日签署了《烟台关东水线办法合同》（10 款）与《满洲陆线办法合同》（15 款）。[①] 关于烟台一大连海底电信线的运用与管理以清政府提出的方案为基础，而“南满”陆地电信线的运用则基本上沿袭了中俄电约的规定。由此清政府也避免了俄国废约的危机。

自 1905 年 11 月就“满洲”善后问题举行的北京会议，至 1908 年 10 月达成协议，中日在交涉过程中因立场对立以致协商屡有停顿，而最终实现缔约，英国的斡旋可谓一大转机。在英国介入后，日本一改之前的强硬姿态而展现一定的让步，清政府也在坚持收回电信主权的前提下，采取务实的做法灵活应对，为达成协议奠定了基础。[②] 此外，中俄电约签署后，彼此之间的电报传递极为便利，但中日、日俄之间的电信线因未直接相连反而信息交换极为不便，这种政治、经济上的客观需求也是促使中日电约成立的一个因素。[③]

中日电约签订后，外务部分别照会俄国、英国公使，声称已按中俄电约同等条件与日本缔结电约，因此一年前璞科第的照会内容自然无效。[④] 然而，事实上中俄、中日电约中围绕铁路附属地外电信局的规定截然不同，考虑到承认保留日本电信局将会招致俄国的抗议，清政府删除中日电约中的相

① 《咨送中日电约条款合同由》（光绪三十四年十一月二十五日），外务部档案，02－02－007－02－008；『日本外交文書』第 41 巻第 1 册、281～294 頁。

② 1908 年 8 月第二次出任首相的桂太郎组阁后，任命小村寿太郎为外务大臣。小村是 1905 年北京会议时日方的全权大臣，熟悉中日电约交涉的原委，也采取了稳健的态度。据周万鹏报告，此次交涉中“外务省颇肯通融，而递信、陆军两省甚不谓然，屡欲决裂罢议”，建议为免再起波折，应尽早签约。《中日电约事此次应否援照办理之处希酌核见复并电驻日胡大臣照会日政府由》（光绪三十四年九月初九日），外务部档案，02－02－007－01－021。

③ 如日本驻哈尔滨领事欲向“南满”方面拍发电报，必须先通过俄国的电信线致电长春，经俄国电信局转寄后才能送达日本电信局，因此当地要求改善通信联络的呼声很高。《驻哈尔滨领事川上俊彦致外务大臣林董机密信》（1908 年 2 月 3 日），《驻哈尔滨领事川上俊彦致外务大臣林董机密信》（1908 年 7 月 6 日），『満州ニ於ケル日露及露清間電線関係雑纂』外務省記録、1.7.4.22。

④ 《照会俄廓使中日电约业经签押璞前使声明废约各节应毋庸议由》（光绪三十四年九月二十九日），外务部档案，02－02－007－02－002；《致英朱使节略中日电约事》（光绪三十四年九月二十九日），外务部档案，02－02－007－02－003。

关条款，制作了一份专门出示给俄使的“副本”。[①] 而11月中旬，光绪帝与慈禧先后去世，清政府批准该合约的手续一时延后，直至1909年1月11日外务部才知照日本电约已得到正式批准。但因担心俄国会提出同样的要求，清政府向日本提出希望作为密约暂缓半年公开。[②] 1909年6月，清政府再次要求日本可向公众告知电信事务处理方面必要的事项，但希望省略特别优待日本之条款。同年12月，面对日本就密不公开的期限应至何时的询问，德连陞与邮传部尚书陈璧沟通后，回复称协约大纲公开无妨，但细则的公开有可能引起列强，尤其是俄国要求享受同等待遇，为免给中日两国带来不利，仍然要求继续采取保密措施。[③] 可见清政府恐俄国及其他列强要求利益均沾，始终对公开电约全文持慎重态度。

1909年2月10日，东三省电报总局魏鸿钧、上海电政局总办毕德生（Vilhelm Petersen）在大连协同日本委员田中次郎、关东都督府通信管理局长加藤顺次郎开始接收工作，共计收回300多公里的电信线，并于4月1日完成支付5万日元的手续。[④] 同年7月，烟台—大连线开通后，日本通过烟台—大连—佐世保海线、满铁沿线—安东—新义州线，分别形成了“南满洲”、朝鲜与日本本土之间的通信网。中日电约规定烟台与“南满洲”地区往来电报只限于日文电报，但实际上日本电信局收发中文商电的情况屡屡发生。清政府曾收集日本电信局利用烟台—大连线传递中文商电的证据，抗议日本违反中日电约，侵害了中国电报局的利益。[⑤] 而日本辩解这是局员的操

---

① 《另呈电约合同以备俄使索阅由》（光绪三十四年十二月十五日），外务部档案，02-02-007-02-012。

② 《照会日本伊集院使奏准中日电约希知照外务省定期接收由》（光绪三十四年十二月二十日），外务部档案，02-02-007-02-014；外务省编『日本外交文書』第42卷第1册、東京、日本国際連合協会、1961、215~217頁。

③ 『日本外交文書』第42卷第1册、219~220頁。

④ 《派东三省电报局总管魏鸿钧洋员毕德生接收中日电线条款陆线等合同希照复日使由》（宣统元年正月初五日），外务部档案，02-02-007-03-001；《接收南满洲铁路境外日本电线文据一件又附图表十二件》（宣统元年闰二月廿三日），邮传部档案，登录号：017000002002A；《驻日公使胡惟德致外务大臣小村寿太郎照会》（宣统元年闰二月十一日），『日清郵便約定締結一件　第3巻』外務省記録、2.7.1.11。

⑤ 《照会日本伊集院使东三省日本电局擅收华文商电应转饬禁止由》（宣统元年七月初三日），外务部档案，02-02-007-03-008；《收德连生致日使函》（宣统元年十一月十五日），《日电局擅收华文电报》，邮传部档案，登录号：017000002006A。

作失误，今后将加以注意后，邮传部又驳斥称这并非一局之现象，而是发生在日本电信局的普遍现象，如再有发生中国将追究赔偿相关损失。[①]

这一问题的背后，浮现中日电报局之间的竞争关系。中文电报通常是以 4 位数字表示 1 个汉字，高昂的电报费用曾在 1908 年的万国电信会议上引起关注。[②] 自 1909 年起，清政府虽然推出电报费一律减价二成的措施，但基本上同省内中文电报每字为 8 分，出省者按距离逐渐递增。如奉天至直隶省之间商电每字为 1 角，奉天至山东省之间商电每字为 1 角 3 分，奉天至蒙古之间则最贵，商电每字为 3 角 2 分，密码及西文电报更要加倍收费。[③] 与此相对的是，根据《烟台关东水线办法合同》规定，“满洲”境内日文商电每字为1 角，烟台与“关东州”往来日文商电每字为1 角 5 分，日本电信局采取的做法是收到中国人要寄送的汉文电报后，以日文假名注音后按日文商电拍发，而收取的日本电信局再按照假名译回汉文。[④] 日本电信局不仅报费低廉，且效率较高，受到一般中国用户的欢迎。同盟会派系的报纸概称如中国电报局不改善服务，“收回主权，挽回利权”不过空谈而已。[⑤]

庚子之前东三省未设电报总局，所有分局官办者归北洋官电局节制，商办者归上海的中国电报总局管辖。庚子之后开始筹设电报总局，又因日俄战争一度停办，直至 1908 年各电局才正式归东三省电报总局管理。但其中营口局是由北洋官电局与东三省电报总局共同管辖。原先东三省建设通信网的重点在于边防，日俄战争后重建通信网、从日俄赎回电信线等均花费不菲，

① 《奉天日本电局收发华文电报一案政府已严行申饬并将原送收条电稿照复由》（宣统二年五月初七日），外务部档案，02－02－007－03－009；《请转照日使立案东省日电局如再收华文电报应赔偿损害》（宣统二年六月十九日），《日电局擅收华文电报》，邮传部档案，登录号：017000002006A。

② 周万鹏曾在万国电信会议上申诉“南满洲”的日本电信局侵害中国的电信利权，但与会者表示若中国不降低电报资费、改善服务，将不受理该问题。“The Imperial Chinese Telegraphs,” *The Far Eastern Review*, July 1908, p. 34。

③ 交通部铁道部交通史编纂委员会编《交通史电政编》第 2 册，第 165～167 页。

④ 日文与中文因都使用汉字，而日文电报每字是按 7 个假名计算，中文电报每字只对应 1 个汉字，当拍发同样字数的汉字电报时，日本电信局的收费更低。而且，日本电报局还推出收电局名称、收电人姓名免费，密电不征收额外费用等优惠措施，吸引了众多中国用户，导致中国电报局的利益大受影响。

⑤ 《电报收回之无效》，《民呼日报》1909 年 6 月 23 日，马鸿谟编《民呼、民吁、民立报选辑》，河南人民出版社，1982，第 126 页。

具体费用则依靠督抚设法筹措。而报费收入中占比最高的为商电，其次为官电，但日本电信局的低价竞争影响了中国电报局的收益。[①] 为了对抗日本，德连陞提出在锦州与北京、锦州与天津之间增设直达的电信线，并将已有的锦州至天津线改为奉天与天津的直达线路，不仅可以使直隶与东三省的通信变得更为快捷，也可惠及 20 余行省往来之官商电报。[②] 此外，清政府也开始改革电报局组织，扩充电信网，还采取优惠措施，如与日本电信局邻近的部分局所的人名、地名免收报费，改善配送服务等。[③] 但日本电信局收发中文商报的行为仍然屡禁不止，清政府自 1911 年 7 月起决定将烟台与“关东州”之间的电报大幅降价至每字 2 分[④]，中日之间围绕电信利权的竞争激烈可见一斑。

结　语

日俄战争后，日本掌控了韩国的电信事业，并利用佐世保—大连海线、“满洲”境内的军用电信局构建与本土的通信网，打破了大北电报公司对中日间通信的垄断地位。面对东北亚国际通信环境的变化，清政府在袁世凯的主导下，一方面积极向日本提议合办烟台—大连海线、中韩边境接线，另一方面力图收回铁路附属地外的电信利权。尽管中俄之间顺利签订电约，收回了“满洲”北部铁路附属地外的电信线，但日本拒绝撤去南满铁路附属地外的电信局，坚持在烟台的日本邮局拥有直接收发电报的权利等，使中日交涉陷入僵局。在俄国废约的压力下，清政府求助英国，敦促日本让步，最终以保留满铁沿线部分商埠内日本电信局的措施，换取了日本承诺关闭铁路附属地外的电信局、交还电信线，不扩充陆地电信线、无线电、电话线。然

① 《邮传部第二次交通统计表（光绪三十四年）·东三省官电局纪要》，国家图书馆古籍馆编《国家图书馆藏近代统计资料丛刊》第 36 册，北京燕山出版社，2007；陈湛绮编《清光绪年二十二省财政说明书·直隶奉天卷》第 2 册，全国图书馆文献缩微复制中心，2008，第 106～108 页。

② 《直督咨本部据东三省督抚咨电局请锦京加挂一线奉津改作快机各节请查照文》（宣统元年十二月二十一日），邮传部图书通译局官报处编《交通官报》第 9 期，第 10～13 页。

③ 苏全有：《清末邮传部研究》，第 339～340 页。

④ “The Attack on the Chinese Telegraph Administration,” *Peking and Tientsin Times*, September 9, 1911.

而，清政府虽然通过中日、中俄电约收回了东三省的电信主权，但并不意味着完全挽回了利权，实际上日本电信局收发中文电报的行为屡禁不止，尽管这是违反中日电约的行为，但也从一个侧面反映出日本电局因报费低廉和服务的迅捷，广泛受到当地商民欢迎。因此，必须注意到条约的规定与实际效果中存在的背离现象。①

在中日交涉过程中，除了清政府的应对外，也不可忽视国际方面因素的影响。其一是拥有中国对外通信专利权的大东、大北电报公司的动向。大东因担忧俄国废约会使日俄直接连线从而影响自身利益，积极推动英国介入，促成中日电约的签订。而大北在中日间通信方面的垄断地位虽在日俄战争后有所动摇，但对中国和日本而言仍是一道难以逾越的障碍。受大北通信专利权的限制，日本构筑的通信网仍只能限于中日之间的局部通信。而清政府希望绕过大北公司实现中韩日之间直接通信的构想，也因日本的态度消极而落空。② 其二是中日俄三国在电信利权交涉中始终处于一种互相牵制的状态。清政府最初设想率先与日本达成协议，在中日谈判受阻后，又先与俄国签订中俄电约。但俄国唯恐清政府向日本许以特殊权益，不惜以废约威胁。清政府最终不得已还是采取区别对待的方式签订中日电约，并被迫以“密约”的形式寻求日本的“合作”，隐瞒俄国。这也体现了三国之间围绕东三省电信权益错综复杂的关系。

① 吴玉章曾指出：“中国对于电务事项，近十年来，所欲限制外人者，已尽力研究矣，而迄于今日，实际上仍无何等效果之可言，此何故哉？则以所定之条件，表面上虽若可以恐吓外人，实际上仍不足以钳制外人也。”吴玉章：《中东铁路电权问题》，《东方杂志》第27卷第8期，1930年4月，第25～38页。

② 1910年日本吞并韩国后，10月29日外务部照会日本公使伊集院彦吉，要求就横渡鸭绿江的安东—义州线接续问题重开谈判。但递信省当时正就购买对马—釜山线与大北进入最后的谈判阶段，对于中日之间的通信问题，认为须“慢慢研究其利害得失”，而将中国的提议束之高阁。《驻华公使伊集院彦吉致外务大臣小村寿太郎机密信》（1910年11月1日），《递信大臣后藤新平致外务大臣小村寿太郎机密信》（1910年12月27日），『満州ト朝鮮トノ境上ニ於テ日清両国電信接続協定希望ノ儀清国ヨリ申出一件』外務省記録、1.7.4.31。

清末“官营商报”案研究*

李卫华

清末是近代报业急剧发展阶段，也是报案高发时期。在众多报案中，多见清政府捕人、封馆和罚金等手段，通过官款收买报馆的做法并不常见，抑或多有而不为人知，但“官营商报”案是重要的一例。该案涉及多个具有全国影响力的报纸，且受到御史、谘议局和报界三股力量披露和追究，一时成为轰动事件。清廷不得不谕令两江总督张人骏核查此事，最后只好以收回官款、退归商办而结束。无论是官款经营商报行为，还是案件同时涉及多份报纸，以及推动案件发展的力量不是涉事报馆而是与其无关的其他力量——谘议局、御史和报界等，都使本案体现出不同于清末其他报案的特点。“官营商报”案的重要研究价值，不仅仅在于它在众多报案中极具独特性，影响也很大，而且还在于该案有众多其他报案不具备但值得关注的新因素；此外，它牵涉的清政府部门较多，是一个观察清末政府与报馆关系的极好案例。由于学界目前尚未有人对该案加以专门研究，故笔者撰此拙文，以求抛砖引玉。

一　垫补商报官款消息的披露

“官营商报”案是清末引起全国关注的一件大案，其信息的披露有两个阶段。第一个阶段，御史胡思敬在参奏端方的折文中提及此事，但没有引起

* 本文为国家社科基金青年项目“清末政府报刊媒介管理研究”（13CZS043）成果。

外界的广泛注意。第二个阶段，《南洋官报》刊载了有质疑垫补报馆款项使用内容的江苏清理财政清单。这样，津贴官款的来源、数额及所受贴补之报馆等具体信息被披露。江苏谘议局议员见此消息后马上提出革除官营商报议案，江苏谘议局不断追查，媒体广泛报道，此案遂成为当时重要的新闻事件。

宣统元年五月初八（1909 年 6 月 25 日），御史胡思敬在参劾两江总督端方的折文中，指责端方“贿通报馆”，控诉其“公行贿赂”“营私舞弊”[①]等十罪二十二款，请求清廷特派查办大臣，调取各部案卷，以备质对。胡思敬在参奏折中提及了端方收买的各报及每年所支津贴的数额，并指责端方此举是为行一己之私。奏折上至清廷后，清廷谕令两江总督张人骏“确查具奏”。与此同时，两江总督端方改调直隶总督，而在两广总督任上的张人骏被调至两江。张人骏接到奏折时已是六月十二日，当时人在广州，尚未来得及接任两江总督之职。因此负责调查端方官款结纳报馆等事而人尚在广州的张人骏，将此事交于护理两江总督、布政使樊增祥调查。张人骏主导的调查历时近半载，直到十一月他才奏复清廷，称端方“尚无罔利行私”。[②] 也就是说，御史胡思敬参奏端方徇私收买报馆之举，张人骏和清廷并不以此为罪。这样，御史参奏一途，虽对此事有所披露，但并没有使该事件被外界广泛知晓，事情没有被追查下去。

而江苏谘议局的介入使事情有了转机。宣统元年九月，江苏谘议局从《南洋官报》所载江南宁属清理财政局移请江南财政总局照覆文中发现，江苏有官款垫补商报行为，并查得官费津贴来源、数额以及津贴的报馆对象。其具体情况是：上海之《中外日报》《舆论时事报》《申报》，或完全是官款或半是官款，各报按月由江苏官方津贴之款，多少不等。上海《泰晤士报》由江苏官方勒派衙署、局、所以及官立学堂担任贴款。至于垫款数额，据谘议局查明，宣统元年二月一个月中，给《申报》馆垫款湘平银一万八千九百余两，历年垫入《中外日报》《时事报》等馆者亦为数不小。上海《泰晤士报》由江宁财政局一处津贴银三千六百两，另外还勒令全省衙署、

① 《大清宣统政纪》卷 13，己酉年五月丙辰（初八），华文书局，1968。

② 《大清宣统政纪》卷 25，己酉年十一月乙卯。

局、所、学堂等各处提供津贴。另外，谘议局还查见各报馆用途未明经费湘平银九千六百两。谘议局对官款垫补报馆一事的最初反应是：“以为官自解其私囊，虽官冒商名，淆乱清议，情理大有不合，然人民无担负义务之关系，业已隐忍相安。”[①] 尽管意识到官方资金贴补民间报馆会淆乱清议，不合情理，但遗憾的是谘议局并没有对此加以追究。但当看到贴补报馆的经费并非官员个人私产而是苏省人民缴纳的官款时，谘议局对此事反应非常激烈，按照《谘议局章程》赋予谘议局的权力，江苏谘议局便开始对江苏官方的错误做法加以制止。以章程第二十三条规定“谘议局议定不可行事件，得呈请督抚更正施行”的权利，谘议局以“宪政”、“国法”、“税则”和“政体”等标准议定了官款垫补商报行为不可行之原因以及更正方法。至此，“官营商报”案进入谘议局议事日程，谘议局对此展开讨论、调查并形成决议，然后提请江苏巡抚和两江总督对此事回应，该案遂成为重要的政治事件。同时，该案被报纸广泛报道，迅速扩散，也成为报界一个舆论热点。

二 谘议局的纠查

江苏谘议局对官款使用的关注和追查，对“官营商报”一案的发展起着至关重要的作用。

江苏谘议局对官营商报一事，反应非常迅速。官款垫补商报的消息刊载于《南洋官报》第55期，其发行时间是宣统元年九月二十日。[②] 议员于定一和钱以振向谘议局提交的议案，《时报》三十日便在“地方新闻”栏刊出，可见于、钱二人见此官款流入报馆消息便马上行动提出了议案。十月初

---

① 《东方杂志》第6卷第12期，1909年11月，第408页。

② 关于《南洋官报》所载官款垫补商报信息的时间，江苏谘议局十月初四日议决案中的相关表述称：“据前月十五日发行之南洋官报，所载本省清理财政局移请财政总局照覆文内，查见二月一个月中，已有申报馆垫款湘平银一万八千九百余两……”（《上海报界之一斑》，《东方杂志》第6卷第12期，1909年11月，第408页）即江苏谘议局说是从九月十五日的《南洋官报》得来的信息。据笔者查阅《南洋官报》，此文并非载于该报九月十五日之第54期，而是载于九月二十日发行之第55期，见“两江奏牍”栏，文章标题是《江南宁属财政局　移江南财政总局请查照单开逐款见复并将常年收款比较细册一并送局备核文（附粘单）》。所以十月初四日谘议局决议案中提及《南洋官报》刊载该文的时间有误，各报对谘议局决议案转载时沿用了谘议局决议案中的时间，因此亦有误。

四日，江苏谘议局已对该议案讨论并形成决议，启动了谘议局对官营商报一事的追责。

议员于定一和钱以振提交谘议局讨论的议案，以报律和法律为依据对官款垫补商报一事提出了有力的质问，并要求相关经办人承担责任，收回官款。议案内容如下：

一　官报由官负责，商报由商负责。官冒商名，行销报纸，查上年军机大臣以暗通报馆获罪[①]。现在官营商报，岁支巨万，明见报销，是否国家报律所许？

一　报馆营业，非国家行政经费，乃令人民强加负担，吾民不能承认。

一　营业必有盈亏，官营商报，乃令人民岁输数万两，比于天府正供，是何法律？

一　外国报纸，无论文字不同，阅看者少，即官长皆能读西文，亦无强令阅看之理。宁、苏两属官署局所，勒派每年万余两之上海泰晤士报贴款，应即日停贴。

一　上海各种官冒商名之报，应即日退还商人，停支官款。

一　上海各种官冒商名之报，所有官入之垫款，应勒令提还。若不能提还，应即查明原经手之员赔款。[②]

此议案提交后，谘议局迅速将此事安排进议事日程加以讨论。十月初四，江苏谘议局优先讨论议决革除官营商报，在于、钱二人议案的基础上形成了如下决议：

（甲）不可行之理由

一　官报由官负责，商报由商负责，官冒商名，行销报纸，无此宪政。

① 指军机大臣瞿鸿禨以暗通报馆，授意言官，阴传外援罪名被开缺回籍一事。

② 《上海官办之报馆听者》，《时报》，己酉年九月三十日，“地方要闻”。

一　报馆营业，非国家行政经费，乃令本省强加负担，无此税则。

一　营业必有盈亏，官营商报，乃令本省岁输数万两，比于天府正供，无此国法。

一　外国报纸，无论文字不同，阅看者少，即官长皆能读西文，亦无强令阅看之理，宁苏两属官署局所，以及官立学堂，勒派每年万余两之上海泰晤士报贴款，剋剥僚属，间接取盈于人民，驱本省官民悉为外商牛马，无此政体。

（乙）更正之方法

一　上海官冒商名之《中外日报》、《舆论时事报》、《申报》，应即日退还商人，停支官款。

一　上海官冒商名之《中外日报》、《舆论时事报》、《申报》，所有官入之垫款，勒令提还，若不能提还，应即查明原经受之员赔缴。

一　上海泰晤士报之贴款，应通饬衙署局所及官立学堂，即日停贴。①

议决案由于、钱二人议案的质问改为以“宪政”、“税则”、“国法”和“政体”等法律与制度原则下对官营商报行为的否定和问责，要求总督和巡抚立即更正，态度相当坚定。谘议局的决议两天后送达江督张人骏和巡抚瑞澂。谘议局一边等督抚的回应，同时对该案继续追查。后来从苏省回应中得知，上年苏松太道台蔡乃煌，以上海各报昌言无忌，据事直书，有碍行政，于是将《中外日报》和《舆论报》两报购回自办，后又将《申报》归南北洋合资筹办，接着又将《时事报》《沪报》一并买回归并。先后所购各报，共付股本月费两项银十六万七百四十一两九钱八分，均在苏松太道经理各省解到开浚黄浦费息款项下挪借。该款自光绪三十四年（1908）四月起，每年由江海关道捐廉摊还银一万两；至宣统元年四月，已还银一万两；计十七年之后方能摊还完毕。挪借之款，并无利息。此事均详奉前两江总督端方札准，并咨外务部立案。

事情至此，超出了谘议局的意料，出现了新变化，即官款垫补商报的行

① 《上海报界之一斑》，《东方杂志》第6卷第12期，1909年11月，第408～409页。

为，并非蔡乃煌或端方的个人行为，也并非秘密运作，而是经由端方批准，业已报部备案。在这种情况下，初四议决案中的决议就需要修正，因此谘议局于十月十五日会议提出紧急动议案，续行议决官营商报案办法九条。内容如下：

一　《舆论报》、《沪报》既经归并入《舆论时事报》、《中外日报》之内，报已消灭，其股本股息，应向《舆论时事报》、《中外日报》两馆清算。

一　《申报》既系南北洋合资筹办，除移直隶谘议局提议外，应将南洋官款一万八千八百余两之本息，向《申报》馆清算。

一　南北洋官办之《申报》，应正名为《南北洋官办申报》。苏松太道流摊十七年之款所办之《中外日报》、《舆论时事报》，应正名为《苏松太道办中外日报》、《苏松太道办舆论时事报》。

一　浚浦项下借款十六万两七百四十一两九钱八分，既奉大部准予免息，国家每年受亏非细。查报馆本系营业，入款本称股本，则《中外日报》、《舆论时事报》，自应缴纳官息，以普通股息七厘计算，应缴息银一万一千数百两。以此息款岁提一万两，照案摊还浚浦局借款，可省苏松太道之流摊，亦为官轻累之一法。如苏松太道必欲捐廉以急公议，应请将《中外日报》、《舆论时事报》应缴官息，拨充本省行政经费，而免除本省人民他项杂碎负担，俾沾苏松太道捐廉办公之惠。

一　《申报》官款本息，除北洋自行清算外，南洋官款，应请制台饬属清算。

一　《中外日报》、《舆论时事报》、《申报》既系咨部立案官款办理之报，应请制抚台饬各该报馆照官报体例办理，所有应公布之行政事件，发交各该报馆登载。

一　官长监督人民，个人不法，可依法律惩治，团体不法，可依法律解散，无冷嘲热讽之理。嗣后《中外日报》、《舆论时事报》、《申报》等各官报，除发布公共事件之外，如有不伦之语，不合官报体裁，应治以相当之罪。

一　上海《泰晤士报》津贴，不得勒派各衙署局所及官立学堂，应径用官款，归交际费项内支销。

一 前案所议提还垫款及经手赔缴各节，查各该官报既系咨部立案所办，原案乙项所开更正之方法，与其第一、第二两条文，自应取消。其余议决案原文，仍请制台将本议案加入，一并将本省官营商报办法更正施行。①

本次决议，放弃了若报馆不能退回官款，则由经手官员赔缴的要求。因为此时已查得并非官员私自收买报馆，而是公职行为。在已查事实的基础上，谘议局只得承认《舆论报》《沪报》并入《舆论时事报》《中外日报》的事实。虽然两报已消失，但谘议局并不打算放弃追回之前贴补的官款，本次决议中第一条即要求，原本注入该报的资金，要从并入的报馆股息中清算。

由于官款使用经过前江督端方行咨外务部立案，履行了行政程序，官款与商报结合已是事实。在这种情况下，江苏谘议局对应当追回的权利依然紧追，比如对《中外日报》和《舆论时事报》，要求官款贴补报馆营利后应分得股息。收回的股息将被拨充本省办公经费，以减轻苏省人民的财税负担。另外，官款既贴补于报馆，报馆应体现出受官款资助的事实。体现的办法，一是更改报名，将报名加注官方标签，如要求《中外日报》《舆论时事报》正名为《苏松太道办中外日报》《苏松太道办舆论时事报》等。二是被资助报刊应遵循官报的体例。谘议局要求加注官办标签是有合理根据的。因为清末所办官报，清政府责令按照《北洋官报》体例为范本，因此体例与民间商办报刊有较大区别。同时，官报不能刊发议论文字，主要刊载政府公文。所以谘议局在决议中不依不饶，要求被资助报刊改变体例，要求“所有应公布之行政事件，发交各该报馆登载”以及“除发布公共事件之外，如有不伦之语，不合官报体裁，应治以相当之罪”，算得上振振有词。这样，被资助之各报，再不能以商报的面貌和形式出现在报界，即令官方资本不退出，官方也不能再借商报表达自己的立场。所以，谘议局决议对官款使用的限制和官报体例的要求，对官股退出商报形成了倒逼之势。

① 《东方杂志》第6卷第12期，1909年11月，第409～410页。

需要指出的是，在肯定谘议局职权范围内对官款贴补报馆不正当使用行为监督和追责的同时，也要看到谘议局对非官款贴补报馆行为的反应。贴补《泰晤士报》的款项，来源于官方对各衙署、局、所及学堂的摊派。虽然此项津贴不属官款，但谘议局反对江苏官方克扣僚属的行为。对《泰晤士报》的贴款，谘议局议决“径用官款”以取代摊派。也就是说，谘议局认可了资本津贴上海《泰晤士报》的行为。谘议局态度由第一次议决案中责令停贴到第二次决议中“径用官款”，前后发生很大转变。这一转变，可能是由于谘议局认同了江苏官方鼓励官场和学堂购阅《泰晤士报》，是“开通民智”之举。清末时期，基于报纸是传播新知、沟通内外之有效工具的认知，官方鼓励学生读报，并要求各新立学堂设立阅报室。阅报室允准学生前往披览；也有学堂将所购报章发交各斋学生次第传阅。[①] 袁世凯所办学堂甚至设有读报课程，读报乃学习任务。上述各例皆为官方推动学生读报以广见闻之举。如果说鼓励学生读报是为开通“民”智的话，那么责令官员读报则是为开通“官”智。袁世凯从义和团事件中看到官员的愚昧，曾提出建仕学院，要对官吏进行培训。他尤其强调仕学院要“多置译成新书”，[②] 使官员读译书以了解时代和外部信息。当然，阅报更是有效提高官员认知水平的手段。基于鼓励读报提高官民智识的视角看，官款用于购阅《泰晤士报》之举，是合理的。所以，谘议局最后议决停止江苏官方对各衙署局所和学堂的摊派，授权江苏督抚用官款津贴《泰晤士报》，并指定了支出官款的具体款项。

三　报界反应

报界对“官营商报”案的发生和发展，起着至关重要的作用。《南洋官报》刊发了江南宁属清理财政局移请江苏财政总局照覆文及清理财政的清单，将官款资助报馆的信息披露，才有后续谘议局的议决追责。所以《南洋官报》是本案发生的重要节点。本案的后续发展，报界也起着重要的作

① 《袁世凯奏议》，廖一中、罗真容整理，天津古籍出版社，1987，第 584 页。

② 沈祖宪等：《容菴弟子记》，台北：文星书店，1962，第 124 页。

用。正是由于各报不断报道，本案在更广范围被社会周知，进而对清政府形成强大的舆论压力，迫使后者对此事做出回应。张人骏回复清廷谕旨的折内，建议将报馆退归商办，其原因就是报刊对此事大量报道后，被购回各报“不居其名，而又群知为官报”,[①] 造成清政府很尴尬的处境，不得已只好退归商办、收回垫款。可以看出，报界的报道扩大了官营商报信息的传播，从而影响到本案的发展方向和最终结果。

但报界对“官营商报”案的报道，由于各报立场不同、关注点的差异及与本案关联度的大小等众多因素的存在，各报的反应和报道体现出很大不同。下面笔者拟从华文大报、西文外媒和涉事报纸三个方面，观察报界对此案的反应。

（一）华文大报

华文报数量众多，因此本文选择上海《时报》和天津《大公报》分别作为上海和北方报纸代表来分析。《时报》是清末上海三大报纸之一，《大公报》则是北方影响最大的报纸。从两报对本案的报道情况，可以观察报界舆论对“官营商报”案的态度及关注程度。

《时报》本是江浙立宪派的大本营，江浙立宪派领袖张謇是江苏谘议局议长。因此，《时报》对江苏谘议局极为关注。因江苏谘议局追责而迅速成为政治事件和新闻事件的“官营商报”案，自然是《时报》持续报道的对象。《时报》对此案关注力度颇大，主要表现在以下几个方面。

即时追踪信息。江苏谘议局对“官营商报”案的提案和会议进程，《时报》都及时跟进。比如九月三十日在“地方要闻”栏刊载《上海官办之报馆听者》一文，报道了谘议局议员于定一和钱以振两人“革除官营商报”的提案。《时报》的报道很有创意，文中是议案的内容，但给加了标题，似是对当事各报的讲话或命令，间接以两议员的议案内容表达自己态度。待十月初四谘议局形成决议后，《时报》于十月初九在第3版“地方要闻”栏刊载《江苏谘议局议决革除上海官办各报案》一文，将谘议局的议决内容全文照登。谘议局查清官款垫拨商报情形后续议此案，又通过新的决议。《时

① 《大清宣统政纪》卷26，己酉年十一月乙丑，第474页。

报》遂于十月十七日以《江苏谘议局议员于定一、钱以振提出续查官营商报成案补议办法九条之紧急动议案》为题，刊载了动议案全文。可以说，《时报》在官营商报问题的报道上，是非常及时且不吝惜版面的。

栏目多样。《时报》对“官营商报”案报道的栏目多样化，是其他报纸无法相比的。《时报》报道的与此案内容有关的栏目有“地方要闻”“时评”“专件”“寸铁”“专电”“奏折”等。报道形式多样、立体，信息比较灵活。

评论多。除了对事件客观记述的新闻报道，《时报》还发表了多篇评论。“时评”是《时报》的专长，在当时报界一枝独秀，极为出色。“时评”栏对官营商报有不少精彩言论。如十月初七第 5 版包天笑撰写的时评：“报馆之馆，从食从官，或曰：官食欤？食官欤？曰：此可作两解。右行则为官食。以今日之报馆，常并吞于官，蚕食于官也。左行则为食官。言今日之报馆，资官津贴，则食于官者也。”① 包天笑以报馆的“馆”字为题作妙解，轻而易举地将报馆受官场和资本双重节制的事实表现出来。另一则时评说：“今有作新拇战者，以食指为官，以大指为谘议局，以小指为报馆。官遇谘议局，则官输，以谘议局能监督官也；以谘议局遇报馆，则谘议局输，以报馆能评论谘议局也；报馆遇官，则报馆输，以官能收买报馆也。”② 此评将报馆、谘议局与官方三者的关系，比作手指游戏，揭示出三者相互节制的关系。而这三者，正是官营商报案的不同主体，他们在本案中的关系和地位，也由包天笑的寥寥数字而得以彰显。此外，还有一则时评是对报律不能约束官员染指报馆行为的讽刺、失望和不满，同时也是对前两江总督端方和苏松太道台蔡乃煌挪用官款、收买报馆和压制报界言论的批评和揭露。评论中说：

> 今方修改报律时，应加一条曰：如各报有昌言无忌，据事直书者，由官出资买回自办。
>
> 今方修改报律时，应加一条曰：倘官员中有愿办报者，得以国家公

① 《时报》，己酉年十月初七，第 5 版，“寸铁”（笑）。

② 《时报》，己酉年十月十八日，第 5 版，“寸铁”（笑）。

款挪借，随后摊还，并无利息。

今方修改报律时，应加一条曰：凡官员之收买报馆者，得以收买之费，摊派后任分偿，先行咨部立案。[①]

评论栏目是报纸观点和立场的体现。较之新闻栏的报道，时评尤凸显报纸对事件的关注。《时报》刊发的时评数量与该报对官营商报事件重视的程度是相匹配的。

报道的持续性。《时报》对此事追踪的时间跨度，从宣统元年九月三十日议员首提革除官营商报议案开始，到庚戌年正月廿七日《江苏谘议局议案一览表》，还有一笔该案内容，记载“第七十二：修改前呈革除官营商报案（于定一）可决”。[②]《时报》从官营商报案事发，到谘议局各场会议讨论表决，再到谘议局闭会时该案的进展，以及后续两江总督张人骏向清廷奏复此事折文中的内容和江春霖的参奏，做了追踪报道。这一点同其他报纸在该案成为事件热点时报道一二的表现形成了鲜明对比。

《大公报》是清末北方影响最大的报纸，一向以敢言著称，在言论界颇有影响。由于该报位于北方，与事发地南京和上海空间距离较远，从地缘上来讲，它对本案的报道不占优势。不过，因为该报对此案极为重视，所以其新闻性质的报道并不少。如十月十八日的“要闻”栏，以《端督之一波又起》为题的一则简要新闻，内容为：“江苏谘议局因端督在任时，曾以官款协助上海报界，现议员提出抗议，拟追还此项公款，否则要求端督赔偿云。”[③] 文字寥寥无几，但言简意赅，将端方在两江总督任时，以官款协助上海报界，现遭谘议局追讨的情况讲得清清楚楚。在张人骏调查本案阶段，《大公报》听闻蔡乃煌派人携重金至南京运动张人骏以求隐讳其劣迹而固保其地位，[④] 遂将此消息披露报端。江春霖上疏参奏蔡乃煌后，《大公报》亦密切追踪报道，前后发过三次“要闻”，及时报道该案的进展。直至庚戌年二月二十六日，该报还刊出《请看蔡道之内援》的要闻，内容为

① 《时报》，己酉年十月十九日，第5版，“寸铁”（笑）。

② 《江苏谘议局议案一览表》，《时报》，庚戌年正月廿七日，第5版。

③ 《端督之一波又起》，《大公报》第2646号，己酉年十月十八日，“要闻”。

④ 《蔡乃煌运动张督之述闻》，《大公报》第2674号，己酉年十一月十七日，“要闻”。

"江侍御春霖前曾奏参沪道蔡乃煌各节，至今蔡仍安然无事，昨闻政府诸公又有拟保该道为帮办禁烟大臣之说。若然，则蔡道之内援就此一斑可见"。[①] 此文既是对"官营商报"案后续发展的关注，同时也指出了此事目前的结果。

值得注意的是，《大公报》发表了一系列与"官营商报"案相关的时评。十月十二日的评论是针对官方资本与民间报馆结合的问题表达看法，其文曰："凡报官办而招商股者，其势难。商办而招官股者，其势易。非官股之独能踊跃也，一入官股，则一切商报皆可渐化而为官报，较之官家自办者，用力少而成功多，宜乎全国报纸之毫无生气也。"[②] 官商资本结合，其结果往往是商股地位被动，报纸独立性丧失，舆论"毫无生气"，严重危害报界。

《大公报》十月二十七日的"闲评一"《为地择人》，则是对制造"官营商报"案的罪魁祸首蔡乃煌的批评和讽刺，也是对他收买和封禁报馆行为的披露。文中说："吾人始闻沪道调津之说，初不之信，继而思之，乃知其说之非无也。沪道蔡乃煌，素以收买报馆、封禁报馆，深得政府之信任。现在天津报馆日见发达，大小各报，将近十种，其声势之大，几与沪上各报相埒。使以蔡乃煌调至他处，未免有人地不宜之慨。惟有调任津道，庶可大展其才，俟其办有成效，然后再调相宜之处，以便将全国报馆一网打尽云。"[③] 同一天的"闲评二"批评对象也是蔡乃煌，内容为："沪道蔡乃煌受任年余，专以收买报馆为事，先后承办上海《中外日报》、《申报》及《舆论时事报》，业已消费江苏官款二十余万。兹经江苏谘议局告发，舆论为之不平，因而沪道有他调之说。惟自吾人观之，沪道既热心办报，维持公益，与其改调他省，不如使之专充三报馆总办耳。"[④] 蔡乃煌专任上海多年，于上海报界影响最大。此间发生的每起报案，都与蔡乃煌有或多或少的关系。"官营商报案"又是蔡乃煌一手经办，《大公报》对蔡染指报馆不满，因此以嘲讽的言辞封其为"三报馆总办"，同时也表达了对传闻蔡乃煌即将

① 《请看蔡道之内援》，《大公报》，庚戌年二月廿六日，"要闻"。

② 《大公报》第 2640 号，己酉年十月十二日，"闲评二"。

③ 《为地择人》，《大公报》第 2655 号，己酉年十月二十七日，"闲评一"。

④ 《三报馆总办》，《大公报》第 2655 号，己酉年十月二十七日，"闲评二"。

赴任天津可能对天津报界造成毁灭性摧残的担忧。在御史江春霖因本案奏参蔡乃煌后，《大公报》即以《报馆与流氓》为题置评：

> 蔡乃煌之摧残舆论收买报馆，久为天下所共愤。乃迟至今日始有揭参之案，始有查办之命，政府之重视蔡乃煌，于此可见。
>
> 蔡乃煌之言曰，政府之视沪道，实较一军机大臣为重。吾敢易一言曰，政府之视报馆，实较一广东流氓不如。①

《大公报》丝毫不掩饰对蔡乃煌的差评，将祖籍广东的蔡乃煌视为“流氓”；同时，时评也表达了对政府罔顾报馆权益、不予处置蔡乃煌的不满。

以《时报》和《大公报》为代表的华文报，是本案最主要的报道主体，是官款购买和津贴商报信息的主要传播者，也是该案社会舆论的主要生成力量，同时也是该案发展的重要牵引力量。

（二）西文外媒

外媒与中文报章相比，其关注视角明显不同。下面以在华较有影响的《北华捷报》和《德文新报》为例来谈西文外媒对本案的反应。

《北华捷报》(*The North Chinese Herald and Supreme Court & Consular Gazette*) 创办于1850年，是中国近代最有影响力的外文报纸之一。宣统元年的“官营商报”案，《北华捷报》也比较关注。它于11月20日发表了以“*Press Subsides*”（报纸津贴）为题的文章，内容是江苏谘议局议员于定一和钱以振九月提交革除官营商报的议案全文。它将议案各条款忠实而详细地翻译成英文，没有任何删减增添。此后，该报还有一篇内容较短的报道，仍然是以“*Press Subsides*”为题，内容是关于十月初四江苏谘议局的决议。这篇刊载于1909年11月27日（宣统元年十月十五日）的短文与上篇报道不同，仅报道了决议案全文的一部分，提及的内容概括为：谘议局通过了终止苏省地方衙署、局、所学堂等负担外报之贴款和资助上海各报之官款的决议。谘议局认为克剥僚属、取盈于人民来贴补外报，驱本省官民悉为外商牛马，无

---

① 《报馆与流氓》，《大公报》第2682号，己酉年十一月二十五日，“闲评二”。

此政体。内容仅此而已。有意思的是，该文直接引用了谘议局决议中的“驱本省官民悉为外商牛马”（drive the people and make them cows and horses to foreign merchants）[①] 一句。这可以看出，《北华捷报》作为西人在华创办的报纸，它的外商身份和所处的立场与位置，使它比较关注谘议局和江苏官方如何处理资助外报以及前者对外报的态度这一与自身关系密切的问题。

1886 年创刊于上海的《德文新报》，是近代中国最早也是出版时间最长的德文报纸。“官营商报”案发后，该报发文表达了对该案的看法。它说：“江南各省要求官员退出报刊，撤回资本。但这看起来无法实现。因为这些官员形式上撤出报刊，将资金以亲朋的名义继续资助报刊，他们不能失去自己在报刊中的影响力，也不愿放弃从中的所得利益。真令人难以理解，地方机构上怎么能做出这样的决议。中国的官员当然不会自己出手经商，但这并不妨碍他们以入股的形式参与到商业公司之中。”[②] 这样的话，“那些受官员资助的报刊必须为其资助者说话”。[③] 报刊必须为资助者说话而丧失独立、自由的言论，又进一步导致报界了无生气，难以发展，“大部分的中国报刊已经变得毫无个性和原则了。以前，中国报刊的态度都是进步的，而现在，他们的态度是保守还是进步，则要取决于其背后的资助官员。中国报刊停滞不前了”。[④] 文中不仅指出普遍存在的官方、资本与报刊之间的紧张关系，同时它以局外人的身份对当时国内报界做了鸟瞰式的评论，指出了官方资本对报馆渗透的事实及其普遍性，以及近年来这种做法已造成“报界了无生气”的可见的危害。

外媒对“官营商报”案报道，尽管内容不多，但仍体现出对本案的关注和重视。

---

① “Press subsides,” *The North Chinese Herald and Super Court & Consular Gazette*, Nov. 27 1909.

② *Amtlich unterstützte Chinesische Zeitungen*, Der Ostasiatische Lloyd, 3. Dezember 1909, S. 1119 – 1120，转引自牛海坤《〈德文新报〉研究：1886 ~ 1917》，上海交通大学出版社，2012，第 194 页。

③ *Amtlich unterstützte Chinesische Zeitungen*, Der Ostasiatische Lloyd, 3. Dezember 1909, S. 1119 – 1120，转引自牛海坤《〈德文新报〉研究：1886 ~ 1917》，第 194 页。

④ *Amtlich unterstützte Chinesische Zeitungen*, Der Ostasiatische Lloyd, 3. Dezember 1909, S. 1119 – 1120，转引自牛海坤《〈德文新报〉研究：1886 ~ 1917》，第 194 页。

（三）涉事报纸

清末报界中还有一个特殊的群体，即本案的涉事报纸。“官营商报”案中涉事的报纸，包括《中外日报》、《申报》、《舆论时事报》、上海《泰晤士报》，其实还应包括《新闻报》。后者虽没支用官款，但该报老板福开森参与了官款收回各报的经营。包括《新闻报》在内的各报，既已被收归官办或与官方关系密切，它们对本案的态度与上述民办大报完全不同。而且，它们本身是丑闻的主角，各报没有自曝其丑的勇气，因此对本案很少报道和置评。

作为清末报界翘楚的《申报》，它对本案极少的报道中有一个值得关注的有趣表现。它在十月初二的“各省开办谘议局”栏下的“江苏谘议局议案”部分，全文刊出了于定一和钱以振两议员提交的质疑用官款垫补商报合法性以及追讨事件责任的议案内容。不过，该议案没有提及被资助的上海各报名称，《申报》报道中自然也没有接受官款各报的内容。而接下来的报道是十月初六“紧要新闻”栏对初四江苏谘议局的议场纪事，记载了议场上议员对本案的讨论，即“议员均谓此案应指明某报及其凭据。然后从事决议。四十七号议员言：南洋官报载明清理财政官指驳财政局关于报馆之款有三项。一垫款，一津贴，一但称上海各报经费。应先呈请督抚查明究系何报经费再议办法”。[①] 有意思的是，十月初二报道中将江苏谘议局两议员的议案全文刊载，而之后对十月初四江苏谘议局的活动并没有完全报道，新闻内容只是初四江苏谘议局就此案所议及决议等全部内容中的一小部分。其实，初四的决议案对款项来源及其对应资助的是上海哪个报馆，都清清楚楚，不存在不知道哪些报馆的问题。这次报道不像上次一样刊登议案或决议全文，故意将议案中《申报》的信息隐而不彰。再之后，江苏谘议局续查“官营商报”案的重要决议，该报也没有只字片语的报道，更不用提详细追踪事件的发展，而恰恰在这两个决议中，都明确指出了《申报》是被资助的报馆，

① 《江苏谘议局初四日议场纪事》，《申报》，宣统元年十月初六，第 2 张第 2 版，“紧要新闻二”。

而且有切实的证据，公布了资助款的数额及其来源。可见，《申报》的报道是对本案信息有意识地做了过滤。无论是此处的遮蔽消息还是它后续的沉默，这些行为本身就是对接受官款资助事实的明晰的表达。

同《申报》报道过程中故意隐藏该报与本案关系的行为相比，《舆论时事报》与本案关系撇得更清，报道中几乎没有该案的任何内容。同样是报案，它对同时期被封禁的《民呼日报》和《民吁日报》，却用了大量篇幅持续地详细报道。至于《新闻报》上有关“官营商报”案内容，与其说是对本案的报道，不如说是关注江苏谘议局动向。该案仅有的几则信息，都是在江苏谘议局某场纪事的报道中。谘议局每场讨论的事项众多，议革官营商报之事仅是其中之一。也就是说，《新闻报》中官办商报的内容，是报道江苏谘议局活动时的无意识结果，并非主动传播本案信息的有意识行为。

报界不同主体对本案的报道，共同构建了“官营商报”案的舆论。而涉事报纸对本案的失声，是“官营商报”案舆论的重大损失。因为这几份报纸，无论在上海还是在全国都有很大的影响力。西文外媒对此案的关注，扩大了本案在非华语圈的传播，在引起更广范围的注意和讨论方面，自有一定的影响。

报界为“官营商报”案呼吁，其报道不仅扩大了该案的传播区域，而且表达了报界对官方干涉报馆的不满，支持了谘议局对官款津贴报馆和官营商报行为的追责，声援了御史对涉事官员的参劾，同时，也保持了迫令清政府处理此案的舆论压力。

四　御史参劾

御史是影响“官营商报”案发展的三股力量之一。

最早参劾此事的是御史胡思敬。早在宣统元年五月初八，胡思敬参劾端方多款罪行，其中有“贿通报馆”和“营私舞弊”[①] 之罪多条。关于端方

① 胡思敬：《劾两江总督端方折》，《退庐全集》（笺牍・奏疏），沈云龙主编《近代中国史料丛刊》第 45 辑，台北：文海出版社，1970，第 717 页。

营私舞弊一罪，胡思敬称：“（端方）恐报章举发，则奸迹尽露，密令上海道蔡乃煌，以重金购买报馆，前后费四五十万。各报既购归官办，而造谣言猖狂如故。去年两宫大丧，各报诬蔑宫廷之事有非臣子所忍闻者，该督不加禁止，唯一己藏私则障护唯谨，报馆不敢议及一字。又将《新闻》《时事》《舆论》三报，交洋人福开森办，给予津贴。其《申报》《中外日报》等，亦各有津贴，每岁需十余万金。”[①] 胡思敬在折文中明确指出了购买和津贴的报馆对象，即《新闻报》《时事报》《舆论报》《申报》《中外日报》等，指出被购报馆性质已为官办。津贴报馆的款额是“每岁需十余万金”；比较难得的是，胡思敬提供了报馆被购以后的经营人信息，即《新闻报》《时事》《舆论》三报的经营人为福开森。胡思敬参奏的上述内容，其实已说出“官营商报”之事的大部分信息。这些信息中，购买《新闻报》的内容恐怕不实。其依据有二：其一，谘议局调查的结果中并没有购买《新闻报》的记录，谘议局的信息之所以更准确，是因为谘议局最初议决案提交督抚后，督抚对此做出了回应。如果《新闻报》确实被江苏官方购买，那么在谘议局的续行决议中会列出该报的信息。而实际上并没有，由此可断定胡思敬称端方购买《新闻报》的内容不实。其二，福开森本是《新闻报》创办人，他本人与端方关系密切，如果端方想让福开森的《新闻报》替自己说话，没有必要通过购回报馆再交于其经营的行为来实现。除购买《新闻报》内容引人质疑外，“重金购买报馆，前后费四五十万”这条，与谘议局议决案中的内容也有出入，同江苏清理财政局的数字也不相同。但无论如何，胡思敬参奏的奏折包含了本案的许多重要信息，对本案有重要意义。但胡思敬所列有关本案信息的目的，是为了证明端方“营私舞弊”，而不是对官营商报行为予以追究。所以张人骏后来的调查仅对端方此举是否营私舞弊做出回应，其他应当追问的问题没有做出回答。而且上述参奏内容淹没在他所参端方的众多罪状中，没有被更多的人注意，更难以向外界扩散。

胡思敬参奏后，清政府谕令两江总督张人骏予以核查。张人骏于十一月十二日向清廷复陈，称蔡乃煌之所以购买各报，是因为“报馆妄论时政，

---

① 胡思敬：《劾两江总督端方折》，《退庐全集》（笺牍·奏疏），沈云龙主编《近代中国史料丛刊》第45辑，第721~722页。

且西报于交涉事件，每多颠倒”，因此将报馆购回“藉以抵制横议”。[①] 至于购买报馆之股本，其来源有三：除南北洋大臣及云贵总督拨助外，由道库在浚浦息款项下垫银十六万余两。另有每年不足三万两银的开支由江南财政局及道库捐贴。前述行为经端方咨明外务部备案，被资助各报收回官办。张人骏认为，“所需股本既系南北洋大臣及云贵总督合筹咨部立案，其为并非端方密令上海道私购”，[②] 并称前述事实“自属可信”。[③] 也就是说，调查结果认为端方此举并非“营私舞弊”，也非“秘密”运作，故胡思敬奏参端方“营私舞弊”的罪状不成立。

张人骏的奏折很快载于当月的《政治官报》。御史江春霖对张人骏的调查结果很不满意，遂于十九日就官营商报事上《劾苏松太道蔡乃煌疏》，参劾经手此事的上海道蔡乃煌。江春霖指出，若张人骏所覆属实，即可视作蔡乃煌“通同作弊之实据”。[④] 不过，江春霖没有谴责端方等“抵制横议”之行为，他更质疑张人骏称蔡乃煌等购买商报官办是为“藉抵横议”的说辞。其理由是：其一，若商报果有横议，按律可治罪，封禁即可，根本不必花费巨款购买。并以当时京城封禁的《京报》《国报》《大同报》和上海查封的《民呼日报》《民吁日报》等为例力证，政府为抵制报馆议论通常采取的手段为封禁报馆，而不是购回自办。其二，既购为官报，则应援照官报事例，奏明民政部或督抚立案，而蔡乃煌等并没有这样做，只是仅咨外务部了事。其实，江春霖认为蔡乃煌此举目的是方便为外务部洗地：“自外务部卖路、卖矿、卖界、秘密主义，神鬼不知，独报馆时发其覆。……而总理该部之亲王，则军机大臣之亲王也。”[⑤] 外务部总理大臣为奕劻，又是军机大臣，是端方和蔡乃煌朝中的靠山。所以，江春霖认为，蔡乃煌将给外务部惹事的上

① 张人骏：《两江总督张人骏奏查明大员被参各款据实覆陈折》，《政治官报》，宣统元年十一月十二日，第229页。

② 张人骏：《两江总督张人骏奏查明大员被参各款据实覆陈折》，《政治官报》，宣统元年十一月十二日，第230页。

③ 张人骏：《两江总督张人骏奏查明大员被参各款据实覆陈折》，《政治官报》，宣统元年十一月十二日，第230页。

④ 江春霖：《劾苏松太道蔡乃煌疏》，宣统元年十一月十九日，朱维幹等编校《江春霖集》卷1，马来西亚与兴安会馆总会文化委员会，1990，第195页。

⑤ 江春霖：《劾苏松太道蔡乃煌疏》，宣统元年十一月十九日，朱维幹等编校《江春霖集》卷1，第196页。

海报馆收买，“藉抵横议”是其一，实则是为私利而互相标榜，抵排异己，暗中向奕劻输送利益。江春霖还不满张人骏听信蔡乃煌的欺饰之词为蔡辩护。因此要求清廷“将苏松太道蔡乃煌严加惩处”，并“勒缴垫款，立停报纸”，[①] 否则“诚恐物议难平，人心不服”。[②] 江春霖极力呼吁严惩蔡乃煌，追回垫款，报纸停止官办，平息物议。

江春霖十一月十九日请旨“严惩、追款、停报”的奏疏，清廷虽饬令张人骏查覆，[③] 但江春霖“待命二旬，未蒙训示”，[④] 一直没有等到清廷该给的说法。于是，他于十二月初九上《再劾苏松太道蔡乃煌疏》，再次参劾蔡乃煌。这次，于“官营商报”案外，揭参了蔡乃煌的其他罪行，如卖公地以充私囊、违诏旨而弛禁烟、玩要工而糜钜帑、引劣员以误新政、摧舆论以媚外人、比匪类以占优差和纵属员以倡败俗等七项罪行。这些罪行，是为上次参蔡不成而增添的加持力量。同时，江春霖再次将此事与军机大臣瞿鸿禨暗通报馆被革职一事相较，他认为暗通报馆者已经治罪，而私买报馆性质更严重，更应严惩，再次恳请清廷查办蔡乃煌。此疏的命运，据《大公报》十二月十四日报道，说“原折留中未发”，[⑤] 但这消息确否，《大公报》也不敢肯定，说后续探访，但也没见下文。《大公报》庚戌年二月初七依然称，江春霖参劾蔡乃煌“至今依然没有下文”。[⑥]

但据《大清宣统政纪》己酉年（宣统元年）十一月十九日记载，张人骏奏称：“各报既经收归官办，虽不居其名，而又群知为官报，办法诚有未善。应请一律退归商办，收还垫款。”[⑦] 至于要求查办蔡乃煌一项，张人骏

① 江春霖：《劾苏松太道蔡乃煌疏》，宣统元年十一月十九日，朱维幹等编校《江春霖集》卷1，第197页。

② 江春霖：《劾苏松太道蔡乃煌疏》，宣统元年十一月十九日，朱维幹等编校《江春霖集》卷1，第197页。

③ 据《大公报》十二月初十报道：“前有江侍御春霖奏参沪道之案，已饬查覆。尚未具奏。兹于昨日又由军机大臣廷寄两江总督秘要电旨一道，探之内廷人云，此亦系上月某科御史参劾江苏某大员之奏折，今始谕交江督查办，内容秘密，未易探悉。”

④ 《再劾苏松太道蔡乃煌疏》，宣统元年十二月初九，朱维幹等编校《江春霖集》卷1，第198页。

⑤ 《江侍御封奏之述闻》，《大公报》，己酉年十二月十四日，“要闻”。

⑥ 《蔡乃煌与某邸之比较》，《大公报》，庚戌年二月初七，“闲评二”。

⑦ 《大清宣统政纪》卷26，己酉年十一月乙丑。

疏文中说，蔡乃煌“无私擅纠结实据。应免予置议”。[①] 根据日期看，此折与江春霖上疏为同一日，不可能是对江春霖奏疏做出的回应。仅就目前的资料判断，张人骏此奏，很可能是对清廷要求查复此事，以及江苏谘议局十月份两次连续议决此事，并责令督抚执行和报界揭批此事而向清政府汇报的善后结果。还需要说明的是，由于江春霖奏参了军机大臣奕劻，很快被罢官归乡，之后没有再续参此案。

御史奏参作为揭批“官营商报”案的合力之一，最后使官款退回，报馆归于商办，但胡思敬和江春霖希望惩办蔡乃煌的目的仍没达到，虽有将蔡调离的传言，不过蔡乃煌依旧在上海道任上。

五　结语

在清末报案中，“官营商报”案非常特殊。它特殊到，若是时间推迟或提前几年，可能就不会有发生本案的机会，或者其后续发展路径也会与此不同。这是因为它发生于清廷仿行预备立宪时期，新的政治环境下新出现的事物，如蝴蝶效应一般，一系列貌似不相干的因素相互牵连而使本案有了意想不到的发展。

“官营商报”案的发生，关键点在于江南宁属清理财政局清理财政时发现官款使用存在问题。以前外界虽然对蔡乃煌和端方干预报馆的行为早有耳闻，但没有直接证据。即使参劾端方“贿通报馆”“营私舞弊”的御史胡思敬，奏折中列出资助报馆的信息也不完备。而江南宁属清理财政局移交江南财政总局的复文中，指出了用于报馆的问题款项，是江南宁属清理财政局发现，有杂项册列支提还申报馆垫款，规折湘平银一万八千九百余两，还有上海《泰晤士报》津贴银三千六百两。宁属清理财政局对此表示不解并追问：“查报馆垫款，何以由公家拨还，请将原案移送本局备阅，仍将起末根由详细见复。”[②] 要求江苏官方对这一问题做出回复。要知道，为宪政预备而设的清理财政局，光绪三十四年奏请设立，宣统元年才刚刚开始运转。正是清

① 《大清宣统政纪》卷 26，己酉年十一月乙丑。

② 《江南宁属清理财政局移江南财政总局文》，《顺天时报》，宣统元年十一月十九日，“各省新闻”。

理财政局对以往混乱财政的清查，官款进入报馆之事才被发现。

清理财政局发现官垫商报的行为与此事被外界周知，中间还有一个关键的环节，就是官报将财政局文件向社会公开。这一举措得益于清廷下诏宣布预备立宪时提出的“庶政公诸舆论”。清政府要求，此后不涉政治和外交机密的各类政府电文、奏牍等行政公文，都应刊载于报端公诸舆论，即政务向社会公开。而承担这一任务的载体便是官报。因此清廷谕令中央和地方都须创设官报，并严格限定官报体例，定位官报的主要职责为刊发奏议、法令等公文。在这样的背景下，江南宁属清理财政局移送江苏财政总局的复文，得以在《南洋官报》等报刊媒体公布，官垫商报的行为亦因此被江苏谘议局等外界知晓。之后，同样是得益于清廷要求“庶政公诸舆论”，张人骏调查此案回复清廷的奏折，《政治官报》刊发公布，御史江春霖才因之有参奏蔡乃煌的后续行动。如果再以御史胡思敬五月初八参奏端方“贿通报馆”“营私舞弊”不为外界所知而结果不了了之与报纸刊载官款资助报馆消息被外界周知后有了谘议局追责的后续结果相对比，更反映出《南洋官报》对资助款项信息的公布也是“官营商报”案后续发展的一个关键环节。

另外，本案如果没有江苏谘议局对此事不依不饶地追查、开会讨论和议决，官营商报的问题就不会被舆论聚焦，官营商报的事实也就不会成为影响全国的报案。所以，江苏谘议局的作用也尤为重要。而具有地方议会性质的谘议局，是清政府宪政清单中的一项重要内容，清廷严令各省于宣统元年九月初一之前必须筹办完毕。江苏谘议局于九月初一开局，刚刚开局不到一个月的谘议局，其议员于定一和钱以振便看到《南洋官报》九月二十日刊载的江南清理财政局移交总局的本省财政清理的信息。而议决本省财政正是谘议局的重要职权，因此两议员针对垫补商报等官款不合理使用之事提交议案，以求追回官款。又由于江苏谘议局为各省谘议局之翘楚，对宪政抱有期待的上海及其他各地的报界自然十分关注。因此该局对“官营商报”案的议决成为报馆报道的对象，“官营商报”遂成为重要的政治事件和新闻事件。

“官营商报”案中参与追查的三股力量——御史、谘议局和报界，虽然其合力都是要结束官营商报的局面，但由于各方权责及立场不同，其具体诉求有明显差异。御史奏劾端方和蔡乃煌，是将官营商报一事作为二人的污点，要求惩办清廷官员，目标不在争取报馆自由而在于净化官场环境。谘议局追查此事，重在要求追款和报馆退归商办，并不关心舆论环境和官场生态，其注意力集中于监督本省财政，密切注意官款使用是否合法。而报界则不太关注官款不合法使用，而更提防官款向报馆渗透对舆论的影响，以及官员和资本对报界的危害，目标是争取报界自身发展的良好环境。清末时，御史、议员、报纸，三者已被相提并论，都具言论自由，[①] 是清末最能代表舆论的力量，三者共同为一事呼吁努力，是从未有过的景观。

此案最后以收回官款、报馆退归商办结束，这一结果，虽可见预备立宪下新因素对此案的影响，但也不能忽视旧力量的强大。比如，"官营商报"案虽然最后收回官款，将报馆退归商办，各方努力取得了一定成果；但御史和报界极力呼吁惩治制造官报案的蔡乃煌，即使在如此大的舆论压力下，清政府依然不肯治罪于他。这其中就暴露了一定的问题，至少说明收购上海各报这件事蔡乃煌并不是主谋，或不是唯一主谋，而清廷对此也并不打算进一步追究，这就可以解释清廷为何对江春霖参劾蔡的疏文留中不发，不对外界公布。

另一个亦需留意并继续追问的问题是，资助《申报》的官款，来自三方，除了两江总督端方以外，还有北洋大臣和云贵总督所拨的官款。有意思的是，远在西南边陲的云贵总督伙同两江总督资助上海报馆，向报馆施加影响，可以窥见地方官员左右报馆和掌控舆论的欲求。云贵居西南内陆，也谋求在全国舆论中心的上海对有重要影响的报馆用资本暗中经营，这种行为在各省督抚方面，是常态还是偶尔有之？由于资料匮乏，笔者目前无法回答这一问题。但不管是哪种情况，对清末报界的发展来说都不是好事。

---

① 佩：《国事评》，《时报》，己酉年二月初五。

南京临时政府财政危机再探讨*

——从政策分析角度

焦建华

南京临时政府成立之初，面临严重的财政危机。为了解决财政危机，临时政府采取种种措施，力图增加财政收入，但不尽如人意，收效甚微。过去学界探讨财政危机时一般也会详列各种政策，并最终归咎于资产阶级的软弱，而对政策本身关注不够，缺乏对政策的整体分析。本文主要采用政策分析方法，① 着重从政策内容和评估角度探讨临时政府解决财政危机的政策制定、执行与结果，以期超越原有的阶级分析立场与角度，更准确阐明临时政府财政危机的政策原因及其得失。

一　临时政府的财政危机及其特征

临时政府成立前，已面临严重的财政危机。清王朝在南京地区库存本来就少，② 江南造币厂被张勋逃离南京时劫走 200 万元偷运至上海，其他部分

---

* 中央高校基本科研经费项目“财政分权与现代国家建构：南京国民政府时期圈地财政体制研究”（20720151032）、国家社科基金重大项目“近代中国工商税收研究”（16ZDA131）成果。

① 政策分析一般有七种类型，分别是政策内容、政策过程、政策输出、评估、决策信息、过程倡导和政策倡导等研究。米切尔·黑尧：《现代国家的政策过程》，赵成根译，中国青年出版社，2004，第 3 ~ 4 页。

② 两江总督张人骏九月初二给清内阁电文告急，“现值部库支绌，无款可拨”，“江南财政困难，至今已极，实无可移之款，息借之外债经分别抵还，已所余无几。……仍饬度支部保全东南大局，无论如何为难，迅即先筹的款银一百三十万两，分拨应用，不胜迫切待命之至”。徐艺圃：《两江总督张人骏辛亥电档选辑》，《历史档案》1981 年第 3 期。

用作城防费;[①] 民军光复南京时又把藩库和银钱局尚余的一点库存取用殆尽。临时政府成立时，南京清王朝的库存已无公款可用。1911 年 12 月，孙中山回国次日，与《民立报》记者谈话时已承认问题严重性：“由于财政的困难，来日大难尤胜于昔。”[②] 由于缺乏充分财政准备，临时政府 1912 年 1 月仓促成立，成立伊始便存在严重的财政危机，“库藏如洗”，“民国政府以军需孔急，非得巨款，无以解当前之困难”。[③] 孙中山就任临时大总统的经费是由胡汉民“急就旅沪之广、肇、潮、嘉之同乡，募捐得军资七十余万”；安徽都督孙毓筠一日派专使到临时政府求济，言需饷奇急，孙大总统即批给 20 万元，胡汉民奉命至财政部，“则金库仅存十洋”。[④] 困窘之状，实出人意料。精于理财的实业家张謇认为，新政府中央财政开支每年至少需 1.2 亿两，每月需 1000 万两，扣除可能所得，每年将短缺“八千万两之款”。张謇曾被邀请出任临时政府财政部部长，但自觉无力解决财政难题，声称“下走无点金术，虽牺牲之而无裨毫末”，不肯就职。[⑤]

南京临时政府财政基础脆弱及财政匮乏窘迫，在财政总长陈锦涛给孙中山的呈文中表述得淋漓尽致。他详列临时政府成立以来的七项财政困难：“各省光复伊始，财政长官由地方推类，省自为政，号令分歧，无所取则。……此办理之困难者一也。国家收入，以赋税为大宗。军兴以来，四民辍业，丁漕失征，厘卡闭歇，关税所入，扣抵赔款，加以地方中央界限混淆，虽有从前应解部款，现亦藉词诿泄，各省支拙，纵或实情，而中央孤悬，势同疣赘，此办理之困难者二也。军用钞票，本以济一时之急，然事前准备，日后收还，设非预图，则受害无极。况滥发伪造，流弊滋多……前经通电各省，将发行票式、额定数目分别详报……迄于今日，奉行寥寥，此办理之困难者三也。军兴以来，百务方新，各省度支，均虞匮乏，挹注之计，唯债是资。……此办理之困难者四也。币制银行，特权所托，计划整理，宜在中央。乃中国银行方拟改办，而欲沾利益纷起要求，江南币厂设法更张，

① 中国史学会主编《辛亥革命》(8)，上海人民出版社，2000，第 397 页。

② 《孙中山全集》第 1 卷，中华书局，1981，第 571 页。

③ 《孙中山全集》第 2 卷，中华书局，1982，第 81 页。

④ 胡汉民：《胡汉民先生自传》，台北：国民党中央委员会党史会，1978，第 155、164 页。

⑤ 上海社会科学院历史研究所编《辛亥革命在上海史料选辑》，上海人民出版社，1981，第 1001 页。

而希图破坏者横生冲突，群言淆乱，变相纷呈，此办理之困难者五也。……收入一端，无可概算……而各部政费，军队饷费，用途实繁，纷求拨付，违之则取庚，应之则不穷。当预算未经确定之时，值需款追迫不能待之势，此办理之困难者六也。至于借款一事，明知其危，但砒能杀人，亦可起病，乃华俄借约，大启纷争，指担保为抵押，败事机于垂成，前竭兵器，几酿巨变……此办理之困难者七也。”[①] 由此可知，临时政府财政危机之严重。

财政是一个国家或政权赖以存在和发展的基础，其首要职能是维护国家政权正常运转，为国家机器提供急需的物质条件，最重要的就是维持国防、警察和监狱等基本暴力机构。这些暴力机构保障国家安全和国内秩序，进而保证财政收入的获取。一般而言，政治领域对财政有着最为刚性的需求，它们的消耗在财政中占有较固定的比例与数量，这些支出是财政得以产生和持续的本源性支出。但是，国家暴力的大规模运用将迅速消耗财政资源，极易引发财政危机。从现代财政学角度而言，财政收入不足是财政危机产生的根本原因，税收、规费和其他收入下降等是财政收入减少的直接原因，而财政支出需求的大幅度增长与扩张是财政危机的重要原因。

具体而言，临时政府财政危机具有典型的双重性。一方面，财政收入危机。临时政府虽是南方各省革命军的“中央政府”，名义上控制了南方各省，但实际控制力非常有限，仅“南京周围数地而已”，下辖各省上缴给中央的收入极其有限，临时政府财政收入严重不足。另一方面，刚性支出财政危机。清廷控制着北方大部省份，临时政府是革命军“中央政府”，革命任务尚未完成，急需庞大的军费开支。张謇曾指出：“政府权力，首在统一军队，次在支配财政；而军队之能否统一，尤视财力之强弱为断。”[②] 如前所述，国家暴力既是财政收入得以产生的重要保证，又是造成财政危机的重要原因。军费需求对临时政府造成巨大压力，得不到有效满足就会引发严重的财政危机，属刚性支出财政危机。因此，临时政府财政危机是收入不足与刚性支出危机的相互交织，较单纯的收入不足或支出过大等财政危机形势更严峻。

① 许师慎编纂《国父当选临时大总统实录》下册，台北：“国史”丛编社，1967，第433～435页。

② 张孝若：《南通张季直先生传记》，台北：台湾学生书局，1974，第169页。

二　临时政府财政政策的选择

财政是一个国家或政权赖以存在和发展的基础，无论是新政权稳定与运转，还是北伐推翻清政府，临时政府均需强大的财力支持。当时留美财政专家、临时政府财政总长陈锦涛指出：“凡停战期内之筹备，迄和局解决后之设施，均非厚集资财，何以宏兹伟业？故两方胜负之所判，实祇财政丰啬之攸关。”[①] 为了解决财政危机，临时政府必须从收入与支出两方面着手制定政策。

根据政策分析理论，一个完整的决策过程一般包括六个步骤：第一，通过对问题情境的分析，界定政策问题；第二，在明确政策问题的基础上，确立政策目标；第三，依据政策目标，搜寻备选方案；第四，对各备选方案的前景和后果进行预测；第五，根据预测结果，评估各备选方案的优劣并做出抉择；第六，对政策实施后所产生的效果进行评析。[②] 一项政策（方案）被执行后，仍然会产生诸如政策问题是否已恰当解决，以及选中的方案是否准确执行之类的问题，因而执行政策时必须加以监控，以保证它们不被任意改变而偏离原来目标，必须测量它们现有的效果，看看是否取得预期效果，根据政策实施评估结果，决定是否对原有政策进行修正或调整，从而完善原有政策。当然，由于人的理性是有限的，决策者只能选择一个令人满意的或者足够好的方案，而不是去寻找尽可能多的备选方案。[③] 具体而言，临时政府可采取的财经政策如下（见图 1）。

为解决财政危机，临时政府必须从节流、开源两方面入手，通过压缩军费、行政费用、外债和社会救济等支出，通过征税、发行公债、举借外债、发行钞票、社会募捐、地方缴款和没收反动势力的资产等方式增加收入。

---

① 中国人民银行总行参事室编《中华民国货币史资料》第 1 辑，上海人民出版社，1986，第 43 页。

② 陈振明主编《政策科学——公共政策分析导论》，中国人民大学出版社，2003，第 427 页。

③ 赫伯特·西蒙：《管理行为——管理组织决策过程的行为》，杨砾等译，北京经济学院出版社，1988，第 8 页。

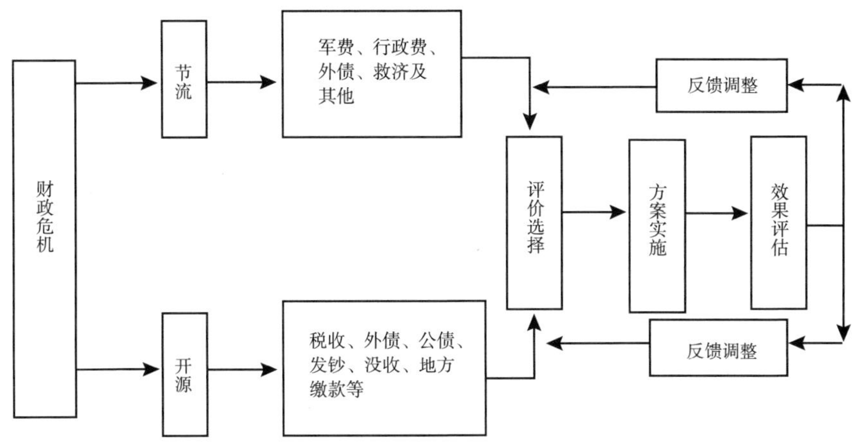

图 1　临时政府财经政策施行示意

三　临时政府财政政策的施行

(一) 临时政府的大宗财政开支及节流

临时政府最大宗的开支是外债、陆海军军费和行政开支，每年开支至少需白银 1.2 亿两。① 由于临时政府承认此前清政府所借外债一律有效，因而背负着极重的债务压力。不过，外债开支尚非迫在眉睫。最大的压力来自陆海军军费，属刚性支出。据张謇估计，除各省能自行承担者外，临时政府需要承担军费的陆军军队有 20 镇，每镇年均 100 余万两，共需 2000 余万两；海军军费约 500 万两。这仅是平常不用兵时，若临时增募士兵，添购军械，则犹不在内，即每月最少得有 1000 万两的收入才能应付各项支出。② 此估计可能有所夸大，但离事实亦不远。1912 年 3 月，财政部编列该月支出共计约银 976 万元，其中陆军部 893 万余元，海军部 19 万余元，军费占了绝

① 张孝若：《南通张季直先生传记》，第 169 页。

② 张謇：《对于新政府财政之意见书》（1912），张謇研究中心等编《张謇全集》第 1 卷“政治”，江苏古籍出版社，1994，第 234 页。

大多数。[①] 因此，只要南北对峙存在，临时政府就会面临军事压力，就须维持较大的军费开支。一旦战事爆发，军费开支就会急剧上升。因此，从当时环境出发，军费不仅不能削减，反而要增加。[②] 由于军费开支大，临时政府收入又有限，军费拖欠极为严重，严重影响军饷发放。英国驻南京领事伟晋颂在一份电报中曾说："缺乏现银发放军饷使官员们颇感忧虑。昨天，浙军几乎发生兵变，因为他们没有得到饷银；只是由于答应今天补发欠饷，才使他们平息下来。"[③] 另据英国驻上海领事 3 月 19 日的报告："驻南京的大批未发军饷的部队，正使本地的中国人感到很大的不安。……就我所知，粤军是唯一发足军饷的部队。驻南京的其他部队，以及本地招募的士兵在内，都欠有二至四个月的饷银。"[④] 以上是中央政府整编军队的军饷情况，归顺革命政府的各地军队均不断伸手向中央政府催要军饷。据胡汉民回忆："一日，安徽都督孙毓绮以专使来，言需饷奇急，求济于政府。先生（指孙中山）即给二十万，余奉命至财政部，则金库仅存十洋。"[⑤] 临时政府财政之困难，已经影响大局。1912 年 3 月，财政总长陈锦涛致信黄兴："未收到四国银行二百万之前，曾许公三百万，今三百万尚未尽付，而二百万已竭。"[⑥] 黄兴为北伐直捣清廷筹借军费，"援滦兵可即日出发，惟苦于无饷无械不能多派"，[⑦] 因筹措无果，"寝食俱废"，"至于吐血"。如前所述，军队等暴力机构支出具有刚性特征，在政权面临生存危机之际只能扩大或维持，不能压缩。

在大宗开支中，唯一可能节流的是行政开支。政府成立之初，为了解决财政困难，本着节俭原则，临时政府秘书长胡汉民订定了总统府之薪俸至薄："自秘书长以至录事，每人月领三十元（临时政府财政部发行的军用票，不是银圆），宿食则由政府给办，亦一律齐等。"财政总长陈锦涛曾抱

---

① 刘萍、李学通主编《辛亥革命资料选编》第 4 卷下册，社会科学文献出版社，2012，第 906～907 页。

② 中国史学会编《辛亥革命》（8），第 55 页。

③ 《英国蓝皮书有关辛亥革命资料选译》上册，胡滨选译，中华书局，1984，第 300～301 页。

④ 《英国蓝皮书有关辛亥革命资料选译》下册，胡滨选译，中华书局，1984，第 535～536 页。

⑤ 丘权政、杜春和等选编《辛亥革命史料选辑》上册，湖南人民出版社，1981，第 222 页。

⑥ 中国第二历史档案馆编《中华民国史档案资料汇编》第 2 辑，江苏人民出版社，1981，第 284 页。

⑦ 中国史学会主编《辛亥革命》（7），上海人民出版社，2000，第 164 页。

怨："余为部长，不如前清之司员华贵多矣。"唐绍仪住总统府两日，看到那种简陋情形，对胡汉民说："大总统亦无特别之浴厕，固是异闻；而孙先生以二十年在海外之习惯而能堪此，尤可异也。"[①] 至于各部机关，也均尽量节省。兹以教育部为例，蔡元培到南京组织教育部时，南京之旧官舍已被各部占用。蔡元培谒见孙大总统，请示教育部办公地点，孙说："办公房屋，要你自己去找。"蔡找了两天没找到，无意中遇见江苏都督府内务司长马良，才借到内务司三间空屋为办公处。1912 年元月（16～31 日）、2 月教育部收入分别为 2000 元、5739.477 元（含元月结存），支出分别为 420.523 元和 1609.775 元，除支实存 1579.477 元和 4129.702 元。其中人事费支出，元月支各部员津贴洋 64 元，支仆役工资洋 5.5 元；2 月支总次长及部员津贴洋 458 元，支仆役工资洋 25.296 元。在财政部呈送 3 月支出总概算册及表中，教育部所列数目较前大增，其中俸禄 2424 元，厅费 1260 元，旅费 370 元，间接支款 800 元，共计 4854 元。在财政部编列的收支总报告书中，教育部 3 个月的全部开支仅银圆 7160 元。[②] 此数额实在不能算多。

（二）临时政府的"开源"及收入

从政策选项看，政府增加财政收入的政策措施主要有税收、公债、外债、发行钞票、募捐、地方缴款和没收反对势力的资产等。临时政府应综合考察各项措施，分析各项政策的可行性，确定各政策施行的先后顺序，然后确定并推行可行政策，并根据实际情况不断调整，从而达到增加收入之目的。

1. 举借外债

外债被寄予厚望，视为最重要的收入来源。梁启超 1912 年 2 月 23 日致袁世凯书云："夫以今日而理中国之财，虽管仲、刘晏复生，亦不能不乞灵于外债。"[③] 孙中山也认为解决新政府财政问题必须向外国借款，并把能否获得外国贷款看作革命成败的关键："和议难恃，战端将开，胜负

① 胡汉民：《胡汉民先生自传》，第 177 页。

② 《民立报》1912 年 7 月 29 日；许师慎编纂《国父当选临时大总统实录》下册，第 440 页。

③ 丁文江编《梁任公先生年谱长编（初稿）》，台北：世界书局，1958，第 380～381 页。

之机，操于借款。”[①] 1911 年 12 月 16 日，孙中山对邓泽如说：“此次直返上海，解释借洋债之有万利而无一害，中国今日非五万万不能建设裕如。”[②] 因此，筹借外债是临时政府解决财政问题的指导思想与主要途径。为了借到外债，以及政治考虑，争取各国承认成为临时政府外交工作的首要任务。

实际上，临时政府成立前，孙中山已做出举借外债的努力。知晓武昌起义后，孙中山并未立即回国，而是谋求西方国家财政和外交支持。他从美国到英国，从英国到法国，远涉重洋，风尘仆仆，不懈呼吁，到处交涉，以愿意承担清朝外债为前提寻求西方贷款，“于我军未起事以前满政府所借之外债，一概予以承认，决无改议”。[③] 他在法国会见东方汇理银行经理西蒙，开门见山提出：“能够立即或在最短期间内，贷款予革命政府？”西蒙直接拒绝：“不行，至少目前无法立刻照办。”[④] 由于欧美国家拒绝借款，孙中山最终只得两手空空回国。

1912 年 1 月，王宠惠连续三次发表对外宣言，吁求西方列强赶紧承认临时政府为中国合法政府，并一再声明承认外国在华一切特权。当列强表示只有首先获得各国承认才有借款可能后，临时政府更把“派外交人员分赴各国运动承认”作为工作重心。2 月 8 日，王宠惠会晤美国国务院代表邓尼，讨论美国政府承认临时政府问题。同一天，孙中山接见美国记者麦考密克，呼吁美国政府承认临时政府：“我们有政府，但不合法。我们不能继续这样下去。人民已在督责我们，他们不了解列强为什么不承认我们，他们不了解我们的外交问题。你知道，排外的情绪到处都是，它可能爆发，我们无法阻止它——我们无法向那些督责我们的中国人解释。世人都很友善——欧洲人都够朋友——我们到处都有朋友。但我们需要的是承认，你们应该承认我们。”[⑤] 2 月 10 日，他接见邓尼时再次请求美国政府承认。麦考密克曾评论，在革命党人心目中，争取列强承认进而获得列强贷款，成为“共和国

① 《民立报》1912 年 2 月 4 日；《孙中山全集》第 2 卷，第 41～42 页。
② 《孙中山全集》第 1 卷，第 567 页。
③ 《孙中山全集》第 1 卷，第 545 页。
④ 《孙中山全集》第 1 卷，第 563 页。
⑤ 陈锡祺主编《孙中山年谱长编》（上），中华书局，1991，第 621～622 页。

的生命之所在”。[①] 除争取列强外交承认外，孙中山任命财政部部长时也考虑举借外债的需要：“财政不能授他派人，我知澜生（系陈锦涛字）不敢有异同，且曾为清廷订币制，借款于国际，有信用。”[②] 但是，列强普遍不信任临时政府。美国驻华外交人员认为孙中山只是来自广东省的地方性人物；英国《泰晤士报》驻京记者莫理循更把孙中山看作一个不务实际的理想主义者，认为他对中国国情极为隔膜，声称“不要指望孙逸仙领导的共和国能早日得到世界列强的承认，因为他对中国国情一无所知”。[③] 2 月 13 日，各国驻华公使团在北京开会，相约在中国统一政府未成立前，不做承认表示。早在 1911 年 11 月 10 日，《纽约时报》社论就认为：“孙的募捐工作不会成功。”次日，该报纸又有社论认为：“只有袁世凯是唯一能将和平与秩序给予中国的人。”[④] 由于西方列强对辛亥革命采取敌视态度，孙中山举借外债不会取得任何大的成果。

由于得不到列强外交承认，临时政府只能以公司名义借到寥寥几笔，其中较大宗的为苏路借款 300 万日元（其中 250 万元转借临时政府，50 万元借与江苏省政府，总计约 281 万银圆）、汉冶萍公司所借 200 万日元（约合 193 万银圆）等。其他零星借款，如 1912 年 1 月三井、寿屋等洋行的军械、被服、军装等借款 30 万银圆（由张謇作保）。[⑤] 另外，临时政府成立前，南京军政府陆军部曾向日本大仓洋行借款约 74 万银圆。南北合议成功后，临时政府得到北京袁世凯政府支持，获得两笔数额较大的借款，即 2 月 28 日善后借款第一次垫款约 268 万银圆，3 月 18 日日本三井和寿屋洋行借款计约 213 万银圆。[⑥] 从临时政府成立至 4 月 1 日，南京临时政府所直接经手或收到借款计约 1059 万银圆。若扣除南北合议后的借款，临时政府实际借款只有 504 万银圆，可见临时政府借款数额之少。

---

① 卿斯美：《辛亥革命时期列强对华政策初探》，中华书局编辑部编《纪念辛亥革命七十周年学术讨论会论文集》（中），中华书局，1983，第 1356 页。

② 胡汉民：《胡汉民先生自传》，第 160 页。

③ 西里尔·铂尔：《北京的莫理循》，檀东煋、窦坤译，福建教育出版社，2003，第 342 ~ 343 页。

④ 吴相湘：《孙逸仙先生传》下册，台北：远东出版社，1982，第 981 页。

⑤ 徐义生编《中国近代外债史统计资料（1853 ~ 1927）》，中华书局，1962，第 96 ~ 98 页。

⑥ 徐义生编《中国近代外债史统计资料（1853 ~ 1927）》，第 96 ~ 98 页。

2. 税收收入

临时政府所能获取的税收收入主要来自关税、盐税、田赋和厘金等杂税，尤以前三项为大宗。

辛亥革命前，关税已被帝国主义强行确定为偿付外债与赔款的担保，但税款由清政府掌握。除偿还外债与赔款外，关税每年还有三四千万两的“关余”。如果革命党人接管控制区的海关及其税收，可以部分解决军需和日常费用，缓解财政困难。但是，武汉起义后不久，总税务司英国人安格联（F. A. Aglen）叫嚣“让税款跑到革命党的库里去是不行的”，“为了避免外国干涉，关税必须以总税务司或领事团名义暂时存储”，[①] 并先后电令长沙、上海、汕头、广州、厦门、烟台等口岸税务司扣留关税。在英国驻华公使朱尔典（J. N. Jordan）提议下，外国公使团公然要求“把全部海关岁入置于总税务司的控制之下，那些岁入不仅包括清政府已失各口的岁入，而且包括清政府仍然控制的各口岸岁入在内”，并决定由外国在上海各银行组织专门机构负责接受税款。[②] 湖南长沙革命党人革命成功当日便试图控制海关税款，上海、湖北汉口、云南蒙自等地革命党人也曾试图控制关税。但是，在总税务司阻扰及帝国主义国家军舰威胁下，革命党的行动均告失败，如湖南军政府最后被迫“同意将税款以总税务司名义存入汇丰银行”。[③] 造成这种困境的原因是革命党人一直对帝国主义国家怀有恐惧感，害怕西方列强干涉中国革命。如湖北军政府在布告中一再告诫民众不要冒犯洋人，“若是害了洋人，各国都来与我们为敌，那就不得了呢！”[④] 革命党人的让步和屈服并未获得列强的同情和支持，反而被认为软弱可欺。安格联事后在备忘录中写道：“在设立（海关税款）管理权的过程中，他们（各地税务司——引者注）没有遭到什么困难，在控制现款以供作战之用最为事关重要的时候，而干涉海关税款的试图竟不多见，这充分地说明革命领袖的爱国情绪和他们对国债的责任感。在大多数地方，只要一语解释就够

---

① 中国近代经济史资料丛刊编辑委员会编《中国海关与辛亥革命》，中华书局，1983，第 8、153 页。

② 《英国蓝皮书有关辛亥革命资料选译》上册，第 153 ~ 158 页。

③ 中国近代经济史资料丛刊编辑委员会编《中国海关与辛亥革命》，第 99、331 页；《英国蓝皮书有关辛亥革命资料选译》上册，胡滨译，第 154 页。

④ 中国近代经济史资料丛刊编辑委员会编《中国海关与辛亥革命》，第 144 页。

了。……在很少的国家里，像这类事情会以这样一种恕道和合情合理的精神来处理。"[①] 革命党人干涉税款"竟不多见"，"在很少的国家里"才会发生这种事情！武昌起义后，凡爆发革命的各通商口岸的海关税收，无一例外都被英国汇丰、德国德华、俄国道胜三家银行充董事的"海关联合委员会"控制，西方列强夺取了中国关税收入的支配权和保管权。[②]临时政府承认在辛亥革命前所有外债及赔款承担偿还责任，不变更其条件，以及承认已让渡与国家及个人的各种权利，也愿意以关税抵赔外债，[③] 实际上已经放弃争取关税收入的可能。孙中山在法国曾向法国官员西蒙委婉提出关税自主权，"为俯顺全国舆情的要求，我们想重新掌握海关及其税收，并拟以其他抵押品例如矿权、土地税等取代关税"，西蒙当时毫不客气回复"这一点绝对不可能"，孙中山"极感失望"。[④] 临时政府被迫吞下海关关税被西方列强控制的苦果，因此丧失了一笔可观而稳定的财政收入，仅 1911 年 11 月和 12 月两个月，存入在沪外国银行债款专账内的海关税款即达 330 万两。[⑤]

盐税是国家财政收入之大宗，因清政府赔款和外债抵押，所剩"盐余"有限，但仍仅次于田赋，为政府第二大财政收入，1913 年为 7758.5534 万两。[⑥] 临时政府所能直接掌握的主要是淮盐，"两淮盐务，为岁入大宗"。[⑦]然而，临时政府实业总长并兼任两淮盐政总理的张謇强调地方"混乱情状及维持大局调和各派的苦心"，[⑧] 数次致电孙中山，要求"无论军饷若何紧急，不可于盐价商本内有丝毫挪移"，并说"所收盐税已经指抵洋债者……千万不可擅行挪用，以免引起外交困难问题"。[⑨] 由于担心外交纠纷，控制两淮盐场的张謇上缴盐税收入极有限。1911 年 12 月到 1912 年 2 月，两淮盐税至少收入 400 万元，但张謇只交了 100 万两，折合银圆 140 万元（其中

① 马士：《中华帝国对外关系史》第 3 卷，张江文等译，商务印书馆，1960，第 429 页。

② 杨荫溥：《民国财政史》，中国财政经济出版社，1985，第 6 页。

③ 《孙中山全集》第 1 卷，第 545 页。

④ 《孙中山全集》第 1 卷，第 564 页。

⑤ 中国近代经济史资料丛刊编辑委员会编《中国海关与辛亥革命》，第 339 页。

⑥ 诸青来：《二十年来之国家财政》，《东方杂志》第 28 卷第 19 期，1931 年 10 月。

⑦ 中国科学院近代史研究所史料编译组编辑《辛亥革命资料》，中华书局，1961，第 72 页。

⑧ 中国史学会主编《辛亥革命》（8），第 50 页。

⑨ 中国科学院近代史研究所史料编译组编辑《辛亥革命资料》，第 72、92 页。

30 万元转给沪军都督，临时政府实收 110 万元）。[①] 另外，地方各省军政府极力争夺盐税，如安徽军政府派员自运圩盐自卖，从中获利；湖北军政府在扬州设立催运淮盐公所，直接对鄂岸盐商征收盐税。江西都督接命令每票盐派“借”3000 两。[②] 中央政府控制的盐税收入极其有限。

田赋是临时政府唯一剩下的、可能的大宗税收收入来源。然而，临时政府下达命令的范围“不出百里”，[③] 而且由于田赋本身特征，纳户分布零散，征收需有较完整的机构，征收成本较高，因而不能应急，临时政府只有转而依赖厘金等杂税收入。清末苛捐杂税使民不聊生，怨声载道，革命者对此也是深恶痛绝，欲除之而后快，1911 年 12 月孙中山与记者谈及税制改革时只说“厘金须立即废除”一句，[④] 再无其他税制内容，由此可见其态度。出于反对清政权考虑和革命热情，革命党人夺取政权后就宣布取消厘金等各种苛捐杂税。临时政府征收杂税的范围仅限于直辖的江宁、上元两县，据《南京临时政府公报》曾述及的杂税种类，只有土膏捐、人力车捐、木商捐等数种。如木商捐，清末每年不过 2 万串钱，临时政府三个月所得不过 6000 余串，仅合四五千元；人力车捐数目更小，土膏也只征收了两个月。为了取得民众信任，临时政府多次豁免田赋、钱漕、常关税和百货统捐等赋税，即使有其他杂税，情况大体类似，各地军政府亦如是。

3. 发行国内公债与募捐收入

临时政府通过发行内债来筹措资金，所发行的内债既有正式的公债券，也有非正式的借款。1912 年 1 月，临时政府发行“中华民国军需公债”，定名为“中华民国八厘公债”，定额为 1 亿元，“专以充临时政府经费及保卫治安之用”，“以国家所收钱粮作抵”，将来以新加之税作抵。[⑤] 不过，募债

① 湖北省哲学社会科学学会联合会编《辛亥革命五十周年纪念论文集》第 2 册，中华书局，1962，第 418 页。

② 《南京临时政府公报》第 30 号，1912 年 3 月 6 日。中国科学院近代史研究所史料编译组编辑《辛亥革命资料》，第 240 页。

③ 中国社会科学院近代史研究所近代史资料编辑组编《近代史资料》1957 年第 1 期，科学出版社，1957，第 125 页。

④ 《孙中山全集》第 1 卷，第 582 页。

⑤ 千家驹：《旧中国公债史资料》，中华书局，1984，第 33 ~ 35 页；中国第二历史档案馆编《中华民国档案资料汇编》第 2 辑，第 303 ~ 304 页。

成绩不佳，所募之款额不过500万元，约占总数的5%，[①] 远低于临时政府的预期。剩余债票，或拨发军饷（按三成搭发[②]），或贱价出售，或作拨款，如武汉设立死义烈士遗孤教养所，临时政府以公债2万元作为拨款。[③] 公债只是暂时缓解财政窘境，并不能彻底解决。

另外，为了解决财政困难，临时政府还向社会募捐和私人借款。华侨为革命的成功曾做出过巨大贡献，“是革命成功之母”。除向海外华侨推销公债外，革命党人也对他们的捐赠抱有极大期望。当孙中山从海外回到上海时，他的同志们及光复各军将领把他当财神来欢迎，盛传他“携华侨捐款数十百万以来饷军者”。[④] 孙当选临时政府大总统之日，即有将领询问：“公携华侨捐款几何？诸军望之如望岁焉！”实际上，孙当时既没借到外债，也无华侨捐款，唯有“革命精神耳”！[⑤] 除募捐外，临时政府也向私人借款。如上海资本家刘锦藻应沪军都督陈其美之请，向英商借规元15万两，合银圆20万元。临时政府向上海的广东潮州会馆和广肇公所商人借款40万两，约合银圆60万元；向浙路公司借款20万元；向港商借得18万两，约合银圆25万元。[⑥] 不过，个人捐款、募捐和私人借款收入总计不到银圆120万元。[⑦] 杯水车薪，无济于事。

4. 发行钞票、自铸货币与开办银行的收入

1912年1月31日，由财政部担保，临时政府发行军用钞票，总额初以100万元为限，后增发至500万元。除去兑换基金60万元，临时政府发行

① 中华民国史事纪要编辑委员会：《中华民国史事纪要·中华民国元年》（1912年1~6月），台北：“中华民国”史料研究中心，1971，第65页。贾士毅认为实募500万元，参见贾士毅《国债与金融》第二编“内债”，商务印书馆，1930，第6页。另一说法为此债实募7371150元，见中国第二历史档案馆编《中华民国史档案资料汇编》第3辑“财政”（2），江苏古籍出版社，1981，第865~987页。现代学者李荣昌考订后认为只有173万元，参见李荣昌《南京临时政府财政问题初探》，《辛亥革命史丛刊》1983年第5辑。

② 中国第二历史档案馆编辑《中华民国档案资料汇编》第2辑，第309页；中国科学院近代史研究所史料编译组编辑《辛亥革命资料》，第361、365页。

③ 中国科学院近代史研究所史料编译组编辑《辛亥革命资料》，第123、408页。

④ 中国史学会主编《辛亥革命》（7），第55页。

⑤ 《辛亥革命》（7），第56页。

⑥ 中国第二历史档案馆编《中华民国史档案资料汇编》第2辑，第313~319、334~336页。

⑦ 焦建华：《民国财政史》，湖南人民出版社，2013，第97页。

军票的实际收入为 440 万元。[①]

临时政府还采取自铸银圆与铜币的紧急措施。中央造币厂开铸“开国纪念币”，计划发行 1000 万元，实得银圆、铜币约 30 万元。[②] 除光复南京的军队取用部分外，临时政府从中央造币厂取得的银币与铜圆只有 10 余万元。光复各省的造币厂铸造的银币与铜圆均由各省都督取用，南京财政部一文也没收到。

为了稳定金融和改善财政状况，临时政府将上海大清银行改组为中国银行。临时政府从该行提用款项数额不多，据案可查的，只有 1912 年 3 月财政总长陈锦涛为兑换“南京军票”而暂借 20 万元。交通银行借口保护商股，提出“官（指清政府）、革（指革命军政府）两方面提款，一概不付”，并拒绝革命政府派员清查账目，临时政府未从该行获得任何收入。

5. 地方上缴中央经费

新旧政权交替，各省均处于动乱之中。临时政府表面上统辖十几个省，由于财政关系一时未理顺，财政税收职能处于瘫痪与半瘫痪状态，部分省份还有库存，但中央并无多少约束力。中央政府赋税收入原主要由地方上缴，但“所有田赋、漕粮、盐课、茶课、税捐等项向为入款之大宗者，今则一无可恃。即各行省有继续征收者，而机关林立，实成分划之形，事权纷歧，甚于前清之世”。[③] 财政部数次致电光复各省，希望各省尽快将款项拨解中央：“现在民国成立，庶政待举，筹饷尤急。中央担负太重，财政竭蹶自不待言，贵省如能设法，希望不分内外，于岁入项下，速即通筹拨解，以应急需，能解若干，乞先电复。”然而，“中央政府文电交驰，催令报解，迄无一应”，[④] 直到临时政府结束，财政部只收到锡金军政分府交来的 2500 元税款。[⑤] 由于各地截留本属中央的经费，拒不上缴，财政部也无可奈何：“本部收入，向以全国赋税为大宗。自光复以来，各州县经征款项，应划归中央

① 韩森：《南京临时政府的财政问题》，《历史教学》1990 年第 1 期。

② 曲绍宏等编著《中国近现代财政简史》，南开大学出版社，2006，第 50 页。

③ 中国科学院近代史研究所史料编译组编辑《辛亥革命资料》，第 429 页。

④ 中国科学院近代史研究所史料编译组编辑《辛亥革命资料》，第 67、429 页。

⑤ 中国科学院近代史研究所史料编译组编辑《辛亥革命资料》，第 59 页。

政府者，虽早经本部通电催解，而各该省迄未照解前来，以致收入亦无从概算。”① 地方政府不向中央上缴财政收入，更加剧了中央财政困难，正如孙中山所说：“严重困难之所以发生，是因为独立各省的财政拒不上交，南京政府又要供给那么多军队。”

6. 没收敌对势力或个人的资产

孙中山就任临时大总统不久，下达了保护个人私有财产的五条命令。其中规定，曾任或现任清王朝官吏或之私产，只要“现无确实反对民国之证据”，均“归该私人所有”，若“现为清政府官吏，而又为清政府出力，反对民国政府，虐杀民国人民，其财产在民国势力范围内者，应一律查抄，归民国政府享有”。② 由于对没收财产规定严格，临时政府没收的清官吏或反革命势力的财产为数极少，如没收津浦路南段购地局委员汪树堂携走局款等。③ 清沪道“居心叵测，竟将公私存款，笼统署以道名，交由比国领事，代行收贮”，存放各商号公私款项共计银 16 万两（约合银圆 22 万元），后由临时政府收缴财政部。④

四 临时政府财政政策绩效的总体评估

根据决策的一般流程，政策选定与施行后，应根据施行效果对政策进行评估与反馈，根据实际情况进行调整。然而，临时政府的节流与开源政策效果并不理想，并未达到预期效果。

临时政府大力压缩开支，结果并不理想。军费为大宗，属刚性支出。只要战事存在，军费开支就不可压缩，否则政权无法生存。行政开支已大力压缩，几乎降至中央政权运转的最低标准，有的甚至已影响部门正常运转。临时政府成立之初，英国驻南京领事馆领事伟晋颂致朱尔典函中就认为，“革命派的税收仅勉强足以应付他们的军事需要，没有钱可节省下来用于其他目

① 中国第二历史档案馆编《中华民国史档案资料汇编》第 2 辑，第 285 页；《孙中山全集》第 2 卷，第 261 页。

② 中国科学院近代史研究所史料编译组编辑《辛亥革命资料》，第 42 ~ 43 页；中国第二历史档案馆编《中华民国史档案资料汇编》第 2 辑，第 14 ~ 15 页。

③ 中国科学院近代史研究所史料编译组编辑《辛亥革命资料》，第 143 页。

④ 中国第二历史档案馆编《中华民国史档案资料汇编》第 2 辑，第 280 ~ 281 页。

的”，临时政府“可供行政管理费用的税收甚至不够支付各部总长的薪金，他们中间大多数人的职责完全是有名无实的，所以直到目前为止没有给他们提供办公室或办事人员”。[①] 然而，民国初建，百废待兴，节流并不能从根本上解决问题，重心还是“开源”增收。

外债方面，临时政府只能以公司名义借到少量几笔，多来自日本，英美等欧美列强不仅不借款，反而扮演破坏者角色。临时政府本应立即调整政策，但孙中山一直没有放弃对西方列强的幻想。据李书城回忆，临时政府军费需用太急，黄兴焦虑不安，“黄先生约我同见孙先生，询问向英、美借款事有无头绪。孙先生当时还在看外国报纸，他放下报纸回答说：外国人曾向我说过，只要中国革命党得到政权，组织了政府，他们就可同中国革命党的政府商谈借款。我就职以后，曾向他们要求借款，并已电催几次，昨天还曾发电催问，请他们实践诺言。但今日是星期六，明日是星期日，外国人在休假日是照例不办公的，明日不会有复电，后天可能有复电来，我再告诉你”。由此可知，孙中山盲目轻松自信，“还在看外国报纸”，认为外国人肯定会借款。实际上，“一直到总统府取消时，外国借贷还是杳无回音”。[②]

税收方面，主要有关税、盐税、田赋和厘金等杂税，尤以前三项为大宗。临时政府对西方列强有恐惧感，而且“有求于人”，不仅无法控制关税，甚至连“关余”都不敢争取。临时政府掌控的只有淮盐，由于张謇等盐商集团阻扰，盐税收入极少。田赋征收成本高，不能应急，而且所控区域极其有限，临时政府只能依赖其他杂税收入。然而，革命党人夺取政权后根本没有考虑相关的抵补收入，而是直接宣布取消厘金等苛捐杂税。税收豁免有利于宣传革命，争取民心，获得民众支持，但临时政府短期内难以建立新的、稳定的财政税收秩序以保证财源，因而本已拮据的财政更加困难。

没收资产方面，对于“前为清朝官吏所得之私产，现无确实反对民国证据，已在民国保护之下者”；即使“现虽为清朝政府官吏，其本人确无反对民国之实据，而其财产在民国势力范围下者”，以“无确实反对民国之实据”为准，都不加区别地一律加以保护，革命党人所能接管的财产仅限于

① 《英国蓝皮书有关辛亥革命资料选译》下册，第 453、454 页。

② 中国人民政治协商会议全国委员会文史资料研究委员会编《辛亥革命回忆录》第 1 集，文史资料出版社，1961，第 198～199 页。

“前为清朝政府的官产”。[①] 由于这种苛刻限定，临时政府若被迫强制没收“无确实反对民国之实据”者的资产，扩大打击面，反而变成“非法”行为，从而给反对派以口实，削弱临时政府本身的可信度和合法性。临时政府曾以武力强迫招商局押借外债，结果导致招商局股东普遍反弹，不断遭到反对派和内部离心派的揭露和谴责，因此对私有财产保护范围的宽泛规定完全是自缚手脚，自绝生路。当然，从反对清政权而言，这样可以团结到大多数有产阶级，争取汉族军阀和官僚，争取更多的反清同盟军。但是，争取的反清同盟者很多可能只是迫于形势、保护自己资产的投机者，对新生政权“心怀二心”，这种同盟者不仅不利于新生政权的稳固，反而使政权内部矛盾重重，加速新政权灭亡。武昌起义后，很多原清政府地方实力派投机革命，导致部分地方掌权者并非真正的革命派，他们对南京临时政府的号令并不完全听从，导致临时政府政令有效范围“不出百里”。[②]

另外，由于临时政府初建，中央集权尚未实现，地方截留上缴中央款项非常普遍，中央从地方获取的收入几乎完全消失。政权初建，信用尚未建立，临时政府发行了数量不大的军用票，但导致南京“钱业、米店相率停市”，从而激起民众的普遍反对。再者，发行钞票不可频繁，也不能数量太多，否则会造成严重通货膨胀。至于募捐，不稳定，且数额不多，支持临时政府短期运转都存在困难，更不可能成为新政府运转的长期支柱。

截至1912年4月1日，临时政府收入计约1776万元。若以每月976万元计（1912年3月预算），所得不敷两月之支出，可见临时政府财政之窘境。从以上分析可看出，整体而言，临时政府的“开源”政策具有致命缺陷，尤其是寄予厚望的外债，将希望完全寄托于西方列强，实际上也是将新政权的命运交给列强。因此，尽管临时政府已采取以上诸多措施，但均不能解决日益严重的财政危机。然而，临时政府并未对上述财政政策施行后进行效果评估，自然也谈不上调整政策，最终沿用，反而加剧了财政危机。财政是政权的命脉，临时政府无法得到可靠的财源，“革命派首领们进行军事的和政治的斗争的主要困难是款项问题”。[③] 孙中山解职后，财政部在给参议

① 中国科学院近代史研究所史料编译组编辑《辛亥革命资料》，第42～43页。

② 中国社会科学院近代史研究所近代史资料编辑组编《近代史资料》1957年第1期。

③ 《英国蓝皮书有关辛亥革命资料选译》下册，第466页。

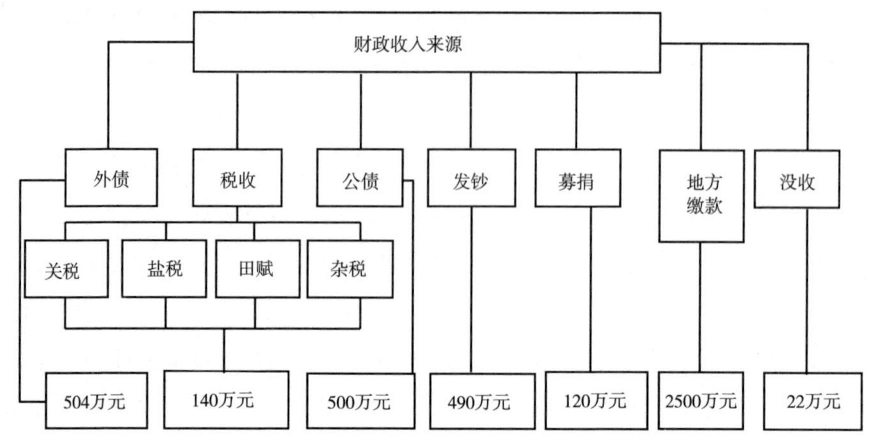

图 2 临时政府财政收入来源

院的报告中说明了孙在任期间的财政状况：“自军兴以来，用途益繁，支出之数不下亿万。所有田赋、嘈粮、盐课、茶课、税捐等项为入款之大宗者，今则一无所恃。即各省有继续征收者，而机关林立，实成分划之形，事权纷歧，甚于前清之世。中央政府文电交驰，催令报解，迄无一应，财政状况行将陷入无法律之悲境。”① 由于缺乏财政收入，临时政府几乎寸步难行，诸多政策均不能有效贯彻，失败已不可避免，不及 3 月便被袁世凯政府取代。

五 南京临时政府财政政策的启示

从以上分析可看出，从政策分析角度而言，临时政府的政策存在致命缺陷。

首先，对解决财政危机的政策缺乏全盘考虑。孙中山领导的临时政府并未通盘考虑各项财政政策，以及各项政策之间的轻重与关系。临时政府既不敢得罪西方列强，也不去没收清朝官僚和部分有产阶级的大量财产，在财政收入没有保证的情况下又废除了晚清时期大量的苛捐杂税，而将希望完全放在对外借款，甚至做出致命性让步：放弃关税及“关余”收入。在举借外债未果之时，增加财政收入实际可行的只有发行公债和募捐。然而，不管是

① 中国科学院近代史研究所史料编译组编辑《辛亥革命资料》，第 429 页。

发行公债，还是募捐，都需要有产者和民众主动购买，需要他们主动捐献，其间难免采取一些强迫的手段，必然会损害下层民众利益，降低民众对新政权的支持，而且以这两种方式获得的收入很难满足临时政府庞大的军事开支需求。由于对增加财政收入的政策缺乏通盘考虑，临时政府的财政政策不仅无助于解决财政危机，反而加剧了财政危机，最终导致新政权的失败。

其次，混淆日常决策与危机决策区别。显然，临时政府的财政危机是政权新建、面临严峻军事政治对峙形势下的产物，必须采取非常或危机决策。一般而言，新生政权以维系自身生存、推进革命任务的完成为其首要目标，非常时期采取非常手段是必要的，也是必需的。危机决策是一个非常复杂的过程，在危机情形不确定或决策效果不可预期的情况下，即时决策效能是一个关键性甚至是决定性的因素。危机处理成效，要求决策者具有过硬的业务素质和非凡的决策能力。[①] 在决策过程中，决策者必须运用经验进行决策，因而决策者能力就显得尤为重要。[②] 然而，孙中山等缺乏治国经验，将日常政策作为危机时期政策，混淆日常决策与危机决策适用环境，临时政府的政策更多符合日常决策的标准，不符合政权新建阶段的标准，如强调保护私人产权，而对反对势力打击不够，没收财产存在诸多限制。莫理循认为孙中山是不务实际的理想主义者也有几分道理。临时政府承认晚清外债、放弃关税与“关余”，企图以此争取列强外交承认与举借外债，通过外债来巩固新政府。如果当时只有一个中央政府，此举倒无可厚非。然而，当时北京袁世凯政府与南京孙中山政府并存，西方列强可以二选一。承认中央政府的标准，英国外交大臣格雷给朱尔典已有明确表示：“我们希望看到，作为革命的一个结果，有一个强有力的政府，能够与各国公正交往，并维持内部秩序和有利条件，使在中国建立起来的贸易获得进展。这样一个政府将得到我们能够提供的一切外交上的支持。”[③] 出于保护自身利益考虑，列强对革命党人的让步和屈服不仅不会同情，反而觉得软弱无能，对一个内部矛盾突出、软弱的新政权保证其利益自然没有信心，当然不可能贷款予以支持。张謇指出：“今欲设临时政府之目的，在能使各国承认共和，各国之能够承认，先视吾

① 王芳编著《危机管理与领导艺术》，中国时代经济出版社，2010，第6页。

② 赫伯特·西蒙：《管理行为——管理组织决策过程的行为》，杨砾等译，第8页。

③ 《英国蓝皮书有关辛亥革命资料选译》上册，第58页。

政府权力之巩固与否。”[1] 因此，巩固政府权力才是争取各国承认的关键，临时政府完全本末倒置。孙中山领导的临时政府决策存在明显缺陷，“携带革命精神”[2] 无助于解决财政危机。

因此，从政策分析角度而言，孙中山领导的临时政府解决财政危机的政策既缺乏整体考虑，又混淆了日常决策与危机决策区别，导致财政开源政策漏洞众多，甚至互相矛盾，根本无法解决日益严重的财政危机，最终导致新政权失败。

① 张孝若：《南通张季直先生传记》，第 169 页。

② 中国史学会主编《辛亥革命》（7），第 56 页。

北伐前后的微观体验

——以居京湘人黄尊三为例

李在全

引　言

1926～1928 年的北伐战争，是现代中国具有转折意义的事件，在中国现代史的叙述中也占有重要地位。长期以来，有关北伐史的研究，多以军政势力消长为主要内容，也多是从南方（国民党、共产党、国共合作等）角度进行探究，[①] 这是由于“北伐”二字内含从南方立论的意涵。近一二十年来，状况有很大改变，不少学者考察范围不再囿于军政变动，且超越“南方”视角，从更宽广视角，如地域南北之别、文化新旧之争、社会舆情互动等角度，对北伐史进行了新的探索与诠释，成果斐然。[②] 然而，北伐史研

---

① 华岗：《中国大革命史》，春耕书局，1932；王云五等编《国民革命军北伐战争史》，商务印书馆，1933；“国防部”史政局编《北伐战史》，台北：史政局，1959（中华大典编印会，1967）；Donald A. Jordan, *The Northern Expedition: China's National Revolution of 1926－1928*（Honolulu: The University Press of Hawaii, 1976）；张玉法主编《中国现代史论集》第 7 辑《护法与北伐》，台北：联经出版事业公司，1982；曾成贵等：《国共合作的北伐战争》，河南人民出版社，1986；王宗华主编《中国大革命史》，人民出版社，1990；曾宪林等：《北伐战争史》，四川人民出版社，1991；李新、陈铁健总主编《中国新民主主义革命史长编·北伐战争》，上海人民出版社，1994；杨天石主编《中华民国史》第 2 编第 5 卷《北伐战争与北洋军阀的覆灭》，中华书局，1996；等等。

② 罗志田：《南北新旧与北伐成功的再诠释》，（台北）《新史学》第 5 卷第 1 期，1994；高郁雅：《北方报纸舆论对北伐之反应：以天津大公报、北京晨报为代表的探讨》，台北：学生书局，1999；王奇生：《国共合作与国民革命》，江苏人民出版社，2006；等等。

究尚有很大拓展空间，例如，缺乏微观个体人物，尤其是能涵盖南北、新旧、舆情等复杂因素的微观人物之视角。居京湘人黄尊三及其日记，为从这一视角考察北伐史提供了可能性。

黄尊三（1880～1950），字达生，湖南泸溪人。早年中秀才，后就读于湖南高等学堂。光绪三十一年（1905）由湖南官费赴日留学，就读于弘文学院、正则学校、早稻田大学预科，宣统元年（1909）考入明治大学法科。武昌起义后短暂回国参与其事，不久再度赴日完成学业。1912年7月回国，先后执教于江汉大学（武汉）、中国公学（上海、北京）等校，并任北京政府内务部佥事、（编译处）编译等职。1927年南京国民政府成立后，执教于国民学院（北平），任总务长。1931年九一八事变后，携眷南归，任教于湖南辰郡中学及省立四中、泸溪简易师范学校，献身于桑梓教育事业，1950年7月病故。[①]

黄尊三日记，名《三十年日记》，始于光绪三十一年四月，终于民国19年（1930）11月，基本连续。[②] 关于日记之目的，黄氏在自序中言："易曰：'天行健，君子以自强不息'，日记之作，意在斯乎。"即在于督促自己，供修养之用。为黄氏日记作序的近代湖南名流周震鳞，谓黄乃"笃信谨守之士"，"用写日记，以自克责"（序言一）。综观黄氏日记，确实可谓一部修身日记，这或许暗含一定的"示人"意图。值得提醒的是，该日记在著者生前出版，付梓之前，应有不少删改；日记中也有编改此前日记的记述，如1927年前后"编留东日记"，后世研究者当注意及此。但这对该日记的史料价值来说，总体上影响不大。学界对黄尊三日记之利用，主要集中于清末留日部分，[③] 此后的日记，尚未见系统利用、研究者。实际上，黄氏

① 上述生平简介，根据黄氏日记，并参考湖南省泸溪县志编纂委员会编《泸溪县志》（社会科学文献出版社，1993，第571～572页）。

② 黄尊三：《三十年日记》，湖南印书馆，1933。事实上，黄尊三日记延及晚年，见《黄尊三日记选载》（即1935年），《湘西文史资料》第3辑，1984。其他年份日记不知现存何处。

③ 日本学者实藤惠秀在《中国人留学日本史》第三章中摘录过该日记［实藤惠秀：《中国人留学日本史》（修订译本），谭汝谦、林启彦译，北京大学出版社，2012，第103～119页］，且将该日记翻译成日文（黄尊三：《清国人日本留学日记》，实藤惠秀、佐藤三郎译，东京：东方书店，1986）。其他相关研究有范铁权《黄尊三留日史事述论——以黄尊三〈留学日记〉为依据》，《徐州师范大学学报》2012年第4期；杨瑞《辛亥变局与留日学人心态裂变——以湘人黄尊三心路历程为个案的考察》，《史学月刊》2013年第10期；拙文《"新人"如何练就：清末一位留日法科学生的阅读结构与日常生活》，《史林》2016年第6期；等等。

此后的日记，信息也很丰富，包含居京的工作著（译）述、交友应酬、社会文化活动及日常生活等。本文即利用黄氏日记之北伐前后部分，该部分载述了黄尊三——一位居住北京[①]的南方人——对这场南北战争及由此引发的时局变动、政权更迭、生活变化的观察与思虑。亲历者体验的“历史”，自然别有一番风味。

一 北方时局与生活

清末黄尊三赴日学习法科，民初回国后，有自己的活动圈子。除供职于北京政府内务部及讲学、著（译）述外，不时参加一些社团活动。例如，参与北京“市民公会之筹备会”，黄由众推为宣言书及章程起草员；[②] 参与“建设学会”活动（1924 年 5 月 13 日）；[③] 五卅惨案发生后，黄参与“沪案国民外交会”，商议发行出版物事宜（1925 年 7 月 2 日）；等等。关于中央与地方关系方面，从留日时代起，黄倾向于地方自治、分权，不主张中央集权；加之，20 世纪 20 年代联省自治颇成潮流，故黄对以地方自治为宗旨的社团活动颇为热心。1924 年 6 月 24 日记：“联治同志会筹备会于中央公园水榭，到者七八十人”，黄被推为湖南筹备员之一；在“委员制”与“独裁制”争论中，黄亦坚持“委员制为本会主张之特色”（1924 年 10 月 19 日）。除参与民间社团活动外，黄对现实政治也有所关注，且有低度参与：黄与北洋政治名流孙洪伊保持密切联系，1925 年 10 月 23 日，黄赴天津与孙面谈；1925 年许世英出任段祺瑞执政府国务总理，黄多次拜访许氏（1925 年 9 月 23 日、10 月 14 日，1926 年 1 月 6 日）。

20 世纪 20 年代，北京政府财政陷入窘境，欠薪成为常态，索薪运动此起彼伏。黄供职的内务部亦然，黄在其中颇为活跃。据报道，1922 年内务部索薪风潮，全体罢工，黄被推选为副代表，与相关方面交涉；[④] 次年内务

---

① 1928 年 6 月，南京国民政府宣布“北京”改称“北平”。本文统一称为北京，简称“京”。

② 《京闻纪要》，《申报》1922 年 6 月 28 日，第 7 版。

③ 文中所引黄尊三日记，时间多为 1925 ~ 1928 年，凡在正文中已经说明时间的，不再另注；若正文未说明，在文后用括号注出。

④ 《内务部罢工之武剧》，《申报》1922 年 4 月 28 日，第 7 版。

部员工继续索薪，成立“薪俸维持会”，黄被推选为代表会副主席。[1] 证诸黄氏日记，大体确是。1924 年 12 月 29 日记：内务部员工“开索薪会”，黄被推为代表，“当引同人至总长办公室代陈一切”，总长允诺发薪一月，众人不允，再三力争，总长许诺发月半薪水，争执直至晚七时才退出，因为内务部“已四月不发薪水也”；但事情并未结束，次日部中再开索薪会，“人多意见不一，总次长均远避不到，扰扰至天黑，得五成薪水而散”。索薪运动严重影响北京政府之运转。1926 年 9 ~ 10 月，国务院以摄行大总统令特任顾维钧代国务总理，顾氏改组内阁时，内务总长张国淦即“因节关发薪，大受部员纠缠，坚辞不干”。[2] 9 月 21 日，为中秋节，黄阅报获悉：此次节关，政府发库券三百万，现款一百二十八万；库券拨作京外军费，现洋各机关以二成发放，共需二十七万有余，外余百万，则作京内军警饷项。黄感叹：“军费既占如此巨额，国家财政，焉能整理。”京城如此，外省亦然。1926 年 2 月 13 日为大年初一，一位来自江西的友人谈及九江督办公署状况：“无事可办，无薪可发，颇难支持。”黄感觉：内战频年，民穷财尽，“中央如此，外省又如彼，国事尚可为乎”。无疑，此时北京政府是异常孱弱的中央政府。《东方杂志》报道，“四年前，在徐世昌时代，政府命令只能行于北方诸省。到了曹锟时代，统治的范围，又缩小而只及于京畿。现在的段政府是更不行了，在名义上依然是中华民国的政府，实际上政令已不行于都门之内”，并调侃曰：“没有一个人拥护政府，没有一个人在事实上承认它是政府，而政府的招牌还是照旧的挂着，这样滑稽的事情，只有中国才有。”[3]

北伐军兴之前，虽欠薪成为常态，居京生活甚是不易，但相较于各地大小不一的军阀混战，北京尚属安稳之区。1926 年 3 月 17 日，友人来访，谈及湖南故乡惨状，“实不忍闻”。这时黄感觉居住北京，“如在天上，尚不知足，直自讨烦恼耳”。问题是，北京状况很快也发生变化。1926 年三一八事件发生，当天日记载，“下午二时，枕上忽闻枪声隆隆，约二十分钟，极为惊异”，黄感觉“政府之横蛮如是，国事尚可问乎”。此后北京，纷纷扰扰，

① 《京机关大规模之索薪运动》，《申报》1923 年 7 月 8 日，第 10 版。

② 杨天石主编《中华民国史》第 2 编第 5 卷，第 159 页。

③ 《杂评》，《东方杂志》第 23 卷第 3 期，1926 年 2 月 10 日，第 2 页。

人心惶惶。1926 年 4 月，奉军战机多次飞临北京上空，投掷炸弹三十多枚，造成多人死伤惨剧。[①] 此事对民众惊扰甚巨，黄氏家人也“惊惧”。这时，黄意识到困住京城有四大患：其一，飞机投弹，生命随时可以告终；其二，国民军驻满城内外，随时可以入城哗变；其三，战事日久，无职之人，满街满巷，随时可以掠夺；其四，米煤因交通断绝，运输不来，断炊之患，即在目前（4 月 5 日）。报纸报道：“近日的北京，已陷入于混乱，恐怖的境地中。”目前紧要问题是，“军队的复杂，军用票流通券的行用，地方治安的维持”；民众关切的是“交通的恢复，粮食燃料的接济，军队的撤退”。[②] 证诸黄氏日记，亦大体如是，时局变动明显影响京城民众的日常生活。4 月 7 日深夜，“炮声隆隆，街市戒严”；10 日，黄本拟去医院诊病，因“政变发生，铺店均关门，只得家居静养”；11 日，“一夜炮声隆隆，知战事即在近郊”。很快，冯玉祥国民军撤出北京，奉、鲁势力迅速进入京津地区，在“反赤”名义下，恐怖事件层出不穷。据《申报》报道，张宗昌在天津设立直鲁联军密查处，“明密稽察各一百……查拿赤党”；北洋元老王怀庆接任京津卫戍总司令后，宣布保安办法，规定“凡宣传赤化者，概处死刑”；在京津地区大肆搜捕左派分子和共产党人，派员到各学校“详加检查”。[③] 正是在这样的恐怖氛围中，不少社会名人惨遭杀戮。4 月 28 日，黄得知“在京办理《京报》有年”的著名报人邵飘萍被张宗昌枪决，“各界多深惜之”；8 月，另一位著名报人林白水也被杀害（8 月 10 日）。受此刺激，8 月 17 日，黄起草了遗嘱，以备不测。所有这些表明，此前蛰居北京尚存的些许安全感，如今荡然无存了。

北伐军兴后，北方各派势力分化重组，政局急剧变动，这牵动着黄氏心思。1926 年 11 月 7 日，黄听闻张作霖有入关主政之说。18 日，黄获悉：天津开各省代表会议，共推张为大元帅。22 日，报纸证实：天津会议，共推张为总司令，孙（传芳）、张（宗昌）、阎（锡山）为副司令，出兵五十万南下，黄“逆料南北大战，期将不远”。26 日，讨赤联军总司令部在天津成

① 《奉飞机六次来京抛炸弹》，《申报》1926 年 4 月 22 日，第 9 版。
② 《杂评》，《东方杂志》第 23 卷第 7 期，1926 年 4 月 10 日，第 1 页。
③ 《本馆专电》，《申报》1926 年 4 月 22 日，第 5、6 版；《王怀庆搜查中国大学》，《申报》1926 年 5 月 10 日，第 9 版。

立，奉方拟向京汉线出兵。30 日，奉系命令张景惠赴郑州，与吴佩孚接洽京汉出兵问题。与此同时，商震与冯玉祥联合，西北的包头、归化一带，“布满青天白日旗”，归属国民党。这时北方也成赤白两立局面。12 月 2 日报载：张作霖受十五省推戴，就任安国军总司令；粤政府移鄂，宣布以武昌为国都。黄立即想到“假令南军将来完全胜利，国都恐不必仍在北京”。在北伐前后，国都问题一直是黄关切的问题，因为这事关将来生计、出路问题（详后）。12 月 28 日，黄听闻张作霖已抵京，“用迎元首礼，由正阳中门而入”。在北方各派角力下，1927 年初顾维钧内阁再次改组，异常费劲，“七拼八凑，新内阁班子总算凑齐”。[①] 此次内阁改组，在黄看来“换汤不换药，有何效力，时局如此”（1927 年 1 月 13 日）。

北伐战争导致北洋各派纷纷倒台。1927 年 3 月 2 日，获悉孙传芳已通电下野，黄感慨“孙以长江五省之盟主，不两月而瓦解，政治舞台，可谓变化莫测”。在黄眼中，直系吴佩孚还算一号人物，颇具才能与见识；北方报纸也认为：抵抗不了北伐军并非吴氏个人问题，指出吴“其人虽妄，私人品行，犹有可取，虽任性专擅，固亦自信爱国”。[②] 1927 年 1 月 13 日，黄注意到吴发表“中国建设大纲”；19 日，吴通电：河南首先废督，为各省倡，黄本就认为中国应“废督”，故认为吴为“武人中之难得者”。5 月 13 日，报载“吴佩孚赴南阳投于学忠”，黄感叹“英雄末路，为之奈何”。如此一来，北方各大势力仅剩奉系张作霖了。6 月 18 日记：“张作霖经孙传芳等推戴，今日就海陆军大元帅职，改造中央与潘阁令同下”。

北伐前夕，北京政府虽已陷入窘境，但京城市面尚属正常。1926 年 2 月 27 日，为元宵节，黄尊三赴友人在北海之宴，日记中写道：“北海灯会颇盛，到晚花炮齐放，观者人山人海，热闹异常，席散后，随意游览。”北伐军兴后，北京生活明显受到影响。1927 年 1 月 1 日，为元旦，黄与家人至东安市场游玩，发现“当此新年，游人甚为稀少，亦足见市况之不振”；3 月 5 日，黄携眷至安定门外的京兆公园，“游人绝迹，仅有兵士三五成群，园内所有陈设，摧败净尽，残破景象，不堪入目”；7 月 17 日，为盛夏时

① 杨天石主编《中华民国史》第 2 编第 5 卷，第 180 页。

② 《回头是岸》，《大公报》1926 年 9 月 4 日，第 1 版。

节，黄至北海公园闲散，虽“风景绝佳，荷花盛开”，然“人迹绝少”；11月24日，黄散步至北海，“游人稀少，景物萧肃”；29日，黄步至中央公园，“游人绝迹，绕园一周，觉景物萧索，风寒透骨”。不仅公共场所如此，市面亦然。黄1927年10月24日记：“大街之上，因戒严故，几绝人行，光景冷淡愁惨之至，足见战事之影响于面者市大矣”；11月2日，黄察觉到北京不仅市面“萧条已极”，而且恐怖气氛令人窒息，“军警到处破坏机关，捕捉党徒”。1927、1928年之交京津萧条、恐怖状况在南方内部情报信息中得到验证：“北京伪卫戍司令部近日破获党机关数处，并捕去男女学生五十余人，枪毙学生工人甚多，京畿人民咸栗栗自危，言论稍一不慎，即被军警就地格杀”，“天津戒备极严，市面萧条，河北尤为冷落。直隶省银行票每十元换现洋四元。金融奇紧，小贩营业多以闭市”。[①]

北京市政运转原本就举步维艰，北伐战事逼近，无异于雪上加霜。在这种状况下，各种非常措施不断出笼，例如各种税捐激增。关于税捐问题，《大公报》分析道：“中国税课，则向来因人而异，贵官富豪，例得免征，中产半贫，负担最重。试看偌大一座京城，真实负担市政经费者，惟筋骨劳动之车夫及皮肉生涯之妓女而已。”[②] 分析颇有道理，但把市政经费负担归到“筋骨劳动之车夫及皮肉生涯之妓女”身上，则不符史实，实际上，像黄尊三这样的普通市民也深受侵扰。1927年10月9日记：“京师警饷，一钱不发，而以警饷为名之房捐，催讨之急，有如星火”；25日晚，得知警厅通知，又催房捐，黄忧心忡忡：“赋闲日久，一文不进，而苛捐催促，有如星火，乱世苛政猛于虎，于今益信。”11月15日，报载财政部将开征奢侈品税，“商民苦之，开会反对无效”，黄预料“从此物价必继涨，生活愈见困难”。黄之预见，亦是京城很多人的共同预感。有记者就此事向商界人士了解情况，“据云北京商务，向不发达，所谓巨庄大号者，不过少数几家而已……若官厅又举办奢侈税，当此商业停滞，市面冷落，吾辈商民实无法支持”。[③] 其实，北京政府内部对征收奢侈品税存不同意见，奉军将领张学良、

① 《北伐阵中日记》（1927年11月11日），章伯锋、顾亚主编《近代稗海》第14辑，四川人民出版社，1988，第505页。

② 《北京之警费问题》，《大公报》1928年3月25日，第1版。

③ 《奢侈税与北京商界》，《大公报》1927年11月26日，第3版。

韩麟春致电国务总理潘复，请免奢侈品特捐，谓此捐“众怨沸腾”；因各方纷起反对，财政部只能暂时缓办。[①] 但由于财政异常紧张，1928 年 3 月还是开始征收奢侈品特捐，并增收房捐。3 月 6 日，黄接警署通知，“房捐照加一半，以助警饷”，黄忧心：“当此生活困难之时，捐款加增，人民之负担何堪，又商界因政府征收奢侈捐，议决行总罢市，如果实行，恐前途险象，不堪言状。”战事临近，身家性命不保，捐税无数，生活难以为继，不难想见京城百姓之窘境。作为其中一人，28 日黄苦痛写道：

> 军兴以来，各项捐款，闹得天昏地暗，而最无理、最黑暗者，莫如房捐，捐后复加，加则必倍，毫无标准，一任警署横派，一日数追。在巡警唯视收入之多少，以讨好长官，而人民则因催索之急迫，致卖妻鬻女者，比比皆是。乱世之民，即此已觉难堪，而生活之逼迫，土匪之骚扰，其痛苦则又十倍于此者，民焉得有生路乎。

二　观察南方：军兴、内争、杀戮

在很多外国人眼中，北伐前夕的广东给人的印象是：“搞叛乱”，“瞎折腾”，“成不了什么事”。这估计也是中国普通民众的观感；但身处广州的外国人，已经明显察觉到“惊天动地的事情正在酝酿中”。[②] 国人之中，一些嗅觉灵敏的观察者，亦已预感时局暗流涌动。1926 年初有人在上海《东方杂志》撰文指出，近来国内军人的举动，显出两种不同的趋向：第一种是吴佩孚、张作霖以及国民军系的活动，“他们都注目光于全局，合纵连横以酝酿时局的变化，而各谋在这变化中造成自己操纵全局的机会”；第二种是赵恒惕、孙传芳、蒋介石、刘湘等人的举措，“他们对于关系全局的事件，不轻有所活动，而各竭其力以整理自己所有的地方”。第一派人，“虽然志

① 韩信夫、姜克夫主编《中华民国史·大事记》第 4 卷，1927 年 12 月 5 日、10 日，中华书局，2011，第 2882、2888 页。

② 哈雷特·阿班：《民国采访战：〈纽约时报〉驻华首席记者阿班回忆录》，杨植峰译，广西师范大学出版社，2008，第 18 ~ 19 页。

大言高，而实际应付各事，常不免左支右绌，自己能力的所及，与自己所抱的志愿，相去不知若干，前途的发展，实在希望很少”；第二派人，则“精力饱满，根基稳固，应付周旋，游刃有余”。因此，第一派日渐颓势，第二派日益发展，这是“时局变化中最值得我们的注意的”。[①] 观察者虽然未能准确预言广东国民政府在中央－地方（中心－边缘）的军政格局下积蓄力量、发动北伐，但其提及的蒋介石，这时确实正在思索如何改变全国军政格局——北伐。1926年1月11日，蒋介石在日记中记述：“思索战略：先统一西南，联络东南，然后直出武汉为上乎；或统一湖南，然后联络西南、东南，而后再问中原为上乎？其或先平东南，联络西南，而后再问中原乎；殊难定也。”28日又记“研究北方军事政治”。[②]

黄尊三显然不是细心的时局观察者，未能预感这场源于南方的巨变。但身居北京的黄氏，在日记里经常记述南方及家乡信息。1926年6月29日记：“十五年祸乱频频，兵匪横行，吾湘为甚，今某军阀又引兵入湘。”此处所言“某军阀又引兵入湘”之相关背景是：1926年3月，湖南唐生智举兵倒赵恒惕，背后是广州政府与直系吴佩孚之争；广州方面几经权衡后，决定出兵入湘援唐，5月20日，国民革命军第四军独立团叶挺部作为先遣队奉命入湘，6月中下旬，国民革命军各部陆续北上，集结于湘南前线；与此同时，吴佩孚也增兵入湘。[③] 以历史后见之明视之，这是北伐战争的序幕；但在居京湘人黄尊三看来，这与此前司空见惯的军阀混战并无两样，远未意识到这场战争将导致南北政权易位。身为湘人，黄关切家乡战事，8月10日记：“两湖之战祸，方兴未艾，近闻粤桂黔鄂联军，开入湘境，不下十余万人，加以水旱成灾，哀鸿遍野，黎民何辜，逢此浩劫。”可见，在北伐战争开展两月后，黄观感如初，认为是混战相寻的延续，皆属“不义之战”。其实，这也反映了很多国人对北伐初期的即时观感。获悉北伐军进攻吴佩孚，身处浙南瑞安的乡绅张棡用“噬狼争正”表述之，亦可为证。[④]《大公报》说：“战亦如是，不战亦如是，则厌恶之心生；战胜亦如是，战败亦如

① 《杂评》，《东方杂志》第23卷第2期，1926年1月25日，第2页。

② 《蒋介石日记》，1926年1月11日、1926年1月28日，美国斯坦福大学胡佛研究所藏。

③ 王奇生：《国共合作与国民革命》，第260～261页。

④ 俞雄选编《张棡日记》，1926年7月23日，上海社会科学院出版社，2003，第370页。

是，则鄙屑之念起；无论若何之号召，皆等量而齐观；不论谁何之胜负，概熟视若无睹。”[①] 换言之，此前战乱太多，如今谁跟谁打，打得如何，谁赢谁负，国人不再关心了，有些“麻木”了。

然而，事实出乎绝大多数人之意料。1926 年 7 月，南方革命军誓师北伐，迅速攻占长沙，8 月下旬占领岳阳，10 月上旬攻占武汉，一路所向披靡，令人刮目相看。天津《国闻周报》说：“孙中山北伐多年，其先锋队始终难过韶关。今蒋介石在几个礼拜以内竟能一举而下岳州，再战而得汉阳，声威所播，大有南昌已失、九江不稳之象”；由此明言蒋介石及南方势力已经崛起，“蒋氏的势力究能发展到甚么程度，现在自然是不易预言，然其在目下已成为中国政治上一种重要势力，不如在广东时之可忽视，则为人人承认的事实了”。[②] 北伐军进入湖南，受到民众欢迎。如进入郴州城时，白天“入市口已白幕蔽天，大小铺户咸挂青天白日旗”，晚间“官民男女各界，更开提灯大会，以表欢迎，途中高呼各种口号，并唱革命歌，一时革命空气，为之紧张”。[③] 民众这种态度，不仅使北伐军士气高昂、顺利进军，而且迅速扩大了自身势力，大量湖南人加入北伐军行列。北伐将领张发奎晚年忆述：“我们向湖南新兵解释什么是步枪与子弹后，就让他们上阵地作战。他们穿上军服拿起步枪十分高兴。当然，他们被掺和在老兵之中，让后者施教。那些日子士气之高昂实在难以描述。”[④]

所有这些湖南战事及民情士气，是身居北京的黄尊三无法体会与感受的。占领湖南后，北伐军迅速攻入湖北，尤其是 10 月上旬占领武汉，举国震动。但此事在黄氏日记中的反应很微妙。1926 年 9 月 2 日，友人来访，云“武昌陷落”，黄本人并未注意及此，而是别人谈及后才得知。可见，北伐战事至此，黄依然延续军阀混战观念视之，仍未意识到南方势力的崛起及其势不可当。9 月 8 日，黄阅报得知“北伐军于七日入汉口，汉阳危急”，这是黄日记中第一次出现“北伐军”字样（此后有时也称“南军”）。此

① 《战卜》，《大公报》1926 年 9 月 2 日，第 1 版。

② 老敢：《全国智识阶级对于蒋介石北伐应取何种态度》，《国闻周报》第 3 卷第 38 期，1926 年 10 月 3 日。

③ 《北伐阵中日记》（1926 年 8 月 3 日），章伯锋、顾亚主编《近代稗海》第 14 辑，第 47 页。

④ 《张发奎口述自传》，夏莲瑛访谈及记录，胡志伟翻译及校注，当代中国出版社，2012，第 69 页。

后，黄阅报次数明显增多，显然注意到了南方军事行动。实际上，对绝大多数居京人士而言，及至9月上旬，才注意到这次南方北伐的威力。此时同处北京的许宝蘅在日记里写道："闻武昌、汉阳均为蒋介石军所得，吴子玉不知存亡，大局又有大变动矣。"① 这是许氏日记中首次有关北伐战事的记述。这时活动于京津地区的郑孝胥也由阅报得知"汉阳已失，吴退至孝感，靳云鹗犹守武昌"，只不过，在郑氏眼中，南方革命军与"匪"无异，斥曰："粤匪无归路，不得不致死于武汉，岂不知耶？"②

在北伐军进入两湖的同时，江西战场的战争也打响。9月10日，黄阅报获悉，"孙传芳对粤军下哀的美敦书，限期退出湘鄂"（报纸称"国民革命军"为"粤军"，说明时人依然延续此前的地域军队观念——作者注），据此，黄预感"长江各省之卷入战涡，为期当不在远"。果不其然，次日报载：孙传芳进兵萍乡，战局日益扩大。12日，"粤赣两军，已在修水开火，吴佩孚移驻信阳，孙传芳赴九江督师，南北混战，不知何日可了"。显然，包括黄氏在内的很多人看来，这场战争依然属"南北混战"。11月7日，获悉孙传芳所辖江西九江被"粤军奇袭失陷"，黄意识到，"果尔，则孙传芳之地位正复危殆"。随后，孙之地盘逐渐被南军占领，"孙退南京，南昌后路已断"。此消彼长，南军占领九江后，"势益盛"，南军中"唐生智之势更张，而湖口芜湖安庆相继动摇"，至此，黄才察觉"北伐军将来实有无穷之希望"（11月9日）。数日后，从南来友人雷君口中，黄确认了这一判断，雷君言，"北军之不能战，南军之奋勇，形如指掌"，并云："南军军事上颇有计划，有把握，将来必占胜利"；雷君所言，又得到另一位南来朱君的证实（11月14日）。显见，直至1926年11月，即北伐已开战近半年，黄才意识到南方势力的崛起及其战斗力之强。这一时间差，既存北伐史研究中似未关注到。

不仅存在时间差，黄尊三对南方阵营内部结构的认识也很滞后。1926年11月21日，一位长沙友人致函黄，称"党军如何奋发有功"，这是黄氏日记中第一次出现"党军"字样。两天后，黄赴友人之约，座中有人言及

---

① 《许宝蘅日记》第3册，1926年9月8日，许恪儒整理，中华书局，2010，第1149页。

② 《郑孝胥日记》第4册，1926年9月9日，劳祖德整理，中华书局，2005，第2114页。

“南军如何得民心，北军如何失民心”，黄心想，“果尔，南军之成功，可预卜也”。不难推测，黄此时对南方观感应较佳，且预感南方战事发展应较为顺利。长期的军阀混战，着实让国人生厌，普遍寄望新势力改变这一局面，国民党崛起及北伐军兴正契合了这一社会心理变化。著名报人胡政之就观察到：“党军一入湘鄂，所向披靡，有辛亥倒清之势者，非党军有何等魔力，实由人心厌旧，怨毒已深，对于新兴之势力，怀抱一种不可明言之企望。”[①] 1927 年 2 月 6 日，好友向君自南来，述“南政府军事计划，最为详尽，决其必占最后胜利”，原因是“南政府以党为中心，以工作为要素，兵到之处，即其政治势力支配之地，且军官不以胜败易其地位，只要有劳绩，虽败而其地位不变，其一切军事，无不受党治之支配，且新气澎湃，非北方所能对抗”。黄也认为向君所言“颇有根据”。这是黄氏日记中第一次出现“党治”字样。由此可见，直至 1927 年 2 月，黄对南方政权内部基本结构仍未有认识。3 月 3 日，黄阅报得知，中共“已潜入奉军势力范围，拟以北京为政治革命中心”，这是黄日记中第一次提及中共。由上述党军、党治、中共等相关信息，可见居京人士对南方革命阵营了解之滞后，这也反映了北方普通民众对南方的认知状况。

随着北伐的推进，南方阵营内部矛盾日益激化，逐渐演变为宁汉对峙局面。早在北伐之初，北方军政高层就获悉南方内部矛盾不少，如北伐军刚攻占武汉之时，奉军就“得确报，蒋（介石）、唐（生智）已有破裂之兆”。[②] 但外界并未知悉，黄尊三是通过阅报才知晓这些，自然是很晚之后的事了。1927 年 3 月 6 日，黄得知，“蒋介石联络粤桂对付共产分子”；14 日，黄获悉，武汉“左派对蒋介石已执宣战态度”；21 日，武汉方面提议“罢免蒋介石，任唐生智为北伐总司令”。蒋介石与武汉方面矛盾公开化。这时南方内部左右、国共之争不断见诸报端。4 月 4 日，报载，“九江杭州左右派喋血，公安局解散总工会，鄂党部通电讨蒋”；6 日，报载，“民党元老派会议，驱逐共产党，汪精卫为巩固党基，与陈独秀共同发表宣言，劝左右两派，互去猜疑”。随着蒋介石占领江浙，清党运动逐渐明朗。上海“四一二”清党发

① 政之：《主义与饭碗》，《国闻周报》第 3 卷第 39 期，1926 年 10 月 10 日。

② 《鲁礼贤致张景惠电》（1926 年 10 月 12 日），章伯锋主编《北洋军阀》第 5 卷，武汉出版社，1990，第 672 页。

生前，北方报纸已经注意到“蒋介石实行以武力对付左派，上海南京皆以右派军人驻守”（4 月 10 日）；清党事件发生后，北方报纸反应迅速，黄于 4 月 13 日就阅报得知“上海赤党纠察队，被白崇禧缴械，同时解散总工会，右党决议不奉武汉政府命令，成立临时委员会，与共产派之上海临时政府对抗”。15 日，报载，“党政府紧急会议，讨伐蒋介石，蒋派南京会议，另设政府”。显然，在多数社会舆论中，“党政府”专指武汉政府。4 月 18 日蒋介石主导的南京政府成立，“通电拥护南京中央执行监察联席会议，请汪谭归京，汪蒋合作，恢复党权”（4 月 21 日），很快，“汪精卫与汉政府通电，反对南京政府”（4 月 29 日）。至此，宁汉完全对峙。

随着南方内部的分裂，恐怖、杀戮信息不断传入黄氏耳中。借由阅报，黄获悉，武汉政府“起内讧，唐生智辞职”（4 月 26 日）；夏斗寅“通电痛斥共党罪恶，唱鄂人治鄂说”（5 月 23 日）；唐生智、夏斗寅“以改组汉政权为条件，成立妥协”（5 月 28 日）；所辖“长沙已成无政府状态，赣湘腹地，完全赤化”（5 月 10 日）；“总工会解散，唐生智反共”（7 月 2 日）；“何健举兵反共，占据武昌汉阳；汪派集议改组武汉政府，由纯粹国民党员充任”（7 月 20 日）；武汉国民党中央“令保护共党身体自由，并农工阶级利益”（7 月 23 日）；“武汉实行国共分家”（7 月 28 日）。除报纸外，从南来亲友口中，黄也得知相关信息。1927 年 5 月 11 日，从南来刘君口中，黄得知南方状况非常混乱，武汉辖区的“湖南尤甚，出境避难者，纷纷皆是”，黄家乡湘西“常辰一带，匪患最盛，行路为难，为之慨然”，南京方面也是如此，“南京政情紊乱，军队林立，财政困难”（5 月 15 日）。居京浙人余绍宋也注意到自南归北者，无论年长者，还是年轻人，均言南方之“紊乱”“混杂”。[1]

不仅如此，北伐过程中的恐怖、杀戮很快波及黄尊三亲友。1927 年 5 月 22 日，黄出席一吊唁会，听闻友人“陈坤载之大公子，在辰州为某党枪毙；某君小儿，在汉口为土匪绑去”，黄深感惶恐，感叹“此等不祥消息，重叠而来，殊属吓人听闻”。6 月 27 日，黄接湘西家乡来函，得知侄儿“因共党嫌疑，在辰被军队枪决，闻耗惊痛欲绝”。次日，黄复函嘱咐“谨慎保

---

① 《余绍宋日记》第 5 册，1927 年 8 月 29 日，北京图书馆出版社，2003，第 20 页。

身，如此乱世，不必作生意，不必谋事，只不饿死，不横死，即是幸事”。至此，在黄看来，原先观感不错的南方，与北方军阀也无多大区别了。南北趋同，是这时很多人的共同感觉，郑孝胥早先时候就观察到无论南方还是北方，“彼等皆染赤化，南北主义略同，实皆狂妄无知，殆甚于义和团”。[①]

胡适于 1932 年忆述：“民十五六年之间，全国大多数人心的倾向中国国民党，真是六七十年来所没有的新气象。”[②] 此固属事实，可惜这气象未能持续多长时间。《大公报》言，“今宁汉分裂，且已动杀，此后因军事之变迁，地方势力每一变更，即须流血，寻仇报复，必无已时”，故“对于各方杀机之开，势不能不大声疾呼，极端抗议”。[③] 随着南方阵营的内争、分裂，国民革命的恐怖及杀戮，国人对国民党及其政权的观感迅速逆转，日渐负面化。报纸报道：此前国民党及其北伐，备受各界瞩目，现在则今非昔比，“党人腐化，相与利用”，“武装同志，争步军阀后尘”。[④] 在黄氏眼中，国民党也经历这一变化过程。

三　南行纠结：“归则无家，留则无食”

从 1913 年始，黄居住京城，及至 20 世纪 20 年代，南行之念不时浮现。1923 年 2 月 18 日记：居京十载，家人颇思南归，黄踌躇不能决定，思虑再三，认为不可南归，理由有三。其一，“路途遥远，匪祸流行，万一遭险，挽回无术”；其二，“家人群归，我独留京，老年思儿，将何以慰”；其三，“三儿俱小，岂能受长途之风波，万一得病，何以治之”。黄虽决定不南归，还是不时探听南方（包括家乡）消息，以备将来打算。1923 年 3 月 11 日，友人李君自南来，谈及南方情况：可以“匪旱”二字概括，“斗米千钱，斤菜百枚，为北方所未见，遍地皆匪，有家莫归，言之慨然”。与南方匪盗遍地相比，北京尚属安定；欠薪虽是常态，但黄还有其他一些收入（如译书费等），工作也还算清闲，尚可勉强度日。黄心想：在这兵荒马乱的年代，

① 《郑孝胥日记》第 4 册，1927 年 1 月 14 日，第 2130 页。

② 胡适：《惨痛的回忆与反省》，《独立评论》第 18 号，1932 年 9 月 18 日，第 11 页。

③ 《党祸》，《大公报》1927 年 4 月 29 日，第 1 版。

④ 《南京今日之会》，《大公报》1927 年 9 月 15 日，第 1 版。

居京尚有“十乐”。其中第一乐即“当此衙署无薪，官不得食，我尚有余蓄，足度朝夕”；第二乐便是“土匪遍地，人不安居，我安居京门，毫无顾虑”（1923 年 3 月 12 日）。显见，这时黄倾向暂居北京，南行之事，从长计议。

黄氏故里湘西（泸溪）经年兵灾匪祸，惨状连连。1925 年 7 月 4 日，黄氏之弟来京，述“泸县自遭兵变，十室九空，人民痛苦已极”。1926 年 3 月 17 日，家乡一位故人来访，“述故乡惨状，实不忍闻”。北伐军兴后，湖南成为战区，雪上加霜。8 月 10 日记：“湘乱以来，四月至今，未得家书，不知桑梓之区，成何景象，弟妹避乱何方，思之又不胜愁绝。”家乡除战乱人亡之外，物价倍增，极难生活。12 月 15 日，黄接函获悉，家乡泸溪“谷米二十元，盐则每斤一元，生活之高，远过沪汉”，故“人民焉得而不饿死”。惨状一直持续着，1927 年 5 ~ 7 月，泸溪地方乡团与黔军发生冲突，黔军围城，“全县抢劫一空，居民逃亡殆尽，城中断炊者十余日，为空前未有之浩劫”，黄哀叹“地方糜烂如是，有家何归”（1927 年 10 月 26 日、1928 年 2 月 1 日）。

家乡不能回，居京也甚是艰难。由于房租太高，1926 年初黄利用多年积蓄，匆忙购置一处新居；同时，勒紧裤腰带，“拟月支预算表，以收入既无，支出不能不从节俭”（1926 年 2 月 14 日）。节俭度日是此时多数居京人家无奈之选，担任执政府铨叙局局长的许宝蘅也不得不如此，甚至连夜与家人商议“收束家用办法”，感慨：“物力日艰，生计日促，不得不稍事撙节。”[①] 居京之艰难，南行之念不免又萦绕于黄氏心间。1926 年 3 月 3 日记：“静思久客北京，无聊殊甚，加以收入断绝，如何能支，故思归里，以了余生。”7 月 24 日记：“余久有归志，因战事连年，兵匪充斥，道路梗塞，欲行不得，京华困守，生活日艰，加以年事渐长，精力就衰，性情孤陋，趋附无方，前途茫茫，不知投身何地。”9 月 11 日记：“交通梗塞，物价腾贵，困守都门，生路断绝，将来诚不知死所”。进退维艰，去留难决，溢于言表。实际上，纠结者何止黄氏一人，许宝蘅也深感，去留问题“甚为难决，以京中政局而论，无可流连，惟安土重迁，食指繁多，殊不易动”，友人屡

① 《许宝蘅日记》第 3 册，1926 年 2 月 10 日，第 1115 ~ 1116 页。

劝离京谋职，许氏“始终委决不下”。①

1926 年 10 月 17 日，友人尹君来访，言北京“不能生活，拟回南谋事”；数日后，黄亦打算“度过年关，将房产变卖，举家回南”（11 月 10 日）。不幸，1926 年 11～12 月，因为房产涉讼，南行只能作罢。1926、1927 年之交，北方政局变动异常，奉系张作霖入主北京，“顾（维钧）内阁三次辞职”，黄又觉“时局如此，北京岂可久居，拟俟痔病稍愈，将房产变卖，毅然回南”（12 月 18 日）。此时南行只是臆想，实际上已不可能，故黄 1927 年 1 月 13 日记：“北京大不易居，本拟春正回南，今住房既发生问题，一时不能出售；小儿等又不便中途辍学；战乱未已，盗匪横行，地方不能安居。有此三因，故尔中止。”决定归决定，纠结、烦闷还是不时缠绕黄之心头。2 月 2 日，为大年初一，黄心想“不能老守北京，磨消精神与岁月”；2 月 16 日，黄“久思南下”；3 月 2 日，又改变主意，“若经济足以维持生活，余将以著述终老，不他图也”；3 月 20 日，致函家乡亲人，“嘱调查湘西一带是否平静，以便秋凉归里”。当知悉家乡亲友多人相继而逝，黄又不拟南归，云：“余对世事，更为冷淡，亦不作南游之想，拟读书教子，度此乱世生涯，而养天年。”（4 月 1 日）数日后，黄又道：“余本拟病愈南行，闻友人言，南方情形，甚为混乱，旅行颇不方便，壮心为之阻丧。”（4 月 4 日）南行与否反复纠结于黄心中。

在危难中度日，无异于煎熬，1927 年 8 月 24 日记：“战祸频年，生活逼人，归则无家，留则无食，苟延生命于危城。”此乃多数居京人士共同的生存状态。一位友人就对黄说，“现在除节约外，无他道，同事中不能维持生活者，比比皆是”（10 月 12 日）。在 11 月 5 日的日记中，黄道尽了一位居京南人进退维艰的处境与心境，曰：“满城景况荒凉，人人有大祸将临之惧，朋友留此地者，为生活所迫，见面愁眉，无辞可慰；家乡则半年之中，两被兵祸，十室九空，家人之在泸（溪）若啼饥号寒，无法救济，而知交之诉穷，室人之叹苦，其声啾啾，日振耳鼓。”

1927 年 6 月 20 日，黄外出访友，发现友人中南行者甚多，原因“虽云士各有志，亦实为生活所迫，不得不尔”。在此前后，大批北京人士南行，

① 《许宝蘅日记》第 3 册，1925 年 12 月 22 日，第 1104 页。

黄之所言“生活所迫”确实是一大原因，如《现代评论》就报道了北京教员之窘境：有的教员到别处学校，另谋生活去了；有的投笔从戎，各自飞腾去了；其余的教书先生，有的不愿走，有的不能走，就活活地困在北京。“有自用车的，已有许多把车夫去了；使听差的，已有许多把听差去了；使老妈子的，已有用不起的了；如果再穷，虽不便对太太离婚，然为减轻负担，恐怕到必不得已的时候，只好一律遣散，送回原籍”，并指出：“薪金积欠已达二十个月之多，就是生活简单，旧有蓄积，恐怕用完了的已经不在少数。这是教育的实在的状况，并不是故甚其词的话。”① 教员之窘境仅是京城生活的冰山一角，对于整个北京而言，生活艰难已是不争的事实。《大公报》称：“三四年来，枯窘益甚，以视畴昔，已同隔世。至昨今两年则欠薪二十个月，殆成普遍现象……此真官僚社会之奇哀，寄生阶级之末日也。”②

经济状况是北人南行的原因之一，但并非全部，北京政府随意捕杀文人之行径，也迫使不少人南行。北伐之前，当局逮捕陈独秀，引起一批新文化运动知识人南行；此后，邵飘萍、林白水、李大钊等人相继被捕杀，更促使许多知识人南行。有人就从心理方面观察到，在这场南北战争中，“国内许多思想较新的人集中于党军旗帜之下，这些人在北方确有点不能相容”，并指出，“其实思想与经济也大有关系，有许多人因思想较新不见容于旧社会而生活受窘，更因生活受窘而思想益激进”，③ 故不得不南行。1927 年 3 月，周鲠生、王世杰等一批留洋归国的北京大学教授南投武汉，此后知识人南投之报道，不断见诸报端。④ 除颇有名位的知识人外，青年南行者更多。黄埔军校开办后，各地青年投军者日多；北伐军兴后，南投趋势更盛。对此，有人撰文指出：“自北伐军兴，近一两月来各地知识阶级（包括学生言）往广东投效的踵接肩摩……自北伐军占阳夏，由沪往粤投效者三日之内达三百人，由京往粤投效者六百人，类皆大学学生。”⑤ 自北南行已成潮流。

① 《京师的国立各校》，《现代评论》第 4 卷第 101 期，1926 年 11 月 13 日，第 2 页。

② 《北京官僚生活之末日》，《大公报》1927 年 5 月 14 日，第 1 版。

③ 百忧：《以科学眼光剖析时局》，《晨报副刊》1926 年 10 月 5 日，第 3 页。

④ 《要闻简报》，《晨报》1927 年 3 月 9 日，第 3 版；《现代评论派与国民党》，《晨报》1927 年 7 月 7 日，第 2 版。

⑤ 百忧：《以科学眼光剖析时局》，《晨报副刊》1926 年 10 月 5 日，第 3 页。

潮流归潮流，总有未南行者，黄氏即其中一人。黄自道："余虽有救国之志，奈机缘不熟，不能勉强，只好静以待之，若不问时机，一味奔走，为衣食则可，为救国则不可也。"（1927 年 6 月 20 日）由此可知，在黄眼中，南行未必仅是回归湘西一途，去新政权（南京、上海等地）谋职也是选项之一。其实，在北伐进军之时，南行谋职者也不少，报纸报道："南昌汉口住闲求事的人很多，从北方去的尤其不少，得意的似乎不大有。"[①] 黄亦有此想法，1927 年 7 月 19 日接友人自南京来函，云"南京政府，尚未完全组成，而求事者多如鲫，生活之高，倍于北京"，劝黄不必南下，这说明黄有意南下谋职（至少向友人询问过此事或透露过这种想法）；1928 年 3 月 14 日，黄再得友人南京来函，谓南京"经济困难，亦无减于北，所谓到处乌鸦一样黑也"，亦劝黄不必南下。但是，黄还是决定南行，一探究竟。4 月 17 日，黄乘火车南下，但此行仅至天津，中途折返；18 日记：身体未愈，不支，加路途艰难，"遂决计归京"。至于此番为何要南行，黄日记中没有详述。此时离京南行，路途凶险自不待言，即便是进出北京城，也很不便，因军事失利，北京政府加紧京城防卫，各城门加派兵员守卫，还全城戒严。[②] 在如此状况下，黄还决意南行，可见南行对其之紧要。4 月 20 日，友人欧君来访，黄对其言此行经过，欧谓："时事解决，即在目前，吾辈且稍俟之"，劝黄在此战事混乱、时局未定之际，少安毋躁。据此，可大体推知，黄试图在北京政府未完全倒台之前，即往南京谋差事，这较此后再南行谋职应该"胜算"更多一些。月余后，黄依然惦念此事，"自前月去宁未果，至今又近两月，奉张出关，战事或将收束，长此坐废，殊非所宜"（6 月 5 日）。但黄终究未南行，北京政府终结后，留在"故都"谋生，应故交周震鳞之邀，担任私立民国学院教务长，直至 1931 年九一八事变后，携眷南归。

四　南京政府："以党治国"或"以国殉党"

1928 年上半年，随着二次北伐推进，北京政府颓势日显。6 月，张作霖

① 《南行视察记》，《大公报》1927 年 3 月 8 日，第 2 版。

② 韩信夫、姜克夫主编《中华民国史·大事记》第 5 卷，1928 年 4 月 18 日，第 3020 页。

通电下野，撤退关外，将北京政权交给王士珍、熊希龄等人组成的治安维持会。北京政权交接颇为平稳，舆论对此深表赞扬，[①] 但毕竟局面未定，故“商民惴惴，自所难免”。[②] 6 月 7 日，黄阅报得知，冯玉祥所部进驻京郊南苑，阎锡山晋军抵达京城西直门。9 日，阎锡山在保定就任京津卫戍总司令，布告安民；晋军总指挥商震入城；北京警备司令第七军军长张荫梧，奉阎命就职。值此政权更迭之际，黄发现各种各样团体组织涌现，异常活跃，“斯时趁机活跃者，有国民党市党部，国立九校之代表团，国民党京汉铁路特别部，顺直特别政务委员会，国民革命军直隶第一路司令部，京师总商会之治安维持会，文物临时维护会；此外，如京兆各团体，旅京公会，各大学之学生会，五光十色，极人类自谋生存谋活动之能事”。这一奇特现象，令很多人注目，许宝蘅也记述：“有市党部在湖南馆成立开会，又有特务委员会出现，又有其他会部纷起。”[③] 月余后，在天安门开庆祝北伐成功大会，“各界均停止工作，团体参加约二百余”（7 月 7 日）。

二次北伐本是南方各派暂时妥协、联手的结果，随着奉军撤退、北伐军占领京津，国民党内部不和消息再度传开。6 月 13 日，黄知悉，北京附近“阎军云集，不下十万；冯军在京津一带，亦不下十万；桂军十余万，有即日开驻京畿之说；蒋军十余万，已陆续由津浦至津”。黄担心“八方战士会京津，将来如何给养，是可忧也”。占领京津后，国民党中央开始酝酿裁兵事宜，各派系暗中角力。6 月 27 日，友人朱君来谈时局，谓“裁兵事各方皆无诚意，仍属权利地盘之争，因用人一项，阎蒋之间，颇有意见”。7 月 3 日，报载，“冯因病不来京”，黄心想“时局前途，恐无良果”。7 月 4 日，黄阅报获悉：蒋介石、李宗仁昨晨抵北平，开西山会议，冯玉祥派鹿钟麟代表出席。当天一位友人来访，言“现在革命尚未成功，右党窃权柄政，裁兵之说，纯系欺骗，根本即办不到。奉天用兵，冯白主张一致，若蒋阎不同意，内部难免不生破绽”。一位多年供职于军队的张君对黄说：“南京政府用人，纯以金钱及武力为前提，非此则多不行……武人仍不脱封建思想，互相竞权，蒋白之积不相容，已有历史关系，而浙桂浙湘湘桂之争，亦无时或

① 《北京治安维持会之成功》，《大公报》1928 年 6 月 11 日，第 1 版。

② 章伯锋主编《北洋军阀》第 5 卷，第 792 页。

③ 《许宝蘅日记》第 3 册，1928 年 6 月 6 日，第 1249 页。

已，冯蒋权势相侔，内竞更烈，将来不知弄到如何地步”，张君言时“颇为慨叹”（1928 年 7 月 8 日）。不难看出，即使北伐军占领北京，许多不稳定因素依然延续，并未给人带来多少安全感。

1928 年 6 月 9 日，某君来黄宅谈，认为“现在北伐虽告成功，离建设之程度尚远，党国所缺乏者，为建设人才，虽有三民主义，而无适当具体之建设方略，训政时间过长，人民之自由权，恐受剥夺。北洋旧人，虽云腐败，然多少总有所顾忌，不敢横行一切；国党则毫无于忌，一党专政，人民公权，必受影响，纵以最高之党权，勉强范围各方面，而政治（能）否就轨，国家能否向上发展，尚属问题”，并表示“吾人不愿为个人衣食问题，随意附和，将澄静以观其变”。此言颇能代表北京人士对南京新政权的观感，并采“静观其变”之态度。黄本人也在观察新政权，当得知南京政府拟划全国为六军区，“第一二三四各军区，即以一二三四各集团现在之地盘分配之，即二军区为陕甘豫及直省之一部，三军区为山西察哈尔热河及京津一带，五军区为两广，以东三省为第六军区”，黄立即意识到“按如上分配，仍不失为地盘分配之性质，殊非根本解兵之道”（6 月 16 日）。显而易见，南京新政府与此前北京政府并无二致，依然是按军力分配地盘的旧格局。如《晨报》所言，“今日党军之病，在军人未能抛却旧军阀传统之地盘观念，故虽在青白旗帜之下，以主义来相号召，然其所表现于吾人之前者，则悉为地盘之争、权利之战而已”；[①]《大公报》直言，“革命之最大危险”是“革命军人本身之军阀化”。[②] 南方新政权这种转变与黄之预期相去甚远，失望自是难免。

事实上，早在北京政府尚未垮台之前，很多北方人士已在观察、研判南京政权之体制与政象了。1927 年 9 月 2 日，友人向君来谈，认为“最后胜利，终归南方”。9 月 8 日，一位友人与黄谈论时局，问：“右派得志，究竟如何?”黄答：“不过名义上统一，事实统一，一时恐办不到。”问：“以党治国如何?”黄答：“看其如何治法，有无信条及办法，有则未始不可治。”可见，此时黄对南北真正统一并不乐观，对国民党“以党治国”持“拭目

① 《讨唐与国民党前途》，《晨报》1927 年 11 月 24 日，第 2 版。

② 《论蒋介石辞军职事》，《大公报》1928 年 6 月 11 日，第 1 版。

以待”的态度。长期以来，北京政府“政令皆不出国门，识者忧之，以为分裂之兆”；问题是，南京政府刚刚成立，即呈分裂之象，“浙皖各省，公然实行财政独立，孙科愤而辞职，南北如出一辙”（1927 年 12 月 30 日）。1928 年 2 月 4 日，某君从南京来访，称“南方局面颇坏，兵匪横行，共党潜伏，危险殊甚，军政饷俱无所出，人民对于民党，感情恶劣，而党人之绑票行为，甚于土匪，官吏之贪暴，远过北方之旧官僚”，还特别指出，“凡友人之至南方者，无不失望而返，大概北伐一事，现在绝谈不到”。3 月 10 日，另一位自南京来的张君来访，“述南政府用人之滥，官以贿成，无缺不卖，腐败之状，胜于北京，伟人之挥霍，政客之嫖赌，在在皆是，可为寒心”。这状况必然导致政务紊乱，美国记者阿班直言“南京政府各部门混乱至极”。[①] 可见，在不少人看来，新成立的南京政府问题丛生，甚或不如原先的北京政府。

除乱象外，国民党一党控扼政权的做法，也招致全国各界批评。北伐期间，上海《东方杂志》明言，“我们对于今日一阀一系私据政权，压迫人民，固然极端反对；而对于以一政党统治全国的计划，亦认为非立宪国家之常轨，只足引起国内纠纷而绝少实现的可能性”，因此公开表示：“我们对于北方实力派首领，不能不要求他们放弃私据政权的野心；对于南方政党中坚人物，亦不能不要求他们修正党治的计划，依立宪国家的正轨，解放政权，公开政治。”[②] 如果说《东方杂志》代表南方舆论的话，天津《大公报》和北京《晨报》则代表了北方舆论，他们对南方实行苏联式一党专政也很反感。北伐初期，《大公报》就批评：“广东国民党招致反对最大之点，为主张俄式之党治主义”，“吾人不敢赞成军阀专制，然亦何可赞成党阀专制”。[③] 国民党分共清党之后，继续保留苏联式党治体制，《大公报》颇感费解：“今国民党既排斥共产党之根本理论，而徒学其一党专政，是诚画虎不成之流矣，抑观国民党今日所谓专政，反类于意大利之法西斯蒂。”[④] 《晨

① 哈雷特·阿班：《民国采访战：〈纽约时报〉驻华首席记者阿班回忆录》，第 80 页。

② 《杂评》，《东方杂志》第 23 卷第 21 期，1926 年 11 月 10 日，第 2 页。

③ 《时局杂感》，《大公报》1926 年 9 月 13 日，第 1 版；《军阀与党阀》，《大公报》1926 年 9 月 23 日，第 1 版。

④ 《从共产党到法西斯蒂》，《大公报》1927 年 12 月 24 日，第 1 版。

报》也指出，“党军日以主义政策号召群众，然其所主张之‘一党独治’，根本上与民主政体，自由主义，不能相容”；[①] 并分析曰，“凡是一个广大的国家，其社会与经济关系，都很复杂，仅一党统治，自然就主持各阶级的命运，而这些与社会攸关的激烈反对者，不得已加入该党的此派或彼派，玩花样，使其党中各派自己内斗”，[②] 由此断言：“今日混乱之局，欲求统一，决非一党一阀专恃武力征服异己所能成功。”[③]

对国民党的不满，不仅体现在报纸舆论上，也体现在民众私下言谈中。1927 年底，李烈钧在南京演说：“以党治国则可，以一党治国则未当，若仅以一党治国，则民主的专制与君主专制何异？”黄阅报获悉后，感叹李烈钧“在党治空气包围中，又处中央执行委员的地位，公然有此至公之言，诚属难能”（1927 年 12 月 3 日），这说明黄对国民党“一党治国”之反感；立场不同，反应迥异，党国领袖蒋介石对李烈钧所言所行甚是不满，在日记中斥责：“李烈钧倒（捣）乱腐败如此，何能革命也。”[④] 1930 年 9 月，原北京政府财政部官员李景铭应邀到黄尊三供职的民国学院参加开学典礼，并发表演讲，“痛詈党治之误国”，全场“欢声雷动”，在旁座侧听的国民党元老、此时担任民国学院董事长的周震鳞亦对李氏所言深表赞同。[⑤] 不少国民党元老对国民党党治很不满，不难推知各界民众对国民党之反感了。

1928 年 1 月 30 日，友人朱、张二君来黄宅闲谈。朱言：“三民主义错误太多，非行修改不可，国民党现皆抛弃其党义，借招牌以竞权争利，将来平定时局，并非蒋介石等国民党人借招牌号召者所能成功，而国民党亦必有改辙更张之日，盖信一党治国必不可行，非广收人材，共图国是不可。”张说：“以党治国，乃近代国家之新制，如俄如意均通行，南方仿行此制，故所有人材，限于本党，不取广收；朱君思想，未免为旧式的，非南方新人所敢承，现在除共产主义无政府主义外，不足以压服民党以党治国之主张。”为此，张、朱二人争论良久，无疑，这代表了当时中国读书人对国家治理方

① 《“迎接新春”》，《晨报》1927 年 1 月 1 日，第 2 版。

② 《共产党的内斗》，《晨报副刊》1927 年 12 月 27 日，第 43 页。

③ 《“新路”》，《晨报》1928 年 2 月 17 日，第 2 版。

④ 《蒋介石日记》，1928 年 1 月 12 日，美国斯坦福大学胡佛研究所藏。

⑤ 李景铭：《六二回忆》，《近代史资料》总 134 号，中国社会科学出版社，2016，第 165～166 页。

式的两种观点。黄则认为，国民党人才严重不足，“元老之思想本已老腐，新进党员，对国家亦少研究”，“若以现在之国民党之人材治国，则恐国未治而党先崩”，故黄主张“广收国内贤才”；问题是，现状是“国民党要人，自恃其资格之老，把持政柄，拒绝党外之贤才，如是而谓‘以党治国’，不如谓之‘以国殉党’，即谓之以国供国民党二三野心家之牺牲可也”。显而易见，黄对国民党“一党治国”深不以为然。在很多人看来，国民党“一党治国”首要问题是人才与经验不足，“国民党太无建设经验，财政经济，人才尤少，尔后军政费必成问题，而影响所及，或且别生事故，前途茫茫，未可乐观”。[①] 由于国民政府规定，入仕为官者必须是国民党党员，自然造成很多人，尤其是青年人钻营入党，“南方去年曾有命令，非党员不得为官吏，故求官者，辄先钻营得介绍入党”。[②] 报纸与黄氏等人的观察与担心，当属事实，先不论这些国民党党员的素质、能力、经验等，仅党员人数而言，问题就很难解决。据统计，1928 年 3 月国民党普通党员仅为 22 万人，约等于全国人口的二千分之一，[③] 比例如此之低，国民党欲推行“以党治国”，极为困难。

北伐战争推翻了北洋政府，但在很多人看来，“革命”并未成功。1928 年 6 月 29 日，某君来谈，“以此次革命甚不彻底，仍是官僚占地位，山西人布满要津”，黄告诉他，此乃“革命后当然之结果，曷足怪焉”。7 月 1 日，一位友人对黄说，“今日革命，均是假的，人面兽性，何尝为公，如此革命，乃革贫民及好人之命，恶人仍居高位，窃大权，不改常态，挥金如土，何能致太平”，黄也认为其“言自有见”。其实，并非少数人观感如此，《大公报》亦言，最近北伐告成，南北统一，“然而中国犹尚未见新政治之出现也”；[④] “国府成立以来，百政并议，大会时开”，但“一会之后，万事不提，只闻宣传，不见事实”，[⑤] 失望之情，跃然纸上。

经由北伐战争，南北统一，但遗留不少问题。出身四川的青年党领导人

① 《北方匪祸》，《大公报》1927 年 9 月 25 日，第 1 版。

② 《保障技术人才问题》，《大公报》1928 年 3 月 14 日，第 1 版。

③ 王奇生：《党员、党权与党争——1924～1949 年中国国民党的组织形态》，上海书店出版社，2003，第 248～249 页。

④ 《新旧政治之分歧点》，《大公报》1928 年 8 月 26 日，第 1 版。

⑤ 《会议与效率》，《大公报》1928 年 12 月 27 日，第 1 版。

李璜 1929 年到北方各地视察，发现南北差异很大，但“更可忧者，是在精神方面，北人对于南人，在此次国民革命之后，怀着一种嫉视的心理，革命而既以主义相号召，而要称作‘北伐’，这足使北人感到南宋之对金人，把北人当着异族看待，何况更将北京要改成‘北平’呢!”北伐后，革命党人给北人以“不良印象”，“革命而全靠军事力量的征伐，国民党在北方未能深入民众去做基本诱导功夫”，南北彼此了解不够，“易滋误会”，凡此种种，于是“误解与怨言相当的普遍于北方社会”。[①] 但这点对身居北方的南方人而言，感受并不明显，黄尊三还是能较为平和、公允地分析南北之别：“南北之风气不同，而士之气质亦异。就政治言，南人多急取，北人多保守；就性情言，南人多高明，北人多沉潜，此其善者也。若南人之暴乱燥浮，北人之腐朽因循，皆非进德修业之器。”黄还自我剖析：“余南人居北久，亦养成一种因循腐败之习，弃南之长而有北之短，个人固毫无进步，国家亦何取此废材。”（1928 年 3 月 24 日）

政权更迭，首都南迁，“一群依官为生的亡国大夫，都马上加鞭，直奔新都去了。可怜红运已过的北平，也无力挽留他们，只落得一天一天消瘦下去”。[②] 北京地位一落千丈，“市面日渐萧条，失业者遍地皆是，社会空气，阴郁愁闷”。[③] 这种状况严重影响了北京民众的生计，他们如何因应、何思何想？1928 年 6 月 11 日，黄阅报得知，国民政府决议“首都仍设南京”。国都设在何地？这一直是北京民众关切的问题。早在北伐形势并不明朗的 1926 年 12 月，一位北京律师就对黄说，“将来都城必在南方，北方局势，恐难持久”（12 月 21 日）。北京人士关切国都问题，因为事关未来出路与生计。1928 年 6 月 8 日，黄与友人谈论时局，友人说，“国家纷乱之会，正书生宁静养志之时，静坐以观世变，斯为上策，此时作官活动，甚非其时”，黄认为“其言甚有见地”。两天后，黄访友人向君，向君问黄之行止，黄曰：“吾人对于革命，毫无工作，此时只有冷静以待革命之成功。”黄之态度，估计也是此时多数读书人的态度，即北京旧政权已倒台，南京新政权又无可靠内线，只能静观，等待机会。

---

① 李璜：《学钝室回忆录》，香港：明报月刊社，1979，第 248 ~ 249 页。

② 《北平的繁荣问题》，《大公报》1928 年 9 月 7 日，第 10 版。

③ 《维持北平繁荣之捷径》，《大公报》1928 年 8 月 18 日，第 1 版。

1928 年 6 月 27 日，黄尊三到中央公园喝茶纳凉，听闻隔座三客，“且说且叹”。一人云：“某君已落选市长，我们将何以谋生。”一人答曰：“现在别的都是闲话，‘生活’二字，则为事实，我辈以后，只有饿死而已。”聆客言：“更证民生问题之重要，政府若不加以注意，将来祸水横流，遏抑不来。”另座有某客，大发论议，“国民党中年以上之人，大家均忙于作官发财，党务奔走，乃委之青年榉子，如是欲以党权支配军人官吏，如以稚子支配大人，是何可能”；又云，“政治如唱戏，他们唱罢我登台，好在中国一天不亡，总有我们唱戏之日，不必急煞”。这些无意中的市井闲谈，实则富含深意，至少展现了政权更迭后北京人士（包括前政权的官僚、政客）的所思所虑。听闻其言，黄立即意识到他们“一种不满足现政府之心，意在言外”。在新政权统治下，这些留在“故都”讨生活的人多半并不如意。1929 年身居北京的周作人说，“民国十七年（1928）是年成不很好的年头儿。虽然有闲似地住在北京，却无闲去住温泉，做不出什么大文章”，[①] 苦闷、压抑之情，隐现于字里行间。不过，与北人南行潮流相对应的是南人北来现象，此时留京的许宝蘅在一次洗浴中，就注意到“邻座多楚人，皆南来之新俊”。[②] 这是值得探究的现象，既存研究中似未注意到此问题。

余　论

从长久的历史背景来看，中国一直存在南北地域之别，及至近代，这种差别依然延续着，并且随着晚清北洋时期的内乱和地方意识增强渐趋浓烈。有人注意到，在很长时期里，北洋政府之所以能够存在，是因为外交“门面”的需要，问题是，20 世纪 20 年代中期情况发生变化：“近来北京使团的政策，明显有一种改变，遇重大交涉事件，便向地方政府分别谈判，对于北京政府已不十分重视。”[③] 这时身处北京的驻华美国记者阿班也指出，北京是个“奇怪的政治真空”，外交部的功能“只是用来存放各国给中国的文

① 周作人：《永日集·序》，河北教育出版社，2002，第 1 页。

② 《许宝蘅日记》第 3 册，1928 年 7 月 3 日，第 1254 页。

③ 《杂评》，《东方杂志》第 23 卷第 16 期，1926 年 8 月 25 日，第 2 页。

件”。[①] 外交地方化是中国实际权势地方化的表征。在中央权力日渐孱弱，地方、地域思潮蔓延开来，南北之别自然被放大。检视北伐前后诸多报刊，地域观念（尤其是南北意识）被屡屡提及。随北伐军进入湖北的郭沫若发现老百姓很拥护北伐军，“他们都称我们是‘南军’，有的还在‘南军’上加上‘我们’两个字”，他们还说，“南军是搭救我们老百姓的，南军胜利了，我们老百姓就有出路了”，并痛打北军的散兵游勇。[②] 这些说明，南方民众对南方的地域认同。同样，北方民众亦有自己的地域认同，白崇禧在内部电文中说：国民革命军第三十一军官兵，“多系北人，北进甚为愿意，近因调赴南方，已逃变数营，甚为可虑”。[③] 除普通民众外，在高层人物中，南北地域观念也不断显现。蒋介石在北伐军总司令就职宣言中说，“决无南北畛域之见，更无恩仇新旧之分”。[④] 在二次北伐中，蒋对北方民众宣称，毋被北方军阀谣言所惑，“存南人北人之见”，对北方军队也宣称，革命军北伐旨在统一全国，“既无南北地域之分，更无新旧同异之见”。[⑤] 无独有偶，张作霖就任北方安国军总司令时，也宣言其只知救国，“绝无南北新旧之见”；[⑥] 张氏在会晤英国驻华公使蓝普森时表示，中国向来重统一，且“只有北方征服南方，决无南方来北方统一之事”。[⑦] 这些言论，恰恰反向说明南北地域之别的实际存在，并且不少势力在有意识加以运用。

地域之别亦为海内外北伐史研究者所注意。很早以前就有学者注意到，南方革命军北伐虽然以民族主义为号召，但在分化、各个击破北洋军阀时，常常以地域主义为辞相诱；[⑧] 与此相对，北方军阀也注意到地域问题，并以

① 哈雷特·阿班：《民国采访战：〈纽约时报〉驻华首席记者阿班回忆录》，第41页。

② 郭沫若：《郭沫若选集》第1卷，四川人民出版社，1982，第314、315页。

③ 《北伐阵中日记》（1927年7月15日），章伯锋、顾亚主编《近代稗海》第14辑，第393页。

④ 《国民革命军总司令就职宣言》，《蒋中正自反录》第1集，香港：中和出版有限公司，2016，第97页。

⑤ 《渡江北伐通告北方同胞》《渡江北伐告北方将士文》，《蒋中正自反录》第2集（1），第59、61页。

⑥ 《奉张宣言发表》，《大公报》1926年12月7日，第2版。

⑦ 韩信夫、姜克夫主编《中华民国史·大事记》第4卷，1926年12月22日，第2588页。

⑧ Donald A. Jordan, *The Northern Expedition: China's National Revolution of 1926 – 1928* (Honolulu: The University Press of Hawaii, 1976), Part 2.

此激发所部对抗南方的北伐;[①] “南北之分”是探究近代中国军政变动中不可忽视的问题。[②] 近年来，不少学者对此又有更深入的探究。[③] 这种重视“有形力量”之外“无形力量”的研究，无疑大大推进了北伐史研究，价值毋庸多言。然而，地域乃地理方位用词，是不可移动的，而人是可流动的，况且人口流动在近代中国明显趋强。值得指出，研究北伐史，尤其是南北地域观念问题所用的史料，很大部分是报刊，实际上，不同地域的报刊未必是该地域人士的意思表达，黄尊三也不时投稿北方报纸，他的言论也很难说是代表北方。在近代中国，能在报刊留下文字的人，也多半是具有人身移动能力者，类似黄尊三等，人数应不少。

黄尊三是南方人，但长期居京生活，其对南方的观察，很难说是简单的“北”对“南”或“南”对“南”的观察，而是包含南北地域交集的复杂的立场与心态。黄氏虽列名北京政府内务部佥事、编译等职位，但这些仅是闲差，无甚权力，所获实际利益亦不多，且不稳定，黄生活开销很大部分来自兼差讲学、译述等。换言之，黄只是北京政权的边缘人。从日记所见，黄对北京政府没有多少认同感，故此，其对南方政权的观感并非“敌对者”的立场，反倒有些“中立观察者”之意味。与此相对，也未见黄对南方政权有多少向往或欣喜。北伐之初，黄并未意识到这场战争的特别之处，依然以军阀混战眼光视之；待到知悉其威力，已是北伐开战近半年之后了；这时黄确实对南方观感不错，但他显然对南方政权内部结构与运作之“新”缺乏了解；很快，随着南方阵营的内争、分裂，黄对南方的观感迅速逆转，此后很长时间里，国民革命的恐怖、杀戮占据其心间，挥之不去。综观黄氏日记，他并未认为北方是“旧”的、南方是“新”的，至少可以说，这种感觉不甚明显。这从个体观感与体验角度说明，北伐前后国人的“南新”“北旧”观感即使存在，也很微弱，而且转瞬即逝。北伐前后，国人对北方政权的失望，未必即寄望于南方政权。综观该时期的北方报纸杂志，确实常有

① Hsi-sheng Chi, *Warlord politics in China*, *1916 - 1928* (Stanford, California: Stanford University Press, 1976), p. 115（中译本，齐锡生：《中国的军阀政治：1916 ~ 1928》，杨云若等译，中国人民大学出版社，1991，第106页）。

② 陈志让：《军绅政权——近代中国的军阀时期》，三联书店，1980，第24 ~ 33页。

③ 例如，罗志田：《南北新旧与北伐成功的再诠释》，《新史学》第5卷第1期，1994。

刊载政治弊污、学校倒闭、民众苦痛的报道，但“大体并未发现报纸舆论有将对北方政府的失望转而寄望南方政权的”。[①] 约言之，在时人观感中，北伐前后的南方与北方，很难说存在相互转换、零和博弈的现象。这是北伐史研究者必须注意的。

北伐前后黄尊三的信息来源渠道，是很值得琢磨的问题。从日记所见，阅报几乎是黄每天“必修课”，从这个角度讲，黄之体验相当程度上代表了社会舆论的观感。报刊无疑是时人（主体是具有阅读能力者）的第一信息来源渠道。若将考察眼光回溯，至少在晚清，阅报已成为很多士大夫、读书人获取信息的重要渠道。晚清京官孙宝瑄就说：“报纸为今日一种大学问，无论何人皆当寓目，苟朋友相聚，语新闻而不知，引为大耻。不读报者，如面墙，如坐井，又如木偶，如顽石，不能与社会人相接应也。”[②] 民国初年，报刊进一步发展，在国人信息获取中的地位有升无降。然而，北伐前后，情况发生变化。由于南北的对立、战争，加上各方均意识到“宣传”的作用，于是信息较量开始了，报刊成为“另一个战场”。北京当局严厉查处宣传赤化者，京畿卫戍司令部派侦缉队到北京各书铺搜查，“凡有‘俄’、‘社会’等字样的书籍尽被抄去”；北京警察厅设立检查新闻特务委员会，检查沪、津等地来京各报。[③] 1926 年秋，知识青年王凡西从北京到广州，在书店中第一次见到《新青年》《向导》和其他普通刊物一样公开陈列，封面上用大字印着“共产主义”或“马克思”字样的书籍充斥书店柜面，感觉非常惊喜，因为在北方，这些是要在“紧闭的房门后面，放低了声音才敢提起”的名词。[④] 当然，北方也存在差异。1926 年底，另一位知识青年侯外庐从北京到哈尔滨，在书摊上买到《资本论》等几种经典作者原著的英译本和日译本，他欣喜万分，这些书籍“在北京根本无法得到”，因为“北京知识分子集

---

① 高郁雅：《北方报纸舆论对北伐之反应：以天津大公报、北京晨报为代表的探讨》，第 76 页。

② 孙宝瑄：《忘山庐日记》下册，光绪三十二年七月二十一日，上海古籍出版社，1983，第 917 页。

③ 《军警严查赤化》，《申报》1926 年 9 月 3 日，第 6 版；韩信夫、姜克夫主编《中华民国史·大事记》第 4 卷，1926 年 10 月 1 日、1927 年 1 月 6 日，第 2533、2602 页。

④ 王凡西：《双山回忆录》，东方出版社，2004，第 25 页。

中，革命运动高涨，反动派的文化控制特别森严”，哈尔滨则“相对薄弱”。[①] 1927 年初，在北京的张慰慈致函身处海外的胡适说，“现在北京一般人的口都已封闭了，什么话都不能说，每天的日报、晚报甚而至于周报，都是充满了空白的地位”，报刊经常被删去文章，“这种怪现象是中国报纸的历史上第一次看见”，同时，“一切书信与电报都受到严格的检查，所说被截留的甚多。并且无故被捕的人也不少”。张氏认为，北京如此局面类似于法国大革命时期的恐怖统治，“健全的舆论是不可能的事”。[②] 显见信息管控之严重。

北方如此，南方亦然。即使在北伐战事紧张推进过程中，南方也不放松信息管控工作。郭沫若忆述：北伐军总政治部抵达汉口后，“我们开始把报界拉在手里，封了两家很反动的报馆。同时组织了一个新闻检查委员会，所有的报纸都要经过我们的检阅才能够发行”，狠干几天后，“各种宣传机关都拉在了手里”。[③] 这时正在武汉的张君劢就观察到“武汉报纸，不论为机关报，或非机关报，几于千篇一律；何以故，党化报纸为之也”，并认为这状况可从《检查条例》中求解。该条例规定：凡报馆及通讯社，如有发表违背党义及不利于革命之记载，而拒绝检查者，除将该报馆通讯社即行封禁外，所有负责人员，一律以军律惩办。[④] 在如此信息管控的社会里，真假难辨，谣言漫天，难怪《大公报》言：“时局混沌，各方消息歧出，因为大家都讲宣传，把真相隐蔽起来，反使人对任何方面报告，都带几分不敢相信。”[⑤] 时人意识到这个问题，所以在报刊之外，还需其他信息渠道，亲友之间的口耳相传和往来函电就特显重要。综观黄氏日记，1926 年底以后，每遇南来者，黄便探听南方消息，有时也会从南方亲友来函中了解情况，这渠道虽信息量有限，但可信度要高于报刊。当然，亲友言谈和信函中的信息，有时也会矛盾歧出，这就需要自己鉴别了。

① 侯外庐：《韧的追求》，三联书店，1985，第 16 页。

② 《张慰慈致胡适》（1927 年 1 月 16 日），中国社会科学院近代史研究所中华民国史组编《胡适来往书信选》上册，中华书局，1979，第 421 页。

③ 《郭沫若选集》第 1 卷，第 364 ~ 365 页。

④ 张君劢：《武汉见闻》，国立政治大学，1926，第 11 ~ 12 页

⑤ 《假定下之一种时局判断》，《大公报》1927 年 7 月 29 日，第 1 版。

文化合作与敌对的“契机”

——中国人眼中的“东方文化事业”

徐志民

“东方文化事业”主要指日本国会于1923年3月通过《对华文化事业特别会计法案》，决定退还庚款兴办对华文化事业，后经中日两国政府协商与换文，组建由中日双方委员参加的东方文化事业总委员会，负责筹建北京人文科学研究所、上海自然科学研究所，资助中日文化交流和中国留日学生等事业。[①] 作为近代中日文化交流史上的重要内容，“东方文化事业”长期受到日本学界的关注。1996年，山根幸夫综述了此前有关“东方文化事业”研究的日文成果。[②] 21世纪以来，阿部洋、山根幸夫、熊本史雄等人综合性地研究了“东方文化事业”的发展演变史。[③] 中国学界虽在近代中日文化交流史、庚子赔款的相关研究中对“东方文化事业”有所涉及，[④] 但直到21

---

① 山根幸夫『東方文化事業の歴史—昭和前期における日中文化交流』汲古書院、2005。

② 山根幸夫ほか編『近代日中関係史研究入門』研文出版、1996。

③ 阿部洋『「対支文化事業」の研究—戦前期日中教育文化交流の展開と挫折』汲古書院、2004；山根幸夫『東方文化事業の歴史—昭和前期における日中文化交流』汲古書院、2005；熊本史雄『大戦間期の対中国文化外交—外務省記録にみる政策決定過程』吉川弘文館、2013。

④ 具体说来，一是近代中日教育交流史方面的成果，往往涉及日本退还庚款补助中国留日学生事宜，如舒新城的《近代中国留学史》（商务印书馆，1927），辟有专章介绍“日本对华文化事业与留日”。二是庚子赔款之研究成果，多含有日本退还庚款兴办对华文化事业的内容，如王树槐的《庚子赔款》（中研院近代史研究所，1974）。三是近代中日文化关系史方面的成果，往往包含“东方文化事业”。如王古鲁编著《最近日人研究中国学术之一斑》（日本研究会，1936），第四章即为“利用庚子赔款等款所办之文化事业”；黄福庆的《近代日本在华文化及社会事业之研究》（中研院近代史研究所，1983），有“日本庚款的处理政策”一章，主要介绍日本退还庚款的运用情况。

世纪才关注上海自然科学研究所、北京人文科学研究所，以及东方文化事业总委员会的活动，① 且总体上认为该事业是日本的对华文化侵略，与日本学界相对积极之评价有所区别。②

日本退还庚款兴办对华文化事业，既有顺应国际上退还庚款的趋势与潮流，也有以此缓和中国人的反日情绪，促进“日中亲善”感情的内在需求。客观地说，当时中国各界对日本政府退还庚款也抱有期待。遗憾的是，这种期待随着“东方文化事业”的启动，逐渐转变为对“东方文化事业”的疑惑、警惕、批评、反对和抵制。或许可以成为中日文化“合作”契机的“东方文化事业”，缘何迅速转变为文化对抗的靶子？最终，“东方文化事业”既未实现日本政府缓和中国人反日情绪、促进“日中亲善”的既定目标，也未达到中国各界要求日本全数退还庚款和掌握“东方文化事业”主导权的目的，成为一种零和博弈，甚至是负和博弈。笔者拟通过梳理与分析20 世纪 20～30 年代初中国政府、文化教育界、留日学生对“东方文化事

① 上海自然科学研究所近年受到一些青年学者的关注，代表性成果有如下一些。梁波、翟文豹：《日本在中国的殖民科研机构——上海自然科学研究所》，《中国科技史料》2002 年第 3 期；孙建春：《上海自然科学研究所及其出版的刊物》，《科技情报开发与经济》2006 年第 13 期；李强：《关于历史争议人物余云岫的史料补充——兼述民国和日伪时期“上海自然科学研究所”》，《中医文献杂志》2009 年第 3 期；李嘉冬：《上海自然科学研究所设立之经纬：有关日本的东方文化事业》，《立命馆经济学》第 57 卷第 5、6 号合刊，2009 年 3 月；李嘉冬：《新城新藏与日本的东方文化事业：以上海自然科学研究所所长时代的活动为中心》，《京都大学大学文书馆研究纪要》第 8 号，2009 年 12 月；李嘉冬：《近代上海日侨社会的特殊群体——关于上海自然科学研究所科研人员的研究》，《管理观察》2015 年第 20 期。关于上海日本近代科学图书馆的研究成果，主要有石嘉《抗战时期日本在上海的文化侵略——以上海日本近代科学图书馆为例》，《江苏社会科学》2015 年第 1 期。关于北京人文科学研究所的研究成果，主要有孙颖、徐冰《“北京人文科学研究所”筹建始末——20 世纪上半叶日本对华文化侵略之典型一例》，《求是学刊》2007 年第 5 期。关于日本退还庚款补助留日学生的研究成果，主要有徐志民《日本政府的庚款补给中国留日学生政策述评》，《抗日战争研究》2012 年第 3 期；孙颖《20 世纪上半叶中日文化关系的一个片断——“东方文化事业”留学生学费补给制度考略》，《贵州民族学院学报》2006 年第 2 期。关于东方文化事业总委员会及其活动的成果，主要有孙颖《二十世纪上半叶日本的“对支文化事业”研究》，博士学位论文，东北师范大学，2008；孙颖、徐冰《“东方文化事业委员会”活动研究》，《宁夏社会科学》2014 年第 2 期。

② 李嘉冬：《日本的东方文化事业之发端研究》，王建朗、栾景河主编《近代中国：政治与外交》下卷，社会科学文献出版社，2010，第 659～660 页。

业”态度转变的原因，[①] 还原中国各界对“东方文化事业”态度的各种面相，探讨文化交流与国际政治之间的复杂关系，从而以史为鉴，为国际文化交流提供某些借鉴和启示。

一 中国政府：从感谢到抗议

为数至巨的庚款，无论清末还是民初都是中国政府一项极为沉重的负担，故缓付、停付乃至退还庚款是中国政府外交努力的一个重要方向。1908 年美国退还庚款之事，就源于中国驻美公使梁诚之对美交涉。[②] 第一次世界大战爆发后，英、法、俄力邀中国参战，日本亦在“完成对华利权侵占的外交部署”后力主中国对德绝交、参战。段祺瑞执政府于 1917 年 2 月 15 日向日本提出缓付庚款请求，获得日本政府“允予考虑”，“原则上无异议”，“尽量劝诱他国符合中国的希望”。11 月 30 日，协约各国驻华公使函告中国：庚款自 12 月 1 日延付五年。[③] 美国退还庚款与协约各国同意延付庚款，使中国政府和社会各界看到了列强退还庚款的“曙光”。

日本政府为缓和提出“二十一条要求”以来中国人的反日情绪，决定效仿美国退款兴学。驻华公使林权助鉴于中国“留美者亲美，留日者反日”的现象，于 1918 年 2 月 24 日致函外相本野一郎，建议政府效法美国，“通过减免庚子赔款或其他方法”，改善留日学生教育设施，加强对华文化事业投资。[④] 日本各界亦纷纷建议政府发展对华文化教育事业，以改变中国人对

---

① 之所以选择中国政府、文化教育界、留日学生，主要是因为“东方文化事业”本身依据中日两国政府签订的《中日文化协定》《沈－芳泽换文》而开始，离不开中国政府的配合，且主要内容是兴办中日文化教育设施，资助中日文化教育界人士的交流与留日学生。据统计，日本所谓退还庚款，“其中全部用于中国人者，一为留日学生之补助，一为中国学者学生之访问费用，此两者合计，共约值 6100000 元，算是日本人对中国的退还，尚不及用费的百分之十九”，其余皆被视作“挪用”。参见王树槐《庚子赔款》，第 537 页。笔者将研究时限定为九一八事变前，是因为九一八事变后“东方文化事业”成了日本单独推行的“对华文化事业”，已失去探讨中日文化“合作”的意义。

② 程新国：《庚款留学百年》，东方出版中心，2005，第 9 页。

③ 王树槐：《庚子赔款》，第 240～243 页。

④ 阿部洋「戦前日本の『対支文化事業』と中国人留学生—以学費補給問題を中心に」国立教育研究所『国立教育研究所紀要第 121 集：戦前日本のアジアへの教育関与』平成 4 年 3 月、166 頁。

日逐渐恶化的感情。[①] 5 月，以倡导“文装武备”论著称的后藤新平继任外相后，便告知林权助：日本政府有意退还庚款，并派西原龟三与曹汝霖会谈。[②] 6 月，林权助致电后藤外相，建议将退还之庚款优先用于文化教育事业或卫生福祉事业。[③] 9 月 21 日，后藤外相向中国驻日公使章宗祥提出非正式备忘录，表示日本“将于适当时机，抛弃赔偿金的请求权，办法另行考虑”。[④]

中国政府对此表示欢迎，并致函日本政府表达“感谢”，[⑤] 以至于国际社会对日本政府此举备感迷惑，甚至质疑其中必有内幕时，中国外交部主动为其辟谣。当时，路透社发表消息称：日本政府退还庚款，传闻以中国聘请日本人作为巴黎和会顾问，以及以矿砂、棉花自由出口等作为条件；中国内地的一些英文报纸亦指责日本退还庚款是“虚伪”行为。9 月 28 日，日本政府要求中国外交部出面澄清。中国外交部非常爽快，表示“此事不待日本提及，亦当更正”，[⑥] 由此可见中国政府对日本退还庚款的“感激”之情。此后，日本国会、外务省等开始讨论具体退还庚款事宜，包括退还庚款的办法及使用方法。[⑦] 中国外交部则催促日本尽早退还庚款。

1923 年 3 月 30 日，日本以法令第 36 号公布《对华文化事业特别会计法案》，正式退还庚款，以兴办对华文化事业。该法案主要内容包括：一是规定对华文化事业特别会计的资金来源，系日本退还之庚款、胶济铁路赎金、山东矿山公司和青岛公有财产及盐业补偿金。二是规定对华文化事业特

① 「1. 第四十四議会/4 支那共和国留学生ニ関スル質問主意書〔及び答弁書〕」「第四十四議会/7 支那留学生ニ対スル建議案提出ノ件」『帝国議会関係雑纂/質問答弁』第七巻、外務省外交史料館藏、アジア歴史資料センター、レファレンスコード：B03041441400、B03041441700。

② 阿部洋『「対支文化事業」の研究—戦前期日中教育文化交流の展開と挫折』、181 頁。

③ 熊本史雄「第一次大戦期における外務省の対中政策—“経済提携”から“文化提携”への転換」『史境』第 45 号、2002 年 9 月、10～11 頁。

④ 「対支文化事業ノ沿革及現状（第五十議会用）大正十三年十二月調」『帝国議会関係雑纂/説明資料/対支文化事業』第二巻、外務省外交史料館藏、アジア歴史資料センター、レファレンスコード：B03041496600。

⑤ 外務省編纂『日本外交文書』（大正十二年第二冊）統計印刷工業株式会社昭和 54 年版、433 頁。

⑥ 王树槐：《庚子赔款》，第 485～486 页。

⑦ 阿部洋『「対支文化事業」の研究—戦前期日中教育文化交流の展開と挫折』、185～187 頁。

别会计的业务范围："（1）资助在中国举办的教育、学艺、卫生救恤及其他文化事业，（2）支持在日中国人的前述事业或同类事业，（3）支持日本国内有关中国的学术研究事业。"三是规定对华文化事业特别会计资金的支出限额为每年 250 万日元，使用程序是日本政府制定其每年之收支预算、决算，并上报国会审议，获得批准后从大藏省支出。[①] 这是日后《中日文化协定》和"东方文化事业"的所谓"法理"基础，也是中国各界认为日本并未真正退还庚款而转变对"东方文化事业"态度的重要原因。

北洋政府为传达其对庚款使用和日本对华文化事业的意见，两次委派江西省教育厅厅长、参议院议员朱念祖和教育部参事陈延龄赴日沟通。一是 1923 年春，朱念祖、陈延龄等人赴日考察，以了解日本社会关于退还庚款兴办文化事业的态度，也向日本社会传达中国各界关于使用日本退还庚款的意见和建议。[②] 二是同年 12 月，北洋政府再派朱念祖和陈延龄等人赴日，协助驻日公使汪荣宝与日方洽谈中日文化"合作"的具体方案。中日双方经过 1923 年底、1924 年初的两轮会谈，在 1924 年 2 月 6 日由汪荣宝与外务省亚洲局局长出渊胜次草签《对华文化事业非正式协议会备忘录》，史称《汪－出渊协定》或《中日文化协定》。其主要内容包括日本尊重中国有识之士的意见；在北京设立图书馆及人文科学研究所，在上海设立自然科学研究所，在庚款基金有余额的情况下，于适当地点设立博物馆，在济南设立医科大学及附设医院，在广州设立医科学校及附属医院；针对前述各项事业，成立约有 20 名委员组成的评议委员会，委员中日各半，且由中国人担任主席；中国政府为在北京设立的图书馆及研究所"无偿供给土地"。[③]

此后，中日为落实《中日文化协定》进行协商。1924 年 12 月 20 日，外务省"对支文化事务局"改名为更易被中国人接受的"文化事业部"，[④] 中日双方开始筹建中日文化事业委员会。1925 年 2 月，外务省事务官朝冈健受命来华，协助日本驻华公使芳泽谦吉与中国政府交涉筹建委员会事宜，

---

① 「義和団事件賠償金還付ニ関スル建議案」『東方文化事業部関係会計雑件』第一巻、外務省外交史料館藏、アジア歴史資料センター、レファレンスコード：B05015062700。

② 朱念祖、陈延龄：《退款问题之日人舆论》，鲜明社，1923。

③ 王树槐：《庚子赔款》，第 489～490 页。

④ 阿部洋『「対支文化事業」の研究——戦前期日中教育文化交流の展開と挫折』、204 頁。

但其态度傲慢，引起中国教育界反感，以致北洋政府教育部、外交部对组建中日文化事业委员会态度消极。后经日本政府“工作”和北洋政府法制院院长姚震从中斡旋，中日于4月23日达成初步协议。5月4日，中国外交总长沈瑞麟与芳泽谦吉正式换文，史称《沈－芳泽换文》。[①] 该换文确认组建由中日双方委员参加，且由中方委员担任委员长的中日文化事业总委员会，以及设立该会之上海分委员会、北京分委员会，但由于北京人文科学研究所土地使用权问题迟迟未能解决，故为避免叠床架屋之嫌，北京分委员会一直未能成立，由总委员会代理其事务。[②]

1925年10月，中日文化事业总委员会在北京北海公园静心斋召开第一届总会。会上，中日委员主要讨论本年度的经费支配和总委员会章程问题。日方委员以“建筑设备研究经费系由该国国会通过”，不能交总委员会支配，“经列席审查员胡敦复郑贞文王式通等力争，终无结果”。[③] 当委员长柯劭忞提出讨论总委员会章程时，日方委员入泽达吉以天色已晚，且须与大河内正敏、山崎直方委员当晚回国为由，未对此进行讨论便宣布闭会。1926年6月，东亚同文会理事大内畅三赴北京，与中方委员交换意见，并于7月召开临时会议，决定将中日文化事业总委员会更名为东方文化事业总委员会，通过《东方文化事业总委员会章程》，宣称该会“筹划决定并管理以庚款举办之文化事业”，[④] 但不能抵触《对华文化事业特别会计法案》及其相关法规，[⑤] 尤其是“东方文化事业”经费须经日本国会批准，故东方文化事业总委员会实际上没有任何权力。北洋政府时常为此提出抗议，称如此情况下便没有必要与日方一起推行“共同文化事业”，[⑥] 反映了其对日本主导“东方文化事业”的不满与失落，但“晓得他行不通，却没有断然拒绝的勇气”。[⑦]

---

① 黄福庆：《近代日本在华文化及社会事业之研究》，第143～145页。

② 王古鲁：《最近日人研究中国学术之一斑》，第189页。

③ 《中日文化事业已告停顿——我国委员向政府报告经过》，《晨报》1925年10月19日。

④ 王古鲁：《最近日人研究中国学术之一斑》，第179页。

⑤ 「1. 第一回総会　大正十四年十月　分割2」『総委員会関係雑件/総委員会総会関係』第一巻、外務省外交史料館藏、アジア歴史資料センター、レファレンスコード：B05015165800。

⑥ 外務省外交史料館『東方文化事業総委員会記録』昭和4年8月、124～125頁。

⑦ 《七零八落之东方文化事业》，《教育杂志》第19卷第2号，1927年，第2页。

1926 年 10 月，东方文化事业总委员会在日本东京帝国学士院会馆召开第二届总会。会上，中方委员郑贞文提出：“（一）应于最近期内将庚款全部退还中国；（二）应将以庚款所举办之文化事业之全部，不论其在中国或日本均归本会办理；（三）应增加研究费。”[①] 结果“日庚款退还问题则毫无下落”，[②] “乃日本方面用种种手腕，北京政府堕入其术中”，中方委员不得已委曲求全，“但求图书馆、研究所能以中国利益为主体，其他皆不复争论”。随之，在 1927 年的上海分委员会会议中，中方委员主张在上海自然科学研究所成立以前，先派研究生赴欧美与日本留学，以培养研究人才；日方委员则主张依托日本各大学先行展开研究，且设立一些涉及中国经济命脉和国家安全的调查研究题目，并不顾中方委员反对，“强制通过”。中方委员“忍无可忍，退席后拟相率辞职”。其中，秦汾、胡敦复两委员登报辞职，尤其是秦汾作为教育部参事，实为政府代表，反映“是此案虽北京政府且不能同意矣”。[③]

1927 年 10 月，东方文化事业总委员会在北京王府井大街甜水井胡同的事务所召开临时总会及第三届总会，并于 12 月 18 日将事务所迁移至王府井大街东厂胡同，且在 20 日成立北京人文科学研究所。[④] 但是，日本政府和军部为阻挠北伐，完全不顾此时的文化“合作”而出兵山东，在 1928 年 5 月 3 日制造了济南惨案。东方文化事业总委员会全体中方委员，基于义愤，“特于五月十三日开会决议，一致声明退出该会”。[⑤] 他们响应国内各界要求日本全数返还庚款和自主办理文化事业的呼声，不接受日本一方面对华武力侵略，另一方面高唱“日中亲善”与“文化合作”的虚伪行为。

中国国民党对日本政府与北洋政府“合作”的“东方文化事业”更持否定态度，认为“东方文化事业委员会乃为日本政府外部之附属机关，以庚子赔款

① 《所谓“东方文化事业”之失败与反抗》，《教育杂志》第 19 卷第 1 号，1927 年，第 1 页。

② 力：《举国反对的外交性质的“东方文化事业”》，《新教育评论》第 3 卷第 1 期，1926 年，第 3 页。

③ 《所谓“东方文化事业”之失败与反抗》，《教育杂志》第 19 卷第 1 号，1927 年，第 2 页。

④ 阿部洋『「対支文化事業」の研究——戦前期日中教育文化交流の展開と挫折』、304 ~ 307 頁。

⑤ 《东方文化事业总委员会中国委员退出》，《中华图书馆协会会报》第 3 卷第 6 期，1928 年，第 19 页。

作为对华文化侵略之用”。北伐军占领上海后，国民党上海市党部针对“东方文化事业”发表宣言，指责东方文化事业总委员会“本根据于中日文化协定，而该协定则并非与代人民利益之国民政府签订，且为多数教育学术团体所反对，似无存在之价值。其中国方面之委员，又全属于最腐败之研究系。而该系之行动，已为国人所不满；盖以其勾结帝国主义，依附军阀把持各国退还庚款，尽用于反动教育之设施，吾人深信于此国民政府势力向北急展之际，日本政府实有重新考虑之必要。如果日本政府未能尊重多数学术教育团体之主张，中止该委员会之进行，另循正当之途径，则必致激起盛大之反日运动”。[①] 即中国国民党不承认《中日文化协定》，反对东方文化事业总委员会的现行活动。

南京国民政府成立后，祭出“革命外交”大旗，要求日本全数返还庚款和废除《中日文化协定》。1929 年 10 月 23 日，教育部部长蒋梦麟致函中国驻日公使馆，查证《中日文化协定》签署经过和具体内容，[②] 指责该协定已沦为日本对华文化侵略工具，命令东方文化事业总委员会的中方委员全部退出该委员会，敦请中央政府对日交涉废止该协定。[③] 12 月 26 日，外交部令驻日公使汪荣宝对日交涉此事。1930 年 1 月 29 日，汪荣宝赴外务省表示废止《中日文化协定》之意，此后经年交涉，但日方坚持“无意变更既定之方针，只可商讨运用事项”。[④] 直至 1931 年 1 月 9 日，中日达成各派三名

① 《所谓“东方文化事业”之失败与反抗》，《教育杂志》第 19 卷第 1 号，1927 年，第 2 页。

② 『補給留学生規程ニ関シ江参事官来省　昭和四年十一月』『補給留学生規則関係雜件』外務省外交史料館藏、アジア歴史資料センター、レファレンスコード：B05015411100。

③ 《教育部请废止日本对华文化事业协定及换文》（1929 年 11 月 16 日），“中华民国”外交问题研究会编《国民政府北伐后中日外交关系》，台北：“中华民国”外交问题研究会，1964，第12～16 页。

④ 1930 年 6 月 18 日，汪荣宝照会日本外相币原喜重郎，提出《日本退还庚款协定草案》，建议：（1）1922 年 12 月以后的庚款全部返还中国，将其用于办理中国的教育文化事业，这也是日本的承诺。（2）中国政府为管理和支配日本返还的庚子赔款，将组织自主的中日庚款委员会，任命若干日本人为委员。（3）日本返还的庚子赔款中，三分之二投资营利性的建设事业，其获利资金用于办理教育文化事业，三分之一则直接用于教育文化事业。（4）今年对留日学生学费补助的金额及年限等，与以前的相同，此后的分配及其欠员补选，全部由留日学生监督处主管，废除以前的选拔留学生制度。这一草案表达了国民政府在不废除《中日文化协定》的情况下，掌握日本退还庚款的管理及分配大权的强烈要求。参见阿部洋「戦前日本の『対支文化事業』と中国人留学生—以学費補給問題を中心に」国立教育研究所『国立教育研究所紀要第 121 集：戦前日本のアジアへの教育関与』平成 4 年 3 月、175 頁。

代表交换意见，以“求一解决方法”,[①] 但双方选定和任命代表已是 8 月,[②] 一个月后九一八事变爆发。此后，“东方文化事业”成了日本单独推行的对华文化事业，并在伪满洲国成立后拆分出“对满文化事业”，赤裸裸地成为辅助日本对华文化侵略的工具。

财政困窘的北洋政府对日本退还庚款抱有期待，以至 1918 年 9 月后藤外相只是画饼充饥式地表示将于适当时机放弃庚款时接连“致谢”，似乎为中日文化“合作”与中日关系“改善”带来了难得契机。遗憾的是，随着《对华文化事业特别会计法案》公布、《中日文化协定》签订和“东方文化事业”的开启，中国各界发现所谓退还庚款不过是日本虚晃一枪，最终还是由日本政府控制庚款使用权。所谓“东方文化事业”不过是以中日文化“合作”为掩饰的对华文化侵略而已，东方文化事业总委员会根本没有筹划、决定和管理权。因此，原本负责签署《中日文化协定》的汪荣宝，在南京国民政府时期受命对日交涉废除该协定和要求日本全数返还庚款，但遭到日本政府拒绝，引发中国文化教育界愈来愈强烈的反对声潮。中日文化事业由形式上的“合作”，转向政府、民间全方位的“对抗”。

二　文化教育界：合作与反对

1922 年以来，列强退还庚款事务略有眉目，中国各界从以前重点对外争取退还庚款，逐渐转变为对内争夺庚款使用权，以致在 1923 ~ 1925 年发生了退还庚款用于文化教育事业还是实业的争论。[③] 文化教育界鉴于政府时常挪用教育经费，主张列强退还之庚款全部用于教育事业，“不得挪用”，且“脱离政治、外交、宗教等关系，由学者共同处理”。但是，吴佩孚、孙传芳等军阀巨头，以及孙科、王正廷、张謇等政界名流，主张以退还之庚款首先用于筑路、兴办实业，然后以实业生利，从而永固教育基金。[④] 其实，

① 王树槐：《庚子赔款》，第 510 ~ 511 页。

② 阿部洋『「对支文化事業」の研究—戦前期日中教育文化交流の展開と挫折』、490 ~ 491 頁。

③ 「团匪賠償金の使途　呉佩孚氏の鉄道敷設主張に教育会は何処までも反対」『大阪毎日新聞』1924 年 8 月 19 日。

④ 王树槐：《庚子赔款》，第 345 ~ 358 页。

退还之庚款使用权之争，更多地反映了北洋政府及各地政府财政困窘、教育经费多被挪用的客观现实。

1923 年 3 月 30 日，日本国会通过《对华文化事业特别会计法案》后，中国各界尤其是文化教育界希望日本政府改弦更张，将退还之庚款交由中国政府处理，或设立中日双方人士各半的委员会，以资助中国的文化教育事业。当时，北京、济南、南京、汉口，以及广东、云南等地的文化教育界人士，纷纷提出借此发扬东方文化，在各地设立图书馆、博物馆、研究所，扩充大学，补助留日学生学费等建议。[①] 10 月，前中华医学会会长伍连德博士作为日本退还庚款资助的首位中日互换教授，赴日进行学术交流。他借此机会宣传中国学者对日本退还庚款兴办对华文化事业的意见，提出并散发《中日文化关系促进案》，建议以庚款在北京设立图书馆、广州设立医科大学及医院、济南设立博物馆、上海或南京设立实验医学及科学研究所，且认为应“在中国设立董事会，该会由相同人数的中日两国委员组成，另外由一名中国人担任会长”，[②] 以此消除中日之间的各种误解。

总体而言，当时中国文化教育界对日本退还庚款资助中国文化教育事业“尚存一份欢迎之心”，[③] 以合作的态度提出共同经营“东方文化事业”的建议。如北京大学组织临时委员会研究庚款，教育部专门派遣汤中办理日本退还庚款事宜。北京大学校长蒋梦麟建议将“对支文化事业”改称“东方学术事业”，[④] 驻日公使汪荣宝建议将这一名称改为“东方文化事业”，[⑤] 以体现中日合作、共同发扬东方文化的精神。1924 年 4 月 11 日，北京师范大学首任校长范源濂在宴请日本文学博士服部宇之吉时，批评“对支文化事业局”设于外务省内，且其经费预算要经过日本国会批准，很难说“超越政治”，提出中日文化事业无论“精神与形式都要超越政治”，[⑥] 反映了他对

① 阿部洋『「対支文化事業」の研究——戦前期日中教育文化交流の展開と挫折』、259 ~ 260 頁。

② 李嘉冬：《日本的东方文化事业之发端研究》，王建朗、栾景河主编《近代中国：政治与外交》下卷，第 669 ~ 670 页。

③ 王树槐：《庚子赔款》，第 491 页。

④ 《北京大学对于日本以庚子赔款在中国举办学术事业意见书》，《北京大学日刊》第 1455 号，1924 年 4 月 26 日。

⑤ 阿部洋『「対支文化事業」の研究——戦前期日中教育文化交流の展開と挫折』、223 頁。

⑥ 《日本对支文化事业的第二幕》，《东方杂志》第 21 卷第 9 期，1924 年 5 月，第 8 ~ 9 页。

中日文化事业的期待。6 月 11 日，“东方文化学社”在北京成立，王正廷、朱念祖等到会祝贺。他们以发扬东方文化自居，宣称将东方文化普及于欧美是东方各个民族之共同责任。① 一时间，借助日本退还庚款兴办对华文化事业之机会，弘扬东方文化似乎成了一股潮流。

不过，有人对日本退还庚款兴办对华文化事业的诚意表示怀疑，进而提出警告。1924 年 5 月，朱经农称日本退还庚款、兴办“对华文化事业”是“似是而非的退还，似是而非的合作”。他与王云五等 42 人联合提出意见，要求将该事业正名为“中国文化事业协进会”，强调为中国人而设；提出为保持学术独立，任何政治外交人士不得参与，完全成立由中日两国学者组成，且由中国人担任理事长的理事会；另外，在北京、上海、广州设立的图书馆及研究所，应由中国人担任馆长、所长、研究员，可以聘请日本人担任顾问，以免代办文化之嫌；最后，他们警告日本如善意办理：“不特中日两国友谊将因此日益浓厚，即世界永久和平之基，亦将由此奠定。苟假对支文化之名，行文化侵略之实，曰退还而仍不还，言亲善而终不善，则中国虽贫，何贵多此变相同文书院？弄巧成拙，欲亲转疏，既失信于中国，且贻笑于欧美，窃为日本不取也。”② 这些善意的警告，并非反对中日合办文化事业，而是希望中日真诚合作、平等互利。

但是，更多的人鉴于日本政府实际控制庚款和要求中国政府无偿为“东方文化事业”提供用地，认为日本退还庚款没有诚意，指责日本以此侵犯中国主权，包藏文化侵略野心，发起反对和抵制日本对华文化事业的运动。1923 年 4 月 27 日，中国科学社、中国地质学会、北京师范大学等 11 个社团，联名发表宣言，反对日本对华文化事业，要求日本政府“反省”。③ 此后，中国文化教育界不断敦请政府对日交涉，要求取消《中日文化协定》。④ 1925 年 5 月 4 日，沈瑞麟与芳泽谦吉就《中日文化协定》正式换

① 王树槐：《庚子赔款》，第 492 页。

② 王树槐：《庚子赔款》，第 491 ~ 492 页。

③ 《学术团体对日本文化事业之宣言》，《东方杂志》第 21 卷第 11 期，1924 年 6 月，第 146 ~ 147 页。

④ 阿部洋『「対支文化事業」の研究——戦前期日中教育文化交流の展開と挫折』、251 ~ 254 頁。

文，规定中日文化事业总委员会不得抵触《对华文化事业特别会计法案》，[①]如此公然“让渡”文化事业主权的行为，引起国内社会的强烈不满与反对。[②]

综合中国文化教育界反对与抵制“东方文化事业”的各种声音，主要有以下三类。一是侵犯中国主权，危及中国安全。1926 年 12 月 21 日，江苏省教育会发表宣言，指责东方文化事业总委员会不得抵触日本法令，且由外务省文化事业部掌握其最后决定权，从而将日本内政延伸至中国内地，犹如日本所提“二十一条要求”第五号第二款的“翻版”，令人警惕，实堪忧虑，强烈反对。他们发表反对宣言如下：

> 全国教育同人公鉴，自各国退还庚子赔款之说起，日本即利用庚款，拟在我国内举办各种文化事业。假亲善之美名，欺我国少数人国际知识之幼稚，遂有十四年之中日协定中日换文，并在京组织东方文化事业总委员会。考中日协定最堪注意之点，为总委员会于不抵触日本法令之范围，有计划决定及管理之三权，但将来如有计划，仍须经日本帝国议会协助后，始能发生效力。日本外务省之文化事业部，仍有最后决定之实权等语。凡此规定均不能超越日本政治之支配，查日本二十一条之要求第五号第二款载，日本在中国内地所有之医院教堂及学堂，须许以土地所有权等语。今东方文化事业委员会之办法，既以日本内政之一部分，施行于我国领土，实含有二十一条第五号第二款之意味。……查此次东方文化事业分委员会在沪开会，我国委员无置喙余地，所定研究题

① 「1. 第一回総会　大正十四年十月　分割 2」『総委員会関係雑件/総委員会総会関係』第一巻、外務省外交史料館藏、アジア歴史資料センター、レファレンスコード：B05015165800。

② 如 1925 年 6 月 3 日，教育界 19 个团体联合发表宣言，敦请政府废止《中日文化协定》。1926 年 6 月，中华教育改进社强烈谴责日本对华文化事业侵害中国主权，请求政府对日交涉。8 月 11 日，国立九校教职员联席代表、中华教育改进社干事、私立五大学代表联合开会，并发表声明：在日本未彻底退还庚款之前，否认其在华文化事业；请求政府取消《中日文化协定》；劝告东方文化事业总委员会中方委员表明态度，否则予以警告，再则以严厉手段对付。参见王树槐《庚子赔款》，第 493、501 ~ 502 页。

目，均关我国财富命脉。其文化侵略经济侵略并进之计划，已昭然若揭。①

中国科学社从专业角度出发，分析了东方文化事业总委员会上海分委员会设定之研究题目的险恶用心。“如《天然无机化学之相律研究》，实为吾国铁藏之探测；《扬子江之鱼类研究》，实为吾国沿江水产之调查；菌类发酵之研究，实为吾国酿酒及其他有机化学工业之探考。以上均吾国财富及经济之命脉，日学者竟不分国界，必欲代为研究，其意何居，此尤吾人感激之余，所深抱不安者也。此外如测地磁及地心重力及流行病研究题目，皆须旅行全国内地。以异国侨民欲获得深入吾国腹地之自由，命意虽善，亦非独立国家所能容许也。观于最近在日本及上海东方文化事业会议之经过，及从前北京政府所定之中日文化协定，本社同人认为中日文化协定实为日政府文化侵略、经济侵略并进之工具，吾人应即一致否认。”② 指责《中日文化协定》“丧权辱国”，不仅是日本对华文化侵略的工具，而且是经济侵略的工具，强烈要求废止。

二是毫无退款诚意，以文化之名，行侵略之实。中国文化教育界人士普遍认为日本根本没有退款兴学的诚意，不过是借“东方文化事业”的美名混淆视听，行“外交侵略”之实。他们指出：“日本用种种手段来敷衍，设立了什么文化事业委员会。名称由‘对支’，而‘支日’，而‘中日’，而‘东方’，变化虽多，实际还不过是日本外务省内对支文化事务局的一个附属执行机关。换句话说，就是‘日本对支文化侵略公司’的一个支店。他们的关系是：日本帝国政府——外务省——对支文化事务局——东方文化事业委员会。这样委员会可办的事业乃是日本的内政，日本的外交。借文化事业的名淆惑观听，引伸日本的内政到中国领土上，当然是国人根本所反对的。”认为对于“这样外交性质的‘文化事业’吾人自应根据向来对于庚款问题‘先保主权，后议用途’的原则继续反对”，并强调由中国团体主办东方文化事业，“这是一个最低限度的要求。日本如欲借‘东方文化事业’之

① 《本会否认东方文化事业委员会宣言（二十一日）》，《江苏教育会月报》1926 年 12 月，第 5 页。

② 《所谓“东方文化事业”之失败与反抗》，《教育杂志》第 19 卷第 1 号，1927 年，第 3 页。

名以一手掩盖天下人耳目，中国人虽至愚，誓当反对到底也！”[1]

三是要求日本真正退还庚款，否则不予合作。1927年1月11日，中华教育改进社、中国科学社等四团体联合发表宣言，谴责日本退还之庚款“不幸为野心的外交家所利用，竟把这笔款项拿来作为侵略中国之资本。所以他在外务省之下设立对支文化事务局，预备要在中国境内伸张他的行政权，开教育文化的租界、殖民地”。故而，他们提出五条斗争办法：(1) 日本未正式退还庚款以前，凡属本团体成员，不得充当东方文化事业总委员会委员；即使加入，须于本宣言发出10日以内，一律辞职。(2) 日本未正式退还庚款以前，凡属本团体成员，不得参与获得该项赔款所办之任何活动。(3) 日本未正式退还庚款以前，凡属于本团体之机关或个人，不得招待日本用该项赔款派遣来华之参观团体、调查团及负有其他使命之人员。(4) 日本未正式退还庚款以前，凡属本团体机关或个人不得领受该项赔款之任何补助，以从事任何活动。(5) 本团体当联合全国团体，群策群力，防止日本运用庚款在中国施行文化侵略，以促日本之觉悟与反省。[2] 这五条以非暴力、不合作的方式，要求日本真正退还庚款。

文化教育界对“东方文化事业”的反对与抵制，实际上“并无多大效果，日人仍我行我素”，[3] 故有人试图在“东方文化事业”框架内寻找中日文化“合作”之路。如《东方文化事业总委员会章程》通过后，有人认为这“在日本固可谓为成功，亦已让出若干权限于委员会，利害得失，若以公平之眼光观之，实各有其半。如今后我国委员能处处留意，国人亦积极起而监视之，未始无减少弊害与不利之可能”，[4] 寄望于中方委员和国人对“东方文化事业”的监督。胡瑞霖指出：“所谓东方者，指中日而言，所谓文化者，指科学而言。此种文化在中国诚有必需，但一般之见，以为可以径取诸西方，不必转贩于日本，且西方文化者，侵略文化也，自取之则为利，人与之责为害，征诸往事，其例甚多。而日本必欲以此相贻，谓求亲善，其

① 力：《举国反对的外交性质的“东方文化事业”》，《新教育评论》第3卷第1期，1926年，第2、3～4页。

② 《七零八落之东方文化事业》，《教育杂志》第19卷第2号，1927年，第1～2页。

③ 王树槐：《庚子赔款》，第509页。

④ 《秘密解决之东方文化事业：中国委员事事让日方独断，此后事业进行仍持秘密主义》，《四川教育公报》第8期，1926年，第162页。

孰信之。故中国教育界置文化于不择，而但以保卫国权为口号也。”他建议“中日两国当共兴佛教”，“设立世界佛教图书馆”，“联布佛教于欧美”，“至已成之文化事业，若图书馆研究所等，宜姑仍之，其未定议之一部，则当决其用途于佛法。庶世界之和平可期，中日之亲善可成”。[①] 这些过于理想主义、宗教色彩的诉求，并未引起多少社会关注。

倒是个别知识分子对“东方文化事业”的“推崇”和《顺天时报》《盛京时报》等日系报纸对“东方文化事业”的鼓吹，更具迷惑性。1925 年 1 月 8 日，《顺天时报》刊载程光铭的《日本对华文化事业之真相及我见》，吹捧日本退还庚款虽在美国之后，“然美国当初仅退还半数，日则全部退还，且其文化事业计划，较法国、英国更形大公无私”与“完美”，故招致列强“反感”，强调“学术研究是无国境之限制”的。4 月 4 日，该报发表社论，宣称：“知识无古今中外之别，学问无欧美华日之分，又何有文化侵略之可言耶?”4 月下旬，《盛京时报》刊文批驳“文化侵略”说，指责“倡文化侵略之说者”，系少数个别人，是“被害狂妄想者”，或者专以“反日”为饭碗者，“未必真正爱国”，批评“今倡文化侵略说之背后，实以军阀为后盾，暗中煽惑之结果，用以转移国人对内政腐败之注意”。[②] 这种文化无国界的理论，故意忽略文化的政治性，为“东方文化事业”张目。客观上，文化常常沦为政治的工具，这也是各国竭力保护本国优良文化，培养本国国民爱国心的重要原因之一。

由于日本政府牢牢控制庚款与“东方文化事业”的主导权，故无论日系报纸如何吹捧“东方文化事业”，都无法使中国文化教育界人士产生合作感与成就感，反而在“东方文化事业”运作中油然而生一种屈辱感和危机感。如危害中国经济命脉与国家安全的研究题目之设置，个别中方委员的愤而辞职等，即是明证。中日文化“合作”期间，日本三次出兵山东，制造济南惨案，更将中国文化教育界对“东方文化事业”的些许幻想击得粉碎。于是，中国文化教育界采取理性斗争方式，开展反对与抵制“东方文化事业”活动：一是文化教育团体联合或单独发表反对宣言；二是公布以不合

① 胡瑞霖：《论东方文化事业告当局》，《东方文化》第 3 期，1927 年，第 12 ~ 17 页。

② 王树槐：《庚子赔款》，第 507 ~ 509 页。

作为主要方式的斗争办法；三是撰写批判“东方文化事业”的文章，唤醒民众。他们的斗争虽无法直接迫使日本政府让步，却使日本缓和中国民众反日情绪、促进“日中亲善”的目标化为泡影，同时促使北洋政府、国民政府转变对“东方文化事业”的态度，进而影响中国留日学生对“东方文化事业”的认识。

三　留日学生：知与行的背离

中国留日学生对日本退还庚款补助其学费，最初也抱有较高期待，其原因主要有二。一是第一次世界大战以来日本物价腾贵，而中国财政困难、留学经费紧张且解送不及时，从而使不少留日学生陷入生活困境。[①] 二是日本国会自 1918 年通过两项改善中国留日学生待遇议案后，[②] 不断有政要名流提出改善留日学生待遇的建议或对策。如 1922 年 3 月，荒川五郎、山本条太郎各自联络议员，分别向国会提出《关于退还庚子赔款的建议案》《关于对华文化事业设施的建议》，呼吁日本政府退还庚款，补助留日学生学费。[③] 8 月 9 日，日本驻上海总领事船津辰一郎致函外相内田康哉，建议退还庚款充作留日学生教育经费。[④] 这些建议使留日学生对日本退还庚款补助其学费产生了乐观期待。1923 年初，中国留日学生听闻日本国会即将通过《对华文化事业特别会计法案》，兴奋地认为：“拟以日本所获中国庚子赔款二千万元为基本金，以其年利作为中国留学生费用……所有中日间一切误解可以扫除，而此后之中国排日运动，亦必能从此消灭。”[⑤]

但是，《对华文化事业特别会计法案》公布后，中国留日学生对其由期待转为批判，并表示拒绝接受。他们指责该法案是日本政府未经与中国政府

---

① 孫安石「『経費は游学の母なり』—清末～一九三〇年代の中国留学生の留学経費と生活調査について」大里浩秋・孙安石編『中国人日本留学史研究の現段階』御茶の水書房、2002、183～184 頁。

② 実藤恵秀『中国人日本留学史』くろしお出版、1981 年増補版、121 頁。

③「義和団事件賠償金還付ニ関スル建議案」『東方文化事業部関係会計雑件』第一巻、外務省外交史料館藏、アジア歴史資料センター、レファレンスコード：B05015062700。

④ 上海总领事船津辰一郎致外务大臣内田康哉『留日学生学費問題に関する件』1922 年 8 月 9 日，外務省外交史料館藏、請求番号：3－10－5－17－2、第 3 册。

⑤ 王树槐：《庚子赔款》，第 497 页。

协商的单独决定，认为其中的救恤金、医院补助费等非属文化事业，且以庚款补助日本在华设立的学校，包藏日本文化侵略野心。[①] 1923 年 6 月 26 日，中国留日学生总会发表宣言，表示拒绝接受日本所谓退还庚款之补助。[②] 7 月，留日学生散发的《中华民国留日学生关于排日问题之宣言》中，指责日本对华文化事业是在所谓“中日友好”的招牌上涂脂抹粉，借此责怪“反日者”忘恩负义。其实这种完全不顾中国人利益的文化事业，只是日本对华侵略扩张的“前驱或附属事业”而已，揭露日本政府此举犹如中元节赠物与人，却又强夺其家产或田宅作为交换，真是“何等奇妙的现象”，强调“象这样的恩惠或友好，我们无论如何不能接受”。[③] 他们认为，日本政府实施对华文化事业主要有两个目的：一是借此堵塞中国人尤其是留日学生的反日之口；二是推行文化侵略，辅助日本对华侵略扩张政策。故坚决反对之。

补助留日学生学费是日本对华文化事业的重要内容，但由于部分留日学生的反对及其内部围绕学费补助问题的对立与冲突，所以并未载入 1924 年 2 月 6 日签订的《中日文化协定》，只是根据当时中日双方的“共识”，[④] 由北洋政府教育部于 1924 年 3 月 8 日颁布《日本对华文化事业留学生学费补助分配办法》。其主要内容是：（1）补助留日学生的总人数为 320 名，以众议院的各省议员数及负担庚款数额为标准，分配各省补助名额。（2）留日学生每月学费补助金额为 70 日元。（3）留日公、自费生各占补助名额之一半。（4）根据就读学校确定补助名额分配顺序。一是指定的 43 所官立大学，二是 3 所私立大学，三是 33 所官立专门学校、官立高等学校，四是 5 所私立专门学校、私立大学的专门部及选科，五是第一至第八高等学校及部分县之高等学校，六是早稻田大学、庆应义塾大学、明治大学的预科，七是

① 阿部洋『「対支文化事業」の研究—戦前期日中教育文化交流の展開と挫折』、227 ~ 228 頁。

② 実藤恵秀『中国人日本留学史』、124 頁。

③ 《中华民国留日学生关于排日问题之宣言》（1923 年 7 月），转引自実藤恵秀『中国人日本留学史』、125 ~ 126 頁。

④ 《日本对支文化事业及其纠葛》，《东方杂志》第 21 卷第 6 期，1924 年 3 月；阿部洋『「対支文化事業」の研究—戦前期日中教育文化交流の展開と挫折』、238 ~ 239、335 ~ 336 頁。

东京高等工业学校、第一高等学校的特别预科，八是早稻田大学、庆应义塾大学、明治大学的专门部。①

留日学生原本反对接受日本对华文化事业学费补助，但在前述分配办法颁布后，反而为争夺补助名额发生了内讧。早稻田大学、明治大学等校的留日自费生，认为公费生再次接受补助属于双重补助，强烈要求修改过于照顾公费生的这一分配办法。随之，以东京高等师范学校等公立学校为中心的留日公费生，认为有权获得日本对华文化事业的学费补助，坚决拥护前述分配办法。② 于是，留日公、自费生之间围绕学费补助权利与名额，相互攻击，使整个留日学界在此后一年多的时间内处于一种混乱状态。③ 部分留日学生甚至大闹中国驻日公使馆和留学生监督处，以致驻日公使暂时归国，监督处人员或躲避他处，或相率辞职，最终逼迫北洋政府教育部对《日本对华文化事业留学生学费补助分配办法》进行了部分修改与调整。④ 更有甚者，有的留日学生竟直接诉之日本外务省、文部省等相关机构。⑤

日本各校趁机向接受对华文化事业补助的留日学生提出签署含有“不忘日本政府深厚恩典，尽力于中日亲善”等类似内容的“誓约书”，再次引发留日学界轩然大波。如东京商科大学的“誓约书”，除了留日学生姓名、年级、出生年月，以及致函校长的亲笔签印和时间外，主要内容是“我此次基于日本政府对华文化事业相关法案之一的《中国留学生给费实施大纲》，从大正十三年十月开始，每月领取学费补助70日元，至为感谢而专心勤学，发誓毕业之后，体悟是项主旨，奋力报答隆恩”。⑥ 其他各校“誓

① 陈学恂、田正平主编《中国近代教育史资料汇编·留学教育》，上海教育出版社，1991，第409～414页。

② 阿部洋『「対支文化事業」の研究—戦前期日中教育文化交流の展開と挫折』、339頁。

③ 『留日学生総会の紛擾』『在本邦留学生関係雑件』、請求番号：H－5－0－0－1、第2册、外務省外交史料館。

④ 「文化事業部補助留学生費修正弁法案　大正十五年十二月」『民国政府ノ外国留学ニ対スル諸調査関係雑件』外務省外交史料館藏、アジア歴史資料センター、レファレンスコード：B05016089800。

⑤ 孫安石「『経費は遊学の母なり』—清末～一九三〇年代の中国留学生の留学経費と生活調査について」大里浩秋・孫安石編『中国人日本留学史研究の現段階』、191頁。

⑥ 阿部洋『「対支文化事業」の研究—戦前期日中教育文化交流の展開と挫折』、346～347頁。

约书”与此大体相同，留日学生认为“只有受日本政府之意才能如此大同小异”，批判“像这样的侮辱尚敢称文化事业”。[①] 但是，随着部分留日学生在“誓约书”上签字，他们不得不屈从日方压力。

日本政府此举引起了留日学生和国人的担忧。有人指出：“日本留学生受庚款项下之资金补助者，人数不少，因我国政府未能将此项问题根本解决，而分配诠衡之权，操诸对支文化事业部，使我国多数青年而仰异国政府之鼻息。”表达了对留日学生为获得庚款补助不得已屈从日本政府的担忧与愤怒，并针对这一问题提出上、中、下三策。上策是：“我国外交当局向日本驻华公使开始交涉，提出觉书，要求我国庚子赔款悉数退还，仿照中美庚款办法，组织董事会，所有款项之支配及保管，统由董事会处理，前此双方所定之换文协定，一律废止。”中策是：“以上办法（即上策——引者注）如一时不能达其目的，应暂行改组，遴选有学识手腕者充任委员，一面仍积极交涉，促其退还，并要求撤废对支文化事业部。”下策是：“置之不闻不问，或空言片面之取消，而事实上仍一任日人自由行动。”则种种弊端难以避免，[②] 呼吁政府采取上策，敦促日本全数返还庚款，废除《中日文化协定》，仿效美国退还庚款之方式，由专门的董事会负责退还庚款补助留日学生事宜。

但是，日本政府妄图通过控制庚款补助留日学生事务实现收买和控制留日学生的目的，因而拒绝国民政府全数返还庚款和废止《中日文化协定》的要求。对此，一篇题为《留日庚款生仇日愈益厉害——因日当局压迫轻视、用心险恶无可忍受》的文章，揭露了日本政府的野心与做法。外务省文化事业部打着审查的名义，详细调查各校补助生的思想、信仰、活动、资格、成绩等，剥夺了原本属于驻日留学生监督处选拔补助生的权力；在发给留日学生补助金时，训示他们要“亲日”，否则将立即取消其学费补助。[③] 其目的是“以中日文化事业为借口，实为文化侵略及收买走狗的手段。数

① 阿部洋「戦前日本の『対支文化事業』と中国人留学生—以学費補給問題を中心に」国立教育研究所『国立教育研究所紀要第121集：戦前日本のアジアへの教育関与』平成4年3月、181～182頁。

② 《中日文化事业与外交关系》，《时事新报》1929年11月23日。

③ 《留日庚款生仇日愈益厉害——因日当局压迫轻视、用心险恶无可忍受》，《新闻报》1930年7月24日。

年来，日本人对于中国留学生的不肖之徒以操行善良为由，给与选拔生的名义，每月支付50乃至240日元的补助金……日本人妄想利用其作为侵略之资，培养我留日学生中的一部分为帝国主义的走狗”,① 揭露了日本政府的险恶用心。1931年6月5日，《新京日报》的“东京通讯”栏目刊文，指责“日本政府利用选拔名义，以收买我国留日学生，现由日本文化事业部，通知各学校，选拔留日学生若干名，每月津贴日金三十元至五十元不等，现正在征集中云”,② 也反映了日本政府利用文化事业补助费收买留日学生的情况。

留日学生对日本退还庚款和“东方文化事业”的认识，既与国内各界有大体一致的看法，也有其身处日本留学的显著特点。一是他们主要关注对华文化事业补助留日学生学费问题。二是他们对日本退还庚款补助其留日学费的态度变化较大。1923年3月日本国会通过《对华文化事业特别会计法案》之前，留日学生对日本退还庚款补助其留学费用抱有乐观期待，而之后则大为不满，认为其包藏文化侵略祸心，进而表示拒绝接受。1924年3月8日北洋政府教育部颁布《日本对华文化事业留学生学费补助分配办法》后，留日学生为争取补助名额反而发生内讧，甚至为接受补助而不惜签署屈辱的“誓约书”。三是留日学生对日本退还庚款和“东方文化事业”的认识与实践背离。他们明白日本以“东方文化事业”之名义，利用退还庚款收买留日学生为其侵华扩张政策服务，但在现实中又主动“上钩”，甚至争抢文化事业学费补助名额。

留日学界缘何出现如此悖象？一个重要原因是留日学生生活困苦而又无经费资助，不得已接受日本政府的选拔补助。1930年7月20日，国民政府教育部训令留日学生停止接受日本对华文化事业补助。③ 但是，“际此日金暴涨，生活高贵，既不肯废学返国，又无法继续维持”之留日学生，于1931年1月20日推选卢福保、何忱、崔紫峰作为代表回国，

① 「文化事業費支給拒絶令」『支那時報』第13巻第3号、昭和5年9月、“時事要覧（文化教育）”。

② 《日政府之无赖行径——既无诚意废止中日文化协定，复思利用庚款收买留日学生》，《新京日报》1931年6月5日，“东京通讯”。

③ 「教育部訓令」『日華学報』第17号、昭和5年10月1日、62頁。

陈述生活困苦之状，指出“政府令行禁止序补庚款，系对日外交上一种运用，而生等学业不能因一时外交关系而中途停止，且庚款序补虽不能普及于留学生之全体，然在日学生成绩优良而有序补之希望者，决非少数，以多数学生课业之牺牲，作为外交上非积极之表示，其损益绝不相抵”。故拟于 22 日赴南京请愿，“目的在文化协定废除后，请求政府仍将庚款一部分，为补助留日学生学费之用，在文化协定未经废除，而庚款停补之间，请求政府设法救济困苦学生，以免失学流离”。[①] 遗憾的是，国民政府不仅没有资助他们，反而以严厉态度制止留日学生序补庚款的请求。[②] 于是，部分留日学生不顾国民政府教育部训令，或主动或被动地接受了庚款补助。[③] 当爱国情怀遭遇生活所迫时，一些留日学生采取了无奈的现实选择。

四　结语

总体而言，中国政府、文化教育界、留日学生对“东方文化事业”，从抱有期待、尝试“合作”逐渐转向怀疑、失望、抵制和反对。其直接表现为日本是否全数返还庚款和“东方文化事业”主导权之争，而中方失利的结果使之怀疑日本退还庚款的诚意和“东方文化事业”包藏文化侵略野心，引发全国范围内反对“东方文化事业”的舆论氛围。其实，中国各界转变对“东方文化事业”态度的根本原因，是日本政府对西方列强奉行“协调外交”，而对中国从未停止武力威胁或军事侵略。在中日“合作”开展“东方文化事业”期间，日本政府和军部召开“东方会议”，推进“满蒙政策”，阻挠北伐战争，三次出兵山东，制造济南惨案等，这种对华步步紧逼的侵略扩张政策使原本脆弱的中日关系更形紧张。胡瑞林指出：“中国教育界人士鉴于已往中日关系，以为凡中日合作事业，必不利于中国，遂有全国教育联

---

① 《留日学生代表昨招待新闻界　代表卢福保、何忱、崔紫峰为序补庚款向政府请愿》，《时事新报》1931 年 1 月 21 日。

② 阿部洋『「対支文化事業」の研究—戦前期日中教育文化交流の展開と挫折』、600 ~ 601 頁。

③ 日華学会学報部『中華民国・満州国留日学生名簿』第 12 版、昭和 13 年、18 頁。

合会及中华教育改进社数团体，联合反对中日文化事业协定，并有请撤回委员之举。”① 作为日本对华外交策略之一的“东方文化事业”，非但未能缓和中国人的反日情绪，反而随着中日关系恶化加剧了文化对抗，最终沦为日本侵华战争的文化“帮凶”。② 可见，平等互利、和平共处的国际关系，是国际文化交流与合作的基础，而别具用心的文化“合作”只能走向文化对抗，成为国家间交恶的助推器和固化剂，给国际关系带来更加艰难、持久的消极影响。

① 胡瑞霖:《论东方文化事业告当局》,《东方文化》第3期，1927年，第11页。

② 阿部洋『「対支文化事業」の研究—戦前期日中教育文化交流の展開と挫折』、665~934頁。

法律、舆论与外交：1931年山东德福兰案述论

张德明

基督教传教士自近代入华后，受其外来宗教性质及中西文化冲突等多种因素影响，始终面临重重阻力，导致各地教案频发，尤以义和团运动、非基督教运动为两次反教高潮。南京国民政府成立后，明令保护教会活动，反教风潮减弱，政教、民教关系有所缓和，但牵涉到传教士与地方社会的案件仍时有发生。此类案件往往涉及领事裁判权与来华基督教问题，而南京国民政府此时又在积极与各国交涉废除领事裁判权，故也成为中央及地方政府的棘手事务。目前学界对晚清时期的教案研究较多，但对非基督教运动之后的传教士与地方社会冲突而引起的中外交涉关注不多。因此时期由美国传教士在各地引起的中美交涉较多，本文试图从个案出发考察中美有关此类案件的交涉，所要探讨的问题是：在南京国民政府初期，中美政府在此类交涉中如何从法律上解读运用领事裁判权，中美政府内部对交涉的态度又有何种差异，社会舆论在交涉中占有何种角色，来华传教士与基督徒又是如何应对此类交涉。

1931年7月，正当中美废约谈判进行时，美国公理会派遣来华的医学传教士德福兰（F. F. Tucker）在山东德县博济医院内开枪杀死院内工友王国庆，这在当地引起了民众强烈抗议，也导致了中美官方间的交涉。此时恰逢反帝与废约运动高峰时期，国内外报刊高度关注此案，也引发了中外舆论激辩。本文将以中美废约交涉中的典型案例——1931年德福兰案件[①]入手，

① 目前学界对此案件的关注研究较少，王神荫的《基督教公理会在山东的发展和组织概况》（《文史资料选辑》第2辑，山东人民出版社，1982）、山东省德州地区史志编纂委员会编《德州地区志》（齐鲁书社，1992）、李传斌的《条约特权制度下的医疗事业》（湖南人民出版社，2010）、景敏的《近代美国公理会在鲁西北活动研究》（硕士学位论文，山东大学，2014）等论著，对此案有所介绍，但相关论述及引用资料都较为简略。

利用台北“国史馆”所藏国民政府外交部档案与美国国家档案馆收藏的济南领事档案等相关案卷，加之美国教会档案及相关中西报刊等史料，在厘清此案件过程的基础上，从政治与法律互动的视角，着重分析因中美两国法律差异而引起的领事裁判权交涉矛盾及其背后中美政府内部的态度分歧，并考察中外舆论与基督教内部对此案的争论，从而对 20 世纪 30 年代初期的中美交涉复杂性有所认识。

一　法律差异下的领事裁判权：中美官方之交涉

南京国民政府成立后，中美交涉案件仍时有发生，美国在华领事裁判权也尚且有效，导致中美官方在案件交涉时，中方虽然可以调查案情，但仍无对涉案外人的审判权力，而是由美方根据独立调查情况进行审判。地方政府在国民政府于 1929 年裁撤各地交涉署后，虽不能单独处理外交事务，却在涉外案件中更加积极主动，这也在德福兰案中有所体现。

此次案件缘起于 1931 年 3 月底到 7 月初，博济医院曾发生多次窃案，前后损失公款 2470 元。[①] 医院方面曾两次向当地警方报案，警方却采取不作为态度，一直未破案。故自 7 月开始，作为医院总司库的德福兰，每日夜宿办公室，携带手枪，秘密侦查。7 月 11 日 5 时左右，德氏见有人入室欲开保险柜，遂起身查看，并以左手将该人捉住，但被其挣脱逃走，遂开枪击之。入室者复自院内逃出，向该院西院墙奔去，德氏追随又连发两枪，其中第二枪击中该人腰部，致其倒于院墙下。经查看，发现为院内工友王国庆，因其被弹伤要害，经医治无效，于是日 6 时 50 分身亡。[②]

案发后，中美政府随即展开交涉，大致可分为三个阶段。第一阶段以中方调查为主，美方则派领事探访。中方的调查首先由德县展开，后由省民政厅、省法院主导，最后将案情上报外交部定夺。案发当天，该院严守秘密，直到 7 月 12 日才由德县民众教育馆馆长徐乃真电话通知德县官方。德县官

---

① “Letter from Dr. Vincent Wagner Relating How Dr. F. F. Tucker Confronted A Thief,” July 17, 1931, Special Collections of J. Willard Marriott Library, University of Utah.

② 《德县美人德福兰枪杀王国庆》案卷，台北“国史馆”藏国民政府外交部档案，档案号：020－990600－3429。

方闻讯后，县长李树德 12 日立即率司法、警察人员前往医院实地勘验，并拍照存卷。[①] 德县法院随后致函博济医院，令德福兰以书面形式报告该案详细经过。后德氏由当地商铺作保，于 7 月 13 日将报告递交法院，并称："在两星期以内，如有逃脱情事，敝负完全责任。"[②] 德氏还找到恰巧于 10 日来院的王国庆之父王玉可，打算给其部分金钱，使其出结，将儿子尸体带回恩县原籍，了结此事，但未果。德氏此举也被德县官方定义为"情虚畏罪，希图以金钱运动湮没杀人痕迹"[③]。

此案因事关外交，德县官方迅速将案情上报山东省府，山东省府对此案颇为重视。7 月 12 日，德县法院致电山东省高院，请示是否逮捕德福兰。山东省高院以详情不明，一面电令该县政府及检察官迅将详情查复，一面函请山东省政府派员调查事实，并向美国驻济领事提出严重交涉，请其重惩。[④] 13 日，德县县长也分致山东省府主席韩复榘及民政厅厅长李树春，报告案情及会同法院等的勘探结果，并请示处理方案。[⑤] 韩复榘当日回复令继续查明缘由，民政厅厅长李树春则电令暗中监视德氏，以防逃逸。[⑥] 德县政府碍于领事裁判权的存在，未能立即将德福兰拘押，而是奉命派警团暗中监视。此外，博济医院的郭寿仁、高雅儒还相应做了案情书面情况说明，医院人员也将从王国庆住处搜出的钱币开列了清单，一并交给了德县官方。他们提供的证据都在指明王国庆为盗贼。

案发后，美国方面亦迅速行动，驻济南领事也亲自前往德县调查。德福兰于 7 月 11 日即将此案情况报告了驻济南领事米赫德（Carl D. Meinhardt），询问下一步对策。米赫德接到报告后，除于 13 日上报北平的驻华公使外，还于当晚赴德县调查。[⑦] 因德福兰在给德县官方的报告中称，除了搜出王国

① 《德县博济医院美人枪杀华工案》，《华北新闻》1931 年 7 月 16 日，第 1 版。

② 《德县王案凶手已有亲笔供呈法院》，《世界日报》1931 年 7 月 19 日，第 5 版。

③ 《德县美人德福兰枪杀王国庆》案卷，台北"国史馆"藏国民政府外交部档案，档案号：020－990600－3429。

④ 《德县美人德福兰枪杀王国庆》案卷，台北"国史馆"藏国民政府外交部档案，档案号：020－990600－3429。

⑤ 《德县美人竟枪杀华工》，《北平晨报》1931 年 7 月 15 日，第 8 版。

⑥ 《美人德福兰枪杀华人案详情》，《华北日报》1931 年 7 月 18 日，第 9 版。

⑦ Records of Foreign Service Posts（RG 84），Consular Posts，Tsinan，China，Volume 121，National Archives and Records Administration of the United States.

庆身上有自造医院钥匙一把外，还“在伊屋内衣物中搜出现洋一百一十九元，小皮包一个，内装山西省废角票 24 角，山东省角票 1 角，均与敝院失款正相符合，并由伊屋内搜索敝院窃出零星物件，伊时有偷窃情事，毫无疑义”[①]。德福兰也将此证据告知了米赫德，米氏采信此说并上报给驻华公使，还于 14 日面见德县县长时称，德福兰“因防止盗窃而袭杀华工王国庆，诚为不幸之案件，但不能负刑事上之责任，中美邦交素称敦睦，深不愿此事而引起两国之恶感”[②]。但中方对此偷窃证据给予了反驳，指出其“竟以事后揣度之词，为被害者之窃盗证据，殊难置信”[③]。米氏还提议参加新成立的王国庆惨案后援会将于 15 日召开的反帝宣传大会，并建议将宣传会改为欢迎会，庆祝德大夫打死土匪，县长则告以死者系工友而不是土匪，拒绝了其提议，并对其为德氏的辩护进行了驳斥。[④] 米赫德当天下午还到德县地方法院，拜访德县法院院长王士琛，再次强调王国庆为盗贼，还称其死前曾承认罪行，并拿出所谓的从王国庆处获得的保险柜钥匙来证明，但遭到了王士琛的驳斥，[⑤] 米氏无奈于 15 日返回济南。从此也可看出，德县地方当局在处理对外交涉时，并没有一味屈从于外国压力，而是据理力争。

美国领事的到访，也使得山东当局对此案给予了持续关注。7 月 15 日，德县地方法院检察官孙鼎致电山东济南高等法院，陈述案情，提出四点疑点，认为德福兰乃故意杀害王国庆，而王国庆是为擦抹地板才进入办公室，并否认被害者在死前曾承认盗窃。[⑥] 后山东省高院又令孙鼎回复该院与美领交涉情形，孙氏在 17 日的复电中驳斥了美领提出的所谓为德福兰辩护的三点证据，称其捏造王国庆死前承认盗窃，拥有开保险柜钥匙及住屋内藏有院内失窃钱款等诬陷王为盗贼的证据，提出米赫德的所有证人均系该院上下联成一气的职员工友，自无传讯采取供词之价值，且系外人势力范围之内，票

① 《德县美人枪杀华工案，韩复榘主慎重办理》，《导报》1931 年 7 月 17 日，第 3 版。

② 《德县美人枪杀华工续讯》，《观海》第 2 期，1931 年。

③ 《德县美人德福兰枪杀王国庆》案卷，台北“国史馆”藏国民政府外交部档案，档案号：020 - 990600 - 3429。

④ 《王国庆惨案尚有内情》，《益世报》1931 年 7 月 19 日，第 3 版。

⑤ 《美人行凶案，法院长痛驳美领》，《中央日报》1931 年 7 月 20 日，第 2 张第 3 版。

⑥ 《德县美人德福兰枪杀王国庆》案卷，台北“国史馆”藏国民政府外交部档案，档案号：020 - 990600 - 3429。

传到案，处处棘手。孙氏还指出如王国庆果有窃盗行为，中美法律大概相同，亦不论死，德福兰之擅杀，应请向美领交涉，按律治罪。[①] 7 月 16 日，李树德还专门致电外交部及山东省府、高等法院详述德案经过，并附死者照片两张，请求外交部、省府与美使交涉，以平民怒。特别是李树德在汇报时将案情描述为王国庆为德氏故意杀死，并提出了否定王为窃贼及德福兰蓄意杀人的多项证据，诸如从王国庆身上搜出的钥匙非保险柜钥匙；此案发生时间既在五点钟，天明以后岂能有窃盗行为；王国庆既为该院工人，凡属院内之人均能认辨，并无于日出时仍敢侵入办公室之理；并指明德氏在认清王国庆的情况下，仍然开枪乃是防卫过当。这些证据也被外交部在之后给美国驻华公使的照会中复述。[②] 由上可知，中美双方已经对王国庆是否为盗贼，进而对德福兰的杀人性质产生了分歧。

除了德县当局的报告外，山东省民政厅还指定特派员李西峰于 7 月 16 日下午到达德县，以便调查实情。李氏经过询问调查，于 17 日下午乘车返回呈复。其报告称从王国庆身上搜出的钥匙实为办公室所用，而非保险柜钥匙，认定王被误杀无疑；但其在报告中也附带了德福兰的述说及该院华人院长郭寿仁的陈述，两人皆认定王为盗贼，并称搜出了王盗窃的院内部分金钱及零星物件，与医院所失窃物品相同，确系赃物。[③] 由此可见，李西峰在调查中坚持自己判断的同时，也将不利于中方的证据如实上报，履行了较为公正的司法程序。

山东省府在调查的基础上，采取了进一步的积极举措。德福兰在德县时并未被关押，但山东省府于 7 月 18 日电令德县方面将德福兰押解赴济南，解送民政厅转交济南市政府妥为看管。德福兰获悉后，希望 20 日再赴济南，以便交接处理德县医院的财务等事宜，获得中方许可。后德氏通过电报将此事告知美国驻济南领事。[④] 德福兰于 20 日到济南火车站后，米赫德在车站

① 《德县美人德福兰枪杀王国庆》案卷，台北“国史馆”藏国民政府外交部档案，档案号：020－990600－3429。

② 第三二七号，*Records of the United States Legation in China, 1843 - 1945*, Roll 19 (Washington: National Archives Microfilm Publication, No. T－898, 1963), p. 6。

③ 《德县美人德福兰枪杀王国庆》案卷，台北“国史馆”藏国民政府外交部档案，档案号：020－990600－3429。

④ “How the American Consul Was Tricked,”《中华民国史料外编——前日本末次研究所情报资料》第 19 册，广西师范大学出版社，1997，第 456 页。

意图将德氏带回询问，未获准许，后其又与济南市长闻承烈交涉，欲将德氏送交美领署看管，亦未成功。德氏最终被关押在市政府公安局拘留所，米赫德当晚看望德福兰，亦再次请求公安局长王恺如允将其带回，未获允许。时王氏的答复也颇为强硬，称："外国人枪杀中国人，我们的民众非常愤慨，现在把凶手解来，政府当有办法可以交涉，现在释放是不能的。"[①] 米赫德还于 20 日晚及 21 日两次拜见韩复榘，力请引渡。韩氏均亲自接见，告之此事山东省政府不敢自专，既事属外交，已致外交部请示，后方可决定。[②] 因德福兰的特殊性，中方对其在拘留所也颇为优待，"未带刑具，看书通信起居均极自由"[③]。从山东省府的应对看，地方政府因顾忌较少，针对此类中外交涉的态度相对积极，敢于触动外国利益，坚持扣押德福兰。

在中方逮捕德福兰后，中美双方交涉进入第二阶段，即由美方展开独立调查，中方则对美方的行动进行抗议。因此案为美国人在中国枪杀华人，故而牵涉到领事裁判权问题，这也是当时中美正在谈判交涉的外交事务。各国在华领事裁判权因鸦片战争后的不平等条约产生，严重危害中国司法主权，北洋政府在 1925 年曾发起"修约外交"，希望裁撤领事裁判权，却未达成所愿，而此时南京政府高举"革命外交"大旗，继续试图废除领事裁判权，但在与美国谈判过程中，阻力也颇大。然为应付国民会议的召开，1931 年 5 月 4 日，国民政府单方面公布《管辖在华外国人实施条例案》十二条，其主旨是废除领事裁判权，外国人犯罪由中国法院依法审判，外国人受中国司法法院管辖，可对外国人进行监禁、羁押及拘留，准备于 1932 年 1 月 1 日正式实行。[④] 在此形势下，美方于同年 7 月 14 日制定了《中美条约草案》，决定有条件地逐步废除领事裁判权，对于外国人在华犯罪给予短期拘留或罚款等轻判。[⑤] 但该案发生时，美方尚未就此草案与中方进行谈判。因德福兰案发生在中美废约谈判期间，中美两国政府此时也特别重视牵涉其中的案

① 《行凶美人德福兰解济情形》，《中央日报》1931 年 7 月 24 日，第 2 张第 3 版。

② 《德枪杀华人凶犯，美领要求引渡》，《京报》1931 年 7 月 23 日，第 2 版。

③ 《美人杀华工案，凶手解济南》，《庸报》1931 年 7 月 23 日，第 3 版。

④ 《管辖在华外国人实施条例案》，台北"国史馆"藏国民政府档案，档案号：001-012037-0002。

⑤ 该草案原文见 *The Foreign Relations of the United States*: *Diplomatic Papers*, 1931, Vol. Ⅲ (Washington D. C. : Government Printing Office, 1946), pp. 893-904。

件，而美国则称在现有条约终止前，其仍享有领事裁判权。[①] 美国驻华公使詹森（Nelson T. Johnson）在将此案件上报美国国务院后，国务院于 7 月 22 日回电，要求其与中国官宪交涉，须按照领事裁判权之规定，保证对于德福兰之待遇。[②] 美国国务院和驻华公使态度一致，即坚持要在这样的案件中，将美国司法审判的全套机制运用到中国。国务院一再督促米赫德召集调查庭，詹森则立即联系上海总领事让其派美国在华法院检察官赴山东开展独立调查。[③] 德福兰的被捕更加强了美国政府的这种诉求。尽管根据 1858 年中美《天津条约》第十一条规定，中国政府可以逮捕美国人，但必须交由在中国的美国法庭审判。[④] 米赫德仍对中方逮捕德氏很是不满，引证 1844 年中美《望厦条约》第十一条款、1880 年中美“续约附款”的第四条款中有关领事裁判权的规定，提醒山东省政府拘留美国公民是与条约精神相违背的，要求中国官员遵守之前的“神圣”条约。[⑤] 有上海教会期刊称：“美国方面有利用鲁省当局拘捕载氏（德福兰），为破坏领事裁判权之不法行为，借口抵抗吾国治外法权之取消。”[⑥] 美方拖延谈判概为不争事实，原因也不全在此案，但该案却成为其一延缓甚至抵抗废除领事裁判权谈判的理由。

虽然当时山东处于半独立状态，但在关系重大的外交事务上还是向中央请示处理。山东省府以国民政府裁撤地方交涉署后，地方政府不便处理外交事务为由，根据外交部公布的善后办法，即于 7 月 20 日电请外交部详复对策，以凭办理。[⑦] 7 月 21 日，美国领事致信韩复榘，抗议中国违反领事裁判权规定，私自扣押德福兰，要求将德氏交由美方，并请其派员同美方共同调

---

① “Chinese Seize Missionary in Shooting Case,” *The Standard Union*, July 21 (1931): 4;《美人枪杀华工案凶手德福兰解济》,《时报》1931 年 7 月 24 日，第 3 版。

② “Washington's Reply to Minster,” *Shanghai Times*, July 24 (1931): 1;《美教士击毙华人案》,《天津民国日报》1931 年 7 月 24 日，第 3 版。

③ Records of Foreign Service Posts (RG 84), Consular Posts, Tsinan, China, Volume 121, National Archives and Records Administration of the United States.

④ “U. S. Demands China Give Up Missionary Held in Killing,” *Washington Post*, July 23 (1931): 7.

⑤ Records of Foreign Service Posts (RG 84), Consular Posts, Tsinan, China, Volume 121, National Archives and Records Administration of the United States.

⑥《社论：基督教义贵在实行》,《兴华周报》第 28 卷第 31 期，1931 年。

⑦《德县王案候外部电复》,《新闻报》1931 年 7 月 24 日，第 9 版;《美人杀华工案，鲁省府向外部询办法》,《新中华报》1931 年 7 月 23 日，第 4 版。

查，称德县地方调查太过浮泛。[①] 因未见外交部回电，21 日晚，山东省府又急电该部，称美领终日来府要求引渡，以本府无直接对外交涉之规定已婉辞答复，究竟该美人德福兰如何办理，务请此电到后即示办法，以免美领纠缠而做切实之交涉。[②] 为避免事端扩大，外交部于 22 日复电山东省府称："美人枪杀王国庆一案，马号各电均悉，可速同证据移送驻济美领署审问。"[③] 基于此电，德福兰连同证据于 23 日即被济南市府转交驻济美领署看押。外交部最后仍然从大局出发，没有坚持自行审判德福兰，被迫遵守了当时领事裁判权的规定，这也是当时务实温和型"革命外交"的体现。虽然德氏最终被移交给美方，美国国务院仍认为出现中方拘留美国公民的情况，是因为当地领事没有迅速采取美国的司法程序由领事法庭自行拘留。为此，米赫德辩解称是因为没有收到如领事法庭法规第 57、58、60 条规定的对德福兰的控诉，也没有找到他犯罪的证据，所以没有传讯他。[④]

山东当局与外交部在此案过程中，往来电文频繁，也便于外交部掌握最新情况，与美交涉。7 月 22 日，外交部还致电德县地方法院，望其对该案调查与验尸时，将查得之真相及与美领谈话经过情形详细电复。后孙鼎即将调查真相及与美领谈话情形回复外交部，并附之前回山东省高院的两份原文。7 月 23 日，山东省政府又致电外交部称，根据德县县长报告，提出王案疑点四端，指出德福兰所称各证，以该县长等查报情形，显系事后虚拟；无论华工王国庆是否窃盗，亦罪不至死；称德福兰任意枪杀，残暴横行，请求外交部向美使严正交涉，以重民命而维国权，并附德县县长李树德 16 日原电。[⑤] 7 月 29 日，山东省政府又将省民政厅派员调查此案之报告及山东高

---

① China-Tsinan-Consulate Correspondence, 21 July, 1931, *Department of State U.S. Consulate, Tsinan, China (1918 - 1941)*, National Archives of the United States.

② 《德县美人德福兰枪杀王国庆》案卷，台北"国史馆"藏国民政府外交部档案，档案号：020-990600-3429。

③ 《外部电省府将德福兰移送美领署》，《大青岛报》1931 年 7 月 26 日，第 4 版；《德县惨案凶手依然引渡》，《时事新报》1931 年 7 月 24 日，第 2 张第 1 版。

④ Records of Foreign Service Posts (RG 84), Consular Posts, Tsinan, China, Volume 121, National Archives and Records Administration of the United States.

⑤ 《德县美人德福兰枪杀王国庆》案卷，台北"国史馆"藏国民政府外交部档案，档案号：020-990600-3429。

等法院呈送的两份文件，电至外交部。[①] 这些来电也成为外交部之后向美国发出交涉照会的参考。

美国官方也未对此案妄下定论，而是坚持独立调查。美国国务院 7 月 22 日公布的官方报告，在提及此案时也客观叙说："德福兰击毙一名中国人，据其称此人是一名盗贼。"[②] 后美国方面为了解案情，特派美国在华法院检察官萨赉德（George Sellett）于 7 月 26 日从驻地上海赶往济南，侦查此案，以便依法办理。[③] 萨氏此次在济南遍讯德氏及有关人物，又向驻济南美领事了解案情。萨赉德曾想召集证人在领事署问话，但中方似在干扰调查，萨氏"发现所有证人均被德县县长及党部威吓，若有供给开脱 TUCKER 之证言者，均将不利，故认为在此情况下调查不妥，故未进行"[④]。7 月 31 日，萨氏还专门同德福兰谈话，要求其宣誓并进行了长达半天多的官方讯问，详细听取了德福兰对案情的陈述，并进行了记录。[⑤]

由于按照当时领事裁判权的规定，美方有权按照本国法律审讯在华犯罪的本国人，但中、美两国因国情、社会制度等方面因素，在法律规定上存在较大差异，特别是对正当防卫、持枪等方面的规定更是不尽相同，这也导致了中美官方对案件性质认定的分歧，由此双方陷入了交涉的困局。7 月 31 日，山东省民政厅将中方搜集的该案证据送到济南市府，市府以案关民命，情节重大，随即抄同证据函请驻济领事米赫德查照，要求依法严重讯办。[⑥] 因美方根据米赫德陈述，已初步认定王国庆为盗贼，德福兰开枪杀人为自卫之举，故外交部长王正廷于 7 月 31 日给美国驻华公使詹森的照会中，提出了德县政府报告的此案疑点四端，并对王氏为盗贼及德氏属于正当防卫的说

---

① 《德县美人德福兰枪杀王国庆》案卷，台北"国史馆"藏国民政府外交部档案，档案号：020－990600－3429。

② "Doctor Tucker Taken into Custody by Chinese Authorities," *Publications of the Department of State Press Release*, July 25（1931）：109.

③ "Investigating Tucker Case," *The Independent Weekly*, 26（1931）：9.

④ 《德县美人德福兰枪杀王国庆》案卷，台北"国史馆"藏国民政府外交部档案，档案号：020－990600－3429。

⑤ Letters Concerning the Tehchow Robbery and Killing, August 8, 1931, p. 4, Special Collections of J. Willard Marriott Library, University of Utah.

⑥ 《德县美人德福兰枪杀王国庆》案卷，台北"国史馆"藏国民政府外交部档案，档案号：020－990600－3429。

法进行了反驳，认为："无论何国之法律，对于正当防卫之条件规定至为严密，假令本案被案者果有窃盗之意，该德福兰发枪将其击毙，其防卫非正当，自应彻底审究。"① 综合各方材料看，在王国庆已死的情况下，中美双方都出示了对己有利的证据，难以分辨王国庆是否为盗贼，但德福兰开枪杀死王国庆却是中美公认的事实，德氏称开枪是为威吓王国庆，"若非逃跑跳墙，更无性命之忧"②。

在济南调查结束后，8 月 2 日，萨赉德又前往德县侦查此案，搜求证据，借以审查德福兰此种举动是否有罪。如若有罪，则萨氏按手续在法庭提起公诉；如德福兰并无提起公诉之罪名，则萨氏仍当依据法律宣告其无罪。③ 萨氏还专门赴德县博济医院调查，据事后访问萨氏的报纸载："萨氏询问了医院内的所有雇工，称他们中的大部分都认为德氏的行为是正确的。"④ 萨氏也想以此来获取人们对德福兰的同情。但当时德县官方对此则称："该院职员工友，且上下联成一气，自无传讯采取供词之价值。"⑤ 这也说明了中、美双方对当事证人的不同态度。上文中也讲到萨氏在济南也未对已被中方威吓的证人问话。后萨氏又偕书记乘火车返沪，并将侦查结果报告美公使詹森。8 月 3 日，上海《大美晚报》记者往访萨氏，其称："此案办理未毕，今犹未能表示应否起诉。"⑥ 因见美方未有答复，山东省府还于 8 月 4 日令济南市府电请外交部严速交涉，外交部回电称已照会美使，请其惩凶赔偿。后济南市府面请驻济美领事署依法严予惩处，但米赫德称此案既已移归中央办理，地方不便再酌定办法，拟候中央与美使交涉办理。此后，济南市府屡经催问，该领事仍以此为答复。⑦

---

① 《美人德福兰手枪击毙王国庆一案》，《中美往来照会集（1846～1931）》第 19 册，广西师范大学出版社，2006，第 309 页。

② 《德县美人德福兰枪杀王国庆》案卷，台北"国史馆"藏国民政府外交部档案，档案号：020－990600－3429。

③ 《魏振玉牧师致董事部函》，《华北公理会月刊》第 5 卷第 7 期，1931 年。

④ "Again Doctor Tucker," *The China Critic*, 33 (1931): 772.

⑤ 《德县美人德福兰枪杀王国庆》案卷，台北"国史馆"藏国民政府外交部档案，档案号：020－990600－3429。

⑥ 《美检事萨赉德返沪》，《申报》1931 年 8 月 4 日，第 16 版。

⑦ 《德县美人德福兰枪杀王国庆》案卷，台北"国史馆"藏国民政府外交部档案，档案号：020－990600－3429。

当时美国政府也十分关注此案进展。据上海的英文《密勒氏评论报》称："美国国务卿曾要求美国驻华公使尽快安排对德福兰的初步审判，并将相关程序报告递交中国政府。"[①] 但在美国政府内部，关于如何在此案中实际操作领事裁判权也存在分歧。7 月底 8 月初，美国国务院接连五次下令济南领事组织调查法庭审理此案，以决定是否将德福兰移送到美国在华法院审讯，甚至训斥米赫德在明知国务院对正式司法程序有强烈愿望的情况下，仍久久没有将此案"进入司法程序"。米赫德则以自身司法经验作保，征引领事法庭规则第 59 条和领事规则第 60 条中关于"直到有确切的罪名指控以前，任何公民都不能被传讯"的规定，[②] 坚定地认为在没有收到对德福兰的指控之前，他没有权力组织这样的法庭审讯。美国国务院和济南领事的分歧演变为法律辩论。国务院提醒米赫德注意 1919 年巴尔内斯联邦法令（Barnes Federal Code）第 4087 号法规的修订版中关于领事官在逮捕、审讯和判决罪犯中的职责规定；米赫德则认为问题的本质是领事是否有权力在任何时间举行一场法庭审讯来决定一个在其管辖权范围内的美国人犯罪的可能性，并坚信这是与美国宪法精神相违背的。[③]

因正处废约谈判的敏感时期，美国政府想要极力声张领事裁判权，认为这是向中国人展现美国司法官员行使司法职权的重要案例，故不顾案件的实际情况和领事法规，只求像在美国国土上一般由美国人全权掌控案件的审判，不让中方有任何插手的余地。直到美国驻华公使收到萨赉德的调查报告，情况才有了转变。8 月 8 日，萨氏在给詹森的报告中称："从中美两国法律看，德氏此举都非犯罪，因为法律也认同当一个人遇到暴力行为时，有必要采取各种措施来阻止肇事者的行动。如果对其进行庭审，那将有违法律与正义。"[④] 其中，萨

① "Missionaries Pass Resolutions Condemning Dr. Tucker," *The China Weekly Review*, 10 (1931): 407.

② 规定参见 United States Consular Regulations: A Practical Guide for Consular Officers and Also for Merchants, Shipowners and Masters of American Vessels in all Their Consular Transactions (Washington: French & Richardson, 1868), p. 51。

③ Records of Foreign Service Posts (RG 84), Consular Posts, Tsinan, China, Volume 121, National Archives and Records Administration of the United States.

④ Letters Concerning the Tehchow Robbery and Killing, August 8, 1931, p. 9, Special Collections of J. Willard Marriott Library, University of Utah; T. A. Bisson, "The United States and Far East," *Pacific Affairs*, 1 (1932): 71.

氏详细陈述了其调查该案的诸多细节，包括他曾经出于政治的考虑，决定在济南召开调查庭，后因中国证人拒绝作证而作罢，及其独立调查的结论——德福兰没有犯罪。为了证明这点，他列出了美国习惯法第292条、刑法典第410条和425条作根据，其中有明确关于“私人实施逮捕”情况的规定，即任何个人都可以在任何犯罪正在实施时逮捕罪犯，如果杀了罪犯，只要提供罪犯拒捕的证据，其行为就是正当的。而且，他还试图引用中国法律作为佐证，因为《中华民国刑法》第49条、55条也有规定，一个犯罪的人可以被任何人在没有逮捕令的情况下逮捕，甚至可以被暴力逮捕；但实施的暴力不能超过必要的范围。但这样一来，王国庆是否正在实施盗窃就成为德氏是否违反了法律的关键所在。[①] 基于此因，萨氏坚称王国庆是盗贼，他认为即使按照中国法律，德福兰的行为也是合法的。

因中美双方法律及对此案认识的差异，中国方面对上述美方的解释也存在异议。8月10日，国民政府司法行政部将山东省高院发来的德福兰案详情转发外交部，驳斥美方的所谓证据，提出该案疑点四端，请外交部向美交涉。[②] 中美双方对正当防卫的规定也存在认识分歧，美方法律对正当防卫要求较松，更多从人性出发，考虑到行为人的处境，认为德福兰是在自卫，保护自身生命财产安全。中方则对正当防卫的要求及认识较严，1928年颁布的《中华民国刑法》第四章“刑事责任及刑之减免”第36条规定：“对于现在不法之侵害而出于防卫自己或他人权利之行为不罚，但防卫行为过当者得减轻或免除本刑。”第37条规定：“因救护自己或他人生命、身体自由、财产之紧急危难而出于不得已之行为不罚，但救护行为过当者得减轻或免除本刑。”[③] 基于此规定，中方认为德福兰在认清王国庆且王氏在逃跑的情况下，无论其是否行窃，都不应再开枪射杀。可见中美法律的差异，也导致双方对此案的判决产生了争议。

在此形势下，萨赉德在8月22日将最终调查报告上报美国国务院，该

① Records of Foreign Service Posts (RG 84), Consular Posts, Tsinan, China, Volume 121, National Archives and Records Administration of the United States.

② 《德县美人德福兰枪杀王国庆》案卷，台北“国史馆”藏国民政府外交部档案，档案号：020-990600-3429。

③ 国民政府编《中华民国刑法》，上海云卿图书公司，1928，第17~18页。

报告对美国政府的决策产生了关键的影响。萨氏在报告中既坚持了美方一贯持有的德福兰没有犯罪的主张，也支持了济南领事没有必要举办调查法庭的观点。他从法理的角度分析，虽说在美国大多数的司法程序中，调查庭都是刑事诉讼程序的第一步，但它不是必要部分，大部分案件实际上都没有举办调查庭，而是以大陪审团的调查作为最初的审理。在中国，同样没有这个必要，美国在华法院的刑事案件大多数也都没有组织调查庭，而是由法院检察官独立调查和提起诉讼，他的职责和义务类似于美国的大陪审团。[①] 如此解释，萨氏认为这既遵从了美国的法律精神，又似乎是保护德福兰的最好办法。基于此报告，美国国务院和驻华公使才都转变了想法，不再坚持命令济南领事组织调查庭。这样，若检察官不予起诉，从美方看来，依美国法律此案件已经了结，也无司法程序可再走，德福兰自然是无罪释放。因此，德氏在请求出于身体原因要离开济南的时候，也获得了驻华公使的准许。[②] 美方在调查后，也未对德福兰采取任何审判，且美方坚持认为德福兰对盗贼开枪并无责任。故德氏也未接受任何惩罚，只是迫于压力，不再在德县进行传教工作。

美方调查后，中美双方交涉进入第三阶段。中方一直要求美方审判德福兰，但未获美方答复，而地方党部、民众团体也在推动着政府对美交涉。鉴于美国迟迟不对德福兰定罪，并试图为其开脱罪责，德县的王国庆惨案后援会还于 1931 年 8 月 18 日通过山东省府致电外交部，希望政府态度强硬，并提及了领事裁判权的危害，称其“为华洋间不平等条约最酷毒之铐镣，其惠洋灭华，莫此为甚，今者撤销领事裁判权，虽未尚实行，而革命民气之激昂，及革命政府之振作绝非往昔可比”[③]；希望政府坚持以枪毙德福兰、抚恤死者等之前所提四项为最低要求，继续与美领交涉，以平民愤而彰国体。外交部收到此电后，在 8 月 24 日再次致电美国公使詹森，要求审判德福

① Records of Foreign Service Posts (RG 84), Consular Posts, Tsinan, China, Volume 121, National Archives and Records Administration of the United States.

② Records of Foreign Service Posts (RG 84), Consular Posts, Tsinan, China, Volume 121, National Archives and Records Administration of the United States.

③ 《德县美人德福兰枪杀王国庆》案卷，台北“国史馆”藏国民政府外交部档案，档案号：020-990600-3429。

兰，[1] 但未获美方答复。8 月 29 日，国民党中央执行委员会将由韩复榘、何思源、张苇村等署名的山东省党务整理委员会呈文转交外交部。文中指出因德福兰仍然逍遥法外，请求外交部向美严正交涉，提出枪毙德福兰、要求美方道歉赔偿等四项要求。因美方仍无行动，9 月 21 日，外交部又收到国民党山东省党务整理委员会公函，函称除通电各地一致声讨并努力宣传外，还请求外交部与美交涉，称"美使显系有意掩护，意欲与日本帝国主义者取同一态度，蔑视国际公法，侵辱中华国权"，向美方提出以严惩凶手、优恤死者家属、向中国正式道歉、担保永不会有同样案件发生为最低限度的四项条件。[2] 上述团体的种种要求，虽然推动了政府向美交涉，但提出的多数要求并未被政府接受，除了因少数要求脱离实际外，也因其为涉外案件，且国民政府此时仍希望联美制日。纵观民国时期的政府外交，或多或少都受到民众舆论的影响，尽管效果不尽相同，却成为左右政府交涉的重要力量。

在此后两年间，美方仍无对中方的答复；而中方因九一八事变的爆发，中日关系成为当时焦点问题，国民政府对外政策更加倾向于联美抗日，仍然有求于美国，故对要求美方坚持审判德福兰的态度并不坚决。实际上，当时美国政府对德福兰的处理并未公布任何裁决，只是默认了德福兰无罪与自由活动。济南领事曾在 1931 年 10 月初向驻华公使催问判决事宜，后于 12 月应德福兰请求，直接致电国务院询问，但均未获答复。[3] 华北公理会促进董事干事在 1932 年 4 月提及此案时，则说："迄今此案虽未完全了结，然而当地空气已渐缓和，目下只有中美两国政府的交涉而已。"[4] 之后外交部于 1933 年 10 月 5 日又去电山东省府询问此案审问结果，山东省府回电称令济南市长查案速复，并于 11 月 8 日再次致电外交部报告详情。外交部在得知山东方面未获美方答复后，于 11 月 17 日致电美国公使詹森询问此案审理情形，但未获回音。在此次致美照会中，外交部的草稿曾提到地方官厅亦未得

① "Tucker Punishment Asked of Johnson," *The China Press*, August 25 (1931): 4.

② 《德县美人德福兰枪杀王国庆》案卷，台北"国史馆"藏国民政府外交部档案，档案号：020－990600－3429。

③ Records of Foreign Service Posts (RG 84), Consular Posts, Tsinan, China, Volume 121, National Archives and Records Administration of the United States.

④ 《华北公理会促进董事部 1931 年干事报告书》，《华北公理会月刊》第 6 卷第 6 期，1932 年。

前往观审之机会，与 1882 年中美续补条约第四款规定不符，但最后将此条删去。因外交部担心将来美方或根据此条要求在中国官厅内观审，英国当时已声明自动放弃观审权，而美国尚未放弃。①

鉴于美方迟迟没有回音，1934 年 1 月 11 日，外交部次长徐谟就此事专门会晤美使馆参事裴克（Willys R. Peck），裴克仍称王国庆为盗窃无疑，德福兰并无责任，不必起诉，此时重提此案，于事无补，恐引起纠纷。② 同年 1 月 20 日，两人又再次会面，裴称外交部所要求的美方调查报告材料需加整理，稍后转交。至此，此案不了了之。纵观此案，美方不管是出于政治的考量想要组织调查法庭审讯德福兰，还是最后按照法律程序对德氏不予起诉，基本目的和初衷只有一个，都是要继续全面行使在中国的领事裁判权。在当时的领事裁判体制下，美方自认为有理由完全以美国法律处理此案，只是在华法院检察官萨赉德侦查后，便对德福兰宣告"无罪释放"，且抓住中方想要修好中美关系、不愿制造争执的弱点，连起码的外交解释都不愿做出，难怪在当时的中国社会引起极大不满。从此案的最后结局看，实际也印证了当时报刊对同年另一起在华美国士兵枪杀华人案的评论，"今天打死一个华人，至多外交界提起抗议，例行公事的来上一角公文，只要还你一个不瞅不睬，事情冷淡下，也就完了"③。当然这也是民国时期外国人在华杀人案件的多数结局，除了领事裁判权问题外，也在于中国政府能力有限，无法摆脱对西方国家的依赖。

二　救世救人与行凶杀人：中外舆论之激辩

德福兰案在当时可谓轰动一时，《中央日报》《民国日报》《纽约时报》《芝加哥每日论坛报》等海内外的数十家报刊持续报道此案件，国内报馆还派记者前往山东调查，发表多篇新闻报道。受民族主义影响的国内民众及地

---

① 《德县美人德福兰枪杀王国庆》案卷，台北"国史馆"藏国民政府外交部档案，档案号：020－990600－3429。

② 《德县美人德福兰枪杀王国庆》案卷，台北"国史馆"藏国民政府外交部档案，档案号：020－990600－3429。

③ 积勋：《美兵枪杀华人》，《联益之友美术旬刊》第 184 期，1931 年。

方团体，对此类在华外人恃强凌弱的行径也异常愤慨，通过多种形式广为声讨抗议。但此案中王国庆是否为盗贼难以判断，加之德福兰的传教士身份及中外报刊带有的民族情感因素，也导致了中外舆论的激辩。

来华传教士自鸦片战争后，依靠不平等条约中的“传教宽容条款”才得以公开传教，故屡被国人看作帝国主义的侵华工具。此次德福兰持枪杀人，更是为国人攻击基督教平添了绝好的素材。更令传教士尴尬的是，一直以救死扶伤为己任的医学传教士竟然开枪杀人，而且杀人地点更是发生在救人治病的教会医院中。此案发生后，中文报纸也多从反帝角度出发，呼吁政府交涉，进而反对基督教传播。由于基督教与西方国家有千丝万缕的联系，故中国舆论对外来的基督教多持敌视态度，如《天津商报》在报道此案提到博济医院时说：“院中外人异常强暴，德县人请其医病者甚少，每日所诊治者泰半为其教徒。”[①] 实际当时民众已逐渐认同西医，到博济医院看病者也甚多，病情严重的民众还敢在被妖魔化的教会医院中住院治疗。据 1930 年的统计，华北基督教公理会在德县有教徒 1353 人，但据当年博济医院报告，看病人数实为教徒总数的 10 倍之多，当年门诊接待男病人 7517 人，女病人 3875 人；住院男病人 796 人，女病人 296 人。[②] 由此可见中方报纸所称显然有违事实。因中方媒体多带有仇视情绪，故其报道也不甚客观，影响了人们的价值评判，但也应看到部分报纸的报道实与其背后官方管理机构的授意有关。如北平《世界日报》在评价德福兰时，即称其：“素日行为蛮横，视华友工为奴隶，今竟恃帝国主义余威，任意枪杀华人，辱我国体莫此如是。吾华人应本爱国家爱同胞之热心，急起声援，一致交涉。”[③] 上海的《民国日报》也称，德福兰“戴慈善之伪面具，施残暴之野蛮行为，敢公然枪杀华工王国庆，则其平日凭藉医术，杀我同胞，不知凡几”[④]。此番言论则明显带有诋毁身为医学传教士德福兰的嫌疑。实际上，当时多数地方的普通民众与医学传教士关系比较融洽，只不过部分上层精英与知识分子还存在

① 《美人枪杀华人》，《天津商报》1931 年 7 月 16 日，第 3 版。

② 《1930 年门诊住院及大小割症人数表》，卫氏博济医院编《山东德县卫氏博济医院报告书》，德县，1930，哈佛大学哈佛燕京学社图书馆藏；《华北基督教公理会促进董事部第十八次年会报告》，山东德县，1932，中国教会统计表，上海档案馆藏，档案号：U115－0－9。

③ 《德县美人枪杀华人后》，《世界日报》1931 年 7 月 17 日，第 5 版。

④ 《美人枪杀华工，市联会电请交涉》，《民国日报》1931 年 7 月 19 日，第 3 张第 2 版。

对西医的排斥。而中方舆论也多是借此案反教。当时德县所处鲁西北地区在晚清时期即是反教高潮区，此次案件又发生在德县，难怪教会人士也感言："此事颇能引起当地社会作反教运动之情势，何况山东乃反教运动最甚之区？"①

然而，当时外方舆论对德氏评价却截然不同。如教会主办的英文《博医会报》即称，德福兰夫妇"不仅用精湛的医疗技术服务民众，并且在灾荒救济上贡献颇多"②。德福兰在致法院的自辩信中也称："鄙人来贵国三十余年，职属慈善医院，素主博爱，而请求赈款，创办善举，舍命救人，满城皆知。"③ 上海的英文《字林西报》还赞扬称，德福兰并没有因为自己遭受拘押而致信美国政府抱怨，"这种忍耐一方面是因为他同情中国人的诉求，另一方面是因为他在山东的赈灾工作时已经历过这类苦难生活"④。上海的《密勒氏评论报》还提到在此次案件后，德福兰夫妇还从自己微薄的积蓄中拿出约2500元，以弥补医院被窃的损失，⑤ 以此来赞扬其高贵品格。尽管当时中外双方因立场差异而对德氏评价各不相同，但外方的评价相对中肯，中方舆论则或多或少带有民族情绪。实际上，德福兰在之前的1918年、1921年两次华北防疫救灾中出力甚大，颇为北洋政府内务部所倚重，这在当时的中文官方《政府公报》中多有记载。⑥

当时美方也注意到了部分中国舆论借机反帝与反教的倾向。如美国驻济南领事米赫德在向美国驻华公使詹森报告此事时，提到德县地方当局较好地掌控了局面，不允许骚乱的发生及对德福兰与医院的攻击。但各大中文报纸对此事的大肆歪曲渲染，鼓动民众反帝，使得山东当局的压力颇大。⑦ 美国公理会总部针对中方的攻击也称："随着目前反对领事

① 《华北公理会促进董事部1931年干事报告书》，《华北公理会月刊》第6卷第6期，1932年。

② "Dr F. F. Tucker," *The China Medical Journal*, 10（1931）: 1003.

③ 《德县美人枪杀华工案，韩复榘主慎重办理》，《导报》1931年7月17日，第3版。

④ "Taken by A Ruse: Kindly Treated by Chinese Captors Before Release," *North China Daily News*, July 31,（1931）: 14.

⑤ Edward Hunter, "Some Undisclosed Elements in the Tucker Case," *The China Weekly Review*, 1（1931）: 24.

⑥ 可参见《政府公报》1918年第758～759期，1921年第1819、1822、1830、1834～1835期有关德氏与内务部的往来电文。

⑦ "Political Report for July, 1931: Tucker-Wang Homicide," *Confidential U. S. State Department Central Files, China Internal Affairs, 1930－1939*,（Frederick, Md.: University Publications of America, 1984）, Reel. 40, p. 992.

裁判权的煽动，当地国民党党部立即发动了歪曲的宣传活动，这起教案被用来作为‘传教士帝国主义’的证据。……德县政治鼓动者的力量是如此强大，德福兰夫妇不得不向美国公理会辞职。”① 在上海的英文《中国评论》还谈到了此次案件对在华基督教的影响，称：“毫无疑问，此事会进一步加深中国人对基督教的质疑，部分基督徒的虔诚程度会因此削弱。德福兰的行为会有碍基督教在中国的发展，这远比敌人的大肆宣传更有成效。”②

此案中关于德氏杀人的原因，中外舆论也存在极大争议。中方的报道及报告，都称德福兰故意杀害王国庆，并捏造王氏为盗贼的借口。如天津《大公报》将此事描述为：“王国庆以事起床外出，与德福兰相遇，德氏莫加侦查，以为窃犯，开枪袭击。该工友以事出仓促，莫知所以，乃回身逃避，藉保生命，被射杀于墙下。”③ 针对中方舆论的攻击，德福兰请求米赫德查清此次案件，他希望将所有物证交给查案的中国当局，以驳斥中国媒体的歪曲报道。④ 外文报刊则多将其定性为德氏击毙盗贼的正当防卫。如美国公理会总部主办的英文《传教士先驱》期刊以《德县悲剧概要》为题对此案件进行了简短报道，报道中直接称王国庆为盗贼，德福兰因天黑未认出王国庆，在追击试图逃跑的王氏时，开枪击中王氏要害而致其毙命。⑤ 天津的英文《华北明星报》除了叙述德福兰击毙王的过程外，还称当地党部故意歪曲事实，制造事端，也直接定论王国庆为窃贼，并称：“他盗窃的证据已经被发现，在他住处发现了大量金钱，还有大量的医院纸张。他还拒绝说出同伙，否则其他钱也可能被找到。”⑥ 对于这些偷盗证据，上海的《北华捷报》等外文报纸中也多有报道。当时香港的《中国邮报》（*China Mail*）、《香港每日新闻》（*Hong Kong Daily Press*）等英文报纸也对此案件给予了关注，报

① “Survey of Missions of American Board,” *The One Hundred and Twenty-first Annual Report of the American Board of Commissioners for Foreign Missions* (Boston: Congregational House, 1931), p. 8.

② “Dr. Tucker's Crime and Sin,” *The China Critic*, 30 (1931): 700.

③ 《德县王国庆惨案详情》，《大公报》1931年7月15日，第5版。

④ “Taken by a Ruse: Kindly Treated by Chinese Captors Before Release,” *North China Daily News*, July 31 (1931): 14.

⑤ “The Tehchow Tragedy in Brief,” *The Missionary Herald*, 9 (1931): 387.

⑥ “Statement Issued on Shooting of A Chinese at Tehchow,” *North China Star*, July 16 (1931): 1.

道也是直接称王国庆为盗贼。与多数英文报刊报道时称德福兰枪杀一名盗贼不同，美国的《当代历史》杂志在报道时则较为客观，称，“德福兰在早晨遇见一名进入他办公室的中国人，并向此人开枪射击，将其击毙，他坚信这是一名盗贼”[①]。可见与中美政府各执一词类似，中外报刊同样存在类似争论，这与当事人已死及维护各自公民利益直接相关。

由于长期以来领事裁判权的存在，加之此时中日万宝山事件发生，中方舆论还受民族主义情绪鼓动，借机宣扬反帝思想。更有杂志将此案件与 1897 年发生的德国传教士被杀的巨野教案相联系，其云：“三十年前，山东曹州杀了德教士，德人竟借口出兵占据胶州湾，现下美国医生在山东杀华人，我们怎样以对付他?”[②] 此主张极具煽动色彩，将矛头直接指向了当时在华的“帝国主义国家”。虽然普通民众意识中多存在“杀人偿命”的惯性思维，但此案的开枪杀人者为外国人，且中国政府历来在对外交涉中软弱无能，使得民众多认为外国人在中国犯罪会逍遥法外。如北平的《世界日报》记者于 7 月 13 日采访王国庆父亲王玉可，其称在法院被问话时吞吞吐吐的原因为：“外国人的势力大，就是告他也无益……自古来官家都是和外国人一气的，他们带了我去就是过堂，在堂上说外国人不好，那更犯法犯的厉害，还不如咱白死一个人完事的好……医院同乡亲戚，都叫我带他回家，不叫追问，怕洋人厉害，叫县官问罪，更不好办。”[③] 从王玉可的回答，也可看出民众对外国人犯法的一般认识。当时还有部分激进分子散发传单，造谣说本是德福兰自己偷钱，却杀害中国人以掩盖罪行，试图激起民愤。[④] 但到 8 月初，民众抗议声势减弱，据萨赉德声称，“大部分的抗议活动已经消失了，而且医院中的 60 名华人雇工都没有停止工作”[⑤]。这种难以持续的抗议，实际上也是当时多数民众反帝运动的共性。但此案的影响仍存，即使到 1946 年批评当时美国士兵在华行凶时，有报纸还专门提起此案，评价德福兰的行为为：“一个强国的国民，不知自爱，不知自重，处处暴露些鄙卑的

① “China's Against Communism,” *Current History*, September 1 (1931): 956.

② 《美人枪杀华人》，《艺园》第 1 卷第 25 期，1931 年。

③ 《德县王案凶手已有亲笔供呈法院》，《世界日报》1931 年 7 月 19 日，第 5 版。

④ Edward Hunter, “Some Undisclosed Elements in the Tucker Case,” *The China Weekly Review*, 1 (1931): 24.

⑤ “Missionaries Pass Resolutions Condemning Dr. Tucker,” *The China Weekly Review*, 10 (1931): 407.

态度给人家看，如何能使人瞧得起呢？”①

因此案正逢中美废约谈判，舆论还将此案与领事裁判权问题联系起来，进行广泛评论。中方舆论多以此案件为理由，给政府施加压力，呼吁废除领事裁判权；美方则多认为是中国方面借题发挥，故意制造案件，以达到废约的目的。在外界强大的舆论压力下，德氏本人甚至想到过主动放弃领事裁判权，他先是向济南领事提出，“尽管我当然可以声称有领事裁判权，但我觉得不这样做比较好，理由并非原则性的，而只是在这个中国人民族主义情绪高涨的时候，满足他们的一些要求似乎更明智”②。7 月 20 日，德福兰向各方发表一份宣言，在谴责民众团体与地方党部盲目排外的同时，“但他表示放弃领事裁判权，遵从中国政府的法律程序”③。虽然德氏本人声称放弃领事裁判权的保护，这也代表了部分传教士对领事裁判权的态度，但美国政府仍以领事裁判权对其进行保护。上海的英文《密勒氏评论报》则称：“如果德福兰案件发生在条约终止之后，那么对中美两国当局来说，形势会变得非常尴尬。”④ 美国军事情报局中国部门人员在德氏被转交美方前则称：“中国有权逮捕德福兰，但应移交美方处理。关于中国人限制一个享有领事裁判权的外国人的做法已经在这里引起了广泛的讨论，假若领事裁判权被废除，将会出现的结果是显而易见的。”⑤ 当时美方仍对中国的司法体系持怀疑态度，也不放心将美国公民交由中方审判。如伦敦的《泰晤士报》对此发表评论说：“此案例的特殊之处在于提示在华外国人仍然可能承受风险，尤其是有政治力量在煽动公众，且他们被剥夺了领事裁判权的时候。”同时，该报还提到了国民政府可以实施法律的地区有限，外国人也不信任将其交由中国审判。⑥ 当时在华外报也十分关注此案进展，在上海的《字林西报》《大美晚报》《上海时报》及天津的《京津泰晤士报》、香港的《中国邮报》等都给

① 《德福兰杀王国庆案》，《青岛民言报》1946 年 10 月 9 日，第 3 版。

② Records of Foreign Service Posts (RG 84), Consular Posts, Tsinan, China, Volume 121, National Archives and Records Administration of the United States.

③ "The Tehchow Hospital Case," *The Chinese Recorder*, 9 (1931): 540.

④ "Thorburn And Tucker Cases and Exterritoriality," *The China Weekly Review*, 9 (1931): 327.

⑤ "Comments on Current Events, July 8 - 23, 1931," *U. S. Military Intelligence Reports: China, 1911 - 1941* (Frederick, Md.: University Publications of America, 1983), Reel. 1, p. 594.

⑥ "Arrest of American in China," *The Times*, 23 July (1931): 11.

予了持续报道，尤其是美国主办的在华报纸十分关注此案进展。如 8 月 21 日，美国在天津主办的《华北明星报》致电外交部情报司长刁敏谦称，据报告，南京政府就德福兰案向美国驻济南领事提出抗议，请告知详情。[①] 实际上，德福兰案作为中美废约谈判期间发生的偶然案件，虽然为中外舆论制造了话题，也为美方延缓谈判提供了借口，却未对谈判结果产生实质性影响。

除了报刊的关注外，国民党地方党部及民众团体还不断组织抗议活动，向政府施加影响，企图惩治德福兰，尤其是指导地方群众运动的国民党地方党部在此次交涉案件中起到了重要推动作用。当时，南京政府虽从外交大局出发，明令保护教会活动，但“弱势独裁”体制下的国民党在地方党政关系上的整合程度不高，部分地方党部不顾政府法令，仍然组织易受民族主义鼓动的民众反教。7 月 12 日下午，德县区党部召开紧急会议，提出外交部速同美交涉，立即拘捕进而枪毙德福兰，抚恤死者，组织王国庆惨案后援会，停办基督教学校与医院等九条善后办法。[②] 后新组成的王国庆惨案后援会除电全国各地请求一致声援外，还于 7 月 13 日致电外交部长王正廷，请求向美领馆严重交涉，并提出四项要求：“枪毙凶手德福兰；美领馆向中国政府道歉；对死者有重大抚恤；勒令停止基督教立之博济医院及博文中学在德活动。”[③] 该后援会还拟于 15 日召开反帝宣传大会，继续扩大声势。山东省府为防止民情激愤导致外交冲突，而采取谨慎态度，要求德县县长：“转知该县民众团体，勿得张大其势，开会集议。”[④] 但山东地方当局与国民党在山东的党部存在矛盾纠纷，地方党部相对于政府更加激进，故省府电令也未能阻止地方党部组织民众集会，党部也想借此达到民众拥护与反教的双重目的。7 月 15 日下午，德县各界在县府前召集举行反帝国主义暴行的宣传大会。会上各代表对万宝山案及王国庆惨案均有沉痛之演说，民众异常愤

① 《德县美人德福兰枪杀王国庆》案卷，台北“国史馆”藏国民政府外交部档案，档案号：020－990600－3429。

② 《德县美侨枪杀华人案续志》，《申报》1931 年 7 月 17 日，第 12 版；“Tehchow Hospital Shooting Affair,” *The Week in China*, 329（1931）：1062－1063。

③ 《德县美人德福兰枪杀王国庆》案卷，台北“国史馆”藏国民政府外交部档案，档案号：020－990600－3429。

④ 《德县美人枪杀华工案》，《华北日报》1931 年 7 月 17 日，第 9 版。

慨，并重申了致电外交部所提的四项要求。[①] 在此次宣传大会上，中方演讲称德福兰杀人有辱国体，事后还假造许多证据以图掩饰罪恶，指责米赫德态度蛮横，袒护凶手，侵害司法，有失外交官之地位及职责范围。而且此次大会上的演讲及标语口号，都将此案与万宝山案共同视为帝国主义在华暴行的罪证，并以“国耻”“惩办凶手”“复仇”等极富色彩的词语大肆发泄民族主义情绪。[②] 当时甚至有鼓动者催促德县政府尽快逮捕德福兰，县长虽然拒绝并有力地控制了局势，没有使其演变成冲突或事件，但各大中文报纸对此事大肆渲染，鼓动民众反帝，还是给山东当局造成了巨大的压力。[③] 地方党部及民众除了提出的与本案有关要求外，其所提的停止教会在德县的医院、学校活动，则明显带有借机迁怒于基督教与盲目排外的民族主义倾向。

山东省内其他地区的团体及民众也积极关注此案，要求严惩凶手。如“济南各界咸以美人在我国内地，竟敢任意枪杀华人，凶暴均谓已极，无不愤慨万分……非严重交涉，依法惩处该凶犯不可”[④]。国民党山东省历城县党务整理委员会除呈请山东省党部转咨政府严正交涉外，也致电南京中央党部、国民党政府各部院会及全国各级党部、政府与民众团体等，希望全国同胞一致声援，誓为死难同胞复仇，不达目的不止。[⑤] 即便是民众要求停办的美国公理会在德县的博文中学也声援抗议，“校内师生也怀着强烈的中国人民自尊心，义愤填膺，要求杀人者偿命，严惩凶手”[⑥]，体现出教会学校师生的爱国之心。此外，此次案件也得到了山东省外的响应，南京、上海、天津及北平等地报纸广泛报道，各团体也宣言响应。如 7 月 18 日，上海市特区市民联合会特别集会，一致主张通电全国同胞，共同努力，不用美货，督

---

① 《德县美人枪杀华工续讯》，《新闻报》1931 年 7 月 18 日，第 9 版。

② Records of Foreign Service Posts (RG 84), Consular Posts, Tsinan, China, Volume 121, National Archives and Records Administration of the United States.

③ "Political Report for July, 1931: Tucker-Wang Homicide," *Confidential U. S. State Department Central Files, China Internal Affairs, 1930 - 1939* (Frederick, Md.: University Publications of America, 1984), Reel. 40, p. 992.

④ 《德县博济医院美人枪杀我国同胞王国庆》，《京报》1931 年 7 月 16 日，第 2 版。

⑤ 《德县美人德福兰枪杀王国庆》案卷，台北“国史馆”藏国民政府外交部档案，档案号：020 - 990600 - 3429。

⑥ 于仲友：《我所知道的德县博文中学》，《德县史志》1986 年第 1 期，第 25 页。

促政府严厉交涉，以达惩凶、赔偿、道歉及让美国担保以后不再发生同样杀害华人之目的。[①] 当时察哈尔省党务特派委员会也通电中央党部及全国各党部，请求一致声讨德县之惨案，誓为死难同胞复仇。[②] 受民众运动及此案的影响，德福兰所在的博济医院也暂时停止营业。[③]

值得注意的是，此时期党部组织的反教活动，实际上与晚清类似，都是地方精英率领的反教活动，只不过在晚清是士绅阶级，其并未纳入清政府的官僚制度体系，而到民国时期，地方精英已经纳入党国体系。然民众的抗议运动却没有像晚清时期那样形成暴力性的教案，而是在党部领导下采取相对理性的抗议活动形式。这也是非基督教运动及之后反教案件的新趋势，但这种形式的抗议诉求的实质效果却难言满意。

三　宗教情感与民族意识：基督教会内部的反应

德福兰案不同于一般的中外交涉，德氏传教士的特殊身份，也引起了国内外传教士及基督徒的广泛关注。作为救人医生的德福兰却开枪杀人，此种自相矛盾的做法及中外舆论的激辩，也促使教会内部围绕德福兰是否有罪、使用武器自卫及领事裁判权等问题，从基督教义、法理、民族感情等方面产生激烈的争论。

案件在美国公理会传教士内部引起了强烈反响。如在山西的 14 名公理会传教士表态反对德福兰使用武器，并将他们的态度告知差会秘书，[④] 但此事影响不大。后在北戴河避暑的美国公理会的 27 名传教士专门为此事集会讨论，于 7 月 25 日发表宣言，引起极大争议。他们在简要介绍该案情况后，提出了三点主张：“（甲）此案关系法律须待法律解决。（乙）德福兰为保卫公产，不得已打死王国庆，究竟不是布道士初来中国的意志，更不是基督舍

① 《美人枪杀华工，市联会电请交涉》，《民国日报》1931 年 7 月 19 日，第 3 张第 2 版。

② 《德县美人德福兰枪杀王国庆》案卷，台北“国史馆”藏国民政府外交部档案，档案号：020－990600－3429。

③ “American Doctor Held by Chinese for Murder,” *The Canberra Times*, 23 July, p. 1.

④ “The Tehchow Case,”《中华民国史料外编——前日本末次研究所情报资料》第 19 册，第 457 页。

身立教之原则；绝不赞成布道士用任何武器来保卫财产。（丙）事前未曾根据基督立教的原则，而规定适宜准则，以范围同工，所以传教士对此案件的发生负有相当责任，只可静待公平的解决。”[①] 该宣言依据法律与基督教义来评判此事，可以说较为公正。后此宣言还以《德县医院案件：美国公理会 27 名传教士的宣言》为题在 7 月 28 日的英文《京津泰晤士报》公开刊登，[②] 这在中国传教士内引起极大争论。

该宣言公布后，在上海、汉口、天津等地的外文报刊上，多数传教士刊文对此 27 人在案情未调查清楚情况下，即仓促表态的行为表示不满，认为他们的举动违背司法程序，是对本国同胞落井下石，会对德福兰审判带来不利影响，甚至还提出驱逐他们返回美国的要求。[③] 如上海的《博医会报》也认为在此事情真相未明之前，擅自发布宣言且攻击自己的同事是不道德的，且 27 人的宣言是匿名发布的，该报认为：“幸亏他们是在中国而不是英国，否则他们这种卑鄙的行为将会遭受至少监禁的惩罚。”[④] 还有传教士为德福兰开枪杀人辩护，说：“如果事情到了此种紧要关头，我也会认同德福兰的做法，‘以牙还牙，以眼还眼’就是对付他们的最好办法了。”[⑤] 北戴河 27 名传教士的宣言发表后，有传教士指责是中国人劝说这些传教士发布这份宣言，故当时承认参与其中的常德立对此做出回应，称无人劝说他们发表此宣言，并强调称：“我们之所以如此做，是因为我们是美国人，且以‘基督教传教士’身份来到中国，考虑到我们团体中的一员杀死一名中国人，虽然他不是有意为之，但该行为却不符合基督教教义，因此我们不得不反对它。”[⑥] 虽然常德立从教义本身回应了其他传教士的质疑和批评，但多数传教士还是从民族情感及教会利益出发，对此宣言给予抨击。当时

① 《山东德县卫氏博济医院不幸的一件事》，《华北公理会月刊》第 5 卷第 7 期，1931 年。

② 全文见 “The Tehchow Hospital Incident: A Statement by Twenty-seven Members of the American Board Mission,” *Peking & Tientsin Times*, July 28 (1931): 7。

③ Edward Hunter, “Some Undisclosed Elements in the Tucker Case,” *The China Weekly Review*, 1 (1931): 22; Letters Concerning the Tehchow Robbery and Killing, 1931, p.5, Special Collections of J. Willard Marriott Library, University of Utah.

④ “Dr F. F. Tucker,” *The China Medical Journal*, 10 (1931): 1003.

⑤ “An Act of Judas,” *Peking & Tientsin Times*, July 31 (1931): 8.

⑥ Edward Hunter, “Some Undisclosed Elements in the Tucker Case,” *The China Weekly Review*, 1 (1931): 24.

的中国教会报刊也关注了传教士对此宣言的批评，称："上海《大美晚报》藉词拼击，且有所谓西教士者，亦从而附和之。"[①] 此外，在天津的美国商会、美国人协会等团体也公开批评此宣言，甚至要求美国公理会将此 27 名传教士遣返回国。特别是当时美国驻天津领事艾奇逊（George Atcheson）也表达了对此宣言的不满，并于 7 月 31 日致信美国国务院，称此举会被中国舆论所利用宣传，影响案件的解决，希望美国公理会总部约束管理这些传教士，并且还派领事馆的官员出席了天津美以美会召开的谴责此宣言的会议。[②] 由此可见，虽是传教士内部的争论，亦影响到政府官员层面，美国政府甚至动用政治手段，防止宗教讨论影响到国家的政治利益。

《京津泰晤士报》发表此宣言后，也有多名传教士致信该报，表达他们的态度，多是批评此宣言。如天津的传教士摩尔（F. M. Moore）指出："对这些在北戴河愉快度假的传教士们来说，通过这些决议是非常容易的。但我们可能会询问，他们这么做的目的是为何？这肯定会对德福兰造成惨痛的创伤，也会导致抗议者制造许多虚假与无耻的宣传来干扰此次案件审判，而且对德福兰的履历与声誉的影响都是致命的。"[③] 还有传教士说："他们的举动对现在中国如此多传教士来说是不幸的，他们的政策只是无代价的去获取中国人的支持，而不顾公平合理的原则。他们看起来认为这样会赢得中国人，让中国人明白他们总是对的，而不道德的传教士是错误的。"[④] 8 月 4 日，在青岛度假的另外 27 名传教士也公开回应此事，同样匿名刊发于 8 月 7 日的《京津泰晤士报》上，他们宣称大多数传教士是支持困境中的德福兰的，而他们也拒绝不信任同伴、攻击德福兰的行为，会给予他各种所需帮助，并认为会有更多传教士谴责北戴河 27 名传教士的这种不忠诚与非基督徒所为的举动。[⑤] 当时仅有少数传教士支持北戴河传教士的宣言，如有传教士致信该

---

① 《基督教义贵在实行》，《兴华周报》第 28 卷第 31 期，1931 年。

② China-Tsinan-Consulate Correspondence, 31 July, 1931, *Department of State U. S. Consulate, Tsinan, China (1918 - 1941)*, National Archives of the United States.

③ "Missionaries Strongly Criticized for Attack on Dr. Tucker," *The China Weekly Review*, 11 (1931): 445.

④ "Missionary Group Anonymously Attacks Dr. Tucker," *The China Digest*, 295 (1931): 167.

⑤ "The Tehchow Case," *Peking & Tientsin Times*, August 7 (1931): 6.

报说，这些传教士的发言忠实践行了基督徒信守的原则，实际并未对德福兰的审判造成不利影响，而且他们还私下表达了对德福兰的同情。[①] 德福兰本人针对北戴河传教士的宣言，实际也不赞成，其在 8 月 8 日信中则说这些传教士的宣言："是由于恐惧过于激进与排外的中国人而出现的反应，对德县案件解决并不是一个积极因素。"[②] 如果仅从案情本身来看，传教士的争论还是因对德福兰杀人案的定性不同，北戴河传教士的发言合乎教义规定，但他们攻击本国同事却不合情理，故遭到了其他传教士的抨击。

此宣言也得到了国外传教士的关注，在波士顿的美国公理会总部指出："发布的这条宣言，在外国团体中引起了反对的暴风雨，主要在于有同工因为被批评而处于遭迫害的危险中时，发布这种宣言是不忠诚的。"[③] 在中国生活了 18 年的传教士法瑞德（Wynn C. Fairfield）也在《纽约时报》刊文评论此事，他认为德氏在当时情况下开枪是不明智的，但同时认为 27 名传教士的举动也是失策的，现在还很难预判这一举动对接触到这个宣言的人们的影响。[④]《芝加哥每日论坛报》也关注了此事，认为 27 人的宣言会有助于国民党党部组织的抗议活动，也会利于国民政府的废约运动，但会使得数以千计的传教士生命受到威胁；该报还提及在北戴河度假的千余名传教士支持政府审判德福兰，他们还认为中国人应该明白杀人行为是得不到传教士支持的。[⑤]

在英文报刊热议此事之时，虽然北戴河传教士也将此宣言送往了中方报纸，但"此次宣言直到 8 月 21 日才在中文报纸上出现，其原因在于中方拒绝刊登这个被提供的对德福兰太有利的片面宣言"[⑥]，但其后在 9 月份出版

① "The Tehchow Hospital Tragedy," *The Chinese Recorder*, 9 (1931): 598 - 600.

② Letters Concerning the Tehchow Robbery and Killing, August 8, 1931, p. 10, Special Collections of J. Willard Marriott Library, University of Utah.

③ "Survey of Missions of American Board," *The One Hundred and Twenty first Annual Report of the American Board of Commissioners for Foreign Missions* (Boston: Congregational House, 1931), p. 8.

④ "Action But Not Method of the Twenty-seven In China is Defended," *New York Times*, October 4 (1931): 54.

⑤ "Nanking Seeks Immediate Trial of Dr. Tucker," *Chicago Daily Tribune*, August 25 (1931): 14.

⑥ "Action But Not Method of the Twenty-seven In China is Defended," *New York Times*, October 4 (1931): 54。《纽约时报》并未提及该中文报纸名称，但以期刊形式发行的上海《兴华周报》早在 8 月 19 日的社论中即关注了此事。

的《华北公理会月刊》上被译成中文全文公布。与大多数传教士反对北戴河 27 人的宣言不同，中国信徒从民族情感出发，高度评价 27 人的发言，认为这是对基督教为帝国主义工具的有力反驳，亦可见发表宣言的传教士所体现出的忠诚于真理的态度及无畏的精神，以此来表达他们的信念。[①] 至于他们被其他传教士痛责与讽刺，上海的中文教会期刊《兴华周报》的编辑认为："各人有各人的见解，自然不能强同，固不妨表示意见，但亦不应强人从己，对于对方的见解痛加攻击。"[②] 基督徒许光迪则表示："我不知道那是因为老幼意见之分歧，还是由于国界思想浓厚的关系。"[③] 当时中国基督徒也认为从基督教义与法理角度来讲，都应反对领事裁判权，对德福兰依法进行审判。如从基督教义来说，基督教讲求博爱容忍，反对暴力流血，希望推爱及敌，故德氏此举显然有违教义要求。还有基督徒试图将此案与基督教、治外法权划清界限，希望严格按照法律办理，称："开枪一事，我们以基督教的立场，不能左袒载氏，何况法律亦无处死窃盗之许可，即使应得死罪处分，亦应交由法庭裁判执行，私人不得擅自处理。本案自有法律可以持平解决，与基督教本身及治外法权之取消与否，均无关系。"[④] 少数中国基督徒希望此案能得到认真且公正的调查，但仍从教会利益出发，替德福兰辩护，"希望调查能证明死去的暴徒是携带武器的，所以德福兰开枪绝对有必要，这是为防止他的生命受到更严重的伤害"[⑤]。可见中国基督徒在非基督教运动的冲击下，教会本色化进程加快，基督徒的民族意识更加觉醒，多数基督徒在此次案件中谴责德福兰，呼吁废除传教特权，这也是由他们的民族与宗教情感所决定的。

此案另一争论焦点为传教士在华携带枪支及武器自卫问题，因此问题在中美两国法律规定中差异较大，故也引起教会内部的激辩。自传教士近代入华后，鉴于中国动乱的社会环境及国人对传教士的敌视，来华传教士多携带枪支传道以图自卫，而此类现象在义和团运动高峰时期更为普遍。清政府及

① Li Tsun-Cheong, "Should Missionaries Kill?" *The China Weekly Review*, 1 (1931): 25.

② 《基督教义贵在实行》，《兴华周报》第 28 卷第 31 期，1931 年。

③ 许光迪：《从德案谈到武器保卫》，《华北公理会月刊》第 5 卷第 9 期，1931 年。

④ 《基督教义贵在实行》，《兴华周报》第 28 卷第 31 期，1931 年。

⑤ Li Tsun-Cheong, "Should Missionaries Kill?" *The China Weekly Review*, 1 (1931): 25.

民国政府对外人持枪行为虽然并不认可，但在管理上对此行为仍然是默许态度，更重要的是，英、美等国家本土允许私人持枪，来华外人又不受中国管辖，各国驻华公使则准许他们携枪。1930 年，国民政府军政部为限制外人在华持枪，制定颁布了《旅居中国外人自卫枪照暂行条例》，规定外人携带自卫枪支应向当地政府申请领取枪照，并由所在地领事担保，[①] 实际也保证了外人持枪合法化。因此案牵涉出的来华传教士是否可持枪自卫的问题，在教会内部的争议也颇大。在 7 月 25 日北戴河 27 名传教士的宣言中，他们则表示不赞成传教士使用致命武器来保护财产。[②] 虽然在同年 9 月北平召开的华北基督教公理会促进董事部特会上也曾提出此问题，但因内部意见不一，会议决定以后再行讨论此事。[③] 华北公理会基督徒许光迪则以平教徒的身份对德氏持武器杀人发表评论，认为其在法理上是防卫过当，但原则上主张可以用武器保卫教产及个人性命，在严重时期，劝西人只作间接的防卫，谨慎从事。[④] 在上海的英文《教务杂志》还提到了德福兰的手枪乃是另一传教士所提供，其本人的手枪早已被盗。该刊认为，在华传教士是否该使用武器为争议性问题，可能会刺激中国基督徒去更紧密地探讨武器使用问题，并因此会促使个人、团体及国家完善这方面的规定。[⑤] 当时在华北的暑期学生夏令会，也专门探讨了在处理经济纠纷时是否应使用武器问题，但只有少数与会者支持使用武器。多数基督徒认为即使他人侵犯了自己的生命与财产安全，但夺走他人的生命也是不正义的。[⑥] 可以看出，尽管中美对持枪规定差别极大，但在国内的多数传教士及基督徒也反对持枪导致的防卫过当行为。

此案发生后，德福兰所在的华北公理会也积极应对。7 月 28 日，华北公理会总干事常德立（Robert E. Chandler）及该会传教士高厚德（Howard S. Galt）赴济南会晤萨赉德，并谒见美领事米赫德，了解此案情况，美领答

① 《外人请领枪照》，《申报》1930 年 4 月 6 日，第 16 版。

② "The Tehchow Hospital Tragedy," *The Chinese Recorder*, 9 (1931): 597.

③ 《华北基督教公理会促进董事部特会记录》，北平，1931，第 6 页，上海档案馆藏，档案号：U115 - 0 - 8。

④ 许光迪：《从德案谈到武器保卫》，《华北公理会月刊》第 5 卷第 9 期，1931 年。

⑤ "The Tehchow Hospital Case," *The Chinese Recorder*, 9 (1931): 542.

⑥ "Shall Missionaries Shot," *The Missionary Review of the World*, 11 (1931): 871.

复说："此事之最后解决，须由美国法庭审理之。"[①] 后该会传教士万卓志（G. D. Wilder）由北戴河返德县办理善后事宜。同时，华北公理会华人干事魏振玉于 29 日面见德福兰，代表该会表示慰问，并面见美领事。因局势紧张，30 日，魏振玉又赴德县，与德县的教会、学校及医院三方开会商讨解决方案。后三方以德县基督教公理会联合会的名义公开发表宣言，从基督教教义出发要求依法审判此案，称："德福兰君之因保护教产，枪杀华工友王国庆，其背乎基督主义自不待言，吾人为光大基督主义起见，对于德君数十年来服务社会成绩昭然，因一时失慎而发生之不幸案件，自然有无限的惋惜，然持枪杀人，虽事出有因，亦为吾人所不能原谅而一致反对者也，更望此案依法律公平判决。"[②] 因北戴河 27 名传教士发言影响甚大，8 月 6 日，华北公理会干事部也被迫认同了这些传教士私自发布的宣言，最后称："德福兰虽因卫护共产，及慎重安全，不幸枪杀工人，在他的觉悟中，已有很深的痛悔，然已不能挽救了，切望我基督教同人，布道同工，深加注意警醒。"[③] 实际从华北公理会的各方反应看，他们只是从基督教的博爱主义与法律角度评判此事，并未袒护同属美国公理会在华差会的德福兰。

当时教会内部对于对德福兰的处置，也产生了争论。7 月 28 日，在北戴河的传教士还建议德福兰夫妇辞职。而在德县的传教士则于 7 月 31 日决议请求美国公理会总部继续挽留德福兰在德县医院工作，以促进德县的教会事业发展。[④] 德福兰为躲避风头，也于 1931 年 8 月 13 日向美国公理会总部递交了辞呈，辞去在德县的工作，并于次日对外公布其决定，美国公理会则于 9 月 14 日收到其辞呈。[⑤] 而在是年 9 月 16 ~ 17 日于北平召开的华北公理会促进董事部的特别会议上，会议代表对德氏脱离华北公理会表示惋惜，并

① 《魏振玉牧师致董事部函》，《华北公理会月刊》第 5 卷第 7 期，1931 年。

② 《德县公理会联合宣言》，《华北公理会月刊》第 5 卷第 7 期，1931 年。

③ 《山东德县卫氏博济医院不幸的一件事》，《华北公理会月刊》第 5 卷第 7 期，1931 年。

④ "A Chronology of the Tucker Case," *Papers of the American Board of Commissioners for Foreign Missions*, *Unit* 3, *Missions to Asia*: *China General* (Woodbridge, Conn.: Research Publications, 1982), Reel 254, p. 635.

⑤ "A Chronology of the Tucker Case," *Papers of the American Board of Commissioners for Foreign Missions*, *Unit* 3, *Missions to Asia*: *China General*, Reel 254, p. 635.

请求美总会挽留其在美服务或在华其他机关服务。[①] 实际上，之后美国公理会总部同意德福兰到在华活动的英国循道公会名下服务，后德氏根据该差会安排，先后在华北、华中及西南地区从事医疗救助活动，直至 1941 年回国。[②]

德福兰案件发生后，教会内部产生的争论也可彰显当时在华教会的复杂情况。从此案也可看出，来华传教士在对待领事裁判权等外人在华特权的问题上争论极大，实际自清末以来传教士内部即对此问题讨论不休。[③] 早在 1927 年的“南京事件”后，德福兰所在的华北公理会部分传教士即致电美国总部，希望其督促政府撤废外国侨民在华所享之治外法权，“吾等深信差会与宣教士继续依赖传教条约上之特权与利益为不合基督教原则，因此吾等甚愿促本国政府对取消传教条约从速办理”[④]。当然也有传教士基于保护自身利益，反对废除在华传教特权。实际自近代传教士来华传教后，其内部始终在传教路线、方针等方面存在分歧，当然这也体现在对德福兰一案的态度上。部分来华多年的传教士，熟悉中国社会文化，期望基督教获得中国人的认同接受，故他们对德福兰的行径多站在中国人立场上取同情批判态度，没有一味为其辩护，而是从基督教教义与法理角度评判谴责此事，体现了他们维护正义与实事求是的可贵精神；他们同样也是支持废除领事裁判权的一派传教士，不希望因为受到特权保护而遭到中国人的敌视，但这也是出于在华传播基督教的考虑。但部分传教士则尊崇西方基督教文化，对中国文化持排斥态度，还是从维护所在教会及本国同胞利益的狭隘民族情感出发，为德福兰进行辩解，同样仍希望享受领事裁判权的保护，当然这也在于他们对中国不甚完善的法律的质疑，担心会遭到不公正对待。

四　结语

德福兰案作为中美废约交涉中的典型案例，因涉外性质及舆论的广泛关

① 《华北基督教公理会促进董事部特会记录》，北平，1931 年，第 4 页，上海档案馆藏，档案号：U115－0－8。

② Drs. Emma & Francis Tucker，https：//pinemountainsettlement. net/? page_ id＝2765.

③ 关于当时传教士对在华领事裁判权撤废的讨论，可参阅李传斌的《基督教与近代中国的不平等条约》，湖南人民出版社，2011。

④ 《华北公理会致美国差会及教会书》，《中华归主》第 73 期，1927 年。

注，从法律案件演变为轰动一时的政治事件，反映出 20 世纪 30 年代初期中国政府及民众在民族主义高涨的形势下，对废除领事裁判权的合理诉求。由于德福兰被无罪释放，舆论民愤极大，甚至到 1946 年报纸在批评当时美国士兵在华行凶时，还专门提起此案。中美两国关于此案的博弈，实际也是围绕领事裁判权而展开的法律问题上的交锋，中国希望获得国际法体制下的平等地位，美国则希望在中国享受平等的法律权。这种交锋在 20 世纪 30 年代初期的其他中美交涉中也有体现。由于处在前现代层面的中方法律带有传统法律残余，掺杂人情成分，更同情受害人身份的弱者，与美方代表的现代法律体系的法律规定差异较大；美方更加强调独立公正的司法权与法律上的人人平等，重视保护私人的财产与人身安全，故双方对德福兰杀人性质为正当防卫或防卫过当存在明显分歧。若按照当时领事裁判权的规定，美方依照本国法律规定，释放德福兰，无可厚非，[①] 但会受到中方民族主义情感与维护主权的挑战。不可否认，美国政府的行动仍是在国际法与领事裁判权体制下进行，并考虑到了中国政府与民众的诉求。从美方材料还可以看出，美国政府、驻华公使及济南领事内部对如何运用领事裁判权也存在争议，而美方的很多诉求没有实现，并不完全是由于地方政府的阻挠，还跟当时的反帝爱国运动有关。从德福兰到米赫德都震慑于地方的反帝浪潮，从而在许多措施上尽量采取缓和的态度，做出一定的让步，但由于双方的法律差异与认识分歧，美国政府的行动并未得到中方认可。通过此案也可看出领事裁判权对中国司法主权的极大危害，即使中美法律存在分歧，也只能完全依据美国法律与司法审判程序，中方没有任何争辩的余地，基于此外交上的任何努力也终归是失败的。国民政府及社会人士也通过类似德福兰案件的最终处理结果，更加认识到领事裁判权的恶劣影响，进一步促使了他们力争废除领事裁判权的觉醒意识与实际行动，为 1943 年领事裁判权的废除埋下了伏笔。

中美两国政府的博弈并不限于法律，亦上升到政治层面。中方试图以此案件激荡民族主义情绪，一举废除领事裁判权，达到反帝目的；而美方则反向利用，想要以此为由拖延正在进行的废约谈判。在诸如德福兰案等 20 世

① 实际当代美国对此类案件的审判结果，也多与德福兰案类似，如 2012 年轰动一时的美国警察枪杀黑人案等。

纪 30 年代初期的中外交涉中，南京国民政府借谈判之机，在维护司法主权方面做出一定交涉与抗争，尤其是地方政府、党部的应对态度更加积极主动，这也是国民党中央地方关系及党政关系矛盾性的展现。此案的结果也与大多数中外交涉案的结局类似，可看出南京国民政府初期试图废约的温和型的“革命外交”带有某种不彻底性，但又有某种必然性，部分层面上也是对北洋政府“修约外交”的延续。南京国民政府由于国力不济，对美国始终存在依赖，故对类似案件多畏首畏尾，难以真正地抗争，这在 1946 年的沈崇事件中也有深刻体现。因近代中外交涉案件的复杂性，往往当事双方在处理时，也会直接或间接地将其他国家牵涉其中，从而影响案件的解决程度，诸如九一八事变的爆发即影响了此案的进程。但也应注意到，当时中国的法律制度还不健全，无法提供西方法律制度所确保的权利和保护，加上国民党还不能有效地控制地方政府，以及本地精英对基督教的敌视，以至于在华外人担心自己的安全及对中国法律审判产生怀疑。固然来华外人应当放弃领事裁判权，接受本地的环境条件，包括对个人安全的威胁，但是从人性的角度来看，基于上述因素，我们也应该理解他们在领事裁判权裁废问题上的挣扎。

同时，亦应看到民族情感与社会舆论虽然会对涉外案件的司法审判造成影响，部分民间团体的言行也会推动政府外交进程，但在当时不平等条约与国际法体制下，其实际效果难言满意，而盲目排外的民族主义也不值得提倡。中国舆论所及，侧重点并不在于案情之事实，而在于民族主义之宣扬；中国官方应因应废除领事裁判权之民意，但在司法层面不能完全忽视事实之认定；美国司法方虽有领事裁判权来加以判决，但在调查中却需要对事实层面加以认定，中方对此也不能无视。国外舆论对于中方舆论有所回应，对于领事裁判及司法调查也有态度表达，从而形成两方的论战。从中外舆论对此案的反应可以看出，在当时的中外交涉案件中，中外报刊往往会从各自民族情感及利益出发，进行带有主观倾向的报道，而忽视其背后的真实案情；从中也可体现中西方文化、价值观念及法律思想之差异，同时也较能凸显民族主义与道德理想间的对立，这也是近代中外交涉案件论争中的普遍现象。特别是中方舆论多借攻击德福兰而迁怒于基督教，显示出国人对受条约特权保护的基督教传教士仍带有严重的敌视情绪；但南京政府时期的反教形式已经相对理性和温和，未再出现诸如义和团运动那样的暴力反教案件。当然，南京国民政府与当时社会舆论不同，尽管反对德福兰杀人，却不公开反对基督教在华传播，这也是受条约规定影响所致。

与一般的中美交涉不同，除了牵涉其中的领事裁判权问题外，德福兰的传教士身份又为此案增添了基督教背景，更使问题复杂化，反映出基督教在近代政治外交中产生的特殊影响。德福兰作为治病救人的医学传教士，虽屡屡参与救济，救死扶伤，却因枪杀王国庆而产生身份与行为上的直接冲突，并为此遭到中国人及其他传教士的抨击谴责。从教会内部的争论来看，宗教信仰与民族情感之间的冲突，是基督教中国化面临的一大难题，在近代中国中也未得到切实融合。来华基督徒因不平等条约的规定而在中国享有各种特权，往往会受到民族主义者的抨击，因而部分传教士坚持政教分离、呼吁放弃领事裁判权等特权，以免引起中国人对传教士与西方国家关系的误解与反感，但他们的建议未被美国政府所接受，也彰显了外人在华特权与传教士态度之间的冲突及政教关系的尴尬，这也在此案件中有所体现。

温和通胀的期待：1935 年法币政策的出台

潘晓霞

1935 年 11 月，国民政府宣布废除银本位制，发行法币，是为法币改革。近些年，法币改革成为研究热点。众多论著认为，20 世纪 30 年代中期的经济困难尤其是美国白银政策推行后导致的白银危机促成了法币改革，换言之，法币改革是一种危机应对措施。[①] 证诸当年的经济运行实际，这种说法或言之成理。不过，如果将法币改革放在更长的时段、更宽的视野中去观察，可以发现，法币改革是国际、国内经济金融运行不断发展的结果，这其中既有中国货币体制与外部世界日渐暌违造成的改革需求，又有经济不断发展后遭遇的瓶颈尴尬，银本位制在某种程度上已成为阻挡经济继续前行的障碍。1937 年 3 月 17 日，处于经济运行最前沿的上海银行业同业公会公共准

① 从应对白银危机的角度解读法币改革者众多，如李爱《白银危机与币制改革——解析南京国民政府银本位时期的政治、经济与外交》，社会科学文献出版社，2014；城山智子《大萧条时期的中国——市场、国家与世界经济（1929～1937）》，孟凡礼、尚国敏译，江苏人民出版社，2010，第七章“应对危机：1935 年 11 月的币制改革”；赵留彦、隋福民《美国白银政策与大萧条时期的中国经济》，《中国经济史研究》2011 年第 4 期。有些研究成果侧重从现实政治和国际关系的角度观察法币改革，如任东来《1934～1936 年间中美关系中的白银外交》，《历史研究》2000 年第 3 期；吴景平《蒋介石与 1935 年法币政策的决策与实施》，《江海学刊》2011 年第 2 期；贾钦涵《“纸币兑现”之争与 1935 年法币改革决策》，《中国社会经济史研究》2016 年第 2 期。有研究者注意到了法币改革和西方各国币改的关系，如姚会元《论法币改革》（《学术月刊》1997 年第 5 期）一文中提到西方各国在币改方面的示范作用；戴建兵则从国际金融一体化的角度，分析了中国货币近代化的过程（《白银与近代中国经济（1890～1935）》，复旦大学出版社，2005）。总体来看，现有研究多注重即时性的考察，政治方面多强调日本的压迫、走私，英、美的介入以及中国国内统一的需要；经济方面的考察多认为美国白银政策推行后导致的白银危机促成了法币改革。本文试图从更长的时段、更广泛的角度，通过透视国际、国内经济金融运行的内在脉络，对法币政策的出台再做探讨。

备金委员会主席朱博泉感叹道：“回顾过去一年发生的事件，可以说每一件都使我们有理由说经济状况开始表现出明确的复苏迹象。中日关系的紧张和西安事变等政治困难对金融和商业活动的影响，在上海金融市场的水面上仅仅泛起了一阵涟漪，这无疑应该部分归功于 1935 年 11 月的币制改革措施，它战胜了对货币短缺的所有恐惧。如果相同的政治变化和危机出现在新货币政策之前，情况可能会非常糟糕。”① 这段话道出了法币改革的关键所在，它既是危机应对措施，更是开启新局之举，法币改革促进了整体经济状况的明显复苏，且本身又和整体经济的发展息息相关。其中“战胜了对货币短缺的所有恐惧”这句话，尤值得注意，提醒我们不妨从经济金融运行的内在脉络去推究法币政策出台的多方面综合动因，这恰恰是既往研究相对忽略的。就此而言，法币改革仍有对其深入解读的意义。

一　币制改革的共识与歧见

币制改革在 20 世纪前期的中国不是个新话题。近代以来中国货币制度十分混乱，美国财政顾问杨格曾说，中国币制“是乱七八糟一大堆铸币、重量单位和纸币凑成的大杂烩”②。南京国民政府建立之初，银元、银两并用，发行分散，发行准备金不集中，没有统一的保管制度，国家财政金融长期处于极不稳定的状态。对此，无论是政治领袖、经济金融当局，还是相关研究者、公共舆论对币制改革都具有相当共识。改革币制成为各界常讲常新的话题。

南京国民政府的币制主张可以上溯到孙中山的“钱币革命论”。孙中山不无预见地指出：“在工商未发达之国，多以金银为之，其在工商已发达之国，财货溢于金银千百万倍，则多以纸票代之矣。然则纸票者将必尽夺金银之用，而为未来之钱币，如金银之夺往昔之布帛刀贝之用，而为钱币也。此天然之进化，势所必至，理有固然。”他更明确地判断，中国经济的不发展与货币制度有关，

① 《上海银行公会公共准备金委员会第十五次年会报告》，《金融商业报》第 29 卷第 11 号，1937 年，第 287 页，转引自城山智子《大萧条时期的中国——市场、国家与世界经济（1929～1937）》，第 203 页。

② 阿瑟·恩·杨格：《一九二七至一九三七年中国财政经济情况》，陈泽宪、陈霞飞译，中国社会科学出版社，1981，第 177 页。

指出“现在金融恐慌，常人皆以为我国日必较昔日穷乏，其实不然，我之财力如故，出产有加，其所以成此贫困之象者，则钱币之不足也”。[①] 孙中山的上述看法具有相当的超前性，其后一直受到国民党执政者的重视。在 1934 年 1 月召开的国民党四届四中全会上，立法院法制委员会委员长焦易堂及张继、张静江、居正、于右任等 30 余人联名提出《实践总理钱币革命案》。[②]

蒋介石一直以孙中山的继承者自居，对孙中山的币制改革主张自不例外。1932 年 6 月 17 日，蒋在日记中写道：“币制之统一，不可稍缓，应从速组织研究也。”[③] 1935 年 9 月 16 日，蒋在峨眉军官训练团发表《实施钱币革命》讲词，强调：“我们要完成政治建设，一定先要使国民经济能够发达；要经济能够发达，一定要使为交换中准百货代表之钱币，能够便利而充裕，金融能够活泼稳定。照社会进化的趋势，纸币一定会取金银之地位而代之，成为惟一的钱币。”[④] 和孙中山在币制问题上表现出的宽阔视野相比，蒋介石的思路远为狭窄，他谈币制改革多着眼于如何应对现实的财政困难，落脚点又在政治上的“统一”。在蒋看来，币制改革不仅仅是经济问题，更是政治问题。通过币制的统一打破地方壁垒，达到全国政令、军令的统一，这是作为政治领袖的蒋介石真正关心的问题。除蒋介石外，陈果夫也从政治统一出发力主统一币制，建议：“可利用此项借款（指美棉麦借款——引者注）进行统一币制及中央银行之巩固，使政府不受上海金融界之牵制而成为政治上与经济上独立之政府。”[⑤]

相较而言，作为经济金融的管理者与负责者，孔祥熙则更多是从经济金融本位出发，事实上，他的见解也更加切合经济金融的具体实际。早在

① 《倡议钱币革命对抗沙俄侵略通电》（1912 年 12 月 3 日），中国社会科学院近代史研究所中华民国史研究室、中山大学历史系孙中山研究室、广东省社会科学院历史研究室编《孙中山全集》第 2 卷，中华书局，1985，第 545 页。

② 《四中全会昨开三次大会讨论党务经济嘉许党部过去工作》，《申报》1935 年 4 月 25 日，第 3 版；焦易堂：《钱币革命主张》，《中央周报》第 297 期，1934 年，第 104 页。

③ 《蒋介石日记》（手稿），1932 年 6 月 17 日，斯坦福大学胡佛研究所档案馆藏，下同。

④ 《先总统蒋公：实施钱币革命》（1935 年 9 月 16 日），卓遵宏编著《抗战前十年货币史资料》，台北：“国史馆”，1988，第 92 页。

⑤ 《陈果夫呈蒋中正、刘真如函称续向美借款以规划长江珠江交通之连贯统一币制等成一政经皆可独立自主的政府》（1932 年 11 月 26 日），台北“国史馆”藏“蒋中正总统档案”，档案号：002－080200－00064－018。

1930 年 3 月，孔祥熙在国民党第三届中央执行委员会第三次会议上就谈道："吾国经济制度则何如？所赖以流通于工商业者，除各通商口岸间有规模之银行外，均仰给于资金微小利率高大之钱店，子金大于所获，于工商事业金融之运用，实极艰难。而又无国际汇兑机关，无以运用国际金融，并汇兑利益亦拱手让于外人。况币制尚未统一，尚未脱用生银习惯，无实在币制之可言，以与各国整齐统一之金本位制相较，尤属悬绝。"① 中国金融无法像世界先进国家一样，助力工商事业，从而促成资本及产业之发达，这是孔祥熙指出的中国金融体系的致命伤。他更直截了当地总结："中国币制紊乱，又无强健有力之金融机构，是以经济事业不易发展。"② 币制的不完善，不仅会影响金融本身，还会影响经济运行，影响生产发展。这一点，孔祥熙有清醒的认识。

1934 年前后，白银暴涨，实行银本位币制的中国面临白银流出的危机。4 月，孔祥熙在总理纪念周上做《白银问题》演讲时谈道："世界各国早已放弃了银本位或金银复本位，只有我国蹈常习故，依旧用银，所以银价升降，与我国的关系尤为密切。……银价的高低，与我国的关系尚是其次，倒是银价的骤涨骤落，不能安定，与我总是很不利的。因此，我国目前当务之急，端在竭力设法使银价稳定。"他甚至探讨了改革币制的各种设想："或以为我国应趁此机会，改用金本位，或虚金本位。然采取金本位，我国目下能否办到，固是问题，即金本位之利害，学者亦方聚讼纷纭，现在尚难判断。可是金本位的是否适用于现代经济，尚成问题，我又何必亟亟步其后尘。无已，只能就现有之银本位，设法改进，苟能运用妥善，亦未始不能渡过目前的难关。"③

除了当政者在努力探寻币制改革的出路外，社会各界对币制改革亦有颇多讨论。早在 1927 年初，多年供职实业界、北伐期间曾出任财政委员会委

① 孔祥熙：《请决定对于中国工商业之国际关系采用保护政策以贯彻总理遗教实现平等互惠案》（1930 年 3 月 3 日），秦孝仪主编《中国国民党历届历次中全会重要决议案汇编》（一），《革命文献》第 79 辑，台北：国民党中央委员会党史委员会，1979，第167 页。

② 孔祥熙：《如何实现中山先生之民生主义》（1931 年 11 月），刘振东编《孔庸之（祥熙）先生演讲集》下册，沈云龙主编《近代中国史料丛刊》第 82 辑第 820 册，台北：文海出版社，1972，第439 页。

③ 孔祥熙：《孔财长报告白银问题》，《银行周报》第 18 卷第 14 期，1934 年 4 月 17 日，第 3、5 页。

员的孙鹤皋就致书蒋介石，呼吁："今为军需计，为全国金融计，除统一币制、整理公债外，殊无良法矣。际此百废待举之秋，应将全国币制，统盘筹算，例定虚金本位，全国经济基础从此安定矣。"[①] 白银危机后，币制改革的呼声更为高涨。著名经济学家何廉指出，"银价变动，影响吾国经济之剧烈，实由于吾国币制之不健全所致"，"治本之法，当然须从币制着手"。顾翊群则认为，"近二年之经济恐慌，要以物价跌落，为最主要最直接之原动力"，"欲吾国物价回升，非用积极的货币举动不可"。赵兰坪则从经济和金融恐慌的成因谈起，强调中国根本的自救之道是贬低汇价，放弃银本位制，暂行纸本位，"永远脱离银价涨跌之影响"。[②]

当然，币制改革的讨论中也不乏谨慎和反对的声音。1935 年 8 月，阎锡山致电孔祥熙谈道："以我国今日之国情与环境，倘若施行不兑现，纸币必跌价，社会恐慌，人民怨望，政府收入顿减。为抵补计，不得不增发纸币，愈增发愈跌价，社会愈恐慌，人民愈怨望，人民之损失必不减于欧战时之不兑现诸国。……于此主义、经济、武力交相压迫之今日，反予主义之我者以大隙，乘怨望之人心，恐慌之社会，煽动民众，顿增危险，授经济亡我者以巨柄，由不兑现之空隙，操纵经济，使我失其自由，启武力亡我者之野心，乘我恐慌紊乱、民怨之际，为所欲为，诚恐国家前途，骤增荆棘。"[③] 有些银行家也持慎重态度，金城银行总经理周作民在致函钱新之等银行家时谈道："纸币政策，以我国币制之未整理，汇兑平衡基金之难筹集，以及各关系方面情况之复杂，贸然行之，恐致其绩效因各地政治、经济状况之不同，不能不随而歧异，国民经济将为之不安，国家财政亦将受其影响。"[④]

---

① 《孙鹤皋呈统一全国币制及公债说帖》（1927 年 2 月 16 日），台北"国史馆"藏"蒋中正总统档案"，档案号：002－080200－00019－009。

② 何廉：《银价问题与中国》，《银行周报》第 18 卷第 10 期，1934 年 3 月 20 日，第 14～15 页；顾季高：《银问题与中国物价问题》，《银行周报》第 18 卷第 10 期，1934 年 3 月 20 日，第 2、6 页；赵兰坪：《吾国币制改革之前因后果》，《时事月报》第 13 卷第 6 期，1935 年 12 月，第 406～407 页。关于法币改革前经济学界围绕白银问题与币制改革的讨论，可参考吴敏超《1934～1935 年白银问题大讨论与法币改革》，《江苏社会科学》2007 年第 6 期。

③ 《阎锡山与孔祥熙关于币制问题来往电》（1935 年 8 月），中国第二历史档案馆编《中华民国史档案资料汇编》第五辑第一编《财政经济》（4），江苏古籍出版社，1994，第 313 页。

④ 《周作民致吴鼎昌、钱新之、胡笔江电》（1935 年 11 月 16 日），彭晓亮、董婷婷编注《钱新之往来函电集》，上海远东出版社，2015，第 28 页。

阎、周谈到的种种顾虑，在某种程度上正是币制改革喧嚷多年却难见实施的部分因由所在。对于长期混乱、落后的中国而言，做出币制改革这种牵一发而动全身的决策，的确不会那么轻松。

二　内通缩外通胀：币制改革前中国与世界的背道而驰

1935 年法币改革前，中国经济金融遭遇严重危机，最主要的问题就是当时中国银行年度营业报告中反复提到的“通货紧缩”“银根枯窘”①。1935 年 3 月，孔祥熙在中政会上直言：“近来我国社会，空虚益甚，上海一埠，存银至乏，商业萧条，外商多有自杀者，我国商人更不待言”；“现在要请各位注意的，中国财政之贫乏，非由于政府无办法，而因于整个社会无办法。这话不好传说出去，请守秘密”。② 孔祥熙要求大家“守秘密”，其实经济金融环境不好，已是众所周知，没有秘密可言。之所以会出现这样的局面，不能不追溯到当时世界爆发的空前经济大危机。面对这样一场崩溃性的经济危机，中国注定无法完全置身于世界经济体系之外。

20 世纪 30 年代，中国是当时世界上为数不多的银本位国家，白银在中国国内市场是可流通货币，白银价格的涨跌直接影响中国金融经济的运行。1870 年以后，世界白银价格长期呈下降趋势，第一次世界大战期间短暂反弹后，1919 年起又开始下跌。1929 年开始的世界经济危机，对英美等西方国家的经济造成了沉重打击。相比之下，中国在这场危机初始，所受冲击要小得多，世界白银价格在这一时期连续下跌反而使中国在汇率上受益。经济学家章乃器分析道：“自战后至一九三一年间，白银在国际上地位日落，中国就变成世界上第一等的银市场；因为那时候，白银在海外市场因为滞销的缘故，要负担长时期的栈租和保险费的损失，而在中国，却可以任意投资、取得利息。”③ 白银不断流入，使中国局部经济在世界经济危机中反而意外

---

① 《二十四年度中国银行报告》，《社会经济月报》第 3 卷第 5 期，1936 年 5 月，第 100 ~ 101 页。

② 《中政会第 448 次会议速记录》，1935 年 3 月 13 日，台北：中国国民党党史馆藏，档案号：中央 0448。

③ 章乃器：《改造中国经济的正路与歧路》，章立凡选编《章乃器文集》上卷，华夏出版社，1997，第 177 页。

活跃，“虽银价惨跌及世界经济处于极度衰落之际，中国物价上涨不已，反得安享繁荣之利”[①]。杨格也认为：“就中国来说，大萧条的开始日期不是1929 年，而是 1931 ~ 1932 年的冬春之交，直到那时中国没有受到严重影响。”[②] 然而，推迟并不等于逃脱，中国在世界经济危机中因银本位得益又因银本位而付出，“自数重要贸易国放弃金本位后，美国购银政策复相继实施，中国所处优势，旋即告终矣”[③]。

美国在 20 世纪 30 年代初，即表现出干预白银价格的意图。有研究认为：“国会中对白银兴趣日益增长的一个重要方面是关注世界主要用银国中国在恢复白银价格并刺激美国贸易方面可能会起作用。在许多白银论者看来，中国不仅可以对白银工业提供援助，而且它还是能够使美国从萧条中复苏的一把钥匙。美国人一如以往多次所持的看法那样，将中国亿万人民的经济力量视为解决其本国经济困难的灵丹妙药。”[④] 1932 年美元贬值，刺激长期处于下行通道的银价回升。1932 年银价指数为 49；1933 年开始迅速反弹，为 61；1934 年涨到 85。[⑤] 1934 年 6 月，美国总统罗斯福签署购银法案，规定政府通过购买方式，设法使每盎司白银价格提高到 1. 29 美元，或者将白银在美国货币储备金中的比重提高到 1/4。购银法案通过后，世界银价快速上涨。纽约银价从 1932 年底每盎司 25 美分涨到 1935 年初的 55 美分，4月更达到 81 美分的高点。[⑥] 1933 年，白银在国外的价格已超过中国国内，到 1935 年，白银在国外的购买力高出中国国内近 2/3。银价上涨，使其作为商品的交易功能凸显，导致白银自中国大量流出。1934 年，“现银输出共达 267355423 元，较之上年之 94301684 元，计增加 173053739 元，约增加 18 倍之巨。现银输入仅 7413822 元，与上年之 80179641 元相较，则减少

① 朱疑释：《新货币政策实施半年来中国经济情况之评述》，《中国经济》第 4 卷第 7 期，1936 年 7 月，第 23 页。

② 阿瑟·恩·杨格：《一九二七至一九三七年中国财政经济情况》，第 213 页。

③ 朱疑释：《新货币政策实施半年来中国经济情况之评述》，《中国经济》第 4 卷第 7 期，1936 年 7 月，第 23 页。

④ 迈克尔·罗素：《院外集团与美国东亚政策——30 年代美国白银集团的活动》，郑会欣译，复旦大学出版社，1992，第 3 页。

⑤ 《1880 ~ 1934 年中美两国之银购买力》，实业部银价物价讨论委员会编《中国银价物价问题》，商务印书馆，1936，第 8 页。按：1910 ~ 1914 年为 100。

⑥ 阿瑟·恩·杨格：《一九二七至一九三七年中国财政经济情况》，第 218 ~ 219 页。

72765819 元。出入相抵现银出超达 259941601 元”[①]。

为控制白银外流，1934 年 10 月 14 日，国民政府通令全国各海关征收白银出口税及平衡税，提高白银流出的投机成本。这一措施在一定程度上抑制了华资银行的白银外流，但无法控制外资银行。1934 年，国内自外资银行流出的白银高达 21000 多万元。[②] 走私成为白银流出的主要渠道，据杨格所述：“据最可靠的估计，仅在 1934 年的最末几个星期中，即有价值 2000 万元的白银走私出口；1935 年一年以内，白银走私出口估计约在 1 亿 5000 万 ~2 亿 3000 万元之间。”[③] 1935 年 5 月，中政会决议对走私者处以五倍罚款，孔祥熙在说明提案时呼吁：“近来华北情形，异常危险，各银行存银，流出达 2000 余万之巨，按平津一处，各银行存银准备，共只 6000 余万，骤然流出这许多，颇形恐慌。天津租界上，银价也比较高，每百元到租界可换 103 元，到唐山可换 115 元，到伪国可换 130 元。因之日本人包庇走私，并且有很大的组织，此事关系国家命脉，请各位特别注意。”[④]

白银外流造成流通货币减少，银根紧缩。以外资银行论，存银大量减少，必然在“营业上要收缩信用”[⑤]。中国银行总经理张嘉璈分析：“因近年每年三万万现金出口的累积，直到去年为止，由于现金储藏的减少，现银便代替现金而大量流出国外，以致上海的中国金融界就发生了根本的动摇。”[⑥] 银钱业间同业拆息的变化可以直接反映市面银根的松紧和资金流转状况。1934 年初，上海各银行拆息月息在五六分之间。7 月以后一路上涨，11 月涨至平均 1 角 9 分。[⑦] 12 月，拆息更是居高不下，上海钱业日拆最高达 6

① 贺渡人：《民国二十三年国内经济与金融之回顾》，《社会经济月报》第 2 卷第 2 期，1935 年 2 月，第 79 页。

② 《民国十年来上海各银行现银存底统计表》，《中外商业金融汇报》第 2 卷第 1 ~3 期，1935 年 3 月，第 47 页。1933 年底，上海华资银行和外资银行的白银贮备分别是 27178.6 万元、27568 万元；1934 年底则分别为 28032.5 万元、5467.2 万元。

③ 阿瑟·恩·杨格：《一九二七至一九三七年中国财政经济情况》，第 238 ~239 页。

④ 《中政会第 458 次会议速记录》，1935 年 5 月 22 日，台北：中国国民党党史馆藏，档案号：中央 0458。

⑤ 章乃器：《上海地产之今昔》，《社会经济月报》第 2 卷第 6 期，1935 年 6 月，第 14 页。

⑥ 张公权：《内地与上海》，《银行周报》第 18 卷第 14 期，1934 年 4 月，第 14 ~15 页。

⑦ 贺渡人：《民国二十三年国内经济与金融之回顾》，《社会经济月报》第 2 卷第 2 期，1935 年 2 月，第 81 页。

角，平均也要 3 角 3 分，[①] 达到 20 世纪 30 年代的最高水平。拆息的高涨，意味着资金紧张、银根紧缩。

资金紧张的形势到 1935 年仍然持续。资料显示："本年（1935 年）全年拆息平均 1 角 4 分，较之上年度高昂 5 分，银根之紧殆为近数年来所未见。……3 月恒盘旋于 8、9 分之间，市况较为呆滞，自是而后，因历届四月底、端阳、秋节、十月底等归帐时期，拆市自应紧俏，而商号之倒闭，行庄之搁浅，推波助澜，益予社会人心之不安，同业更不得不益紧其放款，故拆息虽徘徊于 1、2 角之间，而划头加水则数度达至 7 角顶价。"[②] "钱业公会之公单收解额可以视为商业兴衰的南针。"据统计，1934 年 1～5 月，钱业公单收解额为 516702 万元；1935 年 1～5 月，5 个月共 399517 万元，仅为前一年的 77.3%，下降相当明显。[③]

1935 年春节前后市场资金的紧张，不可避免地影响到工商业的运行。上海市市长吴铁城报告蒋介石，认为上海困窘局面的出现，"主要由于白银外溢筹码空虚，金融业自顾不暇，遂采取极端保守政策，工商业乃受严重之影响"[④]。曾在刘鸿生企业账房工作的张棣生回忆道："我从一九三二年参加刘鸿记帐房工作以来，看到刘鸿生的经济情况不太好。他经常不断地向银行告贷，华商银行的路子走不适时，又多次转向外商银行，如纽约花旗银行上海分行，联系借款，但结果均未能如愿。"[⑤] 1935 年 9 月 11 日，刘鸿生在家书中也感叹："我现在感到最恐慌的是缺乏现金。我无法使我们的营业能提供我迫切需要的款项。企业的衰落，使到处都感到这种困难。趋势所至，在当地银行界造成一种人为的恐慌，突然地硬行收缩它们对于企业组织以及私

---

① 《日拆按月最高最低及平均行市统计表（1872～1952 年）》，中国人民银行上海市分行编《上海钱庄史料》，上海人民出版社，1960，第 638～641 页。日拆是同业间相互拆借款项的利率，按每千元每日计算。

② 中国人民银行上海市分行金融研究所编《上海商业储蓄银行史料》，上海人民出版社，1990，第 365 页。

③ 《上海钱业收解按月数额表》，姚庆三：《民国廿四年上半年国内经济与金融之回顾》，《社会经济月报》第 2 卷第 7 期，1935 年 7 月，第 4 页。

④ 《吴铁城电蒋中正上海市况奇困原因并防范绸缪已与地方合作求人心镇定》（1935 年 3 月 9 日），台北"国史馆"藏"蒋中正总统档案"，档案号：002－080200－213－035。

⑤ 原中国毛纺织公司营业课主任张棣生口述，1960 年 6 月，上海社会科学院经济研究所编《刘鸿生企业史料》中册，上海人民出版社，1981，第 33 页。

人的放款。这样，当然使矛盾愈形恶化，结果几家有名的厂商被迫宣告破产。”[①] 作为一个企业家，刘鸿生道出了当时国内面临的通货紧缩困境。政府高层对经济形势的判断也不乐观。1935 年 1 月，宋子文致电返美述职的美国驻苏大使布里说道：“我认为，中国的经济尤其是货币方面所面临的不可避免的危机可能在三、四月间，肯定在六月以前就要出现。”[②] 孔祥熙 1935 年 9 月给蒋介石的信中说得更具体：“现在已无筹码可资运用，即有筹码，银行亦无力承受。是银行方面已无办法，此种情形前已谈及。……似此情形，中国破产实已迫在目前。如不速筹根本办法，行将同归于尽。弟并非杞人忧天，过甚其词，实情如此不敢不告耳。”[③]

与中国国内严重通货紧缩形成鲜明对比的是，当时国际上各大国正在执行通货膨胀的经济刺激政策。和世界潮流背道而驰的金属本位币制尤其是银本位制，放到世界经济大势中衡量，劣势和风险可以有更为清晰的显现。

世界主要大国在 19 世纪相继完成从复本位制或银本位制向金本位制的转变。19 世纪初，英国率先建立金本位制；1872 年，德国建立金本位制。英德两大国相继建立金本位制，对欧洲其他国家形成冲击。研究者注意到：“作为银本位制度国的荷兰，夹在英德两个金本位制度国之间，在银价下跌时便会遭遇经济危机，不得不经由 1874 年的停止银币铸造而转向金本位制度。”[④] 法国、比利时、瑞士及意大利等所谓“拉丁货币同盟”也几乎同时停止银币铸造，开始采行金本位制。19 世纪后期，美国、日本、俄国等也相继宣布实行金本位制。

然而，金本位制确立不久就遭遇战争危机而迅速解体。1914 年第一次世界大战爆发，金本位制难以为继，“在开战之始，各国一面向银行借入战费，一面筹集公债，虽可以应一时之需，但其后战争日烈，战费之支出亦日多，而公债之募集，租税之增加，究不足以应其急需，是以除由银行借入与

① 《刘鸿生致刘念孝函》（1935 年 9 月 11 日），《刘鸿生企业史料》中册，第 29 页。

② 《美国外交文件》1935 年第 3 卷，第 532～533 页，转引自朱镇华《重评一九三五年的“币制改革”》，《近代史研究》1987 年第 1 期，第 212 页。

③ 《孔祥熙呈蒋中正对币制改革之意见及经济方案与工业发展等》（1935 年 9 月 30 日），台北“国史馆”藏“蒋中正总统档案”，档案号：002－080109－00023－001。

④ 林钟雄：《欧洲经济发展史》，台北：三民书局，1987，第 458 页。

政府纸币发行外，别无他法”[①]。为此，各参战国均不得不禁止黄金自由买卖和兑换。据瑞士银行公会调查，英、法、俄、日、德、奥、意、美八国的纸币发行总额，1914 年仅有 133 亿元，至 1918 年增为 2423 亿元以上，“各国对于纸币之发行，均无限制，且其实等于不换纸币也”[②]。战争结束后，美、英、德或恢复金本位制，或实行金块本位及金汇兑制，原有的纯粹金本位制实际上已经动摇。1931 年 9 月 21 日，鉴于世界经济危机的压力，英国宣布放弃金块本位制，随后各国纷纷效仿，金本位制最终解体。

银本位制在世界上早被大多数国家抛弃，金本位制也已基本解体，到 20 世纪 30 年代中期，实行金属本位币制的国家已属罕见。各国放弃金本位制后，普遍利用纸币发行灵活的优势，采取温和的通货膨胀政策，刺激经济发展。以美国为例，“罗氏左右如华伦教授辈，对于此次经济恐慌，均归咎于物价之跌落，故以为欲谋复兴美国经济，舍抬高物价莫由，而欲抬高物价，则非抑低美元价值不可，于是遂毅然出于放弃金本位之一途矣”[③]。1933 年 4 月 20 日，美国脱离金本位制，到 9 月，美元的含金量即下降了 1/3。[④] 正如章乃器分析的，“在放弃金本位之后，‘通货膨胀’是必然要跟着表现的”；“只要认识放弃金本位是通货战争，各国为贸易计，是利在本国币价的低落，就可以明白了”。[⑤]

由于各国争相主动实行通货膨胀政策，货币纷纷贬值。“民国二十一年起，英日二国，以及英镑集团各国，开始贬低汇价。民国二十二年，美国亦竟断然放弃金本位制，减低货币价值。至民国二十三年春……美元价值已减百分之四十强。英汇亦较旧平价，贬低百分之四十有余。日汇则竟贬低百分之六十五。”[⑥] 英、美、日三国占中国外贸的 70%，三国货币的贬值对以银

---

① 义农：《欧战前后列国经济上总括的观察（一）》，《银行周报》第 6 卷第 7 号，1922 年 2 月 28 日，第 8 页。

② 永祚：《世界币制问题》，《银行周报》第 3 卷第 34 号，1919 年 9 月 16 日，第 22 页。

③ 姚庆三：《近年世界币制之演变及其今后之归趋》，《社会经济月报》第 2 卷第 9 期，1935 年 9 月，第 26 页。

④ J. F. 佩克：《国际经济关系——1850 年以来国际经济体系的演变》，卢明华译，贵州人民出版社，1990，第 256 页。

⑤ 章乃器：《大战前夜各国的货币政策》，章立凡选编《章乃器文集》上卷，第 128 页。

⑥ 赵兰坪：《吾国币制改革之前因后果》，《时事月报》第 13 卷第 6 期，1935 年 12 月，第 404 ~ 405 页。

为本位货币、无法任意贬值的中国经济无疑是个沉重打击，银元汇价由此大幅上涨。1931 年银元平均汇率，英汇 12 便士、美汇 22.2 美元、日汇 45.2 日元；1934 年 12 月银元汇率，英汇平均 16.5 便士、美汇 33.9 美元、日汇 116.4 日元，分别上涨 37.5%、52.7%、157.5%。[①] 上海对外汇率以 1931 年为 100 计算，1932 年上涨到 128.3，1933 年、1934 年、1935 年则分别为 145.9、173.1、199.2，四年内几乎上涨 1 倍。[②] 这时的中国，不仅要承受银价上涨带来的冲击，还要面对各国汇率下降导致的本币升值，竞争力日趋衰弱。银价上涨过快，中国关税增长速度达不到汇率的降低速度，导致外货倾销，中国的国际收支逆差加大，更加速了白银大量外流。[③] 继续在银本位币制上独行的中国，已经和世界经济潮流无法同步，不得不独自承受国际货币战争带来的风险与损失。

白银上涨给中国经济带来严重打击，不过从另一面看，又未尝不是币制改革的良机。当时经济学家赵兰坪分析道："本位制度之改革，须以本国利害为中心。故其时机之选择，应以银价腾贵时期为宜。银价腾贵，则吾大批现银，可以相机处理。……最近美国施行白银政策，世界银价腾贵，吾国改革本位制度之时机又临。则应乘机停止银本位制，集中现银，售与需银之美国。较诸银价低落时期，可得善价而沽。国库负担，可以不增，反因汇价下落，银价上涨，一举可得十万万以上之盈余，以供经济建设之用。此种良机，不应轻予放过。"[④] 危机局面的确也在不断倒逼国民政府对此做出反应，据杨格说："1934 和 1935 年，中国的领袖们是愿意接受上述各种改革币制意见的。然而他们还必须想办法应付当时的流行市场心理。这种心理把信心寄托在坚挺的、甚至上涨的汇率之上，尽管这导致通货紧缩。只是在后来严重通货紧缩所造成的困苦越来越严重的时候，才证明改变一般心理状态是摆脱困境的唯一出路。"[⑤] 白银上涨带来的一系列严重后果

---

① 刘克祥、吴太昌主编《中国近代经济史（1927～1937）》上册，人民出版社，2010，第 32 页。

② 郭家麟等编《十年来中国金融史略》，中国银行经济研究处，1943，第 33～35 页。

③ 戴建兵：《白银与近代中国经济（1890～1935）》，第 305 页。

④ 赵兰坪：《吾国币制改革之前因后果》，《时事月报》第 13 卷第 6 期，1935 年 12 月，第 408 页。

⑤ 阿瑟·恩·杨格：《一九二七至一九三七年中国财政经济情况》，第 258 页。

成为币制改革的直接催化剂，但最终决定能不能变革的，还是国内的总体经济金融基础。

三 币制改革的经济基础

中国的币制改革，几十年议而不决，除了政府一直处于软弱状态，无力也不敢触碰这样的金融难题外，中国本身的经济实力是否具有应对改革可能带来的风险的能力，也是影响政府迈出这一步的关键。到 20 世纪 30 年代中期，尽管经济发展水平还不能达到让人满意的程度，白银危机又暴露了中国经济的脆弱，但同时也应该看到，经过数年相对稳定的发展，中国社会确实已经积累了相对丰厚的物质财富资本，这是观察币制改革不可忽略的另一方面。

银本位时期，货币内含价值，货币的发行和财富直接挂钩。据统计，1927～1935 年市场的货币供应量增加了近 20 亿元，1935 年几乎是 1927 年的 3 倍。仅就发行量而言，1935 年比 1927 年也增加了 6 亿元，是 1927 年的 2 倍多。[①] 这种增长背后体现的是社会经济活跃及社会财富增长的趋势。

同时可以看到的还有银行存款的大幅增加。表 1 显示了 1927～1936 年全国银行存款的持续增长态势，历年平均增长率近 20%。值得注意的是，从存款来源看，以中国银行为例，1931～1936 年，团体及个人存款一直占据半数以上的比重，1934～1936 年稳定在 60% 左右。[②] 同时，凸显居民资金状况的储蓄存款比例也呈上升态势，以 1934 年指数为 100 计算，1935 年、1936 年分别为 110、137，这在一定程度上反映了“金融基础之稳定，与夫国民生活之向上”[③]。应该指出，1932 年后银行存款的增长，是在通货紧缩、物价下降、银元升值背景下出现的，这更明确地指向社会财富增长的趋势。

---

① 张公权：《中国通货膨胀史（1937～1949 年）》，杨志信译，文史资料出版社，1986，第 246 页，“货币供应总额表”。

② 中国银行总行、中国第二历史档案馆编《中国银行行史资料汇编·上编（1912～1949）》（三），档案出版社，1991，第 2035、2100、2186、2214 页。

③ 中国银行经济研究室编《全国银行年鉴（中华民国二十六年）》，汉文正楷印书局，1937，A48～49 页。

表 1　1927 ~ 1936 年全国银行存款情况

单位：万元，%

年份	存款	比上一年增长额	比上一年增长比例
1927	97612	4130	4.42
1928	112347	14735	15.10
1929	132015	19668	17.51
1930	162026	30011	22.73
1931	186065	24039	14.84
1932	218376	32311	17.37
1933	261514	43138	19.75
1934	299776	38262	14.63
1935	378937	79161	26.41
1936	455126	76189	20.11

注：本表统计仅限于华资银行业。钱庄、银号与外商银行不包括在内。1926 年存款额为 93482 万元。

资料来源：《中国重要银行最近十年营业概况研究》，中国银行总管理处经济研究室，1933，第 2 页，“各行资产负债总表”；朱斯煌编《民国经济史》，银行学会，1948，第 509 页，“历年银行业全国存款统计表”。

尽管南京国民政府建立后，内部纷争不断，经济发展势头时有起落，但一个相对稳定的政府及规范化的市场管理体系的逐渐建立，还是促进了社会经济的持续发展。在近代，发电量与用电量是衡量生产发展的重要指标。全国发电量，1927 年为 77200 万度，1932 年为 119506 万度，1936 年为 172431 万度，比 1927 年增加 123%。[①] 其中，本国电厂发电量增长相对更快，1927 年为 22915 万度，1936 年达到 77295 万度，增加 237%。[②] 铁路运输是近代国家的经济命脉，20 世纪 30 年代全国铁路运输相关数据持续递增，1931 年，全国铁路运输量为 879752 万吨；九一八事变东北沦陷后有短时间下滑，1932 年为 790719 万吨；1933 年即很快恢复增长，为 880132 万吨；1934 年为 1032472 万吨；1935 年已达 1083765 万吨。[③] 如果考虑到东北失陷这一因素，20 世纪 30

① 国民党中央党部国民经济计划委员会编《十年来中国经济建设》上篇，南京扶轮日报社，1937，第 4 页。

② 陈真：《中国近代工业史资料》第 4 辑，生活·读书·新知三联书店，1961，第 904 页。

③ 严中平等编《中国近代经济史统计资料选辑》，中国社会科学出版社，2012，第 134 页。

年代铁路运输的增长幅度事实上应该更高。煤炭业是近代工业的支柱，全国煤炭总产量从 1927 年的 2417 万吨增加到 1937 年的 3934 万吨，增幅为 62.8%。新式煤矿产量从 1927 年的 1689 万吨增加到 1937 年的 3154 万吨，增幅达 86.7%。[①] 平绥铁路沿线各矿增幅更快，1929～1933 年 5 年内从 300651 吨增加到 694599 吨，翻了一番有余。[②] 总体上，当时像机械、纺织、化学等具有代表性的工业门类，都出现快速的发展。机械工业表现尤其突出，1936 年资本增加额达到 1927 年的约 40 倍。上述几个主要工业部门发展详情可见表 2。

表 2　1927～1936 年机械、纺织、化学工业发展概况

单位：元

年份	机械工业		纺织工业		化学工业	
	增加额	指数	总额	指数	总额	指数
1927	194160	100	89743472	100	22073168	100
1928	778180	400	101052472	112.5	24885941	112.7
1929	1626450	837	107572102	119.8	26493741	120
1930	4304500	1908	121941222	136.0	28531939	129.2
1931	4809700	2168	133813512	149.1	32679239	148
1932	5875146	2717	139856452	155.8	34184039	157.6
1933	6701446	3148	145614002	162.2	37327439	169
1934	7433546	3525	156195302	174.0	40995439	185.7
1935	8028746	3832	190309207	199.8	42791439	193.9
1936	8681496	4168	202218142	225.3	43912439	199

资料来源：《1927～1936 年工业统计资料·十年来之中国机械工业》《1927～1936 年工业统计资料·十年来之中国纺织工业》《1927～1936 年工业统计资料·十年来之中国化学工业》，中国第二历史档案馆编《中华民国史档案资料汇编》第五辑第一编《财政经济》（5），江苏古籍出版社，1994，第 201～202 页。

国民政府的收支状况也可反映当时的国力变化，由于当时中国是银本位，货币是硬通货，因此这一数据更具参考意义。1928～1936 年，政府收入有较大增长，从 1928～1929 年度的 3.33 亿元增至 1935～1936 年度的 8.17 亿元，几乎实现成倍增长。如表 3 所显示，反映实业税征收的统税收

① 刘克祥、吴太昌主编《中国近代经济史（1927～1937）》上册，第 390 页。

② 董纶：《平绥铁路沿线煤矿调查报告》，资源委员会，1935，第 214 页。

入增加最为明显。1926 年曾任财政总长的顾维钧在提交的财政报告中，表示他在任内期间能够动用的非借贷性政府收入还不到 200 万元。而十年后的财政状况，可以说与此已形成了鲜明的对比，“国家的常年收入，扣除债务支出之后差不多还有 7 亿元”①。

表 3　1929～1936 年国民政府财政收入状况

单位：百万元，%

年份	税收				财政收入（不包括借入款）	税收占岁入比重
	关税	盐税	统税	全部税收		
1929	179	30	30	323	333	94
1930	276	122	41	462	438	95
1931	313	150	53	535	498	95.2
1932	370	144	89	616	553	99.5
1933	326	158	80	587	559	95.2
1934	352	177	106	660	622	95.3
1935	353	167	105	649	745	87.1
1936	272	184	135	624	817	76.4

注：会计年度为前一年 7 月 1 日至表列年 6 月 30 日。“财政收入”一项，指除去债务。

资料来源：许涤新、吴承明主编《中国资本主义发展史》第 3 卷《新民主主义革命时期的资本主义》，人民出版社，2003，第 47 页；李权时：《近十年来我国之中央财政》，《闽政月刊》第 4 卷第 1 期，1939 年 3 月 21 日，第 104～106 页。

国内生产总值（GDP）是宏观评价经济发展水平与潜力的统计工具。自 20 世纪 30 年代开始，刘大钧、巫宝三等经济学者即引入 GDP 估算，80 年代后，中外学者对于民国前 30 年经济状况的整体估算研究不断涌现。总体而言，“所有学者（指对近代中国 GDP 估算的学者）都认为民国前 30 年中国经济有所增长”②。由于 GDP 估算样本过于稀缺，相关数据只能用于参考，但其基本判断应可成立，如经济学家罗斯基所言：“在第二次世界大战前的几十年中，无论在人均实际增长率上，还是在适度的结构变化上，中国经济都有了相当大的扩张。”而且“中国战前经济在面临短期下滑时仍具有

① 阿瑟·恩·杨格：《一九二七至一九三七年中国财政经济情况》，第 156 页。

② 倪玉平、徐毅、范鲁文·巴斯：《中国历史时期经济总量估值研究——以 GDP 的测算为中心》，《中国社会科学》2015 年第 5 期，第 197 页。

持续发展的能力”。[①]

社会经济条件的改善为币制改革奠定了一定基础，但并不意味着改革可以或必然发生。币制改革能够付诸实施，还需要政府财力的增强和政府信誉的建立，尤其是后者，在经济和金融活动中具有非同一般的意义。应该说，1935 年国民政府通过改组中国银行、交通银行，保证了对国内实力最强的两大银行的控制。由此，1935 年初出现的短暂金融危机，很快消弭在一定范围内，这和政府的财力和信誉不无关系，而危机被控制，也进一步增强了政府的信誉。[②] 到 1937 年前，政府控制下的银行资产总值共约 54 亿元，约占全部银行业资产总值的 74%；私营银行约 120 家，仅占全部银行业资产总值的 26%。[③] 国家银行实力占据绝对优势，使国民政府的信用大涨，也使北洋政府以来一直延续的政府依赖银行的局面得以改变。1935 年 9 月 29 日，孔祥熙在给蒋介石的电报中说得很清楚：“中中交三行现既在我掌握，现金散在外间其他各行者为数不多，实际已与集中相差无几。”[④] 正因此，在法币政策出台前夕，他才能胸有成竹地透露：“过去八个月的事实，已令人信服地显示出我们原来所设想的通货管制，仍然是唯一可行的完善途径，我们的政府已最后决定在短期内实行。”[⑤]

四　法币改革：货币瓶颈的打破

1935 年初，改革币制的准备工作即秘密展开。1935 年 5 月 3 日，孔祥熙在发给施肇基的一封密电中写道：“具体的币制、借款计划，已准备多

---

① 托马斯·罗斯基：《战前中国经济的增长》，唐巧天等译，浙江大学出版社，2009，第 326 页。

② 参见潘晓霞《一九三〇年代经济危机中的银行改组——以中国、交通银行为中心》，《历史研究》2013 年第 5 期。

③ 许涤新、吴承明主编《中国资本主义发展史》第 3 卷《新民主主义革命时期的资本主义》，第 85 页。

④ 《孔祥熙电蒋中正金融统一发行办法宋子文主张与李滋罗斯商议后再行决定》（1935 年 9 月 29 日），台北“国史馆”藏“蒋中正总统档案”，档案号：002－080200－00252－083。

⑤ 《孔祥熙致施肇基电——要求美国总统支持中国售银计划》（1935 年 10 月 28 日），中国人民银行总行参事室编《中华民国货币史资料》（第二辑 1924～1949），上海人民出版社，1991，第 241 页。

时，但尚未提出。……不能将整个计划全盘托出，因为泄露机密的危险，将导致金融市场的灾难和其他可能的障碍。”① 负责起草币制改革方案的财政部钱币司司长徐堪回忆：“二十四年夏奉命筹划改革币制后，独居南京郊区，经若干时日，废寝忘食，然后草定实施法币政策办法六条，拟定后复字斟句酌，逐条检讨，然后定稿”；“最初亦考虑实行金本位制与虚金本位制，均难适合现况。最后乃根据国父钱币革命之理论，实施法币，对内不兑现，然必须确立信用，除以现金为准备外，一切完粮纳税均用之，方可示民信。但对外则无限制买卖外汇，以稳定汇价”。②

9月，法币改革前期工作基本就绪，进入准备实施阶段，英国派遣特使李滋罗斯来华。李滋罗斯来华，促成了法币改革的最终实施，但未必如一些论著所言，其充当了主要设计者的角色。③ 李滋罗斯一到中国，便拜会孔祥熙和宋子文，商讨金融改革的技术性问题。针对孔、宋提供的四份机密备忘录提出建议并讨论修改。根据李滋罗斯自己的报告，会谈要点包括：“孔和宋同意根据解决第四个问题的原则（即中国币制与英镑相连），采取措施来改革币制……由中央银行集中纸币发行和准备；中国银行和交通银行在过渡时期里作为中央银行的助手继续发行纸币。应随着外币的收入和售出，来进行纸币的投放和回笼，中央银行针对纸币和存款至少应保持50%的准备。他们原则上同意中央银行应尽可能地独立。”中国方面对币制改革的准备堪称充分，并预估了各种各样的可能性，对此，李滋罗斯的判断是：“各项建议在技术上看来是合理和可行的，只要能实行有关的保证，尤其是预算上的。”基于此，李滋罗斯倾向支持法币改革，他说：“不管怎样，我倾向于把币制改革方案付诸实施，即使涉及到1000万镑的风险，这远胜于无所事事。我们在长江流域的利益及在这一地区的任何发展，都将加强南京政府在国内的地位。通过制止通货紧缩和允许某种程度的扩大信用，拟议中的方案

① 《孔祥熙致施肇基电》（1935年5月），洪葭管主编《中央银行史料（1928.11～1949.5）》上卷，中国金融出版社，2005，第319页。

② 徐堪：《徐可亭先生文存》，徐可亭先生文存编印委员会，1970，第5～6页。

③ 参见《顾翊群呈英美日三国对我新币制政策之态度及我国应取之对策》（1936年），台北“国史馆”藏“蒋中正总统档案”，档案号：002－080109－00007－001。

将会有助于经济和银行局势。”[①] 由此可见，中英间的交涉更像是合作，而不完全是在英方指导下进行。据杨格记述，10 月 2 日，孔、宋把计划的全部细节交给李滋罗斯，总起来看，方案是“采取一个温和膨胀的货币政策；把汇价稳定在 1930～1934 年的平均水平上”[②]。杨格在这里提到的温和通胀的货币政策，以及李滋罗斯的判断“拟议中的方案将会有助于经济和银行局势”，可谓这一段时间谈论最多，也是币制改革最为期待的目标。

可以说，温和通货膨胀政策的说法和币制改革呼声的高涨几乎同步。早在 1935 年 4 月 9 日，日本驻上海公使馆致东京外务省电文中即谈到，中国“兑换券办法行将实施，且有根据通货膨胀政策，使解消其国内金融恐慌之企图”[③]。经济学家章乃器在对币制改革做出前瞻时，明确提出可以考虑温和通货膨胀的手段：“为了农民和民族工业的利益，我们应该减低币价以提高物价，为了进出口贸易相对的平衡，我们也需要抑低汇价以限制输入刺激输出，在国防的意义上，我们也许还需要使上海的存银，变成海外的存款。”指出温和通货膨胀要解决的问题，“必须是经济的，而不是财政的”。[④] 留法经济学家梅远谋说得更直接：“改革的政策明智地做到使法币建立在贬值大约 40% 的新基础上。”[⑤]

温和通货膨胀在某种程度上成为共识，首先应归因于对国际既有经验的借鉴。无论是一战中西方各国放弃金本位，通过发行纸币支持战争消耗；还是 20 世纪 30 年代金本位制的再次崩溃，通货膨胀都成为短期内解决经济困难的一种方式。很明显的例证，英国、美国等放弃金本位，通过通货膨胀刺激提高物价，“乃使经济状况得以稍苏；而法国坚持收缩政策，卒致经济状况益趋恶化”；比利时则“将比币减成百分之二十八，自此以

① 《李滋罗斯致霍尔电》（1935 年 10 月 9 日），吴景平：《李滋罗斯远东之行和 1935～1936 年的中英日关系——英国外交档案选译》（上），《民国档案》1989 年第 4 期，第 53～54 页。

② 洪葭管主编《中央银行史料（1928.11～1949.5）》上卷，第 324 页。

③ 《日外务省与驻华使馆关于英美将派代表赴华调查以及中国欲实行币制改革来往电》（1935 年 4 月 8～10 日），《中华民国史档案资料汇编》第五辑第一编《财政经济》（4），第 309 页。

④ 章乃器：《金融恐慌中金融制度》，章立凡选编《章乃器文集》上卷，第 409 页。

⑤ 梅远谋：《中国的货币危机——论 1935 年 11 月 4 日的货币政策》，西南财经大学出版社，1994，第 99 页。

后，人心大定，经济转佳，而昔日逃避之资本今日亦已陆续流归矣”。[①] 在中国面临通货紧缩的状态下，温和通胀或也可以成为选项。其次，酝酿中的币制改革以纸币发行为导向，到法币改革前几乎已成共识，纸币自身不携带价值的属性势必导致通货膨胀，而良性的通货膨胀是刺激经济回苏的有效手段。最后，当时的中国经济，随着数年相对安定的政治环境，已经表现出某种发展的势头，经济发展的动力和要求从当时企业贷款需求的紧缺中可略窥一二。20 世纪 30 年代中期，中国银行与交通银行逐渐加大对工商业的放款额度。1936 年交通银行工商放款额较 1932 年增加了 6282 万元。中国银行 1934 年的工业放款即达 5457 万余元，较 1933 年增加了近 1212 万元；1936 年达到 8022 万元。[②] 即便如此，企业的资金需求仍然十分迫切，刘鸿生与虞洽卿、荣宗敬、聂潞生等企业家联名呈送蒋介石的请愿书很能反映当时的实业界状况，也能代表实业界的期待：“惟全国经济生命所系之各项实业，则仍以缺乏周转资金，濒于危殆……倘仍请由实业界人自为谋，如前之日乞怜于银行之门，则我国内之银行，类多商业组织，每以资力不足，未能从事于实业放款。且事实上即使稍有通融，亦多以所产之货品担保为度，而不愿接受不动产之借款，则各工厂之大部分固定资产，仍未能充分运用。”[③] 企业的发展需求在很大程度上受制于不利的国际经济背景及银本位制度，币制改革可在相当程度上释放这样的需求，而温和的通货膨胀则是达到这一目标的途径。

尽管出于改革营造稳定的金融环境的考虑，政府方面强调：“不会实行通货膨胀，政府只是要保护国家的白银资源。”[④] 发布的通告也强调：维持价值之稳定，并可利用发行之伸缩，适应社会之实际需要，促进中国经济之

① 姚庆三：《近年世界币制之演变及其今后之归趋》，《社会经济月报》第 2 卷第 9 期，1935 年 9 月，第 32 页。

② 交通银行总行、中国第二历史档案馆编《交通银行史料》（第 1 卷 1907～1949），中国金融出版社，1995，第 362 页；《中国银行行史资料汇编·上编（1912～1949）》（三），第 2169、2213 页。

③ 《刘鸿生企业史料》中册，第 26 页。

④ 《李滋罗斯致霍尔电》（1935 年 10 月 29 日），吴景平：《李滋罗斯远东之行和 1935～1936 年的中英日关系——英国外交档案选译》（上），《民国档案》1989 年第 4 期，第 59 页。

合理发展。[①] 但市场和社会的自然反应则是："在颁布之前夕，国货界奔走相告，停止发货，认为今后物价之腾贵，为必趋之途径，先事预防，亦属应有之举动。果焉明令早颁，物价夕涨，盖新货币政策之效力，因有刺激物价上涨之可能，物价上涨，大可流通国内货物，使停滞之工商业，有舒畅发展之机会，苟非过度的上涨，并避免投机者之垄断操纵，转足促进国货事业之活跃，有利于全国之经济复兴。"[②] 通货膨胀在预料之中，也可谓众望所归。1935 年 11 月 4 日，法币政策公布后，虞洽卿通电表示："政府当局若不采取有效之办法，当机立断，经济必有崩溃之一日。……迄今现银存底更少，通货紧缩愈甚，财政部于今日布告，实行法币制度。虽施行未免较迟，而亡羊补牢，犹为国家之幸。"[③]

从法币改革的结果看，通货膨胀的确也是事实。财政部钱币司的戴铭礼认为："施行法币后，币值较当时低减约三分之一，此为不可掩之事实。"[④] 杨格也谈道："货币供应量的加大，适应了币制改革之后出现相当程度的经济复苏和对货币的需求大见增加的局面。"[⑤] 资金的宽松，市面银根的变化最能体现。1934 年 12 月，上海钱业日拆最高达 0.60 元，平均也要 0.33 元，升降幅度也比较大，可见当时银根之紧缺。到 1935 年 11 月币制改革后，"利率始渐松动。至 12 月中旬，拆息已悬牌 1 角，全月平均价较上年度同时期降低 2 角 2 分，而划头加水，以币制改革后，银行无划头之必要，遂亦于是月取消矣"[⑥]。拆息降低，有利于资金运转流畅，激励着金融资本向产业资本的转化，同时伴随的物价稳定回涨，亦有利于工商业的复苏。资金趋于宽松的态势，地产市场最为敏感。据当时报载：法币改革一周后，"地产交易则略有回苏气象。据报告已有数项产业成交，其价格较之一月以前所开者

① 《新货币制度说明书》（1935 年 11 月），财政部财政科学研究所、中国第二历史档案馆编《国民政府财政金融税收档案史料（1927～1937）》，中国财政经济出版社，1997，第 419 页。

② 仰莽：《新货币政策与国货》，《申报》1935 年 11 月 7 日，第 15 版。

③ 《虞洽卿等关于金融恐慌工商凋敝请予救济的有关文电》（1935 年 11～12 月），《中华民国史档案资料汇编》第五辑第一编《财政经济》（4），第 369 页。

④ 《财政部钱币司致会计处函及附件》（1938 年），洪葭管主编《中央银行史料（1928.11～1949.5）》上卷，第 382 页。

⑤ 阿瑟·恩·杨格：《一九二七至一九三七年中国财政经济情况》，第 283 页。

⑥ 《上海商业储蓄银行史料》，第 365 页。

为高。按此点固不据为商业复兴之例。但地价上涨，终为人心安定之证”①。

良性通货膨胀是刺激经济发展的手段之一，如杨格所言：“经济局势亟需改善，必须少量增加货币的供应量，以解除银根长期紧缩所造成的一些后果。然而又必须对货币的流通数额严加控制，以防货币价值因流通量的不适当扩大。”② 法币改革初期，通货膨胀的确控制在温和的范围内，对经济和金融的引导是正面的，银行家张嘉璈坦承：“商业银行曾在 1934～1935 年银行紧缩期间遭遇不景气情况，现可复苏，且由于货币改革所引起的物价回涨，市面开始繁荣。”③ 到 1936 年 3 月，“物价已涨百分之十而至百分之五，出口货涨得比较快，而国内所销之货不如出口货之快，生活费未见陡涨”；同时“国外汇兑极其平稳，无骤然忽涨忽落”。④ 1936 年 8 月 1 日，孔祥熙在向中政会所做的币制改革报告中谈道：“新币制之施行，已奏肤功。本年旧历年关，各业安然渡过，市上并无任何之骚扰。本年上半年出口贸易，较去年同期约增四分之一。关税收入，初呈增加之现象。”⑤ 这应不是过誉之词。

余　论

1935 年底的法币改革，既是针对白银上涨造成的经济金融困境的应对措施，又是满足中国经济金融长期累积形成的扩张性需求之法，也是顺应世界货币政策潮流之举。法币改革的实行，带来了银行系统乃至整个金融、经济可观的成绩，但严格地说，这些成绩并不仅仅是单纯的法币改革所致。改革的成效在于卸下了银本位制给中国经济长期带来的桎梏，使中国终于可以和世界其他国家一样，运用货币政策在国际金融大背景下运作，并释放出一

① 《地产交易之回苏》，《银行周报》第 19 卷第 49 期，1935 年 12 月 17 日，第 37 页。

② 阿瑟·恩·杨格：《一九二七至一九三七年中国财政经济情况》，第 267 页。

③ 张嘉璈：《中国货币与银行的朝向现代化》，薛光前主编《艰苦建国的十年》，台北：正中书局，1971，第 163 页。

④ 上海市档案馆编《陈光甫日记》，1936 年 3 月 23 日，上海书店出版社，2002，第 178～179 页。根据对这一时期上海、天津、广州、汉口、南京、长沙各地物价指数的统计，可以见到各地物价属于合理提高。参见王世鼐《新货币政策实录》，财政建设学会，1937，第 29 页，“各地物价指数表”。

⑤ 《孔祥熙关于实行新币制的报告》（1936 年 8 月 1 日），《国民政府财政金融税收档案史料（1927～1937）》，第 448 页。

段时间以来经济发展积蓄的活力。1936年法币改革后呈现的经济爆发式增长是中国经济长期累积的动力造成的，并不能直接归功于法币改革本身，改革只不过使潜在的力量发挥出来，将可能变成现实。从这一角度理解法币改革，有助于对1937年前中国经济运行的脉络有一个更为完整和客观的观察。

法币改革本身追求的是温和的通货膨胀，以此满足社会的资金需求，释放经济发展的活力，但是，通货膨胀是一把双刃剑，在提供发展可能的同时，也不可避免地带来了更大的金融风险。抗战全面爆发后，一方面，如马寅初所说："假定中国于抗战时，尚未实行法币政策，钞票必然挤兑，银行穷于应付，信用失坠，势所必然。……人皆谓法币政策大有助于抗战，良有以也。"① 但是另一方面，后来的恶性通货膨胀不能不说在这时已经种下因果。据统计，法币改革实行后两个多月，1936年1月18日，中央银行、中国银行、交通银行的货币发行量分别增加了40%、61%、74%。② 上海市档案馆所藏的交通银行来往信件显示，到1937年，"三行发行总额，中央约增125%，中国约增96%，本行约增99%"③。尽管这样的增长在法币改革初期包含着对之前银本位币制下货币需求长期受到压抑的修正，但还是不无警惕之处。后人批评："民国廿四年实施的法币政策，打下了通货膨胀的基础。法币为无限法偿货币，完粮纳税必须用它，银钱交易也得用它，它是强迫使用的。又规定了无限制买卖外汇，但实际上未指定有多少外汇基金，而且并不能够持法币去兑取生金生银出口。由此看来，法币并非银行钞票，而是政府钞票，法币正好是不兑现的纸币。"④ 这点道出了通胀政策在刺激经济发展背后隐藏的另一面，即通胀失控的可能与风险。

---

① 马寅初：《通货新论》，商务印书馆，2010，第141～142页。

② 《法币发行前后中中交三行发行票额比较》，《中华民国货币史资料》（第二辑1924～1949），第235页。根据该表数据计算所得。

③ 《交通银行总行致函津行总理徐柏园》（1937年8月14日），《交通银行董事长胡笔江、总经理唐寿民的私人来往函件》（1936年7月至1937年11月），上海市档案馆藏交通银行档案，档案号：Q55－2－693。

④ 杨培新：《中国通货膨胀论》，生活书店，1948，第1页。

“文治”与圣裔：南京国民政府对孔德成的借助及其困境

李俊领

七七事变后，日军继续实施占领整个华北的计划。1938 年 1 月 3 日，在第十师团步兵第六十三联队的强势进攻下，驻山东的国民革命军第三集团军自莱芜、沂南、泗水一带撤向曹县。了解此情势的蒋介石急令行政院院长孔祥熙转饬山东省政府主席韩复榘等人，命令该集团军务必将曲阜的孔子后裔孔德成带走，绝不可使其落入日军之手。该集团军第十二军军长孙桐萱遵照韩复榘的指示，于当晚约 10 时匆忙赶到曲阜孔德成的府邸，要求其在两个小时内收拾好物品，随部队撤向兖州。面对忽从天降的撤退指示，孔氏十分惊异，恳请暂留，因为其妻孙琪方即将临盆，全府事务着实难在这么短的时间内交接妥当。但形势急迫，容不得他们暂缓撤离。几经筹措，迟至第二天凌晨 4 时，孙德成夫妇与孔府聘请的几位先生及随从仓皇辞庙，痛别曲阜。[①]

此时的孔德成是南京国民政府于 1935 年任命的大成至圣先师奉祀官，受到多方关注，甚至有传言称他被侵华日军密定为华北伪政权的首领人选。[②]

目前学界对南京国民政府时期的孔德成鲜有关注，仅有数种相关人物传记涉及这一时期孔氏的身份转换、生活状况与心路历程。这些传记重在历史叙事而少有问题分析，未能呈现这一时期官方“文治”与孔氏

① 柯兰：《千年孔府的最后一代》，天津教育出版社，1999，第 155 ~ 157 页。

② “EMPIRE OF CHINA: Confucius' Descendant Offered Throne JAPANESE PUPPETS,” *South China Morning Post* (Hong Kong), 1937 - 12 - 23, p. 16.

个体命运的关系。[①] 本文拟梳理南京国民政府对孔德成的任用与借助之历程，进而揭示其在"文治"上运用儒家文化的立场、效用与顶层设计问题。

一 纳入体制：从衍圣公到奉祀官

南京国民政府成立之初，主政者蒋介石有意抬高儒家文化在国家"文治"方略中的地位，并考虑将衍圣公孔德成纳入政治体制。1928 年 4 月，北伐军路经曲阜时，蒋曾专程参拜孔庙，并对少年孔德成颇怀好感，称赞他"年仅九龄而貌甚慧也"[②]。随后，蒋还发布尊孔布告，宣称必须谨遵孙中山"提倡之固有道德智能"[③]，才能从根本上铲除共产主义，匡正人心。几乎同时，南京国民政府（下文简称国民政府）通令恢复旧道德，把"忠孝仁爱信义和平"作为教化国民的道德规范。

1928 年，孔德成的衍圣公名号与党治体制不合的问题引起内务部的注意。衍圣公爵制始于宋至和二年（1055），历经宋、金、元、明、清诸朝。明清时期，衍圣公为正一品衔，位列文臣之首，使曲阜孔氏成为延续圣人血脉的天下第一家。北洋时期，袁世凯及其继任者沿袭清代的衍圣公爵制，因而孔子第 76 代孙孔令贻成为民国的第一位衍圣公。1920 年，其子孔德成袭封衍圣公。1928 年 2 月，蔡元培以"中华民国大学院院长"的名义颁布废止春秋祀孔的通令，要求各学校取消祀孔典礼，并称此举的根据在于，儒家的尊王忠君思想"实与现代思想自由原则及本党主义，大相悖谬"[④]。这一通令削弱了儒家文化对当时学校教育的影响，也促使人们重新思考孔德成的

① 相关传记如下：宗志文《末代"衍圣公"、"孔圣奉祀官"——孔德成》，中国社会科学院近代史研究所中华民国史组编《中华民国史资料从稿特刊》第 2 辑，中华书局，1974，第 93～102 页；王谦、张河、王润宣《大家族传》，山东友谊出版社，1993；李鹏程、王厚香《天下第一家：孔子家族的历史变迁》，经济日报出版社，2004；汪士淳《儒者行：孔德成先生传》，台北：联经出版事业股份有限公司，2013。

② 《蒋介石日记》（手稿），1928 年 4 月 22 日，斯坦福大学胡佛研究所档案馆藏。

③ 《蒋介石尊孔布告》，中国社会科学院近代史研究所中华民国史研究室、山东省曲阜文物管理委员会编《孔府档案选编》上册，中华书局，1982，第 40 页。

④ 《在大学院所发废止春秋祀孔旧典的通令》（一九二八年二月十八日），高平叔编《蔡元培全集》第 5 卷，中华书局，1988，第 207 页。

衍圣公名号问题。7 月，国民党党员于心澄、徐炯与张元章等人向内政部呈请取消衍圣公名号，并将孔庙、孔林收归国有。代理部务的内政部次长赵次龙认为，孔德成在共和时代袭用衍圣公的旧制，不符合现代政治的平等精神，应依照于心澄等人的呈请，废除作为“封建遗典”的衍圣公名号及其制度。[①] 同时，他也赞同于氏等人将孔子诞辰改为孔子纪念日以及将孔庙、孔林国有化的提议。

对于内政部的动议，总管曲阜孔府事务的孔氏族人颇为不安。1928 年 8 月，孔府管事族人以孔德成的名义向山东省政府呈请取消衍圣公名号。其呈文云，现在是“天日重光”的民国时代，大家“同游平等之世宙，适符改辙之初心”，应取消孔德成的衍圣公名号，以符合党治体制；请国民政府核定孔德成的官方身份；取消衍圣公之名号后，孔德成仍负责奉祀孔庙，守护孔林。[②] 显然，孔府为适应新的政治形势，在向国民政府输诚之时，又想为孔德成求取党治体制内的位置。实际上，他们仍希望保留孔氏的衍圣公名号。

在曲阜孔府的委托下，时任工商部部长的孔祥熙出面为孔德成名号之事斡旋。1928 年 8 月，他的一份相关提案在国民政府会议上获准通过。在该提案中，他称赞孔子“慨然以一身肩道统之大任”，又表示自己“以孔氏后裔，许身党国”，进而以避免一般青年受中共批判礼教言论的诱惑为由，提议保留孔德成的衍圣公名号。[③] 他还解释说，孔府的衍圣公只有名号而无权力，“与封建遗制之袭爵截然不同”[④]；如果一定要改的话，恐怕会引起当时青海、内蒙古等地世袭王公们的误会。所谓王公们的误会只是一种借口，因为当时国民政府并未真正将其纳入政治体制。不过，孔祥熙看重自身的孔子后裔身份却是事实。自明代起，他所属的山西太谷孔氏家族与山东曲阜

① 《一九二八年国民党内政部呈请取消衍圣公封爵并没收祀田》，中国社会科学院近代史研究所中华民国史研究室、山东省曲阜文物管理委员会编《孔府档案选编》下册，中华书局，1982，第 715 页。

② 《一九二八年末代衍圣公孔德成被迫呈请取消封号要求保留祀田》，《孔府档案选编》下册，第 721 页。

③ 林语堂：《给孔祥熙部长的一封公开信》（附孔祥熙提案），《林语堂全集》第 17 卷，群言出版社，2011，第 43～44 页。

④ 《一九二八年孔祥熙反对没收祀田，拟出祀田收入分配办法》，《孔府档案选编》下册，第 719～720 页。

衍圣公一脉就失去了联系，亦未被列入衍圣公的族谱。对孔祥熙而言，能在此关键时刻维护孔德成的衍圣公名号，正可借以强调自己的圣裔身份，增进曲阜孔府对他的认可程度。由于孔祥熙的干预，孔德成的衍圣公名号暂得保留。

虽有孔祥熙等人的大力支持，但内政部坚持“封建典制不再存于国民政府统治之下”，遂于1928年12月决议取消孔德成的衍圣公名号，“另给孔氏嫡裔以专司奉祀之名义”，同时废除原衍圣公下属、员役和儒家其他圣贤后裔的世袭爵号。[①] 然而，这一决议迟迟未得到实施。翌年6月，位于曲阜的山东省立第二师范学校学生排演《子见南子》，并上街宣传“打倒封建余孽衍圣公府制”[②]，结果孔府族人向国民政府控告其“辱孔”。此案引起轩然大波，延至9月平息，使得衍圣公名号引起更多关注。

《子见南子》案平息后不久，国民政府与孔府在衍圣公名号问题上再生波折。1929年10月，胡汉民、戴季陶、蔡元培与教育部部长蒋梦麟等五人审核内政部所拟的衍圣公名号与孔庙祀田整理方案，拟出《审查改革曲阜林庙办法报告》，准备提交中央政治会议核议。其要点有二：一是“撤销衍圣公名号”；二是“以原祀田充作办理纪念孔子各项事业之基金”。[③] 孔府的掌管者们听闻后颇为担忧，立即以孔德成的名义上书蒋介石及国民党中央党部、国民政府各院长，提出抗议，声称孔德成享有曲阜孔林与孔庙祀田的继承权，不可将此私产充公，而蔡元培将孔庙祀田充公的提案违反法律。[④] 实际上，他们误将《审查改革曲阜林庙办法报告》当作蔡元培个人的提案。国民政府收到孔府的呈请书后，遂致函行政院，追查蔡氏的所谓提案。随后，行政院院长谭延闿回复称，蔡元培不曾提交有关曲阜孔林与孔庙祀田的提案。一时间，此事陷入僵局，有不了了之的趋势。曲阜孔氏

① 《一九二八年国民党内政部呈请取消衍圣公封爵并没收祀田》，《孔府档案选编》下册，第716页。

② 王谦、张河、王润宣：《大家族传》，山东友谊出版社，1993，第288页。

③ 《审查改革曲阜林庙办法报告》，《申报》1929年10月6日，第17版。

④ 《孔德成等电国民政府主席蒋中正等为伊之衍圣公尊号早经呈明自动撤销其林庙各产业系继承依法接受讵蔡元培意欲没收私产提出非法处分特提起抗诉恳准予撤销该处分原案》，《孔林孔庙保护（一）》（1929年10月30～31日），台北“国史馆”藏国民政府档案，数位典藏号：001－051821－00001－021。

族人心有不甘，意图借助社会舆论保存衍圣公名号与孔庙祀田。不久，孔府以孔德成的名义公开发布《敬告全国同胞书》，指责蔡元培蹂躏人权，藐视“法治”，不顾文化传统，使孔令贻夫人陶氏和孔德成这一对“寡妇孤儿”彷徨无措。[①] 11 月，蒋梦麟不满这封公开信对蔡元培横加指责，遂以孔德成曾自请取消衍圣公名号的事实为依据，指令山东省教育厅派员前往孔府调取衍圣公的印信。[②] 不过，孔府拒交此印信，并再度向孔祥熙求援。翌年初，孔祥熙致函山东省教育厅“从缓”调取衍圣公印信，使此事暂时搁置。

孔府的《敬告全国同胞书》在官方与民间得到一些同情与支持。蒋介石、孔祥熙、冯玉祥、何键、阎锡山等党政要人出于对孔子的敬仰而支持孔府在此公开信中表达的诉求，不同意蔡元培等人提出的处置孔德成之衍圣公名号与孔庙、孔林的意见。1930 年 9 月，国民政府主席蒋介石前往曲阜访孔德成，支持其继续沿用衍圣公名号。此外，《敬告全国同胞书》还得到北平特别市总商会、江西南昌总商会、太原总商会等社会团体的积极响应。

由于《敬告全国同胞书》的传播，孔德成受到更多关注。仅 1934 年，国民革命军第三集团军孙桐萱部某旅长、北京大学旅行团、汇文中学旅行团、齐鲁大学旅行团、韩国客人宋君荣与国民政府立法院院长居正等先后去曲阜访问孔氏。

如何将孔德成纳入政治体制，是国民政府“文治”方略的一项要端。蒋介石在国家治理上曾过于倚重武力，轻视“文治”。软禁立法院院长胡汉民事件发生后不久，他在 1931 年 5 月的日记中写道：“开国端在武功，有武功不患无文治”，“书生如本党之老学究，诚不足言文治也”。[③] 翌年 12 月，蒋又感叹国民党“中委之缺才，无政治能力，所以武功虽成，文治退步，故武功亦受影响，竟遭失败”[④]。此时，蒋对国家的“文治”并不满意，又

① 《孔德成反对蔡元培废止祀孔、没收祀田提议的〈告全国同胞书〉》，《孔府档案选编》下册，第 722 页。

② 《改革曲阜孔林案孔裔孔德成提出抗诉教部呈国府谓已申斥》，《大公报》1929 年 11 月 16 日，第 5 版。

③ 《蒋介石日记》（手稿），1931 年 5 月 21 日，斯坦福大学胡佛研究所档案馆藏。

④ 《蒋介石日记》（手稿），1932 年 12 月 15 日，斯坦福大学胡佛研究所档案馆藏。

很想改变这种“退步”状况。在其手中，圣裔孔德成无疑是一张特殊的“文治”牌。至于如何借鉴西方文明以促进儒家文化的现代转型，似不在蒋的考虑范围内。

蒋介石、孔祥熙、戴季陶等人虽认同孔子的大成至圣先师地位，但也担心被讥保留“封建典制”，因而不便明言将衍圣公名号直接嵌入党治体制。1934 年 6 月 15 日，国民党中央执行委员第 123 次常务会议通过蒋介石、戴季陶、汪精卫、叶楚伧等人的联名提议，以每年 8 月 27 日为先师孔子诞辰纪念日，届时全国举行纪念活动。这一决议意味着孔子在国民政府治下只是“先师”，而非“至圣”。在是年国民党中央举行的孔子诞辰纪念会上，行政院院长汪精卫只称孔子为先师，而不言其“大成至圣”名号。不久，汪精卫根据叶楚伧、褚民谊参加 1934 年 8 月祀孔典礼的报告，提议参照中央政府对班禅的册封方式，不再沿用衍圣公名号，对孔德成另予封号，“以示尊重”。[1] 不过，蒋有意在孔氏的新封号上保留“大成至圣先师”之名。

1935 年 1 月，国民政府依据蒋介石及拥蒋派的意见，任命孔德成为“大成至圣先师奉祀官”，予以特任官待遇。同时，任命孟子后裔孟庆棠、颜子后裔颜世镛、曾子后裔曾繁山为奉祀官，予以简任官待遇。2 月，对孔子后裔南宗孔繁豪也给予奉祀官的职位和简任官待遇。所有奉祀官为“世袭之官”[2]，不同于普通公务员。奉祀官之名在明代既已出现，清末有人提议在各地文庙设立奉祀官。1913 年实施的《崇圣典例》将圣贤后裔中的五经博士等世代承袭的职位均改为奉祀官。国民政府的奉祀官制度在官职称谓与选任资格的规定上明显沿袭了《崇圣典例》。

孔德成等奉祀官宣誓就职之际，戴季陶、居正等人阐释了国族复兴与孔子学说的关系。1935 年 7 月 8 日上午，国民政府举行奉祀官宣誓就职典礼，陈立大任主席，戴季陶负责监誓。戴氏受日本现代化道路的启发，颇看重孔子学说对于造就国民信仰、实施社会教化的意义。他在此次典礼上，首先表

① 《祭孔大员叶楚伧等返抵京褚民谊出席院会报告汪提出尊孔意见三项》，《申报》1934 年 8 月 29 日，第 3 版。

② 《行政院训令》第二七二〇号（1935 年 5 月 13 日），《教育部公报》第 19、20 期合刊，1935 年。

示孔德成等 4 位奉祀官就职是中华民国的幸事，然后报告称：孔子学术思想体系是对中国民族和世界人类的伟大贡献，孔子不仅是中国民族之宗师，也是人类之光荣；我们今天处在“兴国之时代”，应遵循总理救国的两大根本途径，一是要继承孔子之学业，恢复“固有道德知能”，“教化全国”，“教化世界”，二是“要迎头赶上世界科学文化”。[①] 几乎同时，居正在国民党中央党部报告尊孔的意义，一方面介绍孙中山对孔子学说的推崇，另一方面宣称必须恢复所谓“忠孝仁爱信义和平”的固有道德，才能治理好国家。戴氏与居氏之言实则是拥护、宣传蒋介石的尊孔主张及其倡导的新生活运动。7 月 13 日，孔德成在上海车站发表书面谈话，称：“总理提倡三民主义，主张天下为公，蒋委员长之新生活运动，均为目前拯救中国振兴民族之良图，而其渊源均出于先圣之遗训。现在政府尊崇圣教，使国民思想得有中心，民族组织始有团结，民族精神始能恢复，斯乃鄙人所最钦佩的。”[②] 孔氏此言道出了蒋介石想要对外表达的意思，即从孔子到孙中山再到蒋介石具有一脉相承的关系，蒋要以儒家文化治理国家，提高国民道德水准。虽然孔氏称赞新生活运动，但蒋对该运动主旨“礼义廉耻”的解释比较模糊，[③] 注定不会在日常生活实践中取得多少成效。诚然，孔氏本人持“正统”观念，真诚拥护蒋主导下的国民政府。在此次就职典礼前夕，蒋电告孔德成称，“孔圣学说为民族精神寄托”[④]，勉励孔氏继承其先祖之德。典礼举行后，孔德成复电称，自己会勤奋进取，亦请蒋“时加启迪”[⑤]。在电文往复之间，二人

① 《四圣奉祀官就职》，《前途》第 3 卷第 8 期，1935 年。

② 《至圣奉祀官孔德成昨由京抵沪》，《申报》1935 年 7 月 14 日，第 13 版。

③ 在新生活运动发轫时，蒋介石称：“必须以‘礼义廉耻’为生活之规律。”（蒋中正：《新生活运动纲要》，《新生活运动》，新生活运动促进总会，1934，第 6 页）他解释说，“礼”是“规规矩矩的态度”，“义”是“正正当当的行为”，“廉”是“清清白白的辨别”，“耻”是“切切实实的觉悟”。（蒋中正：《新生活运动纲要》，《新生活运动》，第 6 页）其中“规规矩矩”、“正正当当”、“清清白白”与“切切实实”等语的具体所指没有确切说明。

④ 《孔德成颜世镛曾繁山等电蒋中正彼等抵京谒陵答谢政府荷蒙招待下榻励志社及蒋中正复电》，《一般数据——民国二十四年（三十九）》（1935 年 7 月 7 日），台北“国史馆”藏“蒋中正总统文物”，数位典藏号：002－080200－00237－014。

⑤ 《孔德成等电蒋中正感蒙训勉谨当勤奋以期无忝祖泽并望时加启迪》，《一般数据——民国二十四年（四十二）》（1935 年 7 月 21 日），台北“国史馆”藏“蒋中正总统文物”，数位典藏号：002－080200－00240－119。

的关系更为密切。

对孔德成的任命一经公布，即引起世人评议。有人从传承儒家文化的角度，希望孔德成等4位奉祀官整理儒家经籍，阐扬孔子学说。① 有人像孔德成一样，站在官方的立场上诠释奉祀官与新生活运动的关系，认为当时中国陷入内忧外患，“舍以中国固有之道德思想，教化全民，纠正人心，实无他路可走，新生（活）运动与尊孔实二而一者也”；孔德成等4位奉祀官就任，就是蒋介石及其领导的国民政府以儒家文化救中国的重要举措。② 不过，也有人批评说，设立奉祀官“对于中国文化与教育问题上，很难说有什么影响”，只不过是九一八事变后点缀表面的工作，应付时局的一种手段；其对于中国革命和建设没有什么价值，因为中国的敌人“不怕中国保全国粹，或抬出已死的大圣大贤来号召”，而怕中国政治维新和奖励科学；若一定要设立大成至圣先师奉祀官，也“应以学识道德为标准”进行遴选，而不应模仿过去的衍圣公爵制，选择长房长孙继任。③ 这一批评确有其理。姑且不论政治维新与奖励科学，即使单独从国族文化建设上看，当时中国面临着在儒家文化基础上“嫁接”西方文化之长的顶层设计问题，而设立奉祀官的举措有独尊儒家之嫌，反衬出中央政府对佛教、道教等宗教的不公正立场。只是这种批评的声音不足以影响国民政府的相关决策。

1935年6月，行政院指示山东省政府讨论衍圣公府名称修改及曲阜圣地警察机关设立等问题。9月，行政院对此特开审查会议，经与内政部、教育部商议，决定在曲阜设立大成至圣先师奉祀官署，下设秘书处与总事处。同时决定，孔德成配用中央政府颁发的“大成至圣先师奉祀官”银印。其公文格式除对国民政府和五院用“呈”外，对其他机关均用公函。南宗与其他奉祀官对外行文一律由孔氏转呈。至此，年仅16岁的孔德成在曲阜开府办公。

① 柳：《对于四圣奉祀官之希望》，《申报》1935年7月10日，第7版。

② 百冬：《四圣奉祀官就职与新生活运动》，《蒙藏月报》第3卷第4期，1935年。

③ 大华：《四奉祀官来京就职》，《政治评论》第162期，1935年。

二　借孔德成展示政治正统性

中原大战之后，蒋介石、戴季陶等人意图借助儒家的“道统”与“治统”观念，从历史“正统”的角度增强国民政府的政治正当性。因此，其颇看重孔德成作为孔子现世代言人的“道统”象征身份。

彰显儒家“道统”的官方行为莫过于祀孔典礼。1934 年，国民政府以孔子诞辰纪念的方式恢复了国家祀孔典礼，并以孔德成为典礼的首要配角。8 月 27 日，曲阜隆重举行祀孔典礼，中央政府特派叶楚伧担任主祭，行政院代表褚民谊、立法院代表彭养光、司法院代表陈箇民、考试院代表林翔以及山东省政府主席韩复榘、民政厅厅长李树春、教育厅厅长何思源、衍圣公孔德成等担任陪祭。典礼程序为：全体肃立；奏乐；唱国歌；献花；读祝文；行三鞠躬礼；奏乐唱孔子纪念歌；行一鞠躬礼；礼成，摄影。典礼完成后，孔德成即发表书面讲话，首先感谢中央政府及各院部会与山东省政府官员前来祀孔，其次说明孙中山的三民主义、蒋介石发起的新生活运动以及韩复榘多次倡修孔庙的提议都包含着对孔子的敬意，最后呼吁国人尊师重道，并称“崇拜圣道，便是拥护政府”①。孔氏的表态契合国民政府的“文治”方略。从主政者蒋介石的政治逻辑看，得到现世圣裔拥护，就等同于得到了“道统”支持的“治统”，而其政治正统性也似乎显得更为神圣。

1935～1948 年，国民政府连年举行祀孔典礼，以孔德成为主祭或陪祭。值得一提的是，1941 年 8 月 27 日，孔氏连续参加了 3 场孔子诞辰纪念活动：一是新生活运动总会举行的祀孔典礼，孔德成主祭，重庆市长吴国桢及总干事黄仁霖陪祭，并分发该会所制的“孔子之新生活表解”②；二是中央政府的祀孔典礼，蒋介石主祭，孔德成陪祭，孔祥熙报告孔子学说；三是重庆中美文化关系协会在嘉陵宾馆举行的祀孔典礼，该会会长孔祥熙主祭，孔德成陪祭，美籍顾问拉铁摩尔（Owen Lattimore）、美国大使高斯

① 《祭孔大员叶楚伧等返抵京褚民谊出席院会报告汪提出尊孔意见三项》，《申报》1934 年 8 月 29 日，第 3 版。

② 《中枢举行纪念孔子诞辰会》，《申报》1941 年 8 月 28 日，第 4 版。

（Clarence E. Gaus）及外交部长郭泰祺等应邀成为观礼贵宾。典礼结束后，孔祥熙、孔德成与拉铁摩尔等人共进寿面、寿饼，孔德成还介绍了会场上布置的反映孔子生活的图片。可以说，国民政府多方借助孔德成的圣裔身份，既意图推行社会教化，彰显政治正统性，又希望促进中外文化交流。后者也愿意借助前者对孔子学说的崇奉，积极展演和传播儒家文化，增加其在现代社会中的影响力。从形式上看，二者有互借互利之势。

为接续从孔子到孙中山的思想传承脉络，蒋介石主政后一直持有"作之君，作之师"的圣君观念。得蒋信赖的幕僚杨永泰在新生活运动发轫时即称，"中国病根，不在政治制度本身，而在人心风俗之颓败"，因而提出革命与政治都要"以攻心为上，易俗为归"，而革心变俗最快收效的首要办法即全国各级行政长官"凡作之君者，应兼作之师"。[①] 蒋深以为然，且自诩为"一国之君"。他在1935年1月2日的日记中慨叹："唐太宗曰：'人君必须忠良辅弼，乃能身安国宁。'今日辅佐于吾者，谁是忠良？当深思之。"[②] 他秉持"以一人治天下"[③] 之念，虽有继承儒家文化与实现民族复兴的使命感，但在具体的实践路径上过于注重形式，没有走出以"道统"辅助"治统"的传统政治套路，甚至称"现在我们革命，就是要复兴我们的历史文化，恢复民族固有的美德"，"就是要继续发扬我们中国固有的道统"。[④] 蒋对传统伦理政治的思维方式颇有心得，而且对传统思想及伦理道德的作用寄予厚望，希望通过修身实现治国。[⑤] 1935年11月，国民党第五次全国代表大会通过了《确定救党救国原则案》，蒋介石被确立为国民党"文武兼赅"的伟大领袖，获得统筹国家一切的权力，以应对华北事变后更为严重的民族危机。虽然自1931年12月至1943年8月，林森出任国民政府主席，但这时期的国家主席乃"虚位"，不负实际政治责任，且蒋仍掌握

① 《革命先革心变政先变俗》，杨璇熙编《杨永泰先生言论集》，沈云龙主编《近代中国史料丛刊》第98辑第975册，台北：文海出版社，1973，第1~2页。

② 《蒋介石日记》（手稿），1935年1月2日，斯坦福大学哈佛研究所档案馆藏。

③ 《蒋介石日记》（手稿），1935年3月31日，斯坦福大学哈佛研究所档案馆藏。

④ 《中国魂》，秦孝仪主编《先总统蒋公思想言论总集》第12卷，台北：国民党中央委员会党史委员会，1984，第352页。

⑤ 黄道炫、陈铁健：《蒋介石：一个力行者的思想资源》，山西人民出版社，2012，第215页。

着党权与军权，最终决定着国家大政方略与重要人事安排。蒋因其权力与偏好使国民政府的“文治”带有更多的儒家文化色彩。

拥蒋的戴季陶在孙中山去世后对三民主义思想做了新的诠释，将其与儒家思想密切联系在一起。他宣称，孙中山是“孔子以后中国道德文化上继往开来的大圣”[①]；“中山先生的思想，完全是中国的正统思想，就是继承尧舜以至孔孟而中绝的仁义道德的思想”[②]。戴氏所做的从孔夫子到孙中山的思想诠释，为日后蒋介石尊孔提供了重要的理论基础。

由于受到蒋介石、戴季陶、孔祥熙等人的青睐，孔德成对国民政府颇为感激，尤其对蒋衷心拥护。1936 年 12 月，蒋从西安事变中脱身后，孔氏随即给他发去慰问电，称：“中华鼎运，转危为安。为民为国，诸祈珍摄。”[③]他还在给蒋的慰问函中表示，自己“忝膺道统，适在童年”，祈请蒋多加保重。[④] 在一定意义上，孔氏对蒋的慰问代表了儒家“道统”对国民政府“治统”的认可，也提高了蒋的政治声誉。

暂居重庆期间，孔祥熙不时偕孔德成一起阐扬儒家学说。在国民党中央训练团的第二期青年干部培训班上，二人联袂演讲。孔祥熙自称是孔子的第七十五代孙，忝为“圣门之后”，强调“国家政治经济之设施，人民思想生活之规范，无一不以孔孟之道为准”。[⑤] 孔德成在演讲中称赞孔孟之道对于抗战建国具有“培根固本、范围人心”的重要作用；蒋介石的新生活运动是“拯救中国、振兴民族之良图”，而它的渊源又是“出于先圣之遗训”。[⑥]可以说，孔德成弘扬儒家文化确出于诚意与自觉，也契合国民政府的“文治”基调。1940 年 4 月 25 日，中国孔学会召开筹备会，孔祥熙、于右任、戴季陶、孔德成等数十人到会，号召以孔学改变颓风，渡过浩劫。实际上，这种号召很难取信于人，因为孔祥熙本人背离“礼义”精神，纵容亲属贪

① 戴季陶：《孙文主义之哲学的基础》附《民生哲学系统表说明》，台北：民智书局，1925，第 57 页。

② 戴季陶：《孙文主义之哲学的基础》，第 36 页。

③ 《西安事变解决后孔德成致蒋介石慰问电》，《孔府档案选编》上册，第 48 页。

④ 《孔德成致蒋介石问候函》，《孔府档案选编》上册，第 48 页。

⑤ 陈开国：《青干班和青干校始末记》，文史资料选辑编辑部编《文史资料精选》第 11 册，中国文史出版社，1990，第 382 页。

⑥ 陈开国：《青干班和青干校始末记》，《文史资料精选》第 11 册，第 383 页。

腐，为千夫所指。对于政坛的种种丑行，孔德成虽时有耳闻，但不愿过问，也不置一词。

国民政府推崇的"圣道"并不能真正教化人心。即使是当局的祀孔典礼也仅重仪式，并非真诚向孔子表达敬意。1935 年 8 月，叶楚伧因而倡言，今后祀孔者应真正信仰孔子，"由仰而礼，由礼而仪"，这样的纪念仪式才"庄严而有意义"。[①] 奈何"圣道"在国家政治生活中并不能发挥多少作用。蒋介石在 1941 年南岳第三次军事会议上慨叹："我国以礼义廉耻为四维，廉耻普遍存在于民间，但上焉者士大夫阶级却廉耻丧尽，至可悲痛！"[②] 1944 年，蒋的高级侍从唐纵观察到，"党的上层干部，对于主义政策的认识，并不彻底。由革命到取得政权，思想和观念已为之大变，现在大家的观念是现实问题。上级干部在追求权位，下级同志在追求生活。主义、政治、革命，都已忘却了，消失了"[③]。翌年，他又不无感伤地写道："政府内官僚政客滚滚而至，革命青年（被）压迫到非学习官僚不足以生存。以至于今日，政治风气社会风气，沓沓（杳杳）然无可挽回。"[④] 从当时的政治风气看，祀孔典礼只是仪式性的政治表演，大多数政府官员对蒋介石等人重新阐发的礼义廉耻置若罔闻，很少付诸生活实践。

由于改善民生成效不显著等因素，国民政府的奉祀官制度及其"文治"之道受到多方质疑与批评。1935 年，针对奉祀官子女免费在公立学校接受教育的特殊待遇，陶行知批评说，现在国民政府只是顾及奉祀官们的子孙，而"没有看见那村前巷尾冻得要死、饿得要命的衍圣公的穷本家和穷本家的苦孩子"，更没有看到全国"多数人的文化是一样的落后，一样的偏枯，一样的短命"，"这种自私自利的打算是徒费心机"。[⑤] 宋庆龄于 1937 年 4 月在纽约《亚细亚》杂志上撰文称，"我们不应该恢复不合时代的儒教……恢复儒教是完全反动的一件事，所谓安定社会只是一个幌子"；就中国的普遍

---

① 《各地举行孔子诞辰纪念会中枢由叶楚伧报告》，《申报》1935 年 8 月 28 日，第 3 版。

② 公安部档案馆编注《在蒋介石身边八年——侍从室高级幕僚唐纵日记》（1941 年 10 月 16 日），群众出版社，1991，第 233 页。

③ 《在蒋介石身边八年——侍从室高级幕僚唐纵日记》（1944 年 4 月 28 日），第 426 页。

④ 《在蒋介石身边八年——侍从室高级幕僚唐纵日记》（1945 年 12 月 1 日），第 558 页。

⑤ 陶行知：《从孔德成的教育说到孔子的故乡与祖国》，《陶行知全集》第 3 卷，四川教育出版社，1991，第 308～309 页。

贫困而言，“革命的目的就是提高人类和群众的物质享受；假若这一个目的没有达到，那就等于没有革命”。[①] 以近代中国社会变迁机制而言，儒教是否完全“不合时代”尚需学理讨论，但民生改善的滞后性明显限制了国民政府以儒家思想教化社会的实际效能，借助孔德成之力的新生活运动也最终归于失败。史学家钱穆虽拥护国民政府，但并不认同其对“道统”的建构，而是将中国的整个文化大传统作为“真道统”。他进而提出，中华民国的“政统”必推孙中山为“不祧之祖”，而对于中华民族的“道统”与“教统”，孙中山不过是一个“孝子顺孙”。[②] 在他看来，孙中山与孔德成都不能代表孔子与中国的“真道统”。不唯钱穆，当时整个学界对国民政府阐扬的“道统”鲜有认同。

抗战胜利后，国民政府为应对中共的宣传攻势，继续借助“道统”观念与祀孔典礼展示自身的正统性。1946 年 1 月，包括国民党、共产党、民主同盟、青年党在内的国内各派政治力量在重庆进行政治协商，达成了宪政共识，为中国设计了一套宪政制度。周恩来代表共产党致辞称，除倡导政治民主化、军队国家化与各党派平等的基本原则外，还要“去掉一切落伍陈腐和不合时宜的制度和办法，信赖人民，依靠人民，实现民有、民治、民享的政治”[③]。这意味着国民政府的奉祀官制度与孔德成象征的“道统”都应当去除。不过，当时国民党中央宣传部副部长叶青宣称：“法统就是民主政治时代底道统。从前的道统把思想约束于孔子之道，今天的道统把思想约束于民主之法。”由于历史是连续的、一贯的，民主政治时代的“法统”与王朝时代的“正统道统是连成一线的”；在即将结束训政、实行宪政的时代，需要尊重历史，继承传统。[④] 按照叶青的解释，民主政治时代仍有“道统”，而且这个“道统”与从前的儒家“道统”一脉相承，只不过现在改名为“法统”。1947 年孔子诞辰日，国民政府派铨叙部政务次长王子壮前往曲阜主持祀孔典礼，政府主席蒋介石亲自撰写祭文，继续对外展示其对儒家

① 宋庆龄：《儒教与现代中国》，《宋庆龄选集》，中华书局，1966，第 106、110 页。

② 钱穆：《道统与治统》，《政学私言》，商务印书馆，1945，第 75 页。

③ 周恩来：《中共愿以极大的诚意和容忍与各方共商国是》（一九四六年一月十日），中共中央文献研究室、中央档案馆编《建党以来重要文献选编（一九二一～一九四九）》第 23 册，中央文献出版社，2011，第 30 页。

④ 叶青：《论正统道统法统》，《山西青年》第 3 期，1946 年。

“道统”的重视。此时，由于社会各界对政治民主化的宪政呼声越来越高，孔氏和他代表的“道统”逐渐远离政治话语的主流。不过，蒋仍看重孔氏的“忠君”之心。1948 年 4 月，蒋当选民国总统，孔氏随即在贺电中称赞道：“人归天与，国步倚重方殷；海晏河清，黎庶昭苏在望。”①

三 借孔德成阐扬民族主义

自孔德成携家离开曲阜后，国民政府不时安排其进行抗日演讲，阐扬民族大义。孔氏心怀家仇国恨，自觉弘扬孔子“尊王攘夷”的精神，不断公开批判日军的侵华行为。1938 年 1 月 11 日，孔氏在武汉文化界行动会召开的欢迎大会上发表演说，称孔子的遗教代表整个中国文化的核心，国人在国家民族生死存亡的严重时刻，应当遵循孔子的遗训前进。同月 16 日，应国民外交会议之邀，孔氏在汉口广播电台发表抗日演讲。17 日，在国民党中央宣传部国际宣传处的安排下，孔氏向欧美的外报记者发表书面演讲，要端如下：其一，凡是明白孔教的人都会鄙弃日本的侵华行为，他本人离开孔子林庙“完全出于鄙弃日本的作为”；其二，日本人和“一切伪组织”中的人要明白，孔教是不能借来蒙蔽中国人的；其三，自己要“尽国民一分子的责任，阐扬先师孔子的教义，使乱臣贼子能幡然悔悟，志士仁人更加效忠”，在最高领袖蒋介石的指挥下，赢得抗战的最后胜利；其四，中国与世界各国共存共荣，请全世界爱好和平的人士“重新发挥收复耶路撒冷的十字军精神”，帮忙中国抗战，“收复圣地所在的曲阜和已沦陷的各地，以维护世界的和平，打倒国际间的大强盗”。② 孔氏的抗日演讲确出于其本意，而在演讲的时间与地点上则配合国民政府的相关安排。

社会媒体对此尤为关注，几乎一致认为，“自泰安失陷，敌方拟对孔氏有所利用，故孔氏特挺身离战区赴汉，并誓死卫国抗敌”③，“以免为日人利

① 《大成至圣先师奉祀官孔德成电国民政府主席蒋中正为贺当选中华民国第一任总统》，《各方庆贺蒋主席当选第一任总统案》（1948 年 4 月 21 日），台北“国史馆”藏国民政府档案，数位典藏号：001－011310－00001－068。

② 《从孔子说到耶稣》，《申报》（汉口）1938 年 1 月 18 日，第 2 版。

③ 《国内时事》，《良友》第 134 期，1938 年。

用”[①]。武汉文化界欢迎孔氏的到来，并揭露侵华日军试图利用孔氏的“文化侵略”阴谋，称他们是“将计就计，拿我们固有的文化招牌，参（掺）加一些毒素，再来麻醉我们”，“蓄意消灭中国文化的倭寇和丧失灵魂的汉奸，是不配谈尊孔的。因为他们的所行所为，根本为孔子所不容”。[②] 日本新闻媒体则宣称，孔氏的反日演讲并非其真实意思的表达，而是国民政府胁迫的结果。[③]

孔德成积极抗日的立场与行为引起了苏联方面的注意。1938 年 3 月，晋察冀军区的《抗敌报》转载了苏联关于孔德成与孟进宝坚决抗日的一则广播通讯，提及“山东的日人，用利诱威胁的手段，强迫孔子的后代孔德成领导反蒋，孔反对此举，并称：‘我是中国人，我要求同全国人起来抵抗日本帝国主义。’”[④] 无疑，孔氏在阐扬民族主义、激励抗日精神上确有一定作用。

处于内忧外患的非常时局，国民政府更为重视儒家文化对于抗战建国的作用。1938 年 3 月，在武汉召开的国民党临时全国代表会议通过了《中国国民党抗战建国纲领》，提出以抗战促进国家建设，以加强国家建设来支持抗战，在教育上注重国民的道德修养。同时通过的还有陈果夫等人关于文化建设原则纲领的提案，确立文化建设以民族国家为本位，抵御文化侵略，吸收世界先进文化，“建设中华民族之新文化”[⑤]。另外，还决定以儒家伦理思想强化对国民道德、生活习俗的教化与规范。由此，作为儒家文化特殊代表的孔德成在抗战建国“文治”方略中的角色更显重要。

武汉陷落前夕，国民政府安排孔德成一家前往重庆居住。1938 年底，四川巴县党部为孔氏举行欢迎会，国民党中央党部、监察院、考试院、外交部、铨叙部与最高法院等机关代表百余人参加，由最高法院院长焦易堂主

① 《曲阜孔庙之陷落》，《中华》（上海）第 63 期，1938 年。

② 印维廉：《从孔德成南来说到孔子民族的思想》，《民意》第 5 期，1938 年。

③ 《圣裔の反日は捏造》，《朝日新闻》1938 年 2 月 1 日，第 2 版。

④ 《孔孟后代孔德成等誓死不做无耻傀儡并声言联合同胞起来抗日》，《抗敌报》1938 年 3 月 25 日，第 2 版。

⑤ 《国民党临时全国代表会议通过陈果夫等关于确定文化建设原则纲领的提案》（1938 年 3 月 31 日），中国第二历史档案馆编《中华民国史档案资料汇编》第五辑第二编《文化》（一），江苏古籍出版社，1998，第 1 页。

持。孔氏在会上演讲孔子的"尊王攘夷"精神，称："所谓尊王，系对内的，现在来说，为拥护国家服从领袖，春秋时是王室，而现在即为国民政府；所谓攘夷，系对外的，春秋时之管仲，其人虽较中庸，但其对攘夷之贡献至大……以上二者，即为先师作《春秋》之意，亦即先师教吾人之训示。在目前国难期中，尤应尊（遵）守孔教，发扬孔教，本其和衷共济之精神，以渡此严重关头。"① 孔德成以圣裔身份号召国民拥护蒋介石与国民政府领导全国抗战。

侵华日军基于"以华治华"的策略，极力拉拢孔德成。伪满洲国成立后不久，侵华日军开始密切关注孔德成的动向，意图利用孔氏来粉饰其殖民统治。1934 年 9 月 21 日，日本人在东京的报纸上先期制造孔氏将参加日本儒学团体斯文会成立典礼的舆论。孔氏与族人得知此消息后"深为诧异"，随即登报声明"如届时果有邀请之举，德成及敝族族人绝不参加"。② 他们意识到"日人自利用溥仪作傀儡后，日以伪王道主义相昭示"；如果孔氏赴日参加斯文会的成立典礼，则是帮助日本人"争得王道的正统，于收拾民心上，得益必多"。③ 孔氏不想成为第二个"溥仪"，还拒绝了日本人参加当年曲阜秋季祀孔典礼的请求。就任奉祀官后，孔氏更为警惕日本人的拉拢。1935 年 3 月，日本驻山东济南的总领事向山东省政府正式提出，邀请孔德成等圣裔去日本参加斯文会的成立典礼。虽然国民政府有关部门表示可以选派圣裔代表赴日参加典礼，但孔氏拒绝赴日，只派了族人孔昭润作为代表前往。不久，日本官方又派人到曲阜专门宴请孔氏，但他仅以一首诗致谢。尽管孔氏一再拒绝日本方面的邀请，但日方仍不放弃对他的笼络，于 1935 年 6 月派遣外务省文化事业部长冈田兼一到曲阜拜访。④ 翌年 3 月，日本驻华大使馆一等书记官武藤义雄把有关祀孔典礼与孔德成婚礼预备的若干文件送到日本外务省，作为策划拉拢孔氏的下一步计划。⑤ 随后，日本文部省又派员聘孔氏赴日"阐扬圣教"，孔氏婉拒此事，前往济南避居，并向山东省政

① 《渝各界欢迎孔奉祀官》，《蒙藏旬刊》第 146 期，1938 年。
② 《孔德成不参加日本祭孔礼》，《新闻通讯》（北平）第 19 期，1934 年。
③ 行安：《孔德成不愧为圣人之后》，《申报》1934 年 10 月 1 日，第 28 版。
④ 《日文化事业部长昨到曲阜观光》，《申报》1935 年 6 月 27 日，第 8 版。
⑤ JACAR（アジア歴史資料センター）Ref. B05016156700、自昭和十一年三月/参考資料関係雑件第四巻（外務省外交史料館）。

府主席韩复榘报告。[①] 侵华日军是否有意将孔氏扶持为华北伪政权的代理人，至今尚不清楚，不过当时新闻界确有相关报道。[②]

七七事变后，随着日军在山东地区的步步推进，孔德成面临着被劫持的危险。1938 年 1 月 2 日，日军逼近曲阜，蒋介石急令孔祥熙转饬韩复榘，务必在撤离时将这位奉祀官带走，由此发生了本文开头的一幕。

蒋介石对孔德成的担心不无根据，因为当时侵华日军正利用儒家“王道”思想粉饰其侵略行为。随着在华占领区域的扩大，其不断加强对孔氏的笼络，未料孙桐萱抢先一步将孔氏带走。闻听此事，负责山东文化研究会的马场春吉为自己长期拉拢孔氏的计划失败而惋惜，还声称孔氏遭到国民政府的“劫掠”。[③] 危急时刻，孔氏免遭日军劫持，蒋对此甚感欣慰，在日记中称：“闻孔德成衍圣公不愿附倭（而）来汉，甚欢也。”[④] 当时衍圣公名号已停用近 3 年，但蒋仍称孔氏为衍圣公，显见他对孔子心怀敬意。

1934～1945 年，国民政府与日伪政权在祭祀孔子的仪式上存在明显的竞争关系。虽然孔德成公开拥护国民政府，批判日军的侵略行为，但日伪政权仍不断举行祀孔典礼，以混淆视听。伪满洲国每年在盛京举行大祀孔子的典礼，华北伪政权也连年举行春秋丁祀，用以号召民众对日伪统治的认同。汪伪政府批评说，国民政府的孔子诞辰纪念有“仪”而无“礼”，并不符合

---

① 《孔德成拒绝东渡》，《公教周刊》第 8 卷第 12 期，1936 年。

② 1937 年 12 月，《南华早报》称，日军向孔德成许诺，让他做中华帝国的皇帝（Emperor of the China Empire），但孔德成拒绝了这一许诺，列出了如下理由：第一，孔德成还没有完成“四书”的学习；第二，两千年来孔子的后代不曾涉足政治，因此才能够在山东曲阜地区维持这个家族；第三，孔德成年龄太小。参见“EMPIRE OF CHINA：Confucius Descendant Offered Throne JAPANESE PUPPETS,” *South China Morning Post*（Hong Kong），1937－12－23，p. 16。《中国周刊》报道称，孔德成拒绝了侵华日军扶持其当中国皇帝的建议，前往武汉面见蒋介石（“Men and Events,” *The China Weekly Review*，1938－2－19）。还有报道称，孔德成拒绝了日本将其扶持为华北伪政权皇帝的劝诱，参见“CONFUCIAN SPIRIT：Duke Kung Makes Appeal To Nation JAPAN'S PUPPET SHOW Hankow,” *South China Morning Post*（Hong Kong），1938－1－17，p. 13。不过，孔德成本人在 1938 年 1 月 8 日接受美国联合通讯社特派员采访时称：“您问我被日本当局邀请务必成为新支那皇帝，根本没有这回事儿。”日本在美国的情报机构看到这则报道之后，立即将其摘要发往日本。日本内阁情报部对此电文也十分关切，专门批示“同盟来电，不发表”。参见 JACAR（アジア歴史資料センター）Ref. A03023974900、各種情報資料・支那事変関係情報綴（国立公文書館）。

③ 《薄幸の孤儿に日本の父》，《朝日新闻》1938 年 1 月 12 日，第 11 版。

④ 《蒋介石日记》（手稿），1938 年 1 月 5 日，斯坦福大学胡佛研究所档案馆藏。

儒家的礼仪精神。1939 年，汪伪政府还在其治下的山东、浙江、江苏、安徽等地的文庙普遍设置奉祀官，试图建立以儒家“王道”思想为主体的社会控制网络。① 1942 年，其恢复了对孔子的春秋释奠典礼，并将孙中山作为配享孔子的民国贤哲之首。虽然这些伪政权的祀孔典礼有模有样，但终究因为孔德成的批判而显得政治底气不足。他们很想将自己的祀孔典礼与孔氏联系在一起。1943 年 4 月，汪伪政府在南京举行春季祀孔典礼，前来参加中日文协第二次全国代表大会的日本文化使节团团长盐谷温在接受记者采访时称：“孔教亦即中国固有文化，不过结果是日本成为孔子理想之国家而已。汪主席曾谓：‘纯正三民主义，即是中国固有文化。’余深以为是。三民主义不仅通于王道，也可以通于治国平天下之道。”② 他还强调说，自己曾 13 次拜访曲阜并会见孔德成，对孔氏的拉拢之意不言而喻。

汪伪政府不能利用孔德成，退而求其次，极力拉拢代理奉祀官孔令煜。1938 年 2 月 8 日，孔令煜以其与孔德成的名义宴请占领曲阜的日军第十师团步兵第六十三联队军官田岛荣次郎等人。当时，田岛要求部下尊重儒家道统，保护三孔古迹，强调道义在社会生活中的重要性，还不断向士兵说明孔子主张的儒家伦理与日本道德规范之间的关联。1943 年，孔令煜向汪精卫发电称：“本年三月三十日，恭逢钧府还都三周年纪念之期，尤因我主席遵引国父遗教，收回各租界及治外法权，国际地位从此增高，得与世界列强并驱并驾，旋转乾坤之功，实为从前所未有。”③ 翌年，孔令煜再向汪伪政府发电祝贺所谓“还都四周年”④。在汪伪政府的安排下，孔令煜发表了题为《复兴东方文化击灭宿敌英美完成大东亚圣战》的广播讲话，宣称要以日本为榜样，积极“尊崇儒教”，“陶铸新国民”，“协力驱逐英美，剿灭共匪”，复兴东方文化。⑤ 对于孔令煜的这些顺从行为，孔德成虽体谅其保存曲阜故里的苦衷，但仍对其以代理奉祀官名义为汪伪政府的统治张目而深感

① 《各省市县文庙奉祀官设置条例》（1939 年 11 月 22 日行政院核定公布），《政府公报》第 82 号，1939 年。

② 《日文化使节团离京》，《申报》1943 年 4 月 7 日，第 2 版。

③ 《孔府代理奉祀官电贺汪伪政府成立三周年》，《孔府档案选编》上册，第 50 页。

④ 《日首相致贺汪主席电谢》，《申报》1944 年 3 月 31 日，第 1 版。

⑤ 《孔府代理奉祀官为汪伪政府纪念孔子诞生广播演讲词》，《孔府档案选编》上册，第 51 ~ 52 页。

不安。

抗战胜利后，孔德成随即电贺蒋介石，称赞他“克服暴倭，终归德命，雪累世之奇耻，开有史之荣光”①。孔氏于此再度表达了其抗日之意与拥蒋之心。

四　塑造孔德成的个人志业

孔德成就任大成至圣先师奉祀官时尚未成年，国民政府对他的学业教育与政治前途均有考虑。

国民政府为孔德成配备了3位导师，以促进其学业进展。1934年6月，在酝酿孔子诞辰纪念方式时，居正前往曲阜会晤孔氏，对这位“甚聪慧，惟体弱”且“受家族包围，仍读四书”的少年衍圣公颇为担心，准备回京后与孔祥熙、戴季陶商议，计划由政府资助其到各大学听讲，将来再送其出洋游学。② 孔祥熙“不甚赞成”③ 孔德成在家读书。戴季陶更不希望孔氏因为固守祖业而与现代文明脱节。1935年，他在给孔氏的信中说，各位圣裔奉祀官与曲阜地方执政者负有重要使命，“一则修养先圣之德教”，为世界人类做出榜样；“一则经营先圣先贤之故里”，既要维系儒教，也要不落后于现代文明。④ 经过商议，国民政府为孔德成等奉祀官配备了3位导师，即戴季陶、丁惟汾与孔祥熙。此后，戴季陶与孔祥熙因公务繁忙，基本无暇顾及指导孔德成，真正在学术上承担导师之责的只有丁惟汾一人。

虽然国民政府对孔德成的学业教育有所考虑和安排，但孔氏不愿改变其继承祖业之志。1935年参加奉祀官就职典礼时，孔氏对外界明确表示，自己今生的志向是继承孔子之志，专治经学，“不从事于政治”，希望将来在教育事业上有所建树。⑤ 当时孔氏一直在孔府中接受教育，由孔府聘请的北

---

① 《大成至圣先师奉祀官孔德成电国民政府主席蒋中正》，《拥护政府抗战及致敬与祝捷案（四）》（1945年8月20日），台北“国史馆”藏国民政府档案，数位典藏号：001－072470－00014－040。

② 《居正过徐返京》，《申报》1934年6月19日，第6版。

③ 《反映孔府入不敷出经济拮据的几封信》，《孔府档案选编》下册，第712页。

④ 戴季陶：《与孔奉祀官书（廿四年八月廿四日）》，《新亚细亚》第10卷第4期，1935年。

⑤ 《圣裔暨四奉祀官孔德成等抵京》，《申报》1935年7月8日，第8版。

京清华学校肄业生王毓华[①]讲授国文、数学、历史、地理等新式知识。出于传承儒学的需要，孔府于1936年春聘请清末翰林庄陔兰[②]与举人吕今山为专授经学的教师。其族人认为，“圣裔自有圣书可读，极宜以全力保存先祖之祖粹”，现在“洋气高张”，更“不应数典忘祖，而入洋学堂读书”。[③] 由于孔氏的坚持及其族人的干预，国民政府安排其入大学听讲之事迟迟未能落实。曲阜陷落后，孔氏一家辗转到达重庆歌乐山，直至抗战胜利，国民政府未再考虑安排孔氏接受现代高等教育。寓居重庆期间，孔德成在丁惟汾的指导下，主要以考据方式研究儒家经学，但对于现代知识与西方社会实未开阔眼界。囿于传统的治学理路，孔氏很少考虑儒学在现代社会推陈出新的问题。1944年12月，他向国民政府提出赴美国游历和学习的请求，旋因时局动荡而未获准。可以说，当时国民政府对孔氏学业的安排并没有通盘计划。

抗战胜利后，孔德成的个人志业与曲阜林庙的政治命运依旧密切相连，而中共革命成为对二者具有显著影响力的现实因素。1945年秋，中共军队到达曲阜一带，孔氏十分担心“三孔”古迹遭遇战火，乃至将来无祖业可守，无祖庙可祭。不过，国民政府没有人愿意在此问题上向中共提出商量意见。无奈之下，他和秘书李炳南拜见了正在重庆参加国共两党谈判的周恩来，向他提出保护曲阜“三孔”古迹的请求，“周面允函告延安转令该地共军勿作破坏圣迹的举动”[④]。是年12月，鲁南军区警八旅第十五团和第十六团攻占曲阜。据第十六团团长董鸣春回忆，战斗开始前，“旅部首长还特别强调注意保护孔庙、孔府等文物古迹，敌人如退守孔庙、孔府，只能短兵相接，不能打炮和使用炸药”；战斗结束后，旅部首长表扬他们“消灭了敌

① 王毓华（1887～1952），原名王连茹，字子英，号佩石，山东莱芜王围子村人。山东法律讲习所毕业后考入北京清华学校，因贫辍学。1923年赴曲阜孔府任教。曲阜沦陷期间，与庄陔兰共同协理孔府事务。1949年后务农行医。1952年3月因脑出血去世。

② 庄陔兰（1870～1946），字心如，号春亭，原名庄阿兰，山东莒州（今莒南县）大店镇大店人。光绪三十年（1904）甲辰恩科进士，选庶吉士，散馆授翰林院编修，诰封朝议大夫。光绪三十二年，留学日本东京大学，秘密加入中国同盟会，后参加辛亥革命。民国初年，任山东省议会议长、国会参议院议员，1936年被聘为孔德成经学教师，1946年在曲阜去世。

③ 《半月要闻》，《论语》（半月刊）第61期，1935年。

④ 任忠青：《教师节访孔德成》，《现实》第6期，1947年。

人，解放了曲阜，也保护了文物古迹”。[①] 虽然中共军队有力保护了曲阜“三孔”古迹，但孔氏并不认可中共独立拥有军队的正当性。1946 年初，他对记者表示：“我对政治认识的程度很浅薄，我也没有参加任何党派，我所知道的就是在和平统一的口号下，除国家军队以外，任何人及任何地方，都不能再操纵与存在额外部队。”[②] 此时，孔氏虽对国共两党的历史渊源与革命方式仍不够了解，但他奉国民政府为国家“正统”，不认可中共边区政权的正当性，也不接受中共的社会革命方式。

中共高层对孔德成略有关注，并未因其是孔子后裔而高看一眼。依照中共的革命方式与政治理念，孔子学说与现世孔子直系后裔要区别对待。一方面，中共尊重历史上的孔子与儒家文化。1938 年，在谈到共产党员理论学习时，毛泽东说：“从孔夫子到孙中山，我们应当给以总结，承继这一份珍贵的遗产。”[③] 1942 年，毛泽东接见晋西北临参会参议员刘菊初等人组成的延安参观团，谈到中外文化时称，道德观念是要的，礼乐名分是要的，外国科学是要的，外国制度是要的，我们要上承历史，旁采各国，但需加以批判改造，取长去短，使其适时合地。[④] 这一主张虽有尊重历史的本土意识与学习西方的世界眼光，但由于战局紧迫，难以在革命中贯彻，而孔子学说也只能被“当成一个古董”[⑤]。另一方面，中共将现世孔子直系后裔视为剥削农民的地主。1946 年 7 月，鲁南专署组织孔府佃户的农民代表在孔庙诗礼堂举行“众裁会议”，促使代理奉祀官孔令煜减租减息，取消斗尖、地皮、合子粮等不合理的收租制度。此时即使孔德成在场，恐也不得不如此。简言之，中共将孔子学说与曲阜孔府、孔林、孔庙视为历史遗产，而将现世孔子直系后裔看作革命对象。因此，孔德成没有因其祖上的光环而被中共看重。

① 董鸣春口述，孔祥民整理《第一次解放曲阜的点滴回忆》，政协曲阜县文史资料研究委员会《曲阜文史》第 2 辑，1982，第 9～10 页。

② 梦野：《大成至圣奉祀官孔德成先生近况》，《重庆画报》第 4 期，1946 年。

③ 《中国共产党在民族战争中的地位》，《毛泽东选集》第 2 卷，人民出版社，1991，第 534 页。

④ 刘菊初：《1942 年延安参观日记》，任文主编《第三只眼看延安》，陕西师范大学出版总社有限公司，2014，第 103 页。

⑤ 《黎玉在华东局群工会议讨论孔府问题时的总结发言（记录稿）》（一九四六年八月），山东省档案馆、山东社会科学院历史研究所编《山东革命历史档案资料选编》第 17 辑，山东人民出版社，1984，第 243 页。

另据1947年国防部保密局的情报称，时任孔德成秘书的孔小龙为中共党员，其利用他与孔德成的族亲关系，拉拢奉祀官卫士陈某等人，意图"谋害主席"[①]；若事成，则嫁祸于孔德成。由于相关史料匮乏，此事内情尚不得而知。

在国共党争日渐紧张的时局中，国民政府多次安排孔德成参与政治会议。1946年11月，由傅斯年等人推荐，国民政府确定孔氏为国大代表。在随后召开的制宪会议上，他对国事基本不发表意见，仅在国大代表祁志厚向大会提交的"国都定于北平"[②] 提案上署了名，而这一提案竟惹得蒋介石愤慨。孔氏着实对政治不感兴趣，在会议上几乎都是"代"而不"表"。1947年初，他对新闻记者表示，本人"虽为国大代表，对国事不愿表示意见"[③]，倒是希望将来有机会到欧美考察。3月，国民政府以"社会贤达"之名，又将孔氏选为国民参政会第四届参政员。12月，丁惟汾、张溥泉等人提名孔氏担任国民大会的山东省代表。随后，他再三推辞这一提名，但未获准，只好继续做个有名无实的代表。在这一点上，国民政府对孔氏的安排的确有些强人所难。

孔德成志在成为一名不问政治的平凡学者，也想成为一名不带圣裔光环的普通公民。1947年，他对记者称：大成至圣先师奉祀官署只是一个组织简单的"学术文化机关"，自己是一名研究中国古代史的学者，"以后仍本此为之"。[④] 对于儒教与科学、现代民众生活的关系，孔氏提出，"儒教并非宗教，故无碍于科学的研究"；一般民众的行为应"合乎现代化"的要求，但也要"切实遵依国家法制和教育标准，不应有落伍的思想，亦不能有超越时代的行为"。[⑤] 此时，孔氏开始以"现代化"的眼光审视儒家文化。在学者之外，孔氏更想做一名人格独立的公民。其公民观念可追溯至1935年

① 《张镇等呈蒋中正民社党正式分裂蔡廷锴等加入民主统一阵线等各党派动态及中大学潮近况等情报提要等十三则》，《一般数据——呈表汇集（一〇九）》（1947年5月2日），台北"国史馆"藏"蒋中正总统文物"，数位典藏号：002-080200-00536-031。

② 《北方代表主张国都定于北平》，《申报》1946年12月1日，第1版。

③ 《孔德成盼和平》，《新民报》（南京）1947年3月26日，"民国38年前重要剪报资料库"，http：//cdm. lib. nccu. edu. tw/cdm/singleitem/collection/38clip/id/20500/rec/1。

④ 任忠胄：《教师节访孔德成》，《现实》第6期，1947年。

⑤ 任忠胄：《教师节访孔德成》，《现实》第6期，1947年。

的奉祀官就职典礼。当时，应孔祥熙之邀，他前往上海参观了市立民众教育馆，在“公民（阅）览室浏览最久”[①]。这是孔氏第一次接触官方推行的“公民”教育，而“公民”二字也由此在其心中生根。1947 年 5 月，孔氏偕夫人回到故乡，在孔府内务改革上提出：现在是民主时期，要服从民主，个人不能独断专行；孔府管理委员会成立的本意要集思广益，实行共同管理。[②] 此后，他不再以孔府主人自居，而是试图做一名现代公民。对于孔氏的公民之愿，国民政府鲜少了解，也无暇顾及。

1948 年 3 月，国民政府安排孔德成前往美国耶鲁大学进行为期一年的历史研究与文化交流活动。随着在美国见闻的增加，孔氏对东西方文化的差异有了一定的认识和体会。在反思儒家学说在现代社会中的长短之后，他对一个美国人表示：“我对我的祖传是觉得很光荣的，不过我也实在觉得有许多不便之处。我却很愿意做一个很平凡的公民，不多也不少。”[③] 10 月，孔氏听闻国内宪法颁布，遂致函内政部，表示“为尊重宪典起见”，愿将祀田“献交于国家”。[④] 只是此时宪政尚无条件施行，而孔氏仍不得遂其公民之愿。

随着国民党政权在大陆的节节败退，孔德成无法安守个人志业，开始公开表达其对中共革命的警惕与戒惧。1948 年，孔氏称：“我希望早日击溃共党，那么中国能够进于建设之途了。我要看到中国的现代化与工业化。”[⑤] 1949 年 8 月，他向《中央日报》的记者表示，中国共产党“整个地搬来一套异族的东西，以图消灭我国数千年来固有的文化，就这一点值得每一个同胞深切了解和警惕”[⑥]。这里所谓“异族的东西”当是指马克思主义与列宁主义。孔氏固守本土文化传统，对中共的革命理论及文化政策颇为抵触。9 月，应教育部部长杭立武之邀，孔氏赴重庆与成都进行以反对中

① 《本馆近闻：孔奉祀官来馆参观》，《新民》第 1 卷第 42 期，1935 年。

② 王谦著，王传贺绘《大孔府》，山东文艺出版社，2015，第 263 页。

③ 梅克基：《孔德成在美国》，云杉译，《学澜》第 1 期，1948 年。

④ 宗志文：《末代“衍圣公”、“孔圣奉祀官”——孔德成》，《中华民国史资料丛稿特刊》第 2 辑，第 98 页。

⑤ 梅克基：《孔德成在美国》，云杉译，《学澜》第 1 期，1948 年。

⑥ 蔡策：《访孔德成先生》，《中央日报》1949 年 8 月 27 日，第 3 版。

共为主题的演讲，[①] 号召国人重振传统道德精神。面对中共的政治胜利，孔氏对儒家文化在大陆的前景怀有深重的危机感，因而更坚定了其追随国民党政权的决心。

整体而言，国民政府重视对孔德成个人志业的塑造，既意图促进其学业进展，又一再勉强其参加政治会议。这种塑造过于政治化，不利于平等人格的养成，从而限制了孔氏由奉祀官而成为现代公民的自我调适。国民政府及国共党争固然从外缘上影响了孔氏的个人志业，但他的圣裔身份、“正统”观念与公民意识从根本上决定着其在民国时期的人生轨迹与事业格局。

余论

在民国社会变局中，作为孔子后裔的衍圣公无疑是一个特殊的政治文化焦点。国民政府将圣裔孔德成纳入政治体制，任命孔氏为大成至圣先师奉祀官。这是其“文治”链条上的重要一环，也是国民党沿袭其政治革命路线的文化反映。

国民政府对孔德成的任用与借助，虽有传承儒家文化的意味，但主要是出于维护其威权统治的需要。具体而言，一则以儒家伦理思想弥补三民主义在道德教化方面的缺陷，以应对中共的政治宣传攻势；二则借助孔德成的圣裔身份及其象征的“道统”，对内彰显自身的政治正当性，对外阐扬民族主义，激励抗战精神；三则满足蒋介石个人“作之君，作之师”的心理需求。蒋有意以一人治天下，奉行“圣君”观念，但认识不到儒家存在“治治，非治乱”[②] 的局限，不足以应对内忧外患的时局。在领袖独裁的权力体制下，蒋的文化偏好对国家“文治”方略带来不利的影响。因此，国民党高级将领张治中于1948年5月上书直谏，称将的态度“为儒家态度而非法家态度”，但其“为国家元首、革命党魁，仅持儒家

① 《杭立武电中国国民党总裁蒋中正曰孔德成应邀赴渝蓉筑昆作反共演讲定漾飞渝》，《特交档案（党务）——中央宣传（第〇一六卷）》（1949年9月19日），台北“国史馆”藏“蒋中正总统文物”，数位典藏号：002－080300－00022－006。

② 《荀子》，方勇、李波译注，中华书局，2011，第30页。

态度以谋治理，似不足完全适应今日之时代。……不能得到预期之政治效果与良好反应”。[①] 张对蒋的批评从领袖个人的角度，揭示了国民政府“文治”困境的根源。蒋虽有意振兴“文治”，但“势尊自蔽”[②]，并不认可张的批评，甚至在当选总统之后仍不忘儒家“道统”，且保留孔德成的奉祀官之名。

作为国民政府的主政者，蒋介石在“文治”上轻视且不擅长制度建设，无意借鉴西方的自由、平等观念，用以克服儒家伦理扼杀个性与否认人格平等的局限。曾近距离接触过蒋的经济学家何廉回忆称：“从根本上说，他不是个现代的人，基本上属于孔子传统思想影响下的人。他办起事来首先是靠人和个人接触以及关系等等，而不是靠制度。”[③] 曾任国民党中央监察委员会秘书长的王子壮也称，蒋不能“提纲挈领，由制度上督促全国共同向上”[④]。实际上，蒋在治党上也是“头痛医头，脚痛医脚”，缺乏意识形态建构和组织建设的有效手段与通盘计划。[⑤] 由于蒋的独裁，国民政府设立的奉祀官制度主要延续了传统的衍圣公爵位制度，这种新瓶装旧酒的举措无所谓现代民主制度的创新，也无益于儒家文化的现代转型。

在国民政府治下，孔德成个人的政治际遇，可以说是当时儒家文化转型困难的命运缩影。国民政府对孔氏的个人志业有若干硬性安排，使其在学术与政治之间颇感无奈。他虽为特任的奉祀官，但对国民政府存在人身依附关系，未能在现代社会中进行自我调适。诚然，孔氏本人固守祖志，对西方文明之长的认识存在局限，甚至自美返国后称美国文化在精神方面“简直太幼稚了”[⑥]。当初戴季陶对孔氏提出的既要维系儒教，又要不落后于现代文明的诫勉，在制度层面上难以落实。20 世纪三四十年代，

① 张治中：《对当前国是之检讨与建议》，《张治中回忆录》，华文出版社，2014，第 294 页。

② 唐甄：《潜书·抑尊》，中华书局，1963，第 68 页。

③ 《何廉回忆录》，朱佑慈等译，中国文史出版社，1988，第 117 页。

④ 王子壮：《王子壮日记》（手稿本）第 9 册，1944 年 7 月 22 日，中研院近代史研究所，2001，第 292 页。

⑤ 蒋宝麟：《国民党从“革命”转向执政的多重困境——基于〈王子壮日记〉的观察》，《社会科学》2016 年第 8 期。

⑥ 蔡策：《访孔德成先生》，《中央日报》1949 年 8 月 27 日，第 3 版。

国民党中央关于文化建设的最高原则与纲领至少有过两次决议，一是要发扬固有文化，吸收世界先进文化，建设“中华民族之新文化”[①]；二是要在种族、宗教与阶级平等的基础上“建立国族统一之文化”[②]。不过，国民政府在国族文化建设的制度设计上迟滞不前，终究未能以顺应世界潮流的态度为儒家文化妥善定位。较能代表国民政府“文治”顶层设计意图的是1943年国立礼乐馆拟定的中华民国礼制草案，[③] 但该草案主要体现了政治威权与传统儒家伦理，鲜见自由、平等观念。诚然，在内忧外患的非常时局中，国民政府着实无暇对现代社会中儒家文化的长短进行系统的学理分析，也就不会给出取人之长、补己之短的顶层设计方案。国民政府“文治”困境的解决有待于政治转入常轨后的体制变革。在此情势下，孔德成作为儒家文化的特殊代表，也只能随遇而安。

1949年4月，在蒋介石的指示与教育部的安排下，孔德成痛别大陆，迁往台湾。[④] 抵台后不久，孔氏出任总统府资政，并被蒋视为传承儒家文化的“国宝”。

---

① 《国民党临时全国代表会议通过陈果夫等关于确定文化建设原则纲领的提案》（1938年3月31日），《中华民国史档案资料汇编》第五辑第二编《文化》（一），第1页。

② 《国民党五届八次会议主席团关于加强国内各民族及宗教间之团结以达成抗战建国成功目的之施政纲领案》（1941年4月2日），《中华民国史档案资料汇编》第五辑第二编《文化》（二），第784页。

③ 参见国立礼乐馆编《北泉议礼录》，北碚私立北泉图书馆印行部，1944。

④ 《孔德成》（1948年12月10日），中研院近代史研究所档案馆藏朱家骅档案，档案号：301-01-23-756。

绍兴沦陷：战时的前线与日常

吴敏超

1941 年 4～5 月的宁绍战役，[①] 是第三战区继淞沪会战之后规模最大的一次战役。[②] 4 月 17 日凌晨，绍兴突然沦陷。绍兴是此次战役中中方失守的第一座城市。此时距 1937 年 7 月抗战全面爆发，有近四年时间，距 1937 年 12 月浙江省省会杭州被占领、敌我双方沿钱塘江对峙，有三年半时间。夜深人静时，日军越过国民党军防线，突然降临绍兴城外，几乎兵不血刃地攻占了这座古城。国民党军守军何在？地方政府何为？剖析绍兴沦陷的各个环节，探究其来龙去脉，有利于我们观察抗战中期前线国民党军的军纪士气、地方社会的战时变迁、国府中央与地方的沟通及军政关系的演变。

一　沦陷前夜：绍兴城静谧如常

绍兴位于钱塘江入海口杭州湾的南岸，春秋时期越国即在此建都。从两

---

① 宁绍战役中的“宁”与“绍”，分别是浙江两个重要城市宁波与绍兴的简称。本文考察的绍兴沦陷，是宁绍战役中的重要一环。关于宁绍战役的研究，目前笔者查阅到的较具代表性的成果有三项。一为马登潮的《50 年前的一场浩劫——宁绍战役述略》（《浙江档案》1991 年第 5 期，第 30～31 页）一文，记述了宁绍战役的大致过程。二为《浙江抗日战争史》（楼子芳主编，杭州大学出版社，1995），书中辟有一节“宁绍战役”，篇幅与马文接近。三是 2009 年出版的《金萧地区抗日战争史长编》（杨长岳主编，人民日报出版社，2009），以 82 页的篇幅呈现了宁绍战役的全貌。书中收入的藏于中国第二历史档案馆的国民党军的作战日志、战斗详报等，颇有价值。该书的旨意，正如编者所说，整理、编修史料重于学术研究。

② 顾祝同：《墨三九十自述》，台湾“国防部”史政编译局，1981，第 191 页。抗战期间，顾祝同任第三战区司令长官。第三战区在战时的所辖区域有所变动，在本文考察的时段，大致辖浙江、福建及江西省东部、安徽和江苏长江以南区域。

千多年前勾践卧薪尝胆的故事，到近代鲁迅笔下的百草园与三味书屋，绍兴作为江南文化名城，令人遐思神往。抗战时期，这座古城与中华民族一样，经历了烽火连天、沦陷敌手的艰难岁月。

1935 年，浙江省政府设置绍兴行政督察区，专员公署驻绍兴县，辖绍兴、上虞、余姚、嵊县、新昌、诸暨、萧山七县。不久，绍兴行政督察区更名为第三区行政督察区，辖县不变。第三区行政督察专员和绍兴县长同驻绍兴城，即绍兴城同时接受一位专员和一位县长的领导。1937 年 8 月，淞沪战役爆发。1937 年 12 月下旬，杭州沦陷，国民党军退至钱塘江南岸一线守卫。抗战前期和中期，浙江的敌我态势为：钱塘江以北的杭嘉湖平原地区，由日军占领；钱塘江以南的绍兴、宁波、金华、衢州、温州、丽水等广大地区，仍为国民政府统治。国民政府战时省会驻节于金华永康的方岩，省政府主席为黄绍竑。从 1937 年底杭州失守至 1941 年春宁绍战役发生，虽然其间在钱塘江南岸有一些战斗发生,[①] 但国民党军基本能控制钱塘江以南以东的广大地区。宁绍地区紧邻钱塘江，为战时前线。

1941 年 4 月 17 日绍兴沦陷前一个星期，即 1941 年 4 月 7 日至 10 日，浙江省政府主席黄绍竑率领县政检阅团到达绍兴。[②] 此时正值国民党军在宁绍地区的驻军——第 86 军的话剧团到绍兴公演，以演出收入补助军需，市面一派祥和之气。不过，黄绍竑离开绍兴后，即有一些异常现象发生。4 月 14 日、15 日，一架日军飞机多次飞临绍兴上空，警政主管人员有所戒备。待到 4 月 16 日下午，钱塘江南岸的三江口传来小股日军登陆的消息。三江口即钱塘江、曹娥江和钱清江三条江的交汇口，位于绍兴城以北近 30 公里处。三江口附近有建于明代的三江闸，用于抵挡钱塘江的潮汐侵扰。可见，从地理与军事言，三江口起着护卫绍兴的作用。

绍兴方面各机关听到消息后，开始准备船只，并搬运货物至船中，打算随时撤离。绍兴是著名的水乡，城内河道密布。九座城门中有六座是水门，可以通过门下的河道出城。不过，紧张态势在下午趋于缓和。行政督察专员

① 1940 年 1 月，日军偷渡钱塘江，在萧山西北六百亩登陆，并窜入萧山县城，后退出县城，但据有萧山一角；1940 年 7 月，日军曾在宁波附近的镇海登陆，被国民党军守军 194 师和赶来增援的 16 师击退。参见楼子芳主编《浙江抗日战争史》，第 176 ~ 179 页。

② 黄绍竑：《黄绍竑回忆录》，广西人民出版社，1991，第 371 页。

邢震南打电话给前方军事长官，得到的回复是："敌人已经撤退。"[①] 敌我两军隔江对峙三年多，有进攻、战斗、撤退消息，原属正常。因无后续消息，邢震南推断，这是敌人的一次小规模袭扰。于是夜幕降临后，第 86 军话剧团照常在觉民剧场上演《雷雨》，这也是该剧在绍兴演出的最后一天。据说，中国银行、交通银行和浙江地方银行的三位经理，曾向绍兴县长邓讱了解情况，邓讱也专门向邢震南请示办法。邢震南以老前辈自居，怪邓讱太不镇定。[②] 邢震南是浙江嵊州人，1915 年毕业于保定陆军军官学校第 2 期，比黄绍竑还早一期。他戎马倥偬二十多年。黄绍竑担任浙江省政府主席后，邀他担任浙江第七区（台州地区）行政督察专员，1941 年初又被调至绍兴任第三区行政督察专员。所以，绍兴沦陷时，他来绍兴任督察专员仅 3 个月。

事实上，日军非但没有退去，反而正从各个方向向钱塘江南岸、闽浙沿海进攻——小股日军进攻三江口，仅是拉开了一场大战役的小小序幕。此后一个月，有数以万计的敌我军队在浙江绍兴这片土地上厮杀。只是，此时绍兴城内的军民浑然不觉而已。

日军在 1941 年 4～5 月发动宁绍战役，缘起于日本军方 1940 年底的战略调整。根据国际形势特别是欧洲战场的情况，日军讨论、调整对华长期作战指导计划，倾向于对国民政府继续施加武力压迫的同时，加强经济压迫。1941 年 1 月 16 日，日本大本营陆军部通过《大东亚长期战争指导纲要》，其中第五条为："在整个期间，力图从地面、海面及空中加强封锁。切断法属印支路线，破坏滇缅公路，兼用以海军封锁海面、陆军封锁海港作战等方法，加强对华经济压迫。"[③] 从海、陆、空方面加强封锁，主要目的即在于切断国民政府的国际补给路线。抗战爆发后，日军已经占领了上海、广州、厦门等东南沿海的各大港口。1940 年 9 月，日军又乘欧洲战场上法国战败之际，侵入法国殖民地越南，遮断滇越铁路、桂越公路。国民政府的国际补

① 《绍兴失陷情形及本署部退出后两个月间工作纪要》（1941 年 6 月），《抗战八年在绍兴——绍兴文史资料》第 9 辑，绍兴市政协文史资料委员会编印，1995，第 98 页。原件藏于浙江省档案馆。

② 朱仲华：《绍兴沦陷时县长邓讱死难纪实》，《抗战八年在绍兴——绍兴文史资料》第 9 辑，第 33 页。

③ 日本防卫厅战史室编《日本军国主义侵华资料长编》上册，《大本营陆军部》摘译，四川人民出版社，1987，第 613 页。

给路线，只剩下滇缅公路和东南沿海中小型港口。日本大本营1941年初出台的这一战争指导纲要，即指向尚未沦陷的中国东南沿海港口和滇缅公路。日军在1941年2~3月，首先侵占广东沿海；继而在1941年4月，发动浙、闽沿海战役，旨在夺取沿海港口。从兵力投入和作战目的看，宁绍战役正是其中最重要的一环。

日军对宁绍战役的具体布置为，暂驻上海郊外的第5师团在浙江沿海实施登陆作战，占领沿海宁波、台州和温州等城；同时，为策应第5师团的登陆作战，沪杭地区的日军第13军向钱塘江南岸展开攻势作战。1941年4月中旬，第13军司令官泽田茂调集第22师团、第15师团赤鹿支队及第11混成旅团之一部，共约2万人，[①] 负责钱塘江南岸战事。4月14日，司令部战斗指挥所从上海推进到杭州，战斗蓄势待发。4月16日下午，绍兴三江口小股日军进袭，正式拉开宁绍战役的序幕。

值得注意的是，西线战事虽为策应东线沿海战事而开展，但亦蕴含着歼灭第三战区主力部队的作战目的。司令官泽田茂在4月10日的日记中记载，必须采取痛击国民党军的作战方针。他指出：所谓作战，以给敌军痛击使其丧失战斗力为第一位。物资之获得，不过是辅助手段。作战的目的唯有歼灭敌人。[②] 可见，泽田茂并不满足于在西线配合作战，而是希望深入第三战区，寻找国民党军队的主力，予以消灭。当时，国民党军主力第10集团军位于诸暨附近，加上地方部队，兵力约10万人，[③] 负责钱塘江南岸地区的防卫。日军第13军在西线的具体作战布置，正是直指诸暨国民党军主力：

① 1941年4月中旬，日军第15师团第60联队，第22师团第85、86联队共5000余人，集结于萧山西兴、长河一带，在杭州七堡区集合2万余人，准备南犯诸暨、绍兴。参见徐时权《诸暨会战纪略》，《抗战八年在绍兴——绍兴文史资料》第9辑，第201页。另一份材料称，太田部队共指挥四个支队：以第15师团步兵指挥官赤鹿指挥之三个大队（第60联队）为赤鹿支队；第22师团步兵指挥官松井指挥之三个大队（似为84联队）为松井支队；85联队长羽岛指挥之两个大队为羽岛支队；86联队长古贺指挥之两个大队为古贺支队。参见杨长岳主编《金萧地区抗日战争史长编》，第558页。若据此项材料，日军参战的估计有1万人，加上杭州集结的伪军，很可能总数为2万人。

② 《欧战爆发前后之对华和战》（初期陆军作战三），《日军对华作战纪要》，台湾“国防部”史政编译局，1987，第470页。

③ 其中正规军有6万人，包括第86军（军长莫与硕，下辖第16师、67师和79师）、第21军（下辖第63师、148师）和暂9军（军长冯圣法，下辖暂13师、新30师和暂35师）。杨长岳主编《金萧地区抗日战争史长编》，第557~558页。

日军左路由杭州乘舰，绕至杭州湾南岸之三江口登陆，经绍兴向诸暨前进；中路由萧山向诸暨推进；右路由富阳向诸暨推进。[①] 可见，绍兴城是左路日军志在必得的一座城市。而且，为了保证不惊扰到诸暨的国民党军主力部队，日军最好的选择是奇袭绍兴、扫清障碍，以最快速度逼近诸暨。

二 沦陷之时：混乱中的被杀与逃离

4 月 16 日深夜，绍兴城内的话剧结束，观众散去，全城陷入沉睡之中。17 日凌晨 1 时，城外突然响起枪声，由远而近。绍兴县保安大队、自卫队和警察立即分头搜寻敌人。他们看见第 86 军第 16 师的士兵佩戴“再厉”臂章，挺进入城，以为是国民党军调防，不料突然间被其扫射，才知道敌人乔装成国民党军第 16 师的士兵。[②] 更令人吃惊的是，城内街巷各处出现许多日军的便衣队，他们与入城之敌里应外合，迅速控制了各路口、河道、桥梁和城门。凌晨 3 时，日军大部队攻入城内，陆续占领各城门。

日军攻入绍兴时，从第三区行政督察专员邢震南、县长邓讱到普通民众，都被蒙在鼓里。邢震南立即率领军警和署部职员共 70 余人，从偏门突至城外，[③] 狼狈转移到绍兴城南的平水镇。邓讱在绍兴著名实业家金汤侯宅中更换衣服、戴上大笠帽——显然，他怕城内卧底与汉奸认出自己。金家的船夫用乌篷小船送他出城，不幸的是，他在都泗门外被日军乱枪打死。都泗门是水门，位于绍兴城的东北部，很可能与日军进攻的方向一致。都泗门往北紧邻的城门是三江门，即面向三江口的方向；都泗门往南是五云门，是较早被日军占领、架设机枪扫射逃难民众的大门。抗战期间，浙江省各县长死于日军枪炮下者仅有两位，邓讱就是其中之一，时年仅 31 岁。邓讱是湖南人，毕业于上海大夏大学。因其父邓静安与第 10 集团军总司令刘建绪是好友，所以抗战前邓讱即在刘建绪手下任职。抗战爆发，黄绍竑任浙江省政府主席后，刘建绪即向黄绍竑推荐邓讱。1938 年 2 月，邓讱任诸暨县县长，

① 蒋纬国编著《抗日抵侮》第 6 卷，台北：黎明文化事业公司，1978，第 49 ~ 50 页。

② 《绍兴失陷情形及本署部退出后两个月间工作纪要》（1941 年 6 月），《抗战八年在绍兴——绍兴文史资料》第 9 辑，第 99 页。

③ 绍兴城的西南有两座偏门，分别为西偏门和常禧门，俗称水偏门和旱偏门。

后来又先后担任浙江省安吉县、绍兴县县长。[①] 从邓讱离开诸暨县县长任时发表的《告别诸暨民众》、安吉县县长任时的《我们在安吉》等文，以及事后人们对其的回忆看，邓讱是一位年轻有为、干劲十足的县长。虽然在诸暨县县长任上的时间只有6个月，但他动员民众抗日、组织农会、举办战时政治工作训练班、编练土枪队、整理财政等，工作开展得有声有色。他最不能容忍的，是县政与保甲人员无所事事。在诸暨时，他换掉了一批贪污渎职、老弱无能的乡镇保甲长。[②] 刚到安吉时，他看到安吉县政府的科员和书记不到10人，办公桌上灰尘很厚，未办移交的公事有四五百件时，不禁十分气恼，立刻着手重建整个县政府班底。[③] 另外，邓讱虽然积极做事，但年少气盛，与邢震南的前任——绍兴行政督察专员杜伟相处不睦。邓讱在诸暨与安吉时都能放手做事，待他调为绍兴县县长后，与第三区行政督察专员同驻一城，不免有掣肘之感。杜伟坚决辞去专员之职，省政府乃将杜伟与邢震南对调。[④]

历史就是这样偶然又无情：邢震南因邓讱与杜伟的矛盾，调来绍兴，不足百日，就遭遇绍兴沦陷；邓讱在绍兴沦陷前提醒邢震南，邢震南未予理会；最终一人身死，一人担负失城之罪名。绍兴沦陷时，人员损失当然不止一位年轻的县长，还有稽山中学的四位学生，部分普通民众在逃离过程中也被日军扫射而死。一些人在混乱之际成功逃出了绍兴城。稽山中学的学生，凌晨3时听到密集的枪声，立即简单收拾行装，在体育老师何子镐的指挥下，集体向南门、稽山门方向逃跑。因稽山中学离南门和稽山门较近，而且稽山门有通往会稽山的大道。其间，学生陶永铭听说日军已占领五云门，并在五云桥上架设机关枪向突围师生和逃难人群扫射，立即决定和同学脱去军训服，换上便衣，向南门方向逃跑。因稽山门离五云门更近，稽山门很可能也已被日军占领。待他们来到南门附近时，正好看见河对岸有一艘小船，于是让船夫划过来接他们。等天亮时，大约有两百名同

① 《绍兴沦陷时县长邓讱死难纪实》，《抗战八年在绍兴——绍兴文史资料》第9辑，第33页。

② 邓讱：《告别诸暨民众》，《抗战知识》第2期，1938年，第12～13页。

③ 邓讱：《我们在安吉》，《浙江潮》（金华）第45期，1939年，第828～829页。

④ 《团结抗日的县长——邓讱》，王文浩主编《诸暨行政管理志》，诸暨行政管理志编撰委员会，1992，第207页。

学逃至城外会稽山显圣寺的稽山中学分部，聆听校长训话。陶永铭回忆说，站在绍兴城南的香炉峰上，泪眼北望绍兴城，绍兴沦陷了，心中充满了强烈的家国俱失、哀恨并存的情绪。[①] 至今读来，令人感喟。历史悠远、文化昌盛的古城绍兴，从此时沦陷到 1945 年 8 月抗战胜利后光复，被日方占领四年有余。

4 月 17 日凌晨日军攻城时，还有一些人选择蛰伏家中，欲待局面稍稳定后逃离绍兴。稽山中学的创办者、实业家金汤侯，为避免日本人让他出面筹备伪组织，决定带领家人避居于金家附近的半农园中。不过，4 月 18 日夜，一群匪徒闯进半农园抢劫，表明此处已非安全之地。金汤侯只好转往朋友王以庄家仓库的密室居住，病中的妻子因受到惊吓而病情加剧、猝然离世，金汤侯怕日伪军侦知，未出面料理妻子后事，心情悲痛之至。这时，稽山中学的另一位创办者朱仲华，也从原来避居的教会医院——福康医院转至王家密室。金汤侯和朱仲华都是绍兴城内极富声望之人，若不想当汉奸，必不能久留绍兴。5 月中旬，经过细致的调查与周密的准备，两人携家属逃出绍兴，安全抵达上海租界。[②] 还有一位名叫杨媗的苏州年轻女子，苏州沦陷前逃难到浙江。绍兴沦陷前夕的 4 月 12 日，恰好是她的新婚之日，婚礼在县商会举行，由邢震南主婚。4 月 17 日凌晨绍兴沦陷时，新婚夫妇吓得躲在房东家的木材寿器（棺材）中。此后每日胆战心惊、度日如年。他们早晨做好吃食，带至附近的一座破园内，白天即隐匿于破园中。10 天后，房东帮他们打听到可以出城，杨媗遂与家人于 4 月 28 日离开绍兴，前往婆家天居县。他们一路颠沛流离、食不果腹，总算平安赶到绍兴南部山区一个名叫王化的小村庄，正好此时邢震南也在王化。[③] 从杨媗写给父亲的两封信中，可感受到她和家人在绍兴突然沦陷时的惊恐与无助。

学生陶永铭、士绅金汤侯、朱仲华和普通民众杨媗在绍兴沦陷时的经历，或可反映民众在绍兴沦陷时的大致境遇。县长邓讱之死固然令人惋惜，

---

① 陶永铭：《绍兴沦陷突围记》，《抗战八年在绍兴——绍兴文史资料》第 9 辑，第 66 ~ 68 页；周裕德：《我从绍兴撤退》，《浙江妇女》第 5、6 期，1941 年，第 48 页。

② 金怀瑾：《父亲逃离绍兴的经过》，《抗战八年在绍兴——绍兴文史资料》第 9 辑，第 73 ~ 78 页。

③ 谭金土：《苏人文本：逃难书简》，《苏州杂志》2015 年第 5 期，第 35 ~ 36 页。

但数万绍兴平民的安危问题，更是考察绍兴沦陷时的重要关注点。因绍兴是突然沦陷，且是黑夜时分，民众在逃离时，充满了恐惧与焦灼，有生命之虞。潜伏数日后再行逃离者，其间也包含了诸多不确定性。在逃难过程中，他们面临各种苦痛和危险，轻则失去家园、居食无着，重则自己及亲朋好友付出生命的代价。国破家亡，哀痛之深，莫过于此。成功逃至租界、国统区的民众，对个人言，精神上相对舒心，但生活上可能更为艰苦；对国家言，留存了抗战的血脉与希望。

绍兴突然失守，4 月 16 日晚装运于船上的物资也来不及转移，财物方面的损失十分严重。第三区专署和绍兴县政府的公文案卷、各银行的货币和贵重财物计 1300 余万元，以及保安队、警察局的枪械弹药，全部落入日军手中。

仅在半年之前，即 1940 年 10 月 25～28 日，绍兴曾被日军短暂占领。但在那次占领之前，绍兴军政方领导民众进行了有序撤离。为何此次军政各方如此大意，绍兴在没有提防的情况下被日军占领，酿成人员与财产的重大损失？其中，最为关键的一点便是，16 日下午邢震南询问前线时，前线的接线员回答：敌人已经退去。那么，为何 17 日凌晨日军突然进抵绍兴城外呢？事后有两种解释。一是日军派出小股部队在三江口佯攻，日军主力则在大小谭登陆，与国民党军沿江守军并未接触，绕道至绍兴城。另一种解释是，日军占领了三江口，并控制国民党军通信人员，邢震南所得回电，是中了他们的圈套；另外，便衣在一周前即已潜入绍兴城，在日军入城前控制了电灯和电话公司，并散布假消息，混淆视听，故意制造和平景象。不管是何种因素，绍兴突然失守，地方军政负有不可推卸的责任。日军从登陆地到绍兴城，沿途近 30 公里，竟然无人值守、报告、抵抗。在绍兴军政领导者和警察都驻守在城里的情况下，便衣可任意控制通信、电灯公司，确实令人匪夷所思。当然，后来的传闻更有添油加醋之处，如第 86 军话剧团的筹款演出，被更改为“演戏”；邢震南专门询问前线情况、回复平安无事的环节，自然也被传闻忽略。绍兴沦陷之事被演绎为：军政各方在看戏听戏、懵然无知中，日军攻入城中，损失惨重。是可忍孰不可忍，探究绍兴沦陷的真相，明了前线的真实状况，成为国民政府最高层的当务之急。

三 沦陷真相：蒋介石的彻查与严惩

1941 年 5 月 16 日，时值宁绍战役接近尾声之际，蒋介石在日记中写下："追问绍兴失陷时真相。"[①] 此后，蒋介石与第三战区司令长官顾祝同、浙江省政府主席黄绍竑之间电报往来频繁。绍兴沦陷之具体环节与真相，得以慢慢浮现。

5 月 23 日，蒋介石命令第三战区司令长官顾祝同、浙江省政府主席黄绍竑立即报告绍兴失守实情。他了解到的绍兴失守经过为：当夜绍兴正在开娱乐会，敌人便衣队在会场与城中起事，导致官民毫无准备，损失巨大。[②] 显然，为筹募军需演话剧与开娱乐会，并不能等同，日军的便衣队也没有在党民剧场"起事"，但是谣言总是比事实传播得更快。蒋介石笔端显露震怒之情，并要求彻查。

顾祝同接到蒋介石的质询电报后，一边令刘建绪和黄绍竑查报，一边派高级参谋王冠前往绍兴前线秘密调查。[③] 6 月 2 日，顾祝同根据王冠的调查，向蒋介石做了"绍兴失陷实际情形"的报告。他指出三点重要内容。第一，4 月 16 日三江口登陆之敌，占领了国民党军通信机关，胁迫国民党军情报员照常与绍兴城内通话，使邢震南等误以为日军已经退去。第二，日本便衣队此前利用商人走私，将武器混在商人货物中运入绍兴城内。16 日晚 9 时左右，便衣队占据电话局和电灯公司，照常替各机关部队接线通话，导致机关部队没有察觉。第三，钱塘江南岸右翼指挥官何嶷与绍兴地区专员邢震南，因事变仓促不及防御，于 17 日凌晨 2 时先后离城。值得注意的是，在最后总结时，顾祝同作为第三战区的军事长官，对守卫绍兴的军事负责人何嶷有偏袒之意，而对绍兴行政长官邢震南指责颇烈："何嶷担任防线右自曹娥江左迄衙前，长百公里，兵力仅十六师之一营，其余均属地方团队，长期

① 《蒋介石日记》（手稿），1941 年 5 月 16 日，斯坦福大学胡佛研究所档案馆藏，下同。

② 《蒋中正手令顾祝同黄绍竑查报绍兴失陷实情》（1941 年 5 月 23 日），台北"国史馆"藏"蒋中正总统文物档案"，档案号：002－010300－00043－039。以下引自该档案的资料，简称"蒋档"。

③ 《顾祝同电蒋中正》（1941 年 5 月 27 日），蒋档，档案号：002－080200－00295－033。

固守，势所难能……邢震南负责守土，平时疏于防范，漫无戒备，以致汉奸密布，占据通讯机关尚无察觉，如此玩忽，实属有亏职守。”顾祝同的言下之意是，何嶷掌握的守备力量不足，遇日军来袭，不能守住钱塘江沿线，情有可原；而邢震南疏于防守，使绍兴城内便衣、汉奸充斥，不可原谅。顾祝同对事件的处理建议是，将邢震南立即枪决，何嶷严查法办。[①] 顾祝同此时将绍兴失守责任推诿于邢震南，对邢震南的命运产生了直接影响。

6 月 4 日，黄绍竑也向蒋介石汇报绍兴失守经过。作为浙江省政府主席，他阐述了绍兴沦陷时的详细情况，重点如下。第一，绍兴城由警察防护，地方团警训练与装备都较差，不能持久抵抗，遇到变故，也不能有秩序地撤退。第二，因绍兴粮荒，奖励商民从钱塘江北岸杭嘉湖沦陷地区运送粮食至南岸，两岸来往频繁，百密一疏，日军便衣不免有混入绍兴城者。且适逢第 86 军话剧团演出，防检有所松懈。日军派出的伪军便衣有两百余人，化装入城，并以大同旅馆和越宫饭店为指挥所。第三，钱塘江南线右翼指挥官何嶷，所指挥者多为地方团警，平时因职权关系，与地方行政方面存在龃龉，甚至不相闻问，以致事变骤起时，消息隔阂。日军绕至三江口以外的其他区域登陆时，守军溃散，未向指挥部报告失陷情形。[②] 黄绍竑指出，绍兴的沦陷，军政双方都有责任。不过在字里行间，还是透露出对邢震南的维护之意，如指出绍兴粮荒和第 86 军话剧演出导致汉奸容易混入，何嶷指挥的部队与行政方面沟通机制不畅等。

顾祝同和黄绍竑的报告，厘清了绍兴沦陷的一些事实：绍兴城内混入大量便衣的原委；三江口的日军登陆后，胁迫国民党军情报人员继续照常工作的事实；日军主力逼向绍兴城时，沿途守军溃散且不向上级报告的情况。这些都是绍兴突然沦陷的直接原因。当然，顾祝同和黄绍竑之间对于责任的互相推诿也十分明显，反映了地方军政的各自利益所在。蒋介石接到顾祝同和黄绍竑的报告后，即请军事委员会参谋总长何应钦组织评判会，讨论如何惩处与绍兴沦陷相关之主管人员。蒋介石认为，绍兴沦陷，主要是由于党、政、军人员利用帮会成员走私，而这些帮会成员又被敌伪利用，成为日军的

① 《电呈绍兴失陷实际情形由》（1941 年 6 月 2 日），蒋档，档案号：002－020300－00005－097。

② 《报告绍城失陷因素自请严予处分由》（1941 年 6 月 4 日），蒋档，档案号：002－080200－00295－036。

第五纵队，与日军里应外合。[①] 从此时蒋对绍兴沦陷原因的判断，可知蒋更倾向于政治方面，而非军事。

6 月 10 日，黄绍竑接到顾祝同即将对邢震南进行军法审判的通报后，十分生气，立即致电蒋介石为邢震南辩护，指出绍兴失守，主要是军事方面的责任。他认为，敌寇进犯前，地方团警都已经调由地区军事指挥官何巍指挥。日军登陆时，地方团警离防，却没有与行政人员联系，情报不相沟通。而且，邢震南是中央简派人员，是否撤职，不应由第三战区司令长官决定。[②] 从这封电报中，可以看出黄绍竑对顾祝同、何巍的强烈不满，以及对邢震南的保护。确实，就公而言，邢震南多年来担任台州、绍兴督察专员，是黄绍竑信任的部下；而且，绍兴是浙江省下属的重要城市，黄绍竑作为省政府主席，必须和蒋介石辩明，失守责任主要应由军方承担，而不能由行政方承担。就私而言，刑震南是黄绍竑在保定陆军军官学校的学长，抗战爆发后邢震南来浙任职，也是应黄绍竑的邀请。

不过，蒋介石也用一系列的反问，十分强硬地回应了黄绍竑的质询。蒋提出：地方行政人员是否有守土之责？是否有与城共存亡之义？邢震南身为专员，平时不加防范，令日方密探充斥城内，以致失地，此为行政官之罪乎？蒋介石赞成对邢震南进行军法审判。[③] 当然，蒋介石对黄绍竑的请求置之不理，并不代表他原谅了军方人员的失职。对于第三战区在宁绍战役中连续失地的情况，蒋介石也非常不满。尤其是当他得知何巍与日方指派的女间谍有染时，马上令顾祝同将何巍军法处置，并令顾严查到底。蒋介石获得的报告是，何巍沉湎酒色，被女间谍童曼卿所迷惑。童曼卿介绍日军第 22 师团第 86 总队古贺隆一情报部侦查长李景忠，情报员施文进、殷文相等，在何巍部充任勤务兵及管库军士等，致国民党军全部军情早为日军所洞悉。[④] 笔者在蒋档中未能找到顾祝同对何巍、童曼卿一事的回复。不过，在绍兴文史资料中，确有何巍受童曼卿所惑的说法。1940 年 10 月绍兴第一次被攻占

① 《蒋中正电何应钦》（1941 年 6 月 8 日），蒋档，档案号：002－010300－00044－010。

② 《黄绍竑电蒋中正》（1941 年 6 月 10 日），蒋档，档案号：002－080200－00295－042。

③ 《黄绍竑电蒋中正》（1941 年 6 月 10 日），蒋档，档案号：002－080200－00295－042。蒋在空白处的批示。

④ 《蒋中正电顾祝同》（1941 年 6 月 18 日），蒋档，档案号：002－090200－00067－007。

后，虽然日军很快退去，但间谍活动此起彼伏。童曼卿是绍兴平水人，据说此前常年居住在上海，当时回绍兴探亲。她以社会名媛的身份，周旋于绍兴一部分上层社会人士中，后来和何嶷有所交往。童曼卿的真实身份，是华中特务机关——梅机关派遣来刺探军事情报的女间谍。她从何嶷口中获知了绍兴防务方面的一些情况。[①] 那么，如此看来，1941 年 4 月 16 ~ 17 日，日军一部佯攻三江口，主力则从其他登陆地点绕至绍兴城，一路急行军而未被国民党军防守部队发觉，又如探囊取物般攻陷绍兴，与童曼卿的军事情报不无关系。

关于绍兴失守的最终处置，根据何应钦组织的评判会所拟办法，给予第 10 集团军总司令刘建绪记大过两次的处分，给予第三战区司令长官顾祝同、浙江省政府主席黄绍竑各记一次大过的处分。[②] 何嶷被处死，邢震南也于 1942 年浙赣战役爆发前，被处死在第三战区司令部所在地江西上饶。[③] 黄绍竑想保邢震南一命，以辞去浙江省政府主席一职相胁，但没有成功。[④] 总之，在蒋介石的强烈干预下，从第三战区到绍兴地方，相关人员都受到了严肃处理。尤其是沦陷前绍兴的三位军政负责人——何嶷、邢震南和邓讱，或先后被处死，或死于沦陷时的混乱环境中，都付出了生命的代价。从目前掌握的资料看，在绍兴沦陷之前，人们对于邢震南和邓讱的人品能力，并无恶评。他们虽然分别因与黄绍竑、刘建绪有私人关系而得到任用，但均能胜任专员和县长之职，政绩良好。绍兴失守，刑震南和邓讱当然有一定责任，不过从更深的层次言，这也是敌强我弱、战事发展的客观结果。

到此为止，绍兴沦陷的真相与事后的处置，看似已尘埃落定，但余波和影响并没有结束。最重要的一点是黄绍竑对蒋介石的处置不满。他认为

① 陈济灿：《古城历劫记》，《抗战八年在绍兴——绍兴文史资料》第 9 辑，第 21 ~ 22 页；李石民：《绍兴沦陷前前后后》，《抗战八年在绍兴——绍兴文史资料》第 9 辑，第 4 页。

② 《何应钦呈蒋中正》（1941 年 6 月 16 日），蒋档，档案号：002 - 080200 - 00295 - 045。

③ 沈松林：《抗战期间，在上饶处死的绍兴专员邢震南》，《上饶文史资料》第 8 辑《国民党第三战区司令部纪实》下册，江西省上饶市文史资料研究委员会编印，1988，第 184 ~ 186 页。

④ 黄绍竑：《在战火中主浙八年》，浙江省政协文史资料研究委员会编《第二次国共合作在浙江》，浙江人民出版社，1987，第 35 页。

政府高层、军方和浙江省的有些人（如 CC 系）拿“政治不能配合军事”为题，大做文章，一切的军事失败都要地方政府负主要责任。邢震南成为这一舆论的牺牲品。黄绍竑认为，钱塘江南岸右翼指挥官何嶷与邢震南同驻一城，邢震南仅是一名行政督察专员，不负有指挥作战和防守警备的任务。当时有人说：“他在绍兴被占领的上半夜，还在戏园里听戏。”黄绍竑指出，军方尚在那里演戏，行政人员为什么不能去看戏，况且还是募集军费的话剧。[①] 1940 年初萧山事变以后，当地士绅指责黄绍竑训练的国民抗敌自卫团不能发挥作用，徒然增加地方负担而已。1940 年底，国民抗敌自卫团遂由国民党军接收。1942 年，黄绍竑经营的兵工厂也被中央接收，黄绍竑内心自然颇有怨气。此次邢震南获罪，更加剧了他心头的愤懑之情。宁绍战役和浙赣战役后，浙江沦陷县数量日益增多，战时浙江省政府可以控制的区域不断缩小，回旋余地也变小，黄绍竑几次辞职均未获准，工作趋于消极。抗战前期浙江省在自卫、政工、宣传等领域的各项开拓性工作，渐成强弩之末。

蒋介石对顾祝同、黄绍竑和刘建绪的处置，也并非只给予记过了事。他对顾祝同、黄绍竑均有考虑更换之意。[②] 在追查绍兴失守的 6 月初，蒋即开始谋划闽、浙主席的新人选。起初，蒋介石想让浙、闽主席对调，即黄绍竑和福建省政府主席陈仪对调。6 月 4 日，他分别致电黄绍竑和陈仪，并约黄绍竑谈话。[③] 可能这一计划遇到阻碍，7 月 14 日，蒋介石又打电报给顾祝同，请刘建绪到重庆谈话。8 月初，蒋介石做出让刘建绪担任福建省政府主

① 黄绍竑：《黄绍竑回忆录》，第 433 页。

② 据说顾祝同、刘建绪和黄绍竑三人之间均有矛盾。欧阳宗等：《陈仪与刘建绪》，《中国内幕》（三），新中国报社，1943。刘建绪所部是湘军，与顾祝同并无渊源。黄绍竑在其回忆中，多次表达对包括顾祝同在内的第三战区军事主政者的不满。黄绍竑要辞职，顾祝同对黄说：“你忍耐一些吧；你这样大的鬼，也要找到那样大的庙，才摆得下啊。”黄绍竑：《在战火中主浙八年》，《第二次国共合作在浙江》，第 41 页。当然，刘建绪与黄绍竑的人事任免与调迁，均由蒋介石决定，顾祝同并不能与闻。

③ 《蒋介石日记》（手稿），1941 年 6 月 1 日，“本星期预定工作课目”，6 月 2 日、6 月 4 日、6 月 18 日、6 月 24 日。整个 6 月，蒋介石一直在考虑闽、浙两省的主席人选问题。1940 年下半年，福建省政府主席陈仪推行的战时统制政策，受到著名华侨陈嘉庚的指责。因陈嘉庚在华侨中声誉荣崇，蒋介石担心陈嘉庚对陈仪和闽政的不满，或使华侨巨额捐款受到影响，所以正考虑撤去陈仪闽省主席之职。参见严如平、贺渊《陈仪全传》，人民出版社，2011，第 199 ~ 200 页。

席的决定，陈仪调至重庆，在后方勤务部任职。[①] 蒋介石为何将刘建绪调至福建任职？他在日记中未透露原因，很可能与刘建绪无法再在浙江立足有关。刘建绪自 1936 年与湘军首领何键分道扬镳后，带领三湘子弟兵到浙江参加抗日整训，至 1941 年已有五个年头。在抗战初期的历次战役中，刘建绪下属的部队不断更换，此时他能得心应手指挥的部队，越来越少。[②] 而时任第 10 集团军副司令的俞济时，为蒋介石的老乡和亲信，兼任浙东海防总指挥。刘建绪可能认为自己留在浙江，并无发展空间，所以愿意调往福建。从 1941 年 8 月调任福建省政府主席开始，他执掌闽政 7 年之久。当然，防止高级干部在一地任职时间太长，使其无法发展出根深蒂固之势力，也是蒋用人的一种方式。借东南沿海战役之机会，对闽、浙人事重新洗牌，体现了蒋的苦心经营。所以，绍兴沦陷和宁绍战役的发生，也改变了闽、浙两省的人事布局。

绍兴失守过程中包含的一些关键点，如日军深夜突袭，安插女间谍，便衣与武器混入城中，以获得里应外合之效，国民党军欣赏话剧、歌舞升平，混乱中县长被枪杀，最高层震怒，绍兴军政负责人均被军法处置等，都有值得探讨和注意之处。对日方而言，攻陷绍兴是首战告捷，奇袭与卧底相互配合，这些成绩建立在实力与长期的精心准备上。对国民党军而言，绍兴失守，人员与财物损失重大、教训惨痛，军政双方不警惕、不作为、不配合，使人们不禁要质疑：绍兴是在前线吗？日方的情报战与卧底术如此高明，国民党军则如处囚笼、处处陷于被动之中。两相比较，差距甚大。绍兴失守后，军政双方在蒋介石面前互相推诿。那么，绍兴失守，究竟是谁之过错？从国民政府军事委员会的惩罚看，从第三战区司令长官，到浙江省政府主席、第 10 集团军司令都被记大过，绍兴地区的军政长官被处死，显然，军队和地方均有责任。军队的责任在于防守不力，与地方行政人员之间窒碍颇

---

① 《蒋中正电嘱顾祝同请刘建绪来渝一谈》（1941 年 7 月 14 日），蒋档，档案号：002－010300－00045－018；《蒋中正手令陈仪调中央任职刘建绪调闽省主席省府主要人员不动》（1941 年 8 月 11 日），蒋档，档案号：002－010300－00045－040。

② 陆承裕、刘剑学：《刘建绪传略》，《文史资料存稿选编》第 26 辑《军政人物》，中国文史出版社，2002，第 292～293 页；陆承裕：《何键其人其事》，《文史资料选辑》合订本第 50 卷总第 146 辑，中国文史出版社，2011，第 164～165 页。作者陆承裕和刘剑学均为刘建绪的部下。

多，而地方行政麻痹大意，汉奸便衣充斥而毫无察觉。当然，这些都是绍兴失守过程中呈现的一般具象。我们可以尝试从这些具象中，探讨更多问题。抗战全面爆发已经四年，在战争推演中，军事力量和地方社会都发生了很大变化，各自均面临着难题和危机。敌我之间的紧张对垒形势，也悄然改变。

四 检讨：国民党军军风纪与前线走私

宁绍战役中，国民党军不仅在绍兴沦陷中表现极差，后来的作战表现也不尽如人意。4 月 17 日晨，左路日军占领绍兴后，于 4 月 20 日会同中路日军，攻陷绍兴城西南方向的诸暨县城。23 日，右路日军也进入诸暨。三路日军与驻守于此的国民党军第 10 集团军，展开了近一个月的作战。同时，日军第 5 师团在东线沿海地区行动。4 月 19 日拂晓，第 5 师团下属部队分别在宁波、台州、温州等地登陆；4 月 20 日正午前后，分别占领这些地方，速战速决，将战略物资运走或就地销毁。[①] 可见，宁绍战役中，日军势如破竹，国民党军表现不佳，连续失城失地。国民党军或是听闻日军将来，即已退出阵地（如绍兴沦陷前），或是且战且退（如后来的诸暨主战场）。所谓反攻，大多是在日军主动撤退之后。如 5 月 16 日，日军开始撤退，国民党军乘势反攻，遂于 5 月 21 日克复诸暨。[②] 所以，首先需要探讨的是，国民党军在正面战场上的作战意志和军纪问题。

蒋介石在宁绍战役结束后，除追查绍兴沦陷的真相外，最关注的便是第三战区的军风纪问题。1941 年 6 月初至 7 月初，他连续给顾祝同发出数封

---

① 蒋纬国编著《抗日抵侮》第 6 卷，第 49～50 页。

② 有关国民党军在诸暨作战中的表现，现有的研究有两种不同观点。马登潮认为，除国民党军第 79 师曾在诸暨北侧山地进行抵抗外，国民党军主力则在诱敌深入的名义下向南退却。国民党军在浙江沿海一带的防线也形同虚设，使日军得以随意登陆、长驱直入，即国民党军几乎没有进行抵抗（马登潮：《50 年前的一场浩劫——宁绍战役述略》，1991 年第 5 期，第 30～31 页）。楼子芳主编的《浙江抗日战争史》沿用何应钦在《八年抗战之经过》中的说法，认为国民党军在诸暨作战中，与日军有数场激战（《浙江抗日战争史》，第 189 页）。《金萧地区抗日战争史长编》收入的国民党军作战日志、战斗详报等，也表明国民党军各部队在诸暨进行了抵抗（杨长岳主编《金萧地区抗日战争史长编》，第 571～582 页）。笔者倾向于国民党军进行了一定抵抗的观点。不过，无论如何，国民党军在与日军的对抗中，明显处于弱势，短时间内失去大片国土，确是事实。

电报，措辞与语气均极为严厉。如 6 月 3 日，蒋在致顾的电报中指出："第三战区之军风纪可谓扫地殆尽，兄其知之乎？中初以为战败溃乱，一时之现状，故未加深究，不料，至今闽浙各地之国军仍到处扰乱抢劫。其所有行动之恶劣，诚出乎梦想所不及者，此兄平时治军不认真、不严肃，而乃有此不可收拾之一日，未知何以对已死之将士与各地之民众，思之愤愧无地，不知兄果有善后整顿之决心否？中正。"[①] 继而在 6 月 26 日的电报中，蒋介石对顾祝同身边的幕僚又予以毫不留情的批评："现任参谋长以中视之，无异于傻子，实为最无能无识之人，而兄始终不能离弃，并不想物色人才，只有嫖赌、酒肉为事的朋友。上下风纪之坏，以三战区而极矣，务望于人事方面彻底改革，否则军事、国事皆将殉于若辈之手矣。中正。"[②] 蒋介石所用词句——军风纪扫地殆尽，出乎梦想所不及，参谋长是最无能无识之"傻子"，风纪之坏以三战区而极矣等，表明他心中极为愤懑，对国民党军在宁绍战役中的表现和顾祝同的治军能力，非常失望。

军风纪的恶劣与败坏，具体体现在以下三个方面。第一，官兵毫无斗志、不战而退，一旦战败，即发生溃乱，甚至到处扰乱、抢劫。第二，地区指挥官由军长直接委派，总司令与长官部没有存案。军队在驻扎地占地为王、独霸一方。第三，官兵平时吃喝嫖赌，鱼肉乡民，任用流氓为密探，以致敌谍满地。蒋介石重点指出参加宁绍战役的暂 13 师、148 师、79 师、194 师有类似问题，要求莫与硕、俞济时尽快查报。[③] 其实，这当然不是蒋介石指出的上述几个师的问题，而是抗战中期前线国民党军存在的普遍问题。莫与硕是 86 军军长，辖 16 师、67 师和蒋介石重点批评的 79 师。宁绍战役开始时，蒋提到的暂 13 师，从江西赶来支援，一度也由莫与硕指挥。暂 13 师参加了诸暨境内的作战——4 月 23 日的勾嵊山战斗和 4 月 26 日的塔子山战斗，是诸暨作战中的主力。从师长史克勤的检讨报告书看，与上述军风纪相

① 《蒋中正电责顾祝同治军不严以致第三战区军纪败坏应严加整顿》（1941 年 6 月 3 日），蒋档，档案号：002－010300－00044－001。蒋介石在 6 月日记"本月反省录"中，也谈到"闽、浙军纪之败坏，可谓极矣"[《蒋介石日记》（手稿），1941 年 6 月，"本月反省录"]。

② 《蒋中正饬顾祝同第三战区风气甚坏应于人事方面彻底改革》（1941 年 6 月 26 日），蒋档，档案号：002－010300－00044－049。

③ 《蒋中正电责顾祝同切实查报新十三师等军纪败坏不战而退之实情》（1941 年 7 月 3 日），蒋档，档案号：002－010300－000045－002。

关者有以下几点。一是日军事先派遣大批便衣队，深入国民党军后方破坏、袭扰，国民党军的情报工作、防间谍工作和地方保甲工作有待改进。二是国民党军各部队防守成性，缺乏进攻精神和胆识。三是军纪方面尚称严肃，但部队突围后米粮告罄，沿途居民又因空袭躲避一空，致使有部队擅取民食、擅动民物，以致民怨间传。四是地方政府与保甲人员撤退过早，第一线后方数十里几绝人烟，无法讲求军民合作，战地民众不能协助抬运伤兵、运输粮秣、构筑工事、防间锄奸。[①] 师长的报告书，一般而言，总有为自己部队维护之意。所谓防守成性、缺乏进攻精神，实际上可能是临阵退却，甚至逃离；所谓有部队擅取民食、民物，实际上便是抢掠老百姓财物。所以，蒋介石关于军风纪的强烈指责，并非无中生有。

蒋介石批评的 194 师，正是防守宁波的主力部队。师长陈德法是诸暨人，黄埔一期生。蒋介石在宁波派遣这样一位宁绍籍黄埔学生，正说明宁波港口的重要性，另外宁波奉化也是蒋的故乡所在。1940 年 7 月，日军曾在宁波北边的镇海登陆，遭到 194 师的还击。加上国民党军 16 师赶来增援，日军很快退出镇海。[②] 为何此次 194 师无法阻挡敌军的进攻呢？除日军运用更多兵力、空军配合作战外，根据浙东海防总指挥俞济时（驻新昌）的报告，国民党军存在以下问题。一是准备不充分，高级指挥官在外受训，如 194 师副师长和两位团长在江西上饶受训未返，且有三门迫击炮被征调至浙西。师长陈德法为统筹全防，未到最前线督战。不料通信网被敌机炸断，师长无法有效指挥整场战役。后来陈德法被撤职，转营商业。二是国防工事年久失修，过半坍塌，封锁工事除镇海口外，其余各口都已失效。[③] 战事发生时，高级军官在外受训，武器亦被调离，说明国民党军对战事发生并无预计，处于松懈状态。军令部部长徐永昌在得知宁波等沿海城市沦陷后，十分直接地指出：国民党军在宁波、福州没有太多守备力量，日军过去没有攻占这些城市，是因为兵力不够分配。[④] 言下之意是，现在日本想取得这些城

① 史克勤：《陆军暂编第十三师参与浙东会战检讨报告书》，杨长岳主编《金萧地区抗日战争史长编》，第 631 ~634 页。

② 周当其：《一九四师在宁波及宁波沦陷经过》，《宁波文史资料》第 3 辑，中国人民政治协商会议宁波市委员会文史资料研究委员会编印，1985，第 103 ~104 页。

③ 《俞济时电蒋中正浙东沿海各要点失守原因》，蒋档，档案号：002 -080200 -00295 -011。

④ 《徐永昌日记》第 6 册，1941 年 4 月 22 日，台北：中研院近代史研究所，1991，第 90 页。

市，若派出相应兵力的话，一定是志在必得，而国民党军并没有足够的力量和坚定的决心去防卫这些城市。

由史克勤和俞济时的报告，结合相关资料，可探知宁绍战役发生时前线国民党军的一般情形。抗战全面爆发近4年，宁绍平原作为前线也已有3年多，总体而言，战事较少，且规模较小。1938年后，由于日军往西进攻两湖，往南进攻两广，第三战区所辖的闽、浙、皖、赣数省，战事压力相对较小。经过数年对峙，从防守部队到普通民众，都已呈疲敝之态，可以说陷入战争时期的日常化状态。敌我之间的警戒与界限，因为战事少而趋于松弛、模糊，人员往来、货物走私日益频繁。特别是宁波和绍兴，仅仅在战事发生半年前，敌军已经来袭过一次，宁波未被攻下，绍兴则被攻占3天而又放弃。防守部队或认为日军并不想真正占领宁、绍两地，警觉性下降，战斗力也下降。一般而言，部队在一地驻守过久而不从事作战，必然纪律松懈、伤民扰民。国民党军在战争中表现出的畏惧、退却，不能坚守阵地，正是长时间不打硬仗的结果。军队的畏缩表现，又使得地方基层政府和普通民众对其无法信任，一闻敌踪便望风而逃，这就更加剧了军队作战的困难。如无法征调到从事破路工作与运输粮秣、伤兵的民夫。

另外，战事持久，经济困窘，加上货币贬值，前线官兵面临衣食短缺等基本供应问题。黄绍竑在宁绍战役前巡视绍兴，了解到士兵每日除了24两米之外，只是拿开水煮些青菜来伴食，甚至一个月内吃不到肉与油。适值阳春四月，天气很暖和，某团长要求士兵将棉衣脱下，士兵皆怕冷，不肯脱下。可见士兵的营养不够，身体素质较差。平时士兵的生活太苦，等打仗的时候，军官监督不到，老百姓早已逃走，士兵杀几只老百姓饲养的猪，尝尝滋味，已成为平常之事。[①] 这就是蒋介石批评的士兵在战斗过程中到处扰乱抢劫。但仔细分析，也有其生活上的原因。

蒋介石严厉指责顾祝同治军不认真、不严肃，希望第三战区彻底整改。顾祝同在战事结束后的6月中旬，即在上饶召开军事检讨会议，参加宁绍战役的师以上部队长到会。顾祝同强调军队纪律的败坏，最令人痛心。他要求

---

① 黄绍竑：《黄绍竑回忆录》，第403～404页。

各部队从教育训练入手，增强有形、无形的战斗力[①]可是，若外在的政治、经济环境没有改变，增强战斗力，又从何说起。这一军事会议，也仅仅是应付局面而已。半年后，蒋介石考虑将顾祝同调离第三战区，由刘峙担任第三战区长官，不过并无下文。1942 年 10 月，蒋介石对陈诚谈及第三战区和浙江省情况时，表现出对顾祝同和黄绍竑的“极不满”[②]。可见，第三战区在宁绍战役中所反映的军风纪问题，虽然国府上层有改造之心，但战区并无改进之力。因为军风纪问题，与战事迁延、军官士兵的待遇、经济困难，都有密切联系。也可以说，随着战争的持续，军事实力较量的背后，支持军事的政治与经济问题日益重要。

宁绍战役爆发前后，便衣、间谍之所以能充斥后方各地，国民党军军风纪之所以如此败坏，一个重要原因便是走私问题的存在。浙江省及其临近区域，长期以来是中国经济最为发达、货物往来最为频繁的区域之一。进入 20 世纪后，沪杭铁路、浙赣铁路、萧甬铁路先后建成通车，加上纵横交错的水道，物资和人员的交流十分通畅。1937 年底，因杭嘉湖沦陷，钱塘江两岸分别成为沦陷区和国统区，联系被完全切断。宁绍地区不能获得杭嘉湖地区的粮食、上海的工业产品，杭嘉湖地区不能获得宁绍平原的棉麻、食盐，但是客观需求依然旺盛，于是地下贸易逐渐滋长。民以食为天，当时商人走私的最重要物资便是粮食。绍兴原为缺粮地区，浙西沦陷后，商人利用帮会势力获得武力保护，从沦陷区运入粮食。[③] 1940 年 10 月，日军入侵绍兴，虽然很快退出，但日方特务机构加紧了收买帮会分子和地痞流氓充当密探的步伐。绍兴沦陷前有 200 多名便衣混进城内，自然非一日之结果。

当然，不仅在绍兴、整个第三战区，乃至在整个战时中国，走私都十分盛行。[④] 蒋介石在宁绍战役结束后，致电顾祝同：听闻第三战区的部队官佐

---

① 顾祝同：《墨三九十自述》，第 196 ~ 197 页。

② 陈诚著，林秋敏等编辑校订《陈诚先生日记》第 1 册，台北：“国史馆”，2015，第 346、390 页。

③ 李石民：《绍兴沦陷前前后后》，《抗战八年在绍兴——绍兴文史资料》第 9 辑，第 3 ~ 4 页。

④ 著名历史学家黄仁宇在回忆录《黄河青山》中，谈到抗战中期龙云率领的云南省军队，“军官从事走私贸易。骡队通过他们的前线往返越南，一定要经过他们的默许。骡子运载桐油、水银及锡块到南方，这些都是日军需要的战略物资。回程时就载了鸦片、纺织品和香烟，不难想象他们从交易中取得暴利。对日本间谍来说，这也是很好的掩护”。黄仁宇：《黄河青山：黄仁宇回忆录》，三联书店，2015，第 15 页。其中所谈及的军官保护走私、商品走私种类和日本间谍等，与绍兴沦陷前的情况有很大的相似性。

与地方官吏都经营商业、竞相逐利；金华与鹰潭各地公开嫖赌、无人过问；上饶则西装店、茶馆店林立。“如此奢侈贪惰之风纪不能整顿，走私业商之恶习不能杜绝，则兄在前方并无抗战，乃诱敌深入也。”① 何应钦也在惩处宁绍战役各级军政官员时，痛心地指出：“战争愈久，国内各阶层经济之困难愈增……演成官吏走私舞弊，奸商囤积居奇，遂致政治日趋污浊，经济日益紊乱，而军事亦遂受其影响。”② 蒋介石和何应钦作为抗战领导层，强调战时为国牺牲、严格遵守军纪，所言不无道理。但是，地方有地方的困难、需求和利益，部队走私业商，有其特定的背景与缘由。就像蒋介石提到的金华，抗战爆发后确实更为繁华，这是由其浙江战时省会的地位和位于浙赣交通线上的地理优势决定的。1937 年底至宁绍战役前，日军进攻止于钱塘江一线，浙江的两个大港口宁波和温州，依然在国民党军手中。后方所需的民生物资，尤其是纱布与医药器材，均要从上海进口。因而富阳的场口，钱江南岸的萧山、绍兴，成为重要市场，而以金华为集散地。1938 年 8 月，浙江省政府民政厅长阮毅成乘火车从武汉到金华任职，发现金华站外灯火辉煌，摊贩遍地，人声喧哗。他一眼发现了西泠饭店的招牌，于是跟着举招牌的茶房去住宿。原来，杭州逃难到金华的人很多，一些店名借用杭州店名，以慰乡情。③ 金华交通便利，抗战时期又是浙江省的大后方，它的繁荣和兴盛乃在情理之中。而驻扎于金华附近的部队走私业商、生活腐化，也成为难以避免之事。

从第三战区实际的战斗和生活情形言，两军长期对垒，形成疲沓之势，甚至达成一定默契。漫长战线逐渐开放了一些口子，一些市镇和秘密交通线兴起，供商人与货物往来，双方心照不宣，各取所需。各个防守部队在前线设有指挥所，表面是指挥作战，其实是指挥走私。抗日的战斗氛围，遂被时间和经济利益逐渐消磨掉。宁绍战役发生时国民党军的节节败退，蒋介石批

① 《蒋中正电顾祝同》（1941 年 6 月 26 日），蒋档，档案号：002 - 010300 - 00044 - 048。1943 年 5 月，徐永昌呈送蒋介石的第三战区各部队状况报告中，指出第 28 军陶柳部“保守性甚重，时常走私”。陶柳部当时驻扎于浙江新登、桐庐、临安一带，属于军风纪较好的部队，仍时常走私，其他各部可想而知。《徐永昌呈第三战区现有各部状况报告表》（1943 年 5 月 8 日），蒋档，档案号：002 - 080103 - 00038 - 013。

② 《何应钦呈蒋中正》（1941 年 6 月 16 日），蒋档，档案号：002 - 080200 - 00295 - 045。

③ 阮毅成：《八十忆述》（下），台北：联经出版事业公司，1984，第 417 ~ 418 页。

评的军风纪问题，绍兴城里的便衣和女间谍，绍兴专员和国民党军第86军话剧团的缺乏警惕，又有哪一项不与战争迁延持久后紧张气氛的消失有关？所以，蒋介石对于宁绍战役中国民党军队失败的容忍度很低，而地方人士长久浸润于此种环境，对国民党军与地方政府的表现，早有预见。第三战区被当地人称为“商战区”[①]，即是真切反映。三战区和商战区，有谐音之效，令人感慨。

宁绍战役之始，绍兴城突然沦陷，军政两方的表现备受诟病，引起最高层的震怒与批评。虽然绍兴城军政负责人受到军法处置，但国民党军长期驻守一地产生的军风纪问题、走私问题，随着通货膨胀、物资缺乏的加剧，成为抗战中后期日益严重的问题，而且在各个战场普遍存在。国民政府高层知悉原因所在，也限令地方彻底整改，并调换主政人员，试图予以改进，但成效甚微。随着时间的推移，抗战前线，从两军紧张对垒、飞鸟难以逾越，到人员与货物的频繁往来，前线的含义，正变得越来越日常化。绍兴轻易失守过程中的各个环节，正是前线日常化的生动注脚。

① 董南辕：《我所了解的第三战区种种》，中国人民政治协商会议全国委员会文史资料委员会编《文史资料存稿选编》第7册《抗日战争》（下），中国文史出版社，2002，第457页。

英国与中日“二十一条”交涉

侯中军

中日“二十一条”交涉，是目前一战外交领域中学界关注较多的案例之一，除中日之间的谈判交涉之外，对于此次交涉引发的中国反日浪潮及民族主义思潮的高涨，近代史研究的不同领域已有深入讨论。[①] 就中日“二十一条”交涉过程而论，从日方筹划背景、提出经过以及中国的应对、中日双方具体的谈判过程等，均有比较成熟的研究成果。对于列强在中日“二十一条”交涉过程中的作用及影响，以往学界较多关注于美国，[②] 却疏于对日本的同盟国英国立场的分析。日本最新研究亦坦承，关于中日“二十一条”交涉中英国的讨论，因受到史料制约而缺乏充分的实证研究。[③]

---

① 王芸生的《六十年来中国与日本》（第 6 卷，三联书店，2005）以北京政府外交档案为基础对北京政府的谈判过程及应对有详细梳理；李毓澍的《中日二十一条交涉》（上册，台北：中研院近代史研究所，1982），基于北京政府档案和日本外交档案在王芸生著作的基础上又做了进一步推进。但两者对于英国在中日“二十一条”交涉中的作用论述仍比较简略。英文著述中有两本专著需要关注，一是陈刘洁贞（Chen lau Kit-Ching）的《朱尔典与袁世凯在位时期的英中外交（1906～1920）》（*Anglo-Chinese Diplomacy: in the Careers of Sir John Jordan and Yuan Shih-kai 1906－1920*, Hong Kong University Press, 1978），一是戚世皓（Madeleine Chi）的《战时中国外交》（*China Diplomacy 1914－1918*, Cambridge, Mass.: Harvard University Press, 1970），两著从不同侧面涉及了此问题。此外黄纪莲的《沙俄在日本对华“二十一条”交涉中的态度》（《近代史研究》1982 年第 1 期）梳理了俄国在其中的作用。张作霖在“二十一条”交涉中的作用亦有专文论述。此外，王海晨的《张作霖与“二十一条”交涉》（《历史研究》2002 年第 2 期）考察了张作霖个人在其中的影响。

② 美国在中日“二十一条”交涉中的作用，参见芮恩施《一个美国外交官使华记》，李抱宏、盛震溯译，商务印书馆，1982。金光耀在《顾维钧与中美关于“二十一条”的外交活动》（《复旦学报》1996 年第 5 期）中对美国及顾维钧个人的作用有比较全面的论述。

③ 参见川岛真《“二十一条要求”和中日关系》，魏格林、朱嘉明等编《一战与中国：一战百年会议论文集》，东方出版社，2015，第 368 页。

以往有学者关注英国驻华公使朱尔典（John N. Jordan）在中英外交中的作用，为进一步深入研究英国在“二十一条”交涉中的作用提供了线索。日本学界对日英之间的交涉进行重新审视，更加注重英国舆论对日本外交的压力以及日本对英国舆论压力的应对。[①] 检视国内学界对此问题的探讨，可以发现，英国在中日“二十一条”交涉中所扮演的角色尚存在较大的研究空间。

在第一次世界大战背景下，英国作为在华最大既得利益者，一旦中日发生冲突，英国在华利益必将受损，因此英国的东亚政策是维护中日间的现状。中日“二十一条”交涉期间，英国对日本的劝诱纵容以及对中国的施压，都是围绕这一目的进行的。英国外交部基于英日同盟，如何分析日本意图全面控制中国的野心，当日本的要求与英国在华利益发生冲突，日本又是如何应对的，透过英国外交部档案，这些问题都可以得到一个较为清晰的回答。

一　“二十一条”与“十一条”：中英两国不同版本及英国之应对

第一次世界大战爆发后，英国于 1914 年 8 月 4 日对德宣战，中国同日宣布中立。日本朝野视第一次世界大战爆发为其独霸远东的天赐良机，以英日同盟为借口，日本一再向英国表明希望对德宣战，急欲出兵中国山东。虽然英国对日本参战抱有戒心，但限于自身在远东力量有限，同意了日本的要求，但同时对日本提出一些限定条件。[②] 日本对德宣战后，随即出兵山东，侵占青岛。

日本在对德宣战前曾向英国保证，尊重中国的中立及领土完整，但青岛战事结束后，日本仍在行军区域内留驻军队，并私自架设电信、修筑铁路，意图侵占山东之野心暴露无遗。北京政府虽然意识到尽早取消行军区域，恢

---

① 参见奈良岡聰智『対華二十一か条要求とは何だったのか　第一次世界大戦と日中対立の原点』、名古屋大学出版会、2015。

② 日本对德宣战前的对英交涉，参见侯中军《一战爆发后中国的中立问题——以日本对德宣战前为主的考察》，《近代史研究》2015 年第 4 期。

复相应地区的中立地位在外交和事实上均有益于中国，但在日本的一再拖延下，直到1915年1月7日，日本方发布取消行军区域照会。此时的日本，其野心已经不满足于侵占青岛及胶济铁路，在中国宣布取消行军区域照会后不久，日本提出意图全面霸占中国的“二十一条”要求。

1915年1月18日，日本驻华公使日置益超越外交常规，亲自向中华民国大总统袁世凯递交了“二十一条”全文。日本所提“二十一条”原案共分为五号要求：第一号要求共4款，主要是关于山东问题，要求中国不得将山东省内及沿海一带土地或让与、或租与他国，允许日本建造烟台或龙口连接胶济铁路的支线；第二号要求共7款，要求中国承认日本在南满及东内蒙的优越地位，包括日本人在上述地区的经营、耕种、采矿等特权，旅顺、大连租界期限及南满、安奉铁路期限延长为99年，在南满及东部内蒙古聘用政治、财政、军事顾问等须商与日本政府；第三号要求共2款，要求中日合办汉冶萍公司；第四号要求是中国不得将沿海港湾及岛屿，让与或租与他国；第五号要求共7款，范围广泛，主要是要求中国中央政府必须聘用日本人在各部门充当顾问，聘用日本警察，中日合办兵工厂。[①]

1月18日晚，袁世凯召集外交部总次长、总统府秘书长举行会议，商讨应对之策。袁世凯决定与日本进行谈判，同时应尽量拖延，争取英美的外交援助。确定应对方针之后，袁世凯首先更换了外交总长，免去孙宝琦的总长职务，由陆征祥再度出任总长一职。在顾维钧看来，袁世凯此际撤换外交总长，目的在于方便与驻京日本公使进行谈判。在谈判代表团的组成问题上，中国提出双方应组成五人代表团，总长和次长为代表团当然成员，而日本提出只由公使和外交总长出席，双方各带1名秘书。在日本的坚持下，中国放弃了五人代表团的提议，改采日方建议。顾维钧原本预定为五人代表之一，因“这个谈判十分艰巨，结果如何要看中国能获得讲英语国家，特别是美国和英国的多大支持。我（顾维钧）的任务可能是负责向国内外新闻界宣传有关谈判的进展情况”。日本之所以反对增加谈判代表人数，“是奉东京之命要进行秘密谈判，把和北京讲英语国家的公使有来往，特别是与国

① 《日本公使日置益提出“二十一条”要求原案》（1915年1月18日），黄纪莲编《中日“二十一条”交涉史料全编》，安徽大学出版社，2001，第20~22页。

外讲英语国家的新闻界有联系的中方人员排除在外”。[①]

为了营造有利于日本的国际舆论，在向中国提出“二十一条”要求的同时，日本政府放出风声，称中国正与德国密谋，拟联合德国，向日本挑衅。日本此举实是为提出“二十一条”要求制造国际舆论，以便造成一种印象：如果不迅速解决中国问题，中国将加入德国阵营，对协约国形成威胁。其最终目的，是为各国同意日本所谓“根本解决”中国问题埋下伏笔，迅速结束中日谈判。日本制造的谣言很快传至英国，有报纸称“中国已与德国密订条约，以德人训练中国陆军，中国高级大员严责东京报告为无根据”。[②] 北京政府不得已，出面向各国辟谣。

虽然日本要求中国严守“二十一条”秘密，但私下里，日本已经与英国先行交换了不包括第五号要求在内的部分内容。在日本准备对华提出“二十一条”之前，英日之间已经有了前期接触。1913年1月，加藤高明在离任驻英大使前，曾两度晤谈英国外交大臣葛雷（Edward Grey），向其说明日本对旅顺、大连及满洲有特殊感情。葛雷表示理解日本的要求，并认为此问题应由中日两国谈判解决。但对于加藤高明提出的安奉、南满铁路问题，葛雷并未表态，只是表示将会谈内容予以记录。此时，英国以战胜德国为首要任务，为维护其在远东的利益，有赖于英日同盟。[③]

1915年1月22日，日本驻英大使井上胜之助正式将对华要求以备忘录的形式通知葛雷，但其中不包含第五号要求。备忘录称，对华要求“并非是要制造新的变化，而是为了确保日本已经存在的权利，日本无意冒犯任何联盟国已经在华享有的特权”。[④] 日本在向英国提供的备忘录中，刻意隐瞒

① 《顾维钧回忆录》第一分册，中国社会科学院近代史研究所译，中华书局，2013，第115页。

② 《收驻英施公使（肇基）电》（1915年1月29日），李毓澍、林明德主编《中日关系史料·二十一条交涉》（上），台北：中研院近代史研究所，1985，第6页。

③ 加藤高明与英国的事先沟通，参见李毓澍《中日二十一条交涉》（上），台北：中研院近代史研究所，1982，第159页。「日中交涉開始ニ関シ商議内容ヲ英国外務大臣ニ内密伝達訓令ノ件」（一月八日　加藤外務大臣ヨリ在英国井上大使宛）、外務省編纂『日本外交文書』1915年第3冊上巻、外務省、1968、537頁。

④ Sir Edward Grey to Sir C. Green, January 22 , 1915, British Foreign Office Files, 371 Series, China: General Correspondence (FO371), The National Archives (TNA), FO371/2322/10464.

了第五号，并将其余部分概括为3个部分11个条款：（1）与山东相关；（2）与南满和东内蒙古相关；（3）其他问题。此版本相对于“二十一条”原案可称为“十一条”。

与日本向中国所提“二十一条”相比，“十一条”主要是将第三号要求（中日合办汉冶萍公司）与第四号要求（中国不得将沿海港湾和港口、岛屿让与或租与他国）进行合并。“十一条”对汉冶萍公司的表述是，鉴于汉冶萍公司与日本的紧密关系，原则上双方将达成一个协议，在将来的某个合适时间，将其置于中日共管之下。① 日本在向中国所提“二十一条”中关于汉冶萍公司的部分有两款，其向英方所传达的信息仅提及第一款中的部分内容，省去了“并允如未经日本国政府之同意，所有属于该公司一切权利产业，中国政府不得自行处分，亦不得使该公司任意处分”。至于第二款，则完全省去不提：“中国政府允准，所有属于汉冶萍公司各矿之附近矿山，如未经该公司同意，一概不准该公司以外之人开采。并允此外凡欲措办无论直接间接对该公司恐有影响之举，必须先经该公司同意。”② 日方此举，意在减少英方的反对力度，待中国答应谈判条件后，英国即使知道了真实条款，亦已于事无补。

日本外相加藤高明亲自向英国驻日大使格林（C. Green）解释“十一条”，希望获得英国的“谅解”。加藤高明专门就其中几点进行了解释。（1）之所以此际提出山东问题，日本希望在胶澳战事停止之际先与中国达成一项初步协议，待战争结束后可以此为基础对德谈判。中国可以先接受其中的部分条款，其余条款可以秘密协定的形式再行协商。正如英国政府所了解到的那样，日本政府在中国其他地方已经有了足够坚实的立脚点，无意再在山东获得任何港口。遗憾的是，中国政府并不明了此点，日本提出类似要求只是作为对华谈判的一个筹码，希望借此迫使中国妥协。（2）日本提出南满和东内蒙问题，是考虑到日本在上述地区已经拥有特别地位，希望通过谈判进一步稳固其地位。日本很快会将上述要求通知俄国和法国，料想俄国不致反对。（3）日本提出中日合办汉冶萍公司，是基于这样一个事实：该

---

① Sir Edward Grey to Sir C. Green, January 22, 1915, FO371/2322/10464.

② 「中国ニ対スル要求提案ニ関シ訓令ノ件」（大正三年十二月三日付加藤外務大臣ヨリ日置公使宛）外務省編纂『日本外交文書』1914年第3冊、外務省、1965、561～568頁。

公司的大多数投资属于日本资本。（4）提出中国不将沿海港湾、港口及岛屿租与任何他国，是为防备美国在台湾对面或其他地方开辟海军基地或加煤港口。①

针对日本提供的“十一条”备忘录，英国外交部曾拟议了一个内部分析报告，总的观点认为，“十一条”已经背离了日本对德宣战的宗旨，英国不应支持日方要求。在此内部分析报告中，英方认为，原则上，英国应予日本参战以一定的补偿，但其要求应限于已经占领及新近占领的区域，且不得影响战后将达成的和平条款。日本所提关于山东的条款，与日本参战的初衷不符，在最终达成和平条件之前，英国政府将坚持拒绝承认日本对华所提出的此项要求，否则日本将被迫与三国联盟协商，而这是日本不希望发生的。报告还认为，日本此次所提要求因其范围之广及对中国主权的侵犯，会使中国和美国有失体面（口语化），如英国支持日本，最终将自取其辱。袁世凯能否应对因此而爆发的反对浪潮还不得而知，若其政权垮台则意味着中国陷入混乱状态，日本将趁机寻找借口进行干涉。②

在对待“十一条”的态度上，英国驻华公使朱尔典与英国外交部的内部分析报告并不一致。在不知道第五号要求的情形下，朱尔典认为，总体上，日本所提要求并非特别严厉，对英国在华利益的影响不会太大，这些要求也可视作最近一系列事件发展的必然结果。日本所提要求有可能置中国现政权于不稳定状态，但如果日本将归还胶州作为稳固其在南满和东内蒙地位的预定谈判筹码，袁世凯则无须过分妥协，亦可寻得解决办法。③ 至于具体条款，朱尔典认为，南满和东内蒙地区关于聘用军事和财政顾问的条款应做到不溯既往，主要是考虑到海关和盐务部门一直聘用外国人；日本曾私下暗示如果归还胶州，则威海卫亦须归还中国；汉冶萍公司问题是唯一影响到扬子江流域英国利益的要求，但在最终条款达成前，尚无理由加以反对。④ 日本对华提出“二十一条”要求后，为促使谈判顺利进行，除向英国单独进

① Sir C. Greene to Sir Edward Grey, January 25, FO371/2322/9499.

② Memorandum on Japanese Demands of China communicated by the Japanese Ambassador on January 22, 1915, No. 1, Foreign Office, January 29, 1915, FO371/2322/10464.

③ Sir J. Jordan to Sir Edward Grey, Peiking, January 29, 1915, FO371/2322/11320.

④ Sir J. Jordan to Sir Edward Grey, Peiking, January 29, 1915, FO371/2322/11320.

行通报外，它有意对各国严密封锁消息，但这是很难做到的。在华有重要利益诉求的各国如俄、美等，已经从不同渠道获得风声。北京政府亦有意寻求俄、美等国的帮助，以便抵制日本的“二十一条”要求。俄、美等国则试图向英国求证其所探得的消息。

1月29日，新任外交总长陆征祥往访俄国驻华公使库朋斯齐（M. B. Kroupengky），与俄方交流有关中日谈判事宜。陆征祥向库朋斯齐含糊表示：就日本试图控制中国的对外政策而言，“日本人走得还不十分远”，但“二十一条”要求非常苛刻，日本人不许向其他大国透露任何谈判内容，袁世凯仍希望能和平解决该问题。[①]

库朋斯齐曾通过“接近总统之人士”获得了关于“二十一条”的大概内容：如日本对中国对外总政策有发言权、按日本的要求向中国各行政部门委派顾问、承认日本在南满和东内蒙的优先权、承认日本拥有在中国开矿的特权。这些内容与实际条款出入不大，但库朋斯齐以为这可能夸大了日方的要求，其目的在于“怂恿我们采取某种有利于中国的步骤”。[②] 未能获得确切消息的俄国仍不放心，遂希望从英国方面获得突破。俄国外交大臣沙查诺夫（S. D. Sazonov）获得库朋斯齐的报告后，希望英国方面能加以确认。1月31日，沙查诺夫致电俄国驻伦敦大使本肯多夫，认为库朋斯齐所获得的消息可能“过甚其词”，日本的要求确有可能危害英日关系，要其探询英日之间关系的现状。[③] 事实上，据俄国方面破译的日本电文，日本驻俄大使本野一郎曾希望“将日中交涉之内容至少知照俄国和法国”，却遭到加藤高明的拒绝。[④] 在英国档案中，亦存有相关记录，记载了俄国曾将得到的并不确切的消息传给英国。据俄国从中国隐秘渠道得到的消息，“日本对华提出了影响深远的要求，包括垄断开矿权、向各政府机构派遣日方顾问及控制中国

① 《俄国驻北京公使致俄国外交大臣电》（1915年1月29日），黄纪莲编《中日“二十一条”交涉史料全编》，第310~311页。

② 黄纪莲编《中日“二十一条”交涉史料全编》，第311页，注释1。

③ 《俄国外交大臣致驻伦敦大使本肯多夫电》（1915年1月31日），黄纪莲编《中日“二十一条”交涉史料全编》，第311~312页。俄国破解的日文电报应该是「交涉案件ヲ露国政府ニ内告シ差シ支ナキヤ請訓ノ件」（一月二十八日　在露国本野大使ヨリ加藤外務大臣宛）、外務省編纂『日本外交文書』1915年第3冊上巻、547頁。

④ 「提案内容露仏政府ニ内告スル所存ナル旨通報」（一月二十九日　加藤外務大臣ヨリ在露国本野大使宛）、外務省編纂『日本外交文書』1915年第3冊上巻、548頁。

的外交"，但日本向俄国保证，这些要求不会影响俄日之间的现有条约规定。[①] 英国外交大臣葛雷向俄方表示，据英国所得到的信息，俄国政府探知的条款被严重夸大了，日本所提条款亦不会影响到现有的英日关系。但葛雷对俄方的说辞仅属外交辞令，2 月 4 日，他即电令英国驻日大使格林向日方寻求合理解释。[②]

美国获得"二十一条"（不包括第五号要求）消息的时间与英国大体一致，但并非通过正式外交途径获知。当英国收到日本的秘密备忘录时，美国驻华公使芮恩施（Paul S. Reinsch）亦从外交部参事顾维钧处得到消息，时间均是 1 月 22 日。鉴于日本所提要求过于宽泛及由此造成的紧张气氛，芮恩施向美国国务院连发几封电报。至 2 月 1 日，顾维钧已经逐步将包括第五号要求在内的"二十一条"全部内容告知芮恩施。[③] 芮恩施向美国政府报告，日本对华所提要求影响了所有列强的利益，尤其是日本的盟国——英国的利益。[④] 芮恩施强烈要求国务院向英国政府咨询此事。[⑤] 起初，美国国务院对此事并不上心，国务卿布赖安（William Jennings Bryan）仅仅要求芮恩施随时关注此事进展并与国务院保持联系。[⑥] 2 月 1 日，芮恩施再次向美国政府建议，应该要求中国政府抛弃与日本达成的所谓保密协议，向各国公开所有条款，以便美国政府可以进行评估，决定是否采取保护自身利益的措施，同时还要重视与英国政府的协商，以便英国能利用同盟身份，敦促日本采取平和、平等的举措。[⑦]

2 月 2 日，中日双方代表举行了第一次谈判，讨论谈判的程序和原则。日方要求逐号讨论，先确定是否同意，再谈具体条款；中方则要求逐条讨

① Sir G. Buchanan to Sir Edwad Grey, Foreign Office, February 3, 1915, FO371/2322/13332.

② Sir Edward Grey to Sir C. Greene, Foreign Office, February 4, 1915, FO371/2322/13332.

③ 研究认为，此时顾维钧向芮恩施透露消息并未得到袁世凯授意，参见金光耀《顾维钧与中美关于二十一条的外交活动》，《复旦学报》1996 年第 5 期。

④ Madeliene Chi, *China Diplomacy 1914 – 1918*, p. 34.

⑤ Reinsch to Bryan, five telegrams, Jan. 23, 1915, SD793.94/209; Jan. 24, SD793.94/210; Jan. 26, SD793.94/211; Jan. 27, SD793.94/214; and Feb. 1, 1915, SD/219, 转引自 Madeliene Chi, *China Diplomacy 1914 – 1918*, p. 34。

⑥ Bryan to Reinsch, Jan. 28, 1915, SD793.94/214, 转引自 Madeliene Chi, *China Diplomacy 1914 – 1918*, p. 34。

⑦ Reinsch to Bryan, Feb. 1, 1915, SD793.94/219, 转引自 Madeliene Chi, *China Diplomacy 1914 – 1918*, p. 34。

论，先从具体的条款开始谈判。[①] 第一次谈判后，鉴于日方态度极为强硬，外交部要求驻外各使暂不要公开发表日方所提条件。“二十一条”要求所涉内容与英、俄两国在华利益紧密相关。外交部要求施肇基密探英国方面是否曾与日本达成协议，尤其是关于长江流域的利益分配问题。[②]

同日，日本外相加藤高明约见中国驻日公使陆宗舆，称日本所提条件中，除南满、东内蒙、山东、汉冶萍及沿海各条以外，都是希望达成的条款。上述要求如能根本解决，山东撤兵、电线、税关等枝叶问题自然可解决，希望中国政府速做决断，勿要延宕。陆宗舆认为，加藤高明之意是第五号要求不在日本必须达成的目的之内，以此诱惑中国尽速完成谈判。[③]

中日第一次谈判后，因英日同盟之关系，俄、美等国向英国一再求证中日间的谈判内容，英国面临是否向外界透露谈判条文之压力。英方有意催促日方向俄、法、美等国通报谈判条文，此举应有两层含义：一是摆脱各方怀疑英国与日本站在同一立场；二是求证日本是否向英国通告了“二十一条”全部条款。首先有此倡议的是驻华公使朱尔典。朱尔典屡被问及英国政府是否收到“二十一条”，朱尔典只得回答“日本政府没有向我本人传达这些条款”，以文字辞令逃避追问。朱尔典向葛雷建议，已经完全没有必要再隐瞒日本是否向英国通报“二十一条”一事。[④] 美国国务卿布赖安亦向英国驻美大使赖斯（Spring-Rice）催问，英国究竟是否了解日本对华所提的苛刻条件，美国对外界报道日本对华“二十一条”深感焦虑，因美国政府与日本之间有关于维护中国现状的协议，如果日本所提条件过分苛刻，美国政府应该被告知。[⑤] 得悉格林通报后，英国外交大臣葛雷于 2 月 6 日回复朱尔典，“只要不提及具体的条文，他无需再为此遮掩，因日方正在准备向俄国和法国通告谈判条款，美国亦将于稍后 1 日或 2 日内收到谈判条款”。为准备英国对日本的备忘录，葛雷建议“先不要与其他列强讨论此问题，由于英日

① 参见《第一次会议问答》（1915 年 2 月 2 日），李毓澍、林明德主编《中日关系史料·二十一条交涉》（上），第 10～19 页。

② 《发驻英施公使（肇基）电》（1915 年 2 月 3 日），李毓澍、林明德主编《中日关系史料·二十一条交涉》（上），第 20 页。

③ 参见王芸生编著《六十年来中国与日本》第 6 卷，第 95 页。

④ Sir J. Jordan to Sir Edward Grey, Peking, February 4, 1915, FO371/2322/13343.

⑤ Sir C. Spring-Rice to Sir Edward Grey, Washington, Februray 4, 1915, FO371/2322/13054.

同盟关系的存在，我们应先与日本交换意见”。[①]

2 月 5 日，俄国驻东京大使马列夫斯基（Malevsky）获知日本向英国通报的对华“十一条”，日本驻俄大使本野一郎并于同日照会俄国外交大臣沙查诺夫，称“日本帝国在满洲和东内蒙有着特殊利益，日本提出这些要求的唯一宗旨是终止在这些地区模棱两可的地位，消除将来日中之间所有误解与猜忌的根源，并向全世界说明，日本并无瓜分这些地区的任何意图”。[②]日本外相加藤高明在向俄国驻日大使马列夫斯基传达“十一条”要求时，解释如下：日本所提关于山东的要求，是指将德国在山东的权益先转给日本，保证中国人在战争结束前不将该省转与他国；至于南满、东内蒙的条款，是将关东租借期限和南满安奉铁路租借期限延长为 99 年，目的是获得日本人在南满地区的土地所有权和各矿开采权；日本在汉冶萍公司投资已经超过 2000 万日元，而尚未参加企业管理；最后一条是为了防止德国在失去青岛后去侵占中国其他地方。[③]

日本于 2 月 7 日前后向俄、法、美等国通报对华“十一条”要求，原因有二：一是应英国之催促，缓解盟国之间的猜疑；二是日本内部亦有要求向盟国通报的声音，以求得各国在此问题上的沉默。此时，英国已经探得第五号内容的存在，虽然美国在此之前业已得知第五号要求，但并非经正式途径获得。收到日本的“十一条”要求后，英、俄、美之间相互试探其收到的要求是否与对方相同，并希望了解对方政府的态度。日本向俄、法、美等国通报“十一条”要求后，并未平息各国的疑虑。英国政府亦正筹划如何应对日方隐瞒的第五号要求。

二　英国得悉第五号要求后的因应

1915 年 2 月 6 日，朱尔典致电葛雷，将莫理循（George Ernest Morrison）所

① Sir Edward Grey to Sir J. Jordan, Foreign Office, February 6, 1915, FO371/2322/13343.

② 《俄国驻东京大使致俄国外交大臣电》（1915 年 2 月 5 日），黄纪莲编《中日“二十一条”交涉史料全编》，第 314～315 页。

③ 《俄国驻东京大使致俄国外交大臣电》（1915 年 2 月 6 日），黄纪莲编《中日“二十一条”交涉史料全编》，第 316 页。

传达之“二十一条”要求全文相告。[①] 从莫里循处得悉第五号要求存在后，为防止误判，英国曾将通过不同渠道获得的消息相互验证，以辨别消息之真伪。2 月 6 日，英国驻美大使赖斯从芮恩施处获悉了“二十一条”全文，并被告知消息来源于德国。[②] 但葛雷获悉赖斯关于“二十一条”全部内容的电报后，仍然认为“据我们所得的信息，中国方面有关日本要求条款的报告被严重夸大了，如同以前惯例，在形成任何意见之前，美国国务卿最好能直接从日方获得相关信息”。[③]

在英国内部，驻日大使格林较早开始质疑日本所提对华要求存有不同版本。他将莫理循从袁世凯处得到的消息与自己从日本外相加藤高明处得到的备忘录以及朱尔典的电报相比较，指出这其中存在明显的不同，“在加藤高明提供的备忘录中，并未提及长江流域的铁路权；第四部分第二段聘用日本顾问，似仅指在南满和东内蒙地区”，并询问葛雷，“日本驻英大使提交的备忘录是否与加藤所提供的相一致”。[④] 2 月 8 日，俄国驻日大使拜访格林，向其展示了日本向俄国提供的“十一条”要求副本，格林承认，“该副本与我所收到的完全一样”，并且还注意到，俄国认为日本所提要求尚在“情理之中”。[⑤]

继莫理循向朱尔典透露“二十一条”之后，北京政府确认日本并未向英、美、俄等国提供“二十一条”的全部内容。顾维钧于 2 月 9 日再访朱尔典，询问“英国政府是否掌握日本所提要求的全部内容”，并强调“外交部有理由相信，日本并未向列强传达‘二十一条’全文”，并特别向朱尔典指出，日本所提要求中包含有长江流域铁路问题、中日合办警察厅及战争物资共享三项。[⑥] 2 月 10 日，朱尔典向英国外交部顾问艾斯顿（Beilby Alston）确认，“毫无疑问，日本向袁世凯所递交的要求内容远比给我们的备忘录所

① Sir J. Jordan to Sir Edward Grey , Peking, Feberary 6, 1915, British Documents on Foreign Affairs: Reports and Papers from the Foreign Office Confidential Print (BDFA), Part II , VOLUME 22 China, University Publications of America, 1994, pp. 33 – 34.

② Sir C. Spring-Rice to Sir Edward Grey, Washington, February 6, 1915, FO371/2322/14538.

③ Sir Edward Grey to Sir C. Spring-Rice, Foreign Office, February 8, 1915, FO371/2322/14538.

④ Sir C. Greene to Sir Edward Grey, Tokyo, February 7, 1915, FO371/2322/14590.

⑤ Sir C. Greene to Sir Edward Grey, Tokyo, Februray 8, 1915, FO371/2322/14997.

⑥ Sir J. Jordan to Sir Edward Grey, Peking, Februray 9, 1915, FO371/2322/15504.

涉及的要宽泛，莫理循博士已经将袁世凯传达给他的要求的全文以书面的形式提供给我”。同时，朱尔典也已得知俄国方面亦判断得出“完全一样的结论”。对于日本此举，朱尔典指出，“或许，其中一些要求可能是为了谈判的目的而提出，最终会被撤回”。[①] 至此，朱尔典已确定日本向中国和其他列强提供了两份不同版本的文件，中国并未夸大日方的要求，英国需要从日本确认第五号要求的存在。

与此同时，正在日本的《泰晤士报》记者弗雷泽（Fraser）接到该报驻北京记者端纳（William Donald）的电报，称日本隐瞒了第五号要求。[②] 弗雷泽随即拜访日本外相加藤高明，确定了消息的真实性。弗雷泽马上向格林报告：日本除对华要求（Demands）[③] 外，还有一些附带提出的“愿望”（Wishes）。为确认该消息，英国驻日大使格林遂于 2 月 10 日下午往访加藤高明。格林询问加藤高明，“日本向英国及其他各国提供的备忘录是否不包括对华要求的全部内容，比如未能包括铁路修建、矿山开采以及获取租借地等特权”。面对格林的质疑，加藤高明不得不表示，日本对华所提要求并未超出致英国备忘录的范围，只不过在向中国政府提出要求时表达了一些特别的愿望，以便求得一揽子解决中日之间悬而未决的问题。格林当即对加藤高明所说的“愿望”一词表示诧异，并询问是否已经将这些“愿望”告知英国外交大臣葛雷。因在此之前，葛雷曾于 2 月 4 日和 5 日两次致电加藤高明，核心内容是“英国希望日本在对华提出任何要求前，英日两国之间能够充分交流各自的看法”，[④] 面对格林的质问，加藤高明称尚未传达。格林向加藤高明指出，目前正盛传日本对华要求的谣言，法、俄两国驻日大使亦向英国探询消息，考虑到日本已经向英、法、俄三国提供了书面备忘录，英国甚至已经做出了无视这些谣言的决定。格林在致葛雷电中表示，“我个人

---

① Sir J. Jordan to Mr. Alston, Peking, Februray 10, 1915, FO371/2322/16114.

② 参见奈良岡聰智『対華二十一か条要求とは何だったのか　第一次世界大戦と日中対立の原点』、223 頁。

③ 日本学界一直将英文 request 和 demand 作为第五号“要求”一词不同的译文，而在英国档案中，对第五号要求的最早用词是 wish 而非日本所用的 request。参见川岛真《“二十一条要求”和中日关系》，魏格林等主编《一战与中国：一战百年会议论文集》，第 372 页。

④ 「対支提案ノ内容ヲ仏露両国ヘ内告ニ関シ談話」（二月六日　加藤外務大臣　在本邦英国大使会談）、外務省編纂『日本外交文書』1915 年第 3 冊上巻、554～556 頁。

认为，‘要求’与所谓的‘愿望’实质上并无区别，加藤高明无意将这些‘愿望’告诉英国，而且他还通过向英国通报所谓的要求而探询英国的态度”。①

至于弗雷泽通过报纸所透露出的日本对华“愿望”，格林认为其完全是遵照加藤高明的授意，并非要把上述实际情形传达给英国，仅是为了向外界传达他本人对中日谈判的整体印象。联系到日本在此前后的外交辞令，格林认为日本对英外交举措只是敷衍，根本无意考虑葛雷所提出的建议。② 2月10日，英国正式确认了“二十一条”存在两个不同版本，当英国得悉日本的真实做法后，对于日本欺骗之举颇为不满。但英国外交部并未主动向日本发起外交交涉。

美、英等国虽然已经通过不同渠道得悉日本对华“二十一条”的全部条款，但相互之间并未就此进行充分交流。在与赖斯会晤时，美国国务卿布赖安甚至认为日本已经做出了令人满意的担保，是德国在美使馆夸大了日本的要求。③ 12日，美国又通过驻英大使佩奇（Walter Hines Page）探询英国立场，希望知道葛雷对于日本对华要求的态度。葛雷回应称，英国为澄清谣传已要求日本向美、英、俄等国提供对华要求备忘录副本，日本遵照执行了。美、俄等国应根据他们所得到的消息做出判断。葛雷向佩奇强调，除延长满洲租借地租期一条外，他并未向日本做任何表态，英国政府正审议其他条款。葛雷最后特意向佩奇补充说明，“不能确认日本向英国提供的备忘录（‘十一条’）是否涵盖了所有中日之间的谈判内容”。④ 在与法国的交涉中，日本获得了法国的支持。法国驻英大使告诉葛雷，日本政府向法国寻求支持，但法国认为日本所提要求部分合理，但有一些要求超过了限度。葛雷强调，英国仅仅认为延长满洲租借地租期合乎情理，但未对其他部分发表意见。日本迄今并未向英国寻求支持，甚至并未征询英国的意见。⑤

① Sir C. Greene to Sir Edward Grey, Tokyo, Februrary 10, 1915, FO371/2322/16280;「我对支提案第五号ノ希望条項ニ関シ談話ノ件」（二月十日　加藤外務大臣、在本邦英国大使会談）、外務省編纂『日本外交文書』1915年第3冊上卷、561~562頁。

② Sir C. Greene to Sir Edward Grey, Tokyo, Februrary 10, 1915, FO371/2322/16280.

③ Sir C. Spring-Rice to Sir Edward Grey, Washington, Februrary 11, 1915, FO371/2322/16748.

④ Sir Edward Grey to Sir C. Spring-Rice, Foreign Office, Februrary 12, 1915, FO371/2322/18530.

⑤ Sir Edward Grey to Sir C. Greene, Foreign Office, Februrary 14, 1915, FO371/2322/17458.

确认存在第五号要求后，英国着手分析其将对英国产生的影响。经过分析比对，朱尔典认为，除一些特别条款外，实际上第五号要求与“二十一条”的精神是一致的。虽然第五号要求各款只是日本所谓的“愿望”，但实质上与其他的正式要求并无区别。[①] 已有研究提出，英国外交部对于如何向日方交涉第五号要求态度不一，顾问艾斯顿（Beilby Alston）建议与日本签订一个妥协协议，而葛雷担心这会使日本提出更多要求。[②] 经过讨论，英国外交部最终达成对日交涉的整体原则。

英国外交部将对日交涉的原则，以备忘录的形式通过驻日大使格林通告日方。2 月 20 日，葛雷指示格林，“既然加藤高明称并未考虑我的建议，我们当然也不会就日本所提要求的细节发表意见”，但可以将英国的整体态度通告日方。（1）如果日方对华所提要求或愿望与英国在华商业利益相冲突，比如英国租借地或英国企业已经获得的特许，英国相信，日方将准备与英国进行完全自由的讨论。正如日方在南满铁路问题上与英国既有利益发生冲突后，双方所进行的自由讨论那样。（2）英国同样深感焦虑的是，日本不应提出损害中国行政独立和领土完整的要求，如果根据英日同盟的相关条款，要求日本就对华“二十一条”做出解释，日本政府将处于困难境地。无论其他列强如何质疑日本的对华要求，英国都有意支持日本，以维护英日同盟，但英国能够如此做的前提是，日方对华所提要求，不应与英日同盟的公开宗旨相违背。[③] 葛雷同时将此电文抄送驻华公使朱尔典。这封电文充分代表了英国的态度，将英日关系的基础建立在英日同盟之上，这也是英国对日关系的底线。2 月 22 日，格林奉命就第五号要求向日本提出交涉。加藤高明表示，虽然日本在对华要求中并未体现出英方的建议，但日方仍然充分尊重英国，日方所提要求与英国在华整体利益并不相悖，亦不会损害中国的行政独立和领土完整。此外，加藤高明还特别就第五号要求各款向格林做出解释。[④] 尽管日本竭力向英国表明第五号要求只是“愿望”，并就每一个

---

① Sir J. Jordan to Sir Edward Grey, Peking, Februrary 18, 1915, FO371/2322/19478.

② Chen lau Kit-ching, *Anglo-Chinese diplomacy: in the Careers of Sir John Jordan and Yuan Shih-kai 1906 - 1920*, pp. 83 - 84.

③ Sir Edward Grey to Sir C. Greene, Foreign Office, February 20, 1915, FO371/2322/21624.

④ Sir C. Greene to Sir Edward Grey, Tokyo, Februrary 22, 1915, FO371/2322/21107.

“愿望”构想出提出的理由，但此种外交辞令已经难以令英国满意。虽然加藤高明试图使格林相信，日方对华所提第五号要求仅系“愿望”，但格林认为加藤高明所竭力解释的“愿望”，实际上就是“要求”，日本外务次官松井庆四郎在与《泰晤士报》记者交谈时承认，事实上，它们都是“要求”。[①]

葛雷与格林、朱尔典两位大使就第五号要求等问题展开商讨，分析其对英国的影响。得悉日本向美国所做的解释后，[②] 葛雷告诉格林，加藤高明向美国所做的解释与向他本人所做的解释内容相同，即日本有意在某些重要地区获得警察权，这些重要地区主要指南满。但此种解释似乎与其对格林大使做出的解释完全矛盾，葛雷询问格林，“你能解释这种矛盾吗?”加藤高明向美国所做解释的其余部分与对英国的解释大体一致，美国似乎对此解释表示满意。[③] 格林回答，加滕根本未提及东内蒙，亦未提及南满洲，只是提及铁路问题。[④] 葛雷还指示朱尔典，关于长江流域的铁路问题，应该告知加藤高明，英国企业已经获得修筑这些铁路的特许。[⑤]

2 月 25 日，日本驻华公使日置益拜访朱尔典，称尽管未获日本政府授权，他仍然准备将“二十一条”中所牵涉的英国利益告诉朱尔典。日方将葛雷 20 日提出的对日交涉原则第一条解读为“英国在长江流域的铁路权”，第二条解读为“第五号第三款的联合警察权”。关于后者，日置益特别向朱尔典解释，“外界对日本所产生的严重误会概因‘重要地区’一词所引起，这项联合警察权的要求系专指南满和东内蒙，因上述地区的中国警察建设尚处于原始状态”。日置益的报告还称，加藤高明外相和格林大使于 22 日曾就第五号要求各款进行过充分讨论，除第 5 款铁路问题外，格林大使并未提出反对意见。加藤高明外相“热切希望”了解英国政府在铁路方面有何具体目标，以便他本人将这些目标提交给日本政府，并在北京谈判涉及这

① Sir C. Greene to Sir Edward Grey, Tokyo, February 25, 1915, FO371/2322/22403.

② 第五号要求被爆出后，日方曾向美方解释该要求，并强调这些要求只是“希望”，请中国予以“友好考虑”。见《美国国务卿布赖恩致日本大使珍田子爵照会》（1915 年 3 月 13 日），黄纪莲编《中日“二十一条”交涉史料全编》，第 384 页。

③ Sir Edward Grey to Sir C. Greene, Foreign Office, February 25, 1915, FO371/2322/21107.

④ Sir Edward Grey to Sir C. Greene, Foreign Office, February 26, 1915, FO371/2322/22403.

⑤ Sir Edward Grey to Sir J. Jordan, Foreign Office, February 25, 1915, FO3712322/21107.

些问题时加以限制，“日本政府将竭力对英日之间可能存在的分歧做出妥协，而且，一旦能在欧洲找到相应修路资金，无论代价如何，日本都会做出调整”。朱尔典当面询问日置益，他所宣读的这些内容，是否可视为官方的正式传达，日置益则答以“纯系私人性质”。朱尔典只得表示，可能由于既有电报通信的原因，目前获得信息与贵公使出于礼貌所传达的内容并不相同。最后，朱尔典补充道，作为个人，其当然对于铁路和其他问题有些看法，但由于与谈判并无直接关系，此时不宜传达。[①] 朱尔典同时将此事致电格林。

格林并不认可日本通过朱尔典所传达的这个消息。关于联合警察权，“加藤高明并未征求我是否有何目标，我也没有发表任何意见；关于初次听闻的第五号要求，对于其中任何一款发表意见将超越我的职权范围”；至于铁路问题，日本外相绝非如其所称“热切希望”听到英国的要求，“只不过表示了他愿意与我讨论该问题”，遑论愿意遵从英国意愿而从欧洲寻找修路资金的问题。[②]

3 月 1 日，朱尔典将其对“二十一条”要求可能造成的整体影响的分析致电葛雷。朱尔典认为，日本的对华“二十一条”，将把中国置于日本的保护国地位，并且将在南满、东内蒙、山东和福建享有优先特权。如果借助一张地图，可以清楚地看出日本的目的在于获取具有极端重要性的战略和政治利益。随着铁路的深入以及各种“和平手段”的渗透，在过去的 15 年内，日本已经成功地将朝鲜和满洲纳入自己的统治下，上述广阔地区变成日本的势力范围只是一个时间问题，届时英国的商业利益难以再有立足之地，正如今天在满洲的情形那样。另外，一旦日本成功巩固了其在满洲、东内蒙的地位，并获得德国在山东的特权，它将继续扩张在长江流域南部建设铁路的野心。[③]

葛雷于 3 月 5 日指示格林，作为与日本同处一条战线的盟国，他本人理解日本意图加强和扩张在华利益的愿望，也无意加以反对，但小田切万寿之助所设想的日本占领北京，并确立在华保护国地位，此等行为无论是与英日

① Sir J. Jordan to Sir Edward Grey, Peking, February 25, 1915, FO371/2322/22533.

② Sir C. Greene to Sir Edward Grey, Tokyo, February 26, 1915, FO371/2322/23012.

③ Sir J. Jordan to Sir Edward Grey, Peking, March 1, 1915, FO371/2322/24272.

同盟的精神还是与条文都不相符。[①]

对第五号要求中的第五款，英国投入较多精力进行研究，并深入分析了其与英国利益可能冲突之处。经过一定时间的准备，3月10日，英国向日本提交了有关长江流域铁路问题的备忘录。备忘录指出，日本在第五号要求第五款提出，“允将接连武昌与九江南昌路线之铁路，及南昌杭州、南昌潮州各路线铁路之建造权，许与日本国”，这些路线，与英国已经与中国达成的修建合同有冲突。依据1914年3月31日《宁湘铁路借款合同》第二条和第十九条、1908年3月6日《沪杭甬铁路借款合同》第二条和第十九条，中英公司拥有上述铁路的修建权和优先借款权。通过上述两个合同，中国政府已经许与英国公司连接南昌、杭州之间的铁路；南昌至潮州的铁路事实上亦与已经存在的英国规划路线相重合。[②]

“二十一条”全文披露后，一方面，中国国内反对浪潮高涨；另一方面，来自美国的压力也开始增大。美国得悉“二十一条”要求全部内容后，向日方提交了一份长达26页的备忘录，批评日本对华所提要求。美国方面的批评主要集中于第五号要求中的三项内容，即聘用日本顾问、采购日本军械及在福建的特权。美国认为，上述要求不但影响到中国的独立和领土完整，还损害了机会均等主义。在向英国传达美国意见时，批评日本“看起来并不太在意美国的看法，并认为美国人总是幻想以长篇大论说服别人”。[③]

面对各方压力，日本力图迅速压迫中国屈服，以便结束谈判，遂有威胁使用武力之举。3月7日，日置益放出增兵来华的风声后，北京政府外交部探悉日本正准备出兵。中国驻朝鲜新义州领事许同范称，日本已于3月10日向满洲下达了动员令。[④] 日本随后开始向东北和山东出动军队，烟台交涉员吴永称已有一个日本师团登陆大连。[⑤] 山东济南、坊子等处也

---

① Sir Edward Grey to Sir C. Greene, Foreign Office, March 5, 1915, FO371/2322/25543.

② Memorandum communicated to Japanese Ambassador, March 10, 1915, FO371/2322/23208.

③ Sir C. Greene to Sir Edward Grey, Tokyo, Mach 18, 1915, FO371/2323/31440.

④ 《收驻新义州领事（许同范）电》（1915年3月11日），李毓澍、林明德主编《中日关系史料·二十一条交涉》（上），第147~148页。

⑤ 《收烟台交涉员（吴永）电》（1915年3月25日），李毓澍、林明德主编《中日关系史料·二十一条交涉》（上），第177页。

陆续发现大量日军。英国绝不希望日本通过军事行动迫使中国屈服，面对日本的军事行动，英国表示，“采取任何军事行动只会在中日以及列强之间产生误会”，建议日方“除非谈判马上破裂，应推迟派兵的行动”。[①] 3 月 17 日，格林再次请日本保持耐心，不要诉诸武力，否则会冒着面临外部压力的风险。[②] 针对日本的增兵之举，中国政府几次询问葛雷，日本增兵中国之举，是否咨询了英国。对此，葛雷感到英国日益陷入一种尴尬境地：“中国政府肯定不会想到，我们的盟国竟然没有告诉我们全部实情，我只能建议说‘据英国所知，这些军队属于日本驻满洲和山东部队的换防’。”[③]

得悉日本对华“二十一条”全文后，英国虽然从外交渠道对日本提出交涉，要求日本不得违背英日同盟的宗旨，不应侵犯英国在华的固有利益，但日本虚与委蛇，并不真正接受英国的劝告。日本威胁使用武力之举，使英国大为紧张，担心中国会中止谈判，将中日关系引向不可操控的局面。为使谈判继续进行，英国在接下来的中日交涉中发挥了重要的作用。

三　日本对华提出修正案

中日之间围绕“二十一条”的谈判前后共有 25 次之多，从 2 月 2 日开始，至 4 月 26 日，历时 84 天。[④] 但在中文资料中，最为关键的第九至十八次谈判莫名缺失。学界认为，自第九次谈判至第十八次谈判，出于种种原因，北京政府外交档案中无任何记录，“仅有日本外务省资料与报纸记载，可资引证”。[⑤] 英国外交档案中，朱尔典致葛雷的系列电文记录了中文资料中缺乏的这 10 次谈判概要，为进一步了解中日“二十一条”谈判过程提供了翔实资料。

---

① Sir C. Greene to Sir Edward Grey, Tokyo, March 10, 1915, FO371/2322/28352.

② Sir C. Greene to Sir Edward Grey, Tokyo, March 17, 1915, FO371/2323/31436.

③ Sir Edward Grey to Sir C. Greene, Foreign Office, March 24, 1915, FO371/2323/33486.

④ 关于第二十一条谈判阶段的划分，参见李毓澍《中日二十一条交涉》（上），第 343 页。

⑤ 李毓澍：《中日二十一条交涉》（上），第 343 页。

4月3日，中日在日本驻华使馆举行第十八次谈判。在此次谈判会议上，日本驻华公使日置益纠缠于中国所提第二、第三款修正案用词的准确范围。日置益坚持将“畜牧业”包含在“农业”之内，“租借”应是永久性的，土地开垦制度、警察制度以及制定赋税等须商与日本。[①] 第十八次谈判后，袁世凯面晤朱尔典，“要求朱尔典向葛雷转达他对目前困难局势下英国政府及公众对华态度的忧虑”，并向英国政府表达在欧洲面临严重局势的情形下所给予中国关照的感谢。对于中日进行的谈判，袁世凯告诉朱尔典，“他已经在其权限范围内尽其所能满足日本，对通过谈判友好解决充满期待”。[②]

密切关注中日谈判进展的英国，希望日本放弃第五号要求。4月12日，得悉中日关于第五号要求中关于铁路问题的谈判条款后，葛雷认为，“目前关于第五号铁路问题的谈判似乎出现了加藤高明所预设的阶段，正如你在3月17日第110号电报中所陈述：如果中国政府因与英国现有合同相抵触而拒绝接受，日本会暂时搁置对华要求，然后先努力与英国达成协议”，他要求格林去询问加藤高明，“是否完成了对英日之间一系列协定的研究?”[③]

奉此电令后，格林往访加藤高明，得到的答复是，“草稿已经起草完毕，近几日将送交英国政府”，“至于与中国的铁路谈判，因中国的拒绝而未有进展”。加藤高明特意向格林说明，“已经指示日本驻华公使询问中国拒绝谈判的确实原因，确定其唯一理由是否因其涉及中英之间的早期合同。如果是，日本将如以前所答应的那样，暂时停止与中国的谈判，而先进行日英之间中断的磋商”，加藤高明此时增加了“唯一”这一限定词，相较于原先的承诺已经做出让步。[④]

关于第五号要求，格林认为，尽管中国事实上在日置益的坚持下已经让步，但中国拒绝公开讨论是当下最令人不安的因素。由于第五号要求已经由

① Sir J. Jordan to Sir Edward Grey, Peking, April 4, 1915, FO371/2323/39347.

② Sir J. Jordan to Sir Edward Grey, Peking, April 6, 1915, FO371/2323/39841.

③ Sir Edward Grey to Sir C. Greene, Foreign Office, April 14, 1915, FO371/2323/42289.

④ Sir C. Greene to Sir Edward Grey, Tokyo, April 15, 1915, FO371/2323/44716;「鉄道問題満州ニ於ケル土地所有権及居住権竝日中交渉ノ経過ニ関スル件」（四月十五日　加藤外務大臣　在本邦英国大使会談）、外務省編纂『日本外交文書』1915年第3冊上巻、681~683頁。

北京政府向外界披露，日本政府不大可能接受断然被拒的结果，因为这样可能导致日本政府声誉受损。格林判断，如果中国不是对第五号要求过于固执己见，谈判将会取得进展，僵持阶段很快将过去。[①] 几乎同时，葛雷亲自出面，向日本传达英国的态度：英国无意反对日本取得商业特权，但是日本所要取得的特权不能影响英国现有的特权及利益。在此之前，英国已经把在华取得的铁路合同提供给日本政府，以避免两国的利益彼此冲突。[②]

4 月 14 日，朱尔典将所获中日最新谈判进展消息致电葛雷。在最新谈判中，日置益表达了他本人对中国外长陆征祥无视日方“愿望”而拒绝讨论第五号要求的失望之情。陆征祥对日方的最新抗议是，他本人已经就第五号要求所涉及的问题申明了立场，为避免掺杂太多个人意志，他强调谈话只是非正式的，仅仅是两个私人朋友之间的会谈。日置益强烈反对陆征祥将两人的会谈视为私人会谈之说，坚持两人之间的所有会谈，都是正式会谈。[③]

4 月 17 日，中日第二十四次谈判后，日本仍迫使中国允许日本人在东内蒙杂居等问题上做出让步，谈判陷入停顿。此时，有贺长雄衔北京政府之命游说日本政界元老，希望日本政府放宽谈判条款。在内外压力之下，为尽早结束谈判，日本决定稍做调整。26 日，日本向中国提交了修正后的条款。修正后的第一号内容，并未体现有贺长雄从日本政界元老处得到的归还山东的承诺：第一款只是要求中国政府承认日德之间所有关于山东的协议，却未提及日本将在第一次世界大战后归还胶州；第二款改为换文，山东省内及沿海一带及岛屿，无论何项名目，概不让与或租与别国；第三、四款维持双方已经协商好的条文。[④] 第二号内容各款中，将南满洲单列，东内蒙单独置于末尾。第一款，旅顺、大连及南满、安奉两铁路的租期延长至 99 年；第二款，日本人可在南满洲购买或租赁土地；第三款，日本人可在南满洲居住，经营工商业；第三款第二项，上述日本人应服从日本领事官承认之警察法令及课税。关于民刑诉讼，日本人被告者，归日本国领事官审判；中国人被告

---

① Sir C. Greene to Sir Edward Grey, Tokyo, April 15, 1915, FO371/2323/44716.

② Sir Edward Grey to Sir C. Greene, Foreign Office, April 14, 1915, FO371/2323/45091.

③ Sir J. Jordan to Sir Edward Grey, Peking, April 14, 1915, FO371/2323/44078.

④ 《日本公使第二次送交条款》（1915 年 4 月 26 日），黄纪莲编《中日“二十一条”交涉史料全编》，第 30 页。

者，归中国领事官审判。涉及土地之诉讼，按照中国法律及地方习惯，由两国派员共同审判。将来中国法律改良后，所有关于日本人的诉讼，完全由中国法庭审理。其中第四款中的开矿、第五款中的借款修路及第六条款中的聘用顾问等，均改为换文形式。

至于英国最为关心的武昌、九江、南昌等铁路问题，英国迭次交涉后，终于体现在日本对华所提修正案中，“对于由武昌联络九江、南昌路线之铁路及南昌至杭州，南昌至潮州各铁路之借款权，由日本国与向有关系此项借款权之其他外国直接商妥以前，中国政府应允将此权不许与任何外国”。[①] 4月28日下午，加藤高明将英国所关心的有关铁路问题备忘录递交英国驻日大使格林，作为对3月10日英国备忘录的回复。当面递交备忘录时，加藤高明再一次向格林提出，“日本所欲取得之路线多大程度上会与英国已有的铁路特许相冲突，或受到影响，都是可以进行公开讨论的问题”，“希望英国具有达成友好互谅的诚意，在英日达成协议之前，有关的其他势力都不应与中国政府进行交涉”。中国驻日使团秘书曾衔命专访英国使团，“日本所提第二次提案中有关铁路问题的部分‘如果没有第三国的反对’可否解读为日本政府已经与英国政府达成了一致谅解”，对此格林予以否认。[②]

加藤高明在向格林传达日本对华所提修正案时，强调该修正案已经“体现了日方的让步”，日方亦未设定必须回复的时间。格林则再次告诉日方：所有一切的关键是，英国在日本政府谈判前，已经与中国订有相关铁路协议。[③]

针对日本所提修正案，中日两国都希望探听英国的态度。4月29日，外交部次长曹汝霖拜访英国驻华公使朱尔典，询问英国对日本所提修改案的态度。朱尔典否认日本曾事先向英国咨询第二次修改案；否认存在任何关于铁路问题的谅解。当被询及个人意见时，朱尔典表示修正案已经比原案有所改进，尽管关于东内蒙、汉冶萍公司问题基本没有体现出区别，但还是存在解决的希望。曹汝霖询问，如果中国拒绝东内蒙和第五号要求，但接受其余

① 王芸生编著《六十年来中国与日本》第6卷，第226页。

② Sir C. Greene to Sir Edward Grey, Tokyo, April 28, 1915, FO371/2323/51522.

③ Sir C. Greene to Sir Edward Grey, Tokyo, April 28, 1915, FO371/2323/51522.

所有改进条款，日本是否满意，朱尔典认为日本恐怕很难接受。[①] 同日，日本驻英大使井上胜之助会晤英国外交大臣葛雷，宣称日本必须不惜一切代价实现该案。“日本如不能达成此合理要求，其国家地位将被削弱，在中国将失去一切声望和尊严，日本将无法保证英日同盟维持远东和平的宗旨。”对于日本有意诉诸战争的态度，葛雷表示，如果中日因此而起冲突，英国将非常遗憾，希望两国能和平达成协议，万一因此发生冲突，“亦不要与英日同盟的宗旨相违背”。对于日方所提修正案的具体条款，葛雷并未当场表态，表示需要时间仔细研读新提案。[②]

朱尔典不认可日方所谓若协议难成则有失声望之说。他说，“如果英国接受日方修改后的铁路条款，则同样会损失声望”。不过他认为铁路问题可以拖后解决，“不论是我们已经订立的合同，还是日方筹议中的合同，若要付诸实施，亦要等到战争结束后相当长的一段时期内”。对于日本的武力威胁，朱尔典担心中国以与英国存在铁路合同为由，拒绝第五号要求，导致中日决裂，因此建议：“一方面我们要利用日本的提议，让其考虑我们的立场；另一方面促使日本将中日争端置于英日同盟的宗旨之下予以友好解决。”[③]

在提交修正案之后的第三天，日本向英国提交有关长江流域铁路问题的备忘录。[④] 对此，英国很快拟议出一份意见，全面反驳了日本观点。英国指出，日本需要恰当而全面地理解英资铁路在中国的优先权，英国天然拥有中国北部铁路的优先地位。英国在华北的铁路扩张本应是顺理成章的事情，但却被日俄两国逐渐限制，最终被彻底停止。为了支持日本，英国以极大的包容心牺牲了自身享有的铁路权。但英国的这种牺牲却被视为一厢情愿，日本在包括南满、东内蒙、北直隶、福建的广大地区已经取得了铁路特权的情形下，还要深入长江流域的腹地。总之，英国认为，依据 1898 年中英《扬子江流域不割让来往照会》，中国已经将长江流域的优先权给予了英国，正如

① Sir J. Jordan to Sir Edward Grey, Peking, April 29, 1915, FO371/2323/51946.

② Sir Edward Grey to Sir C. Greene, Foreign Office, April 29, 1915, FO371/2323/52466.

③ Sir J. Jordan to Sir Edward Grey, Peking, May 3, 1915, FO371/2324/53731.

④ 「南支鉄道問題ニ関シ在本邦英国大使ニ覚書手交ノ件」（四月二十八日　加藤外務大臣ヨリ在英国井上大使宛）、外務省編纂《日本外交文書》1915 年第 3 冊上巻、699～701 頁。

日本所获得的福建省的排他权那样。[①]

5月1日，中日再次谈判。会上，在日方所提修正案的基础上，中国提出了最后修正案。中国的最后修正案不接受东内蒙和第五号要求各款。“东内蒙风气未开，与南满洲情形又绝然不同，自不应相提并论”，“至第五号要求各款，日本政府最初提出之时，即声明系劝告性质，故中国政府始终声明尊重日本政府之劝告，不能为何等之文字之声明”。[②] 对中国提出的最后修正案，日本不予接受，并威胁：如果中国不接受日方第二次修正案，日本政府“只得执行严重手段”。[③] 5月3日，加藤高明命令日置益着手准备对中国提出最后通牒。[④]

英国外交部不愿中日爆发冲突，希望日本撤回第五号要求，避免中日谈判破裂。5月3日，葛雷致电朱尔典和格林，“如果唯一横亘在谈判中间的是日方所提之第五号要求，我真诚希望中日不要因此而发生冲突。第五号要求只是最初的提议，甚至并未包含在日方第一次向英国所提交的内容之内”。而且第五号要求中还存在诸如要求日本顾问占多数，似乎倾向于将中国变为保护国；要求采用日本军械，并最终取得垄断权，亦不合英日同盟之宗旨等，所指不明，无法确定真实含义的内容。[⑤]

5月5日，葛雷再次致电格林，表示因“英国政府不能作任何公开的表态”，从而对中日可能的冲突愈加关切。[⑥] 要求格林“劝加藤男爵发表中日两国纷争之公式声明，说明其争点，盖藉此可表明争点中并无与英日同盟协约所求诸中国者任何矛盾之处”。[⑦] 在英国催促之下，加藤高明答复英方：中日之间未解决者不只第五号要求，南满洲未得中国承认永久租借土地权，土地诉讼应归中国法庭管辖；东内蒙各条中，拒绝中日合办农业及附属工业。除此之外，中国还要求无条件归还胶州湾租借地，承认中国加入战后和

① Draft Communication to Japanese Government on the Subject of the Yang Tszo Questions, FO371/2323/52599/15.

② 王芸生编著《六十年来中国与日本》第6卷，第231页。

③ 参见《中日交涉各项文件》，《东方杂志》第12卷第6号，内外时报，第6页。

④ 「最後通牒発送ノ場合ニ於ケル措置ニ付手配方訓令ノ件」（五月三日　加藤外務大臣ヨリ在中国日置公使宛）、外務省編纂『日本外交文書』1915年第3冊上卷、364頁。

⑤ Sir Edward Grey to Sir C. Greene, Foreign Office, May 3, 1915, FO371/2324/54503.

⑥ Sir Edward Grey to Sir C. Greene, Foreign Office, May 5, 1915, FO371/2324/54987.

⑦ 王芸生编著《六十年来中国与日本》第6卷，第234页。

会之权利，日本赔偿中国因日德战争所蒙损失，撤销日本军队在占领区域内之各种军事设施并迅速撤兵。加高明声称第五号要求，“除中国全权在会议所言明及其意见业经制成文书者外，并未含有何项要求”。①

四　日本对华最后通牒及英国之态度

中国提出最后修正案后，双方争执的焦点集中在第五号要求上。在日本坚持第五号要求的情形下，形势愈益紧张。无可忍让之下，北京政府亦尝试以武力应对可能爆发的中日冲突。北京政府此举，实出乎英国预料。无论是出于谈判策略还是实际需要，北京政府不惜决裂的姿态取得了成效，促使英国方面决心说服日本放弃第五号要求，同时劝说中国接受最后通牒。

5 月 5 日上午，袁世凯召集会议，讨论最新形势。会上，有意见认为，应做好中日发生战争的准备，因为如果日本所提最后通牒中强求中国政府接受其最后修正案，则中日冲突势难避免。为表明中国有不惜一战的态度，袁世凯遣梁士诒特访朱尔典，梁士诒向朱尔典询问了 4 个问题。（1）如果日本政府对华宣战将对英日同盟有何影响，英国是帮助日本对华作战，还是无视同盟条约？（2）英国政府是否会阻止在华英人对中国提供财政或其他援助？（3）驻扎在山海关至北京铁路沿线的各国部队是否会阻止日军使用该条铁路，或从该路撤离？（4）海关和盐务税收是否仍可用作特定的国际协议？在英国政府的授意下，朱尔典以个人身份力劝中国接受通牒，避免冲突。他强调英国政府不论是从条文上还是从精神上，都会以最大限度坚守英日同盟，中国试图从英国获得帮助的想法不切实际，与其应付这些假设中的问题，他本人更愿意尽其所能阻止两国发生冲突，希望中国政府权衡以武力对抗日本的后果。万一发生中日冲突，一定意味着灾难，日本将以新的条约永久束缚中国，这种束缚只有在第一次世界大战结束后，才有可能解除。朱尔典还建议，就具体所提要求而言，现有的分歧并不比中国已经接受的条款更为严重，对袁世凯个人信誉而言，对强权的无条件屈服，要比一个以牺牲

① 「英国外相ニ説明ノ為我对支要求中未決事項ニ付説示ノ件」（五月五日加藤外務大臣ヨリ在英国井上大使宛）、外務省編纂『日本外交文書』1915 年第 3 冊上巻、722 頁。

国家利益为代价的无望尝试危害更小一些。关于铁路之争，中国完全可以将其留待英日两国去谈判解决。[①]

美国亦不愿中日发生战事。5 月 6 日，芮恩施询问朱尔典，如果美国愿意提供支持，英国是否准备主持调停中日问题，朱尔典的回答是：英国最为关心的是如何避免冲突，他不能确定目前形势下是否存在调停的可行性。[②]此时，日方已经决定对华提出最后通牒，并于6 日同时向中、英两国进行预先通报。当日下午 3 点半，北京政府外交部从日本驻华公使处得到最后通牒的预警，据称最后通牒的文本已经到达日本驻北京使馆，中国只能选择“接受”或“拒绝”。中国随即将此重大消息通知朱尔典，朱尔典即于 4 点半前往日本使馆求证，但未获确认。[③]

同日，加藤高明向格林通报，日本已要求中国政府于 5 月 9 日下午 6 点前接受日方 4 月 26 日提案中除第五号要求外的所有条款，否则将采取必要之手段，并对日本做出这一决定的原因进行解释。[④] 至此，日方正式向英国确认已经放弃了第五号要求。获此消息，格林表示，英国清楚日本为避免中日冲突而做出的努力，并已经允许朱尔典以私人身份向袁世凯说明，中日冲突将带来灾难，请袁世凯慎重权衡是否接受日方第二次修正方案。加滕高明告诉格林，“日方不会再让步，只希望中国为了中日两国的未来关系考虑而接受要求”。[⑤]

中日冲突因最后通牒的提出似乎迫在眉睫。即使日方准备暂时放弃第五号要求，中方最后修正案与日本第二次修正案仍存在很大差距。5 月 6 日，葛雷向日本驻英大使井上胜之助递交代表英国意见的备忘录：“英国政府非常关切中日两国可能发生的战争；战争的发生会损害中国的独立和领土完整，而维护中国的独立和领土完整正是英日同盟的宗旨所在；根据英日同盟第 1 款，在未获得英国意见或由英国尝试友好方式解决前，日本政府不应彻

① Sir J. Jordan to Sir Edward Grey, Peking, May 5, 1915, FO371/2324/55075.

② Sir J. Jordan to Sir Edward Grey, Peking, May 6, 1915, FO371/2324/55768.

③ Sir J. Jordan to Sir Edward Grey, Peking, May 6, 1915, FO371/2324/55798.

④ Sir C. Greene to Sir Edward Grey, Tokyo, May 6, 1915, FO371/2324/55799；「最後通牒ヲ中国政府ニ提出スルニ至レル由ニ関シ談話ノ件」（五月六日　加藤外務大臣　在本邦英国大使会談）、外務省編纂『日本外交文書』1915 年第 3 冊上巻、726～729 頁。

⑤ Sir C. Greene to Sir Edward Grey, Tokyo, May 6, 1915, FO371/2324/55800.

底关闭与中国达成协议的大门。”葛雷还评论道，日本陆军和海军有强大实力，而中国很弱小，尽管弱小的国家提出不适宜的反对意见是件让人愤怒的行为，但强者应有保持平静的心态。[①] 英国备忘录意在提醒日本，如果对华开战，必须征得英国同意；而开战必将影响中国的独立和领土完整，从而违反英日盟约。在此逻辑之下，英国希望日本清楚：英国不同意对华采用武力手段。

1915 年 5 月 7 日下午 3 点，日本向中国发出最后通牒：除福建问题外，日本政府从现行谈判中撤回第五号要求，留待日后适当时机再行讨论；中国政府须不加修改地接受第一、二、三号要求，以及有关福建的换文；至迟不晚于 5 月 9 日下午 6 点前给予满意答复。[②]

接到最后通牒后，北京政府内部意见不一，以陆军总长段祺瑞为首的军方坚决主张拒绝日本的要求。[③] 但由于取消了第五号要求，英国对于最后通牒的内容是认可的。英国外交大臣葛雷建议中国驻英公使施肇基说服北京政府接受日方条件：既然第五号要求没有出现在最后通牒之内，这就已经是一种让步，中国应乘机达成协议；有关各国不会干涉中日之间的纠纷，该问题只能由中日自行解决。[④] 朱尔典也认为通牒内容大体符合英国的建议，日本“推迟提出第五号要求，产生了积极效果”，所以“强烈建议中国接受通牒”。[⑤] 朱尔典向北京政府的建议措辞极为强硬，中国虽已准备接受，但要以“原则上接受”来措辞。朱尔典认为中国这种模糊回答日方要求的行为，会让日本产生错误判断，具有危险性，随即向袁世凯发去紧急信息：“必须无条件接受日方通牒。”[⑥]

5 月 7 日，朱尔典会晤外交总长陆征祥，转达葛雷的建议。朱尔典告诉陆征祥，他最为担心的是，“类似上次中国回复日本修正案的情形再次出

---

① Sir Edward Grey to Sir C. Greene, Foreign Office, May 6, 1915, FO371/2324/56360.

② 「最後通牒提出ニ至ル迄ノ日支交渉顛末発表ノ件」（五月七日　外務省発表）、外務省編纂『日本外交文書』1915 年第 3 冊上巻、392～398 頁。

③ 《俄国驻北京公使致俄国外交大臣紧急报告》（1915 年 5 月 12 日），黄纪莲编《中日“二十一条”交涉史料全编》，第 351 页。

④ Sir Edward Grey to Sir J. Jordan, Foreign Office, May 7, 1915, FO371/2324/56962.

⑤ Sir J. Jordan to Sir Edward Grey, Peking, May 7, 1915, FO371/2324/56367.

⑥ Sir J. Jordan to Sir Edward Grey, Peking, May8 , 1915, FO371/2324/56546.

现，因中国之答复容易被错误理解”，要求复文“必须采极端严格之措辞，避免产生类似危险”。朱尔典认为，“以陆氏长期的外交经验而言，他比其他同事，甚至比袁世凯本人，都要清楚：最后通牒只能回答‘是’或‘否’”。陆征祥要朱尔典放心，他会尽最大努力使中国的回复以完全无误的形式出现。[①] 在梁士诒的传记资料中，朱尔典向陆征祥传达英国的态度时还有“声泪俱下”的哭谏：“我在中国四十年，与袁总统有三十年交情，不愿目睹贵国与袁总统遭此不幸，请贵总长务将鄙见报告袁总统及大会。”[②] 美国此时有意联合俄、英两国劝告中日勿起冲突。日本发出最后通牒的第2天，美国国务卿布赖安致电其驻伦敦、彼得格勒大使，建议所在国为避免冲突、维护世界和平，应呼吁东京和北京之间的谈判继续进行。[③] 但美国的提议未获得英、俄两国的支持。俄国外交大臣沙查诺夫称，“美国大使转告我，联邦政府拟对东京采取行动，以提醒日本政府对中国持温和态度，联邦政府请求对此项行动予以支持”，而沙查诺夫的回应则是“回避对这一提议表示赞同，指出俄日之间存在着同盟关系”。[④] 甚至当中国征询是否可以就最后通牒提出保留意见时，库朋斯齐“最恳切地劝告中国尽快借日本突然表示愿对中国作某些极重要让步之机，立即表示同意无条件接受日本最后通牒，以免日本借口不满意中国的答复而着手采取强制手段及嗣后扩大其范围要求”。[⑤] 英国外交大臣葛雷的答复是，美国大使提议的前一天，英国已经依据英日同盟章程独自与日方进行了联系，尽力促进和平，因此，英国已经没有向东京方面再行联系的必要；同时，既然日方已经撤回了第五号要求，对英国而言，唯一需要做的事情是促使中国政府接受日方的条件。[⑥]

5月8日下午，袁世凯召集特别会议，讨论对日本最后通牒的最终意见。袁世凯认为日方所提最后条件，“比初案挽回已多，于我之主权、内政

---

① Sir J. Jordan to Sir Edward Grey, Peking, May 7, 1915, FO371/2324/57278.

② 凤岗及门弟子编印《三水梁燕孙先生年谱》，上海书店出版社，1990，第256页。

③ Sir C. Greene to Sir Edward Grey, Tokyo, May 8, 1915, FO371/2324/57053.

④ 《俄国外交大臣致驻东京大使马列夫斯基电》（1915年5月10日），黄纪莲编《中日“二十一条”交涉史料全编》，第350页。

⑤ 《俄国驻北京公使致俄国外交大臣紧急报告》（1915年5月12日），黄纪莲编《中日“二十一条”交涉史料全编》，第352页。

⑥ Sir Edward Grey to Sir C. Greene, Foreign Office, May 10, 1915. FO371/2324/57907.

及列国成约，虽尚能保全，然旅大、南满、安奉之展期，南满方面之利权损失已巨。我国国力未充，目前尚难以兵戎相见”，对于朱尔典之“哭谏”表示，“关切中国，情殊可感”，“权衡利害，而不得已接受日本通牒之要求”。[①] 5 月 9 日凌晨 1 点半，北京政府将答复条件面交日置益，对最后通牒所提条件“即行应诺，以冀中日悬案就此解决，俾两国亲善，益加巩固”。[②]

中国接受最后通牒后的第二日，日本驻英大使井上胜之助向葛雷表达日方的感激之情：“中日能够达成和平解决的协议，要归因于英国在其中所起到的作用和影响。”葛雷则不无得意地表示，“我认为朱尔典在其中功不可没，他首先主张中国接受最后通牒，尤其是在日本从通牒中撤回第五号要求后，抓住机会，以极其强硬的态度要求中国政府无条件予以接受”，“虽然我也给了他类似的指示，但在这些指示到达前，他已经开始依照自己的想法开始行动了！”[③] 已有研究指出，中日“二十一条”交涉期间，朱尔典努力将他本人与日本及英国政府的意愿相区分，一再极力要求中国妥协忍耐，并表明他本人是同情中国的，日本的行为不可原谅。[④]

结　语

日本对华提出“二十一条”要求的同时，却向英国通报隐瞒了第五号要求的“十一条”要求，意在减少来自英国的阻力，尽快结束谈判。英国内部对“十一条”要求意见不一。虽然有报告分析认为，“十一条”要求已经违背了日本参加对德作战的初衷，有违英日同盟的宗旨，但驻华公使朱尔典等人则认为，日本的要求并非特别苛刻，并建议应予日本参加第一次世界大战以一定的补偿。俄、美等国在得悉“二十一条”要求的消息后，均向英国求证消息之准确性，在英国的催促下，日本向俄、美等国通报了“十一条”要求。中国确认日本向各国刻意隐瞒了第五号要求后，通过不同渠

① 凤岗及门弟子编印《三水梁燕孙先生年谱》，第 256 页。

② 《发驻日本陆公使（宗舆）电》（1915 年 5 月 9 日），李毓澍、林明德编《中日关系史料·二十一条交涉》（上），第 290～291 页。

③ Sir Edward Grey to Sir C. Greene, Foreign Office, May 10, 1915, FO371/2324/57907.

④ Chen lau Kit-Ching, *Anglo-Chinese Diplomacy: in the Careers of Sir John Jordan and Yuan Shih-kai 1906 - 1920*, p. 84.

道予以揭露。当确定存在第五号要求后，朱尔典等曾认为，第五号要求或系作为谈判筹码而提出。但英国很快意识到其与其他正式要求并无区别，将严重损害英国的在华利益，葛雷遂对日本提出了中日交涉英国所持的两项原则：一是如果日本的要求损害英国在华利益，必须先与英国协商；二是日本的要求不得违背英日同盟的宗旨。历经 25 轮谈判，日本在英国的劝诱下，最终同意推迟提出第五号要求，向中国发出最后通牒。

以往我们所认识到的图景是，日本放弃第五号要求与英国的坚持分不开，这实际上只是一种表面现象。梳理 4 月 26 日以来英国方面的种种举措，英国认为中日之间谈判的最大障碍是第五号要求，遂开始在谈判陷入僵局时说服日本撤回第五号要求。最终关头，日本放弃在最后通牒中写入第五号要求，这固然是英国干涉的结果，但与北京政府所透露出来的不惜一战的决策存在很大关系。英国从维护自身的远东利益出发，最终目的是和平解决中日之间的谈判，集中精力于欧洲战事。最后通牒发出后，英国围绕上述目的，对中日两国的外交斡旋呈现不同的特色：劝中国忍辱负重，宁可接受屈辱条款，亦不可以冒险以国运相赌，并表明，英国绝不会在中日冲突中支持中国；对日方强调须维护英日同盟的宗旨，告诫其不可侵犯中国的独立和领土完整，对华动武不可能达到既定要求。

日本意图趁第一次世界大战之际独霸中国，而这必将对英国的在华利益构成严重威胁。英国虽有意予日本参加一战以一定的补偿，但绝非牺牲英国的在华权益。对于日本以英日同盟的名义在华进行的扩张，英国方面都曾予以劝诫并试图阻止。维持在华现状，是英国此时对华的根本政策。

“二战”后缅甸归侨复员过程中的国家认同（1945～1949）*

水海刚

一　引论

“二战”前后东南亚各地华侨向华人身份的转变主要体现在国家认同的转向上。这里所谓的“国家认同”（National Identity）转向，指华侨随着入籍变为“华人”，便把入籍国作为永久的归宿，树立了在当地生存发展的思想。因此，他们对入籍国（居住国）不仅表现了归属感，更重要的是有了责任感和参与感，为居住国的利益而努力。战后短短的二三十年间，两千多万具有中国国籍的华侨中，有90%的人已入了居住国国籍，变成当地公民，华侨社会也转变成为华人社会。[①]

学术界对于这一重大历史事件的关注由来已久。早在20世纪八九十年代，知名新马华人历史研究专家崔贵强先生即以此为主题，出版了其名作《新马华人国家认同的转向：1945～1959》。崔先生指出：新马两地华人的国家认同，在战前是指向中国，战后则逐渐转向认同于当地新独立的民族国家，形成了一个明显的“转向”。至于战后的15年，他又倾向于将其分为三个阶段：第一阶段为1945～1948年，华人仍多眷恋中国，不愿认同当地；

* 基金项目：厦门大学中央高校基本科研业务费专项资金资助项目（Supported by the Fundamental Research Funds for the Central Universities）“国家与社会视野下的缅侨复员：以战后外交和社会重建为中心（1945～1948）”（20720151022）；福建省教育厅社科研究项目“民国福建归侨社团研究”（JA13014S）。

① 郭梁：《战后东南亚华侨华人认同研究的共识与分歧》，《福建学刊》1992年第1期。

第二阶段为1949～1955年，该时期是过渡时期，华人的政治观念有了改变；到了第三阶段的1956～1959年，多半华人已取得公民权，转向当地的国家认同。[①]

崔贵强先生强调的阶段化分期，针对的其实是著名学者王赓武先生于1970年提出的另一种分期方法。在研究马来亚华人的政治参与时，王先生强调须注意华人的阶层性。他认为即使在某一时期内，华人作为一个群体的认同也是可以分阶层来认识的，他以马来亚华人为例，把华人分为以下三种不同的群体。第一个群体的华人关注中国的命运，认为自身与中国的命运共存亡，直接或间接地将自身与中国政治维系起来，是最具有政治欲的一个群体。第二个群体由精明而现实的多数华人组成，他们较关注商业与社团利益，在政治上表现了低姿态，他们的宗旨是最有节制性的，因此常给人一种非政治动物的感觉。他们很少公开介入中国内部事务或国际的斗争，也不表示其政治理想和长远的政治目标。他们满足于在自己圈内建立的权势，表现稳健，对自己的社区势力有信心。他们的信心是：金钱与组织是政治的根基。他们因具有这一切而沾沾自喜。第三个群体的华人人数较少，他们虽缺乏明确的身份，但一般都效忠于马来亚。这个群体由峇峇、英籍海峡华人、马来亚爱国主义者及其他动机暧昧不明的人士组成。在此基础上，王赓武先生将20世纪70年代之前的马来亚华人的政治参与分为三个时期，即1874～1899年；1900～1945年；1946～1969年。[②] 不难看出，针对战后东南亚各国华侨国家认同的转向，崔、王二位先生强调的重点不同：前者强调整体性和渐进性；后者强调阶层性。

除此之外，根据李盈慧教授的总结，20世纪八九十年代，至少还有三本学术专著就东南亚各地华侨华人的国家认同问题展开了讨论，它们分别是颜清湟的《星马华人与辛亥革命》（1982）、王赓武的《中国与海外华人》（1994）、古鸿廷的《东南亚华侨的认同问题·马来亚篇》（1994）。她进一步总结了三本著作的共性，认为它们均强调了"华人并非一个整体，他们有阶级的区别，教育的不同，生于中国或居留地的差异等等，这些因素都形

① 崔贵强：《新马华人国家认同的若干观察：1945～1959年》，《南洋问题研究》1989年第2期。

② Wang Gungwu, "Chinese Politics in Malaya," *The China Quarterly*, No. 43 (1970): 4-7.

成华人的不同类型而影响其对中国的认同”，因此“华人对中国的认同不可高估，随着时间、事件、居留地情势、中国政局的变化，华人对中国的认同也有所歧异”。[1]

以此而言，学术界对战后东南亚华侨华人国家认同转向这一重大历史事件的解释仍倾向于整体化的解释，相比较而言缺乏具体而细化的考察；此外，相关研究多是抛开“二战”及其重大影响来谈战后国家认同的转向，缺乏对具体历史情境的足够观照。谢剑教授即针对这一现象，提出要“以历史为经，重视 1949 年前后的变化，并以重大事件为纬，说明这些事件对华人国族认同的影响”[2]。

本文以太平洋战争时期返回中国避难的缅甸归侨为对象，着重关注该群体在“二战”结束后返缅复员过程中的国家认同问题，以细化和微观的个案研究方式，展现战争、华侨战后复员、各民族国家独立等要素对战后东南亚华侨华人国家认同的影响，以期对该领域的研究有所裨益。

二　研究个案说明

1942 年初，英属缅甸遭受日本入侵，首都仰光在极短的时间内即宣告失守，至该年 5 月底，全境宣告失陷。战争爆发前后，为数众多的缅甸当地华侨纷纷疏散，其中尤以经上缅甸、滇缅公路向中国的疏散为主。归国的缅侨群体广泛分布于中国的西南大后方和各自的祖籍地，如云南昆明，四川重庆，贵州贵阳，广东的广州、汕头，福建的厦门、福州等地。“二战”结束前后，战时滞留中国的东南亚各国华侨纷纷申请出国复员，但这一过程因涉及战后国际关系的重建，因此旷日持久，且纷繁复杂，头绪紊乱，其中尤以缅甸归侨的复员交涉最为显著。以现有史料和档案文献的记载来看，由于战后国际关系的演变，缅甸政府对华侨返缅设置了重重阻碍，除少部分人经陆路云南返缅外，战时返华的缅甸归侨群体大量滞留中国，他们散布于中国两

---

① 李盈慧：《海外华人认同的三种论述：评颜清湟、古鸿廷、王赓武的三部著作》，《东南亚学刊》第 1 卷第 1 期，2004 年 3 月，第 101 ~ 104 页。

② 谢剑：《试论全球化背景下的国族认同：以东南亚华人为例》，《浙江大学学报》2010 年第 4 期。

广、福建、云南、贵州等省，且集中于广州、汕头、厦门、福州、昆明等海口。后国民政府行政院成立的行政院善后救济总署（简称“行总”）与联合国善后救济总署（简称“联总”）合作，自1946年9月26日始由海路以轮船载运缅甸归侨返缅。但随后不久，缅甸归侨群体海路返缅的组织工作也因缅甸政府的“人员资格甄审”要求而暂停。①

总体来看，战后滞华缅甸归侨的出国复业途径虽然经历了以“联总”“行总”及国际难民组织为主导的不同时期，但整体而言，整个归侨群体的战后出国复业途径仍可区分为陆路（经滇缅公路返回缅甸）和海路两种。前者多以战时散居在西南的缅甸归侨为主；后者则面向滞留在两广、福建等传统海外华侨祖居地的缅甸归侨群体展开。整个战时缅甸归侨群体也因此可以笼统区分为两个阶层：其一为战前缅甸华侨的上层，他们大多滞留在西南大后方，战后以陆路复员为主；其二为缅甸华侨的下层，他们多滞留在闽粤等传统侨乡，战后以海路复员为主。归国缅侨群体的分层亦可由两部分人战时在国内的分布推断得知：如没有相当的财力支持，归侨难以在远离侨居地和祖居地的西南地区长期坚持。如缅侨代表之一的白三江，虽然被重庆政府认可为缅甸闽侨，但由于缺乏足够的财力支持，② 他还是只能返回福建，后来成为滞厦缅侨群体的代表。③

由于战后国际关系的重建，战前生活在英属缅甸殖民地的缅甸华侨，在战后的返缅复员过程中不可避免地联结起了各民族国家如英、中、缅的利

① 谢培屏：《战后遣送归侨返回缅甸之研究（1945～1949）》，（台湾）《国史馆馆刊》第19期，2009年；孟宪军、纪宗安：《战后国民政府对缅遣侨问题初探》，《东南亚研究》2010年第6期；凌彦：《二战后归国难侨“复员”缅甸析论》，《东南亚研究》2014年第6期；姜帆：《多层外交与救护侨胞——国民政府对战后缅甸归侨遣返危机的处置》，《华侨华人历史研究》2015年第3期。

② 据《缅华四十年大事记》记载，白三江曾于1942年8月1日与“缅甸闽侨李文珍、许文顶、邱新샌、张振裕、刘梧桐、陈其仁等”一道，“于贵阳安请贵州省军政首长，要求迅速疏送过境缅侨”。当年10月5日，国民党中央海外部召开海外工作检讨会议，“出席者均属留渝有钱之归侨……而在缅实际担任救运工作者反无出席权，引起白三江不服，提出质问后，始增加无产阶级之前任救灾会秘书陈孝奇等三十余人，列席参加，此举至为不平”。由此可知，白氏的经济地位在缅甸归侨中并不高。

③ 《厦门缅侨复委会主任委员白三江电外交部长王世杰请迅向缅当局交涉厦门归侨返缅事》（1947年4月20日），载谢维屏主编《战后遣返华侨史料汇编·缅甸编》，台北：“国史馆”，2003，第293页。

益，也使得该群体的“国家认同”成为复员过程中一个隐而未现的先决条件。这也恰好为本文的问题关怀提供了一个极佳的研究个案。

三 国民、国家主权与国家认同

依据晚清政府、北洋政府及南京国民政府相继出台的国籍法，近代中国的历届政府均对海外华侨持“血统主义”主张，即凡属中国人所生子女，不论其生于何地，均依其父而具有中国国籍，为中国国民。[①] 故南京国民政府针对战时返国的海外华侨，出台了一系列措施和办法，以协助他们顺利出国复员，并在此过程中以复员登记、发放出国准证、签发出国护照等方式彰显主权国家对本国国民的管理。

早在 1943 年初，国民政府侨务委员会在第 198 次常务会议上，即已讨论了战争胜利后协助归侨重返海外复员的办法草案，提出在“战事将告结束之时，即举办归侨出国登记”，对于因战时仓促归国的华侨，如果所持证件期满或遗失，“由侨务委员会商请外交部，分向海外各地政府交涉，准予通融回埠，所有入口保证金、入口税等，亦交涉豁免”。[②] 实际上，关于战时归侨的出国登记，其手续要远比字面上表达的要复杂得多。

据研究，归国华侨的出国复员登记，原本规定须由本人提出登记申请，由各地侨务局核实后发放复员登记证和出国证明书。但不久后又规定，凡出国复员华侨均须向政府侨务部门申请出国许可证，然后凭该许可证向外交部门申领出国护照，该许可证同时也是购买船票或飞机票的凭证。[③] 可以看出，从申领复员登记证和出国证明书，到申领出国许可证，再到申领出国护照，国民政府将战时海外归侨理所当然地视为本国国民，并通过一系列证件要求将国家主权的概念和象征赋加在他们身上，以国家主权覆盖了战时归侨群体的国家认同。

---

① 杜裕根、蒋顺兴：《论近代华侨国籍与中国国籍法》，《江海学刊》1996 年第 4 期。

② 《侨务管理处拟具战后协助归侨重返海外恢复事业办法草案》（1943 年 3 月 23 日），载谢维屏主编《战后遣返华侨史料汇编·缅甸编》，第 1 页。

③ 傅惠玲：《从文物视野解读华侨历史——以“二战”后“华侨复员”相关证件为例》，《福建文博》2015 年第 3 期。

由于国家主权的垄断性和排他性，在战后复员问题上，国民政府将归侨群体采用的其他非国家形式的复员手段均视为“非法”和“有碍国家主权”。1943 年 11 月 1 日，重庆的南洋各属侨领联合组织了旨在协助归侨返缅的重庆华侨励志会。该会是归侨向政府接洽事项的总机构，会址设在重庆陕西路广东银行的二楼。[①] 华侨励志会虽自命代表归侨群体办理政府交涉的总机构，但其成立后的首件大事即是受英国方面之委托，办理归侨名册登记。实际上，该会所承办之登记事项，其目的是“代办英属归国华侨登记，以便核准重返原居留地”。由于该项业务是受英国委托，与归侨战后复员的规定有出入，鉴于此，侨务委员会下属的侨务管理处以“重庆为我国战时首都，归侨为我国国民，在本国领土之内，殊不宜代外国政府登记本国人民，以免喧宾夺主，且有碍我国主权”为由，“拟令该会对于英方委托应立即停止进行，以顾国体”。[②]

华侨励志会的国家认同取向在该事件中并没有得到充分体现。与此相比，成立时间稍晚的昆明缅甸归侨联合会及其活动则更好地体现了该群体的国家认同与国民政府国家主权诉求间的歧异。

昆明缅甸归侨联合会成立于 1945 年 9 月 23 日，[③] 它的成立与英驻滇领事馆密不可分。先是该联合会筹委会于 1945 年 5 月 18 日拟定了章程和职员名单，并将之送至云南省社会处，请求予以立案，但被该处驳回，其理由是“不应再作叠架之组织”，因为昆明已有类似组织，该处同时建议联合会加入类似组织开展活动。[④] 8 月 18 日，联合会筹委会提出申诉意见，着重强调两条理由：其一，缅甸归侨为南洋各地留昆归侨的主体，其战后出国复员的工作势必繁重，应予以优先考虑和照顾，故应成立专门组织；其二，该会在提出申请前，曾与英国驻滇总领事就归侨战后返缅一事有过洽谈，

① 陈孝奇：《缅华四十年大事记》，载《缅甸华侨兴商总会四十周年纪念刊》，仰光：新仰光印务有限公司，1951，第 38 页。

② 《侨务管理处提议停止华侨励志会办理归侨登记》（1945 年 8 月 15 日），载谢维屏主编《战后遣返华侨史料汇编·缅甸编》，第 550 页。

③ 《为请派员出席昆明缅甸归侨联合会成立大会事给云南省社会处的呈》（1945 年 9 月 20 日），云南省档案馆藏档案，档案号：1044－002－00094－028。

④ 《为陈宗珍呈报筹组昆明缅甸归侨联合会一案的批示》（1945 年 7 月 30 日），云南省档案馆藏档案，档案号：1044－002－00094－31。

而英方对此举动极为同情和赞成，“并允将来予以协助”。在有英国潜在影响的背景下，收到这一申诉意见后，云南省社会处考虑再三，最终在与省侨务处商议后，于 8 月 29 日做了决定：同意组织，批准该筹备会成立，并准予立案。①

联合会成立后，于当年 12 月 2 日在昆明当地报纸上刊发通告，内称留昆缅甸归侨亟思返缅重复旧业，现该会“接受英驻滇总领事署委托代办缅甸归侨回缅手续”，通知该会会员及滞留在昆、有意返缅的归侨前往办理。②在办理手续上，该会会员及符合条件的缅甸归侨只需填写一式四份的申请书，由该会交英国驻滇总领事馆予以签证，即可自行返缅复员。这四份申请书一份交昆明缅甸归侨联合会，一份寄交国际善后救济总署中国分署，一份交英领事馆转寄缅甸政府，最后一份由申请者自行收执。整个申请和批准过程无须向国民政府进行备案。

也许是意识到了某种意义上的不妥当，昆明缅甸归侨联合会也特意在章程中强调该会的性质，声称该会“为一纯粹缅甸归侨组织，绝无其他任何作用”③。事实证明该会的负责人与组织者的担心并非多余。在该会成立后，外交部驻云南特派员公署即派员前往接洽，了解详情。该署特派员王占祺在接到回报后，于 1946 年 1 月 5 日向外交部呈电，指责“该联合会所办归侨回缅甸申请书各项手续，仅向英方申请，并不要求本国机关加以核准，似未顾及国家主权”④。2 月 19 日，王再呈电外交部，指出经该联合会之手送请英使馆的申请书达三千份之多，并且已有相当多人持英领馆签证的申请书进入缅境，且没有遭到缅甸方面的丝毫留难。王同时又进一步报告称，据该联合会负责人称，该组织的成立“确系由英方授意办理”，“盖英领曾向各归侨声言，凡来办理申请手续之归侨，将来持此申请书进入缅境，

① 《为陈宗珍呈报筹组昆明缅甸归侨联合会情形准予备案的批示》（1945 年 9 月 6 日），云南省档案馆藏档案，档案号：1044－002－00094－30。

② 《为昆明缅甸归侨联合会呈报登报公告入缅手续准予备查的指令》（1945 年 12 月 18 日），云南省档案馆藏档案，档案号：1044－002－00094－28。

③ 《昆明缅甸归侨联合会临时简章》（1945 年 5 月 18 日），云南省档案馆藏档案，档案号：1044－002－00094－32。

④ 《外交部驻云南特派员王占祺电陈外交部与昆明侨务处处长李种德会谈结果》（1946 年 1 月 5 日），载谢维屏主编《战后遣返华侨史料汇编·缅甸编》，第 555 页。

决不致发生何项问题也”。王据此再次指出：“据此查昆明缅甸归侨联合会受此间英领馆之暗示，以私人团体名义擅自填发缅甸归侨返缅之申请书，送英领馆签证，表面似极为便利归侨，实则置国家主权于不顾。”与此同时，英国驻滇领事馆也成为王的指责对象，称其“不以本国主管机关为办事对手，唆使无知侨民自行组织所谓归侨联合会，以达到其吸引我国侨民之目的，使其轻视祖国，尤属藐视我主权”，并建议外交部向英方正式提出交涉。[①]

事实上，在外交部驻云南特派员公署派员前来了解情况时，昆明缅甸归侨联合会才向来员表示，欲请外交部驻昆明特派员公署在归侨返缅的申请书上加盖公章，因此王占祺称这一“手续显有未合”[②]。在王占祺看来，昆明归侨联合会的活动于国家主权有损；在英驻滇领事看来，其仍在执行战前南洋英属殖民地的一贯管理政策；而在联合会及留昆缅甸归侨群体看来，其追求的返缅复员目标及其实现手段带有强烈的实用性，同时也带有南洋英属殖民地下华人自治和管理的惯性，其活动未必一定要局限于既定的民族国家框架内。不过，昆明缅甸归侨联合会显然已经意识到，该组织已然在有意和无意间夹在了两个民族国家之间，其开展的返缅活动已开始带有“国族和国族认同”的政治印记。他们一方面积极向英方要求在申请书上加注签证，另一方面也没有停止向中国相关主管部门示好，其目的想必是“盼政府勿据此向英方交涉”[③]，以免影响缅侨群体的出国复员。

四　复员诉求中的国家认同

与经昆明由陆路复员缅甸的归侨不同，战后滞留各海口的缅甸待复员归侨经历了国民政府侨务委员会、国民政府行政院善后救济总署、联合国善后

① 《外交部驻云南特派员王占祺呈请外交部为英领事拒签正式护照提出交涉》（1946年2月19日），载谢维屏主编《战后遣返华侨史料汇编·缅甸编》，第557页。

② 《外交部驻云南特派员王占祺电陈外交部与昆明侨务处处长李种德会谈结果》（1946年1月5日），载谢维屏主编《战后遣返华侨史料汇编·缅甸编》，第555页。

③ 《外交部欧洲司代理科长叶洪泽签呈关于缅甸归侨联合会申请书》（1945年12月28日），载谢维屏主编《战后遣返华侨史料汇编·缅甸编》，第553～554页。

救济总署等机构的重重登记与审核，他们聚集在各海口候船返缅。由于缅政府对待华人返缅复员政策的变动，该群体随后又经历了缅甸政府特派员新一轮的甄选与审核，以确定返缅复员的资格。这一过程旷日持久，遂导致归侨变为难侨，群体诉求的主要内容也转向了申请救济和返缅复员。

为寻求成功返缅复员，战后滞留中国各大海口城市的战时缅甸归侨着重强调了群体的身份特征，即“勋侨”或“侨民”属性。

“二战”结束后，散处云南、四川、贵州、广西等地的缅甸归侨陆续东下集中于广州，遂组织成立了“留穗缅甸归侨通讯处”，负责人为伍碧泉，后因会员日渐增加，便改组为“缅甸归侨复员通讯处”，专以协助归侨返缅复业为主。1947 年，该通讯处向侨务委员会申请作为一人民团体立案，1948 年获批，正式更名为“广州市缅甸归侨协会”①。该协会在全盛时期据称有会员六千余名，后因遣返回缅旷日持久，留乡者有之，留市者也有之，人数遂相对固定于 100～200 名，专以等候遣返为盼。② 翻检该协会的宗旨，其首倡的目标为希望“本会在缅筹款成功，务存续支持现政府，使海外侨胞踊跃参加国内建设”，其次是“请求协助继续缅侨复员”。③ 广州市缅甸归侨协会宣称的宗旨显然带有明显的标榜成分，其用意恐怕更多的是在提醒政府当局这一群体“侨”的属性，以更方便地实现其返缅复业的意图。实际上，该协会还曾多次强调自己的这一属性。1947 年 11 月，该协会理事长致函广州市社会局，要求救济没有被及时遣返缅甸的会员，函中即有“以‘革命之母’见称于世者，向不沦落于异域，今反受困于家乡，殊堪慨叹”④之语。

无独有偶，滞留汕头的缅甸归侨群体（其组织为“汕头缅甸华侨复员团”）也多次强调该其“侨”的身份。该团在 1948 年致汕头市政府、侨务局的信函中，有以下用语，颇具代表性：

---

① 该会似也曾用“广东省缅甸归侨协会”的名义进行活动，见该协会理事长曹遂衡致国民政府行政院善后救济部署广东分署的呈件，中国第二历史档案馆藏档案，档案号：6－19205。

② 《广州市缅甸归侨协会现任留市职员表》，广州市国家档案馆藏档案，档案号：10－4－813。

③ 《广州市华侨社团概况调查表》，广州市国家档案馆藏档案，档案号：10－4－813。

④ 《为滞穗缅甸归侨饥寒交迫情形严重请迅予配给善救广东分署剩余物资如寒衣粮食等急救由》，广州市国家档案馆藏档案，档案号：10－26－15。

> 难侨向来救国不遗余力，曾承总理重语华侨为革命之母，今日华侨变成难侨。而今候遣复员时期，国家就地无以救济，不思我辈有功顾国，反视难侨不如乞丐如丧家之犬，有负我辈万分之热血矣……①

细究起来，滞华缅甸归侨群体着力强调自身“侨”的属性，其话语背景则是海外华侨在近代中国社会变迁中的作用。一方面，海外华侨踊跃捐助国内实是近代华侨政治地位超然的一大关键原因。自孙中山领导中国近代民主革命以来，华侨在国内一系列政治变革的斗争中，均发挥了重要的作用，海外华侨群体在中国近代政治生活中的地位更是大大提升。另一方面，海外华侨和华侨团体对于中国尤其是侨乡的近代化和经济的发展也做出了重要的贡献。因此晚清之后的历代中央政府均将海外华侨视为极力争取的对象，看重的即是这一群体带给中国的多方面的正面效应。

在“侨”这一属性的支撑下，即使是普通的归侨个体也能发挥较大的社会影响力，从而吸引政府和社会的关注，以达成其诉求。1948 年，留榕缅侨陈斗南以其甄审合格，但没有被列入遣返名单为由，向国际难民组织远东局及缅甸政府进行申诉，后被拒绝。之后陈再次分电各高级机关，经福州海外华侨协会转呈中央外交部、侨务委员会、缅甸驻京大使馆、缅甸政府派往中国的审查代表等机构和相关人员。在电文中，陈对国际难民组织的相关工作流程和甄选、遣送标准提出高度质疑，称遣送名单不“切合实际”，以致“每批空名重叠，有名无人，反倒贫苦难侨欲行不得，有碍侨遣工作进行”；除此之外，陈还提出相关建议，“至于被遣名次，尤应依照当时所发之 IRO 卡片号数顺序抵补，千万勿再凭空挑选前后倒置，既不合于实际，尤违反于法理”。② 在这场申诉中，陈斗南以普通侨民的身份，对缅甸政府、国际难民组织远东局、外交部等机构提出各种质疑和建议，这显然也与传统

① 《为难侨呼吁无家可归期待遣送粮食断绝气息奄奄亟请予以拯救由》，汕头市档案馆藏档案，档案号：12－7－52。

② 《滞榕待遣缅侨代表陈斗南等电》，载谢维屏主编《战后遣返华侨史料汇编·缅甸编》，第481～483页。

中国的“民”之形象格格不入。

同样的个例也来自福州。1948 年，福建省政府接到“侨民”林福利等人的一份呈文，称其在缅甸政府代表甄选合格后，未能入选遣送名单，因此“进无遣名，退无行装路费，刻处流离载道之惨”。福建省政府在接到此呈文后，转致南京外交部，请求予以协助处理。[①] 林本人也于当年 4 月 10 日径直致函外交部，要求外交部长将其申请转呈缅甸驻华大使。[②] 4 月 16 日，外交部对此进行批示，要求林福利等人提供相关证据，并具明在缅不动产及其地址，就近向国际难民组织的分支机构进行办理。[③] 值得注意的是，林福利通过福建省政府转递的呈请，其效果要较他自己与外交部的沟通逊色不少，正是由于接到了来自林本人的呈请，南京外交部才迅速给出了反馈信息。林福利之所以在此过程中能实现“上下求索”，显然也与其“侨民”的身份密切相关。值得注意的是，不论是陈斗南抑或是林福利，其均非完全意义上的独立个体，其身后都有一个规模或大或小的群体在支撑。换言之，陈与林本人也是一群体的代表。

“勋侨”或“侨民”构成了战后滞留中国各海口缅甸归侨候遣群体的多重定位，一方面他们自认为“勋侨”，在各项事务中均对这一身份加以强调和运用；另一方面，缅甸归侨群体对自身“侨民”属性的强调，其前提显然是将自己视为现代民族国家与社会之下的“公民”和“国民”，强调自身有着基本的权利需求。换言之，缅甸归侨群体自身所强调的“侨”的属性，对应的恰恰正是晚清至民国中国历届政府强调的国民建构，因此，这一群体的国家认同取向不言自明。

五　结语

在影响战前海外华侨国家认同的诸项因素中，研究者早就注意到了社会

① 《林福利等呈文》（1948 年 4 月 29 日），载谢维屏主编《战后遣返华侨史料汇编 · 缅甸编》，第 458 页。

② 《缅甸侨民林福利呈请外交部长准予递补空额返缅》（1948 年 4 月 10 日），载谢维屏主编《战后遣返华侨史料汇编 · 缅甸编》，第 439 页。

③ 《外交部批示请向国际难民组织洽办林福利呈请递补空额事》（1948 年 4 月 16 日），载谢维屏主编《战后遣返华侨史料汇编 · 缅甸编》，第 445 页。

阶层的作用，如林满红就以印尼华侨富商郭春秧为例，指出海外华侨富商的多元国籍身份，她认为这是富有群体用以降低商业风险的手段。[①] 正如林氏并不认为郭春秧的行为是多元国家认同一样，战后经云南由陆路成功返缅复员的缅甸归侨，本身也并不具有十分明显的国家认同。由之前的论述可知，与其说这一群体有明确的国家认同，不如说他们是被夹在中、英两个民族国家之间，其寻求复员的种种行为被国家认为是“认同”的外在表现。换言之，所谓该群体的“国家认同”，更多的是被民族国家赋予和建构的，其本身并不构成该群体诉求的内容。

就近代中国民族国家建构的历程来看，抗战被时人视为一个将中国由传统国家构建为现代民族国家的机遇。1938 年国民党临时全国代表大会通过的《中国国民党抗战建国纲领》，更是将这一诉求明确化。而在抗战取得胜利的背景下，结合战时得以大幅度提升的国际地位，国民政府关于现代民族国家建构的诉求更为清晰，这极大地影响了它对国民、国家主权等权利边界的要求，从而也覆盖了战时缅甸归侨上层群体多元和分层的国家认同。

相比较而言，战后滞留各海口的缅甸归侨群体下层，在其身份建构中，无论是“勋侨”还是“侨民”，均是在清晰的“国族认同”前提下提出的，当然也均是以当时的国民政府为主要诉求对象。虽然滞留各海口的缅甸归侨有着相对清晰的“国家认同”，但我们还是得注意这种认同产生的背景。毫无疑问，该群体的这种“国家认同”，其出发点和目的均不单纯，若没有“复员”的最终愿景，相信这种身份表达也会指向其他目标。

再来，我们若将目光拉向历史深处，则不难发现，战后缅甸归侨群体所表现出的两类所谓“国家认同”，均为战前南洋华侨社会演变的缩影。一方面，在殖民宗主国的统治下，华侨在南洋被分而治之，逐步演变为社会的中间阶层，用以沟通当地族群与殖民群体；另一方面，中国自晚清以来发展起来的民族主义也将他们纳入其中。在此双重作用之下，战前南洋华侨的

---

① Lin Man houng, “Overseas Chinese Merchants and Multiple Nationality: A Means for Reducing Commercial Risk (1895－1935),” *Modern Asian Studies*, Vol. 35, No. 4 (2001): 985－1009.

“国家认同”并非铁板一块也在情理之中。

最后回应本文开始的讨论。通过本文的个例讨论，我们可以看到：第一，战前包括缅甸在内的南洋各地华侨的国家认同显然需要加以区分和单独讨论，抗战时期的南洋归侨群体，其国家认同有十分清晰的，如南侨机工群体，也有相对多元的，更有相对模糊的；第二，以缅甸归侨群体的“国家认同”而言，无论是被赋予和建构的认同，抑或是主动追求的认同，都将毫无疑问地深刻影响战后该群体的国家认同；第三，从历史层面来看，海外华侨国家认同的多种形式均非在第二次世界大战时才产生，因此就战后海外华侨群体国家认同的整体转向这一事件来看，其未必不是一个长期历史进程演进背景下的自然结果而已。

工商业发达地区土改后的农村经济发展路向

——以苏南无锡县为中心的考察

张会芳

土改后的农村经济发展状况如何，对于客观评价土改的经济效果以及认识农业合作化运动的起源具有重要意义，一直深受学界关注。既往研究探讨的主题包括：土改后农业生产是否恢复发展；农村中的阶层变化趋势是两极分化还是中农化；土地买卖和租佃、雇佣、借贷等现象的重新出现究竟是自发的资本主义倾向，还是农民经济在正常范围内的自我调节；由土改向农业合作化的过渡是历史发展的必然结果，还是中共在意识形态支配和苏联模式影响下的主观引导与推动等。① 围绕以上问题所展开的学术争鸣，

① 参见郑有贵等《土地改革研究综述》，《中共党史研究》2000 年第 6 期，第 93 ~ 97 页；江红英《试析土改后农村经济的发展趋势及道路选择》，《中共党史研究》2001 年第 6 期，第 54 ~ 59 页；佘君《近十年来关于农业合作化运动的研究综述》，《毛泽东思想研究》2003 年第 1 期，第 137 ~ 140 页；佘君、丁桂平《农业合作化运动必然性问题再思考》，《党史研究与教学》2005 年第 2 期，第 41 ~ 47 页；孙功《1990 年代以来农业合作化运动研究若干问题综述》，《兰州学刊》2006 年第 11 期，第 120 ~ 125 页；叶扬兵《农业合作化运动研究述评》，《当代中国史研究》2008 年第 1 期，第 61 ~ 73 页；张一平《三十年来中国土地改革研究的回顾与思考》，《中共党史研究》2009 年第 1 期，第 110 ~ 119 页；李里峰《土改结束后的乡村社会变动——兼论从土地改革到集体化的转化机制》，《江海学刊》2009 年第 2 期，第 159 ~ 166 页；杨晓丹《近 10 年来关于农业合作化运动若干问题研究综述》，《北京党史》2011 年第 3 期，第 35 ~ 38 页；吴帆、吴毅、杨蓓《意识形态与发展进路：农业合作化运动再反思》，《天津社会科学》2012 年第 1 期，第 138 ~ 144 页；王雅馨《建国初期农业合作化运动研究述评》，《理论月刊》2013 年第 10 期，第 163 ~ 169 页；陈益元《新中国成立初期乡村社会变动研究：回顾与展望》，《党史研究与教学》2015 年第 5 期，第 96 ~ 103 页。

丰富和深化了我们对过渡时期中国“三农”问题的认识。然而，不同地区土改后的农村经济变化特点是否一致，这一问题在既有研究中并未得到足够重视。

本文的写作，是受到了王海光教授《土改后的农村经济发展路向之管窥》[①] 一文的启发。王文以中共江苏省委农村工作委员会 1953 年编印的《江苏省农村经济情况调查资料》为研究文本，详尽勾勒了土改之后苏南农村经济社会变化的图景，主要是地权更加细碎化、租佃和雇佣关系减少、私人借贷停滞、土地买卖极少、饲养大耕畜的数量下降、农民普遍存在怕富心理等，并据此阐述了中共选择集体化作为新的农业经营机制的合理性和必然性。王文体现的研究视角和方法路径都颇有值得取法之处。笔者近年来一直致力于中华人民共和国成立前后的无锡农村研究，发现作为苏南工商业发达地区的无锡，其土改后的农村经济状况既存在王文所指陈的特征，也有王文所涉调查取样地区未曾出现的一些现象。例如，一些地方的农民在土改时对分配土地不感兴趣，土改结束后仍有不安心进行农业生产的思想，希望寻求机会进城做工；无锡虽是典型的人多田少地区，但土改后劳动力剩余的问题并不突出，相反由于外出就业劳力多，在乡实际从事农业生产的人力不足，需雇佣外来客工解决，因此部分农民有种田不合算的感受；等等。

何以如此？应该和地区选样的不同有关。王文主要依据的是中共江苏省委农村工作委员会 1952 年底至 1953 年初对于苏南宜兴、武进、青浦、句容、江宁、溧水、太仓、常熟、奉贤 9 个县的 9 个典型乡的调查，[②] 这些调查点大都是当地“县或区直接掌握的典型乡”，是工作基础较好地区。[③] 虽然苏南被公认为是“中国农村商品经济最发达的地区”，“农业现代化程度最高”“城乡融合度高”“农副工商兼业度高”，[④] 但上述调查点在地理位置

① 王海光：《土改后的农村经济发展路向之管窥》，《中共党史研究》2015 年第 6 期，第 68 ~ 82 页。

② 1952 年冬，苏南、苏北两行政区与南京市合并建立江苏省。该调查进行的时段为 1952 年底至 1953 年初，应在苏南、苏北合并建省之后。尽管其名称为《江苏省农村经济情况调查资料》，但所涉调查地点均在苏南，不包括苏北。

③ 中共江苏省委农村工作委员会编印《江苏省农村经济情况调查资料》，1953，第 1 页。

④ 王海光：《土改后的农村经济发展路向之管窥》，《中共党史研究》2015 年第 6 期，第 68 ~ 69 页。

上多数距城较远，[①] 经济结构中副业所占比重不高，[②] 在现代产业部门就业者极为零星。应该说，调查内容主要反映了苏南纯农业地区的情况，而非整个苏南农村的基本面貌。

那么，以无锡为代表的工商业基础较好地区，在土改后的农村经济状况和纯农业地区具体有哪些不同？究竟是经济层面还是政治角度的考量，影响了苏南地区土改后的发展路向选择？以下试做探讨。

一　无锡的工商业发展与农村经济

无锡县位于苏南地区中部，东连常熟、吴县，西接武进，南滨太湖，北邻江阴。地处传统鱼米之乡，商品经济发达。历史上曾是有名的米市、布市、丝市和钱市。清末以来，伴随以机器生产为标志的近代民族工业的兴起，无锡更迅速崛起，成为苏南的经济中心。抗战前，当地已拥有工厂三百多家，工人七万多人，其综合经济实力在全国主要城市中居于前列，一度有“小上海”之称。[③] 薛暮桥回忆，“当时的中国是半殖民地半封建社会，可谓七分封建、三分资本；但无锡那个时候已有七分资本、三分封建之说”[④]。

19 世纪中叶之前，当地农民主要以稻麦种植和家庭棉纺织业为生。太平天国运动后，由于国际市场对蚕丝需求扩大，蚕桑业在无锡兴起，并迅速取代家庭棉纺织业成为无锡农村的主要副业。20 世纪 20 年代以后，伴随欧美国家对生丝需求的急剧下降和丝茧价格的大幅回落，无锡蚕桑业不可避免

---

① 宜兴县前红乡距城 20 里，武进县胜东乡距城约 22 公里，句容县延福乡离城 36 华里，江宁县麒麟乡位于南京城南 30 里许，溧水县乌山乡位于城北 25 华里，太仓县新建乡位于城东北 24 华里，常熟县扶海乡距城 80 华里，奉贤县砂碛乡位于上海以南 100 余里。见《江苏省农村经济情况调查资料》，第 105、127、159、173、189、203 页。

② 根据 9 个县 9 个乡 85 个典型户的调查，副业收入占农家收入的 9.94%。关于主要牲畜和农业生产成本的调查，包括无锡，其中也明确肯定，“除无锡外，均系纯农业地区”。见《江苏省农村经济情况调查资料》，第 4、71、93 页。各乡副业的具体情况，分见同书第 105、143、159、162、173、189、203、207、225～226、237 页。除无锡外，其他调查地区副业占比不高的原因，除距城较远、交通不便、工商业不发达等因素外，也和当地一些传统副业在中华人民共和国成立前后的衰落有关。

③ 谈汗人主编《无锡县志》，上海社会科学院出版社，1994，第 311～312 页。

④ 薛暮桥：《薛暮桥回忆录》，天津人民出版社，1996，第 1 页。

地走向衰退，越来越多的农村劳动力开始转移到上海和无锡等新兴的近代工商业城市去谋生就业。

据统计，从 19 世纪 40 年代到 20 世纪 40 年代的 100 年里，上海人口增加了 9 倍，主要原因为外地人口，尤其是江南和苏北地区农村人口的流入。19 世纪末至 20 世纪初，上海总人口的 70% ~80% 都是从中国其他地方涌入的外地人口，他们构成了上海体力劳动者的主体。其中，江南农民以进入纱厂、制造厂当工人和在各种店铺、餐厅、旅馆做售货员、服务员者居多。①

作为近代江南地区工商业发展仅次于上海的新兴城市，无锡在吸纳农村劳动力方面的贡献也相当显著。20 世纪 30 年代初的调查显示，无锡制造业当时雇用了大约 6000 名工人，相当于无锡农村劳动力总数的 12% 。若加上商店、旅馆、餐厅和运输等其他经济部门，至少有 12% 以上的无锡农村劳动力在当地的新兴工商业部门谋生就业。② 在一些距城较近的地带，农村经济受城市工商业的影响十分明显。例如，1929 年中研院社会科学研究所调查的黄巷村，位于县城近郊，附近开设有丽新布厂和义生丝厂，居民的从业种类和收入来源都十分多样化。住户的职业除农民外，还有工人、商人小贩、手工业者、仆人、船主、神巫、店员、跑街、掮客商、教员等十余种，其中厂工、商人之户数占总户数半数以上；田内收入（未扣除耕种投资和应纳田租等开支，非净收入）仅占全村收入总数的 46. 13% ，而厂工收入占总收入的 15. 73% ，在田外收入中占据第一位，相当于田内收入的 1/3。因此，调查者认为，这里不再是纯粹的农村，而已经处在“由农村机构蜕变到工商社会的过程中”，“农村工商业化的趋势，在这里已经是日甚一日，工商业意识已逐渐在农民心理中打下根基”。③ 1931 年江苏省农民银行无锡分行调查的该县第四区，毗邻无锡城区，下辖 4 镇 32 乡，居民“皆不以纯农为业，而有兼业者为多”。全区居民从事职业者 22954 人，其中纯农

① 张丽：《非平衡化与不平衡——从无锡近代农村经济发展看中国近代农村经济的转型（1840 ~1949）》，中华书局，2010，第 234 页。

② 张丽：《非平衡化与不平衡——从无锡近代农村经济发展看中国近代农村经济的转型（1840 ~1949）》，第 236 页。

③ 秦柳方、钱俊瑞：《黄巷农村经济的调查与统计》，《教育与民众》第 1 卷第 8 期，1930 年，第 73 ~88 页；秦柳方、钱俊瑞：《黄巷农村经济调查和统计》，《教育与民众》第 1 卷第 9 期，1930 年，第 91 ~117 页。

占71.7%，兼工商者占19.7%，兼渔者占1.4%，兼公职者占6.8%。山南地带为民族工业巨子荣宗敬、荣德生的故乡，交通便利，居民从事工商业者尤多。[①] 时人常将该区视为无锡之“模范区”[②] 及“最富庶”[③] 之农村典型。

抗日战争和解放战争期间，江南的地方工商业发展也遭到了相当大的冲击，但农村劳动力向城市转移的趋势并未中止。根据日本满铁上海事务所1940年对荣巷镇下属的小丁巷、郑巷、杨木桥3村的调查，80户人家中，39户有家庭成员在工厂或商店工作，其中36户人家中的40人是常年在城市工作的外出人口，约占农村总劳动力的24%。有33人在上海就业，4人在无锡就业，其他3人分别在常熟、盛泽和苏州。30人为工厂工人或店铺售货员，其余分别为事务员、厨师、家庭佣人和苦力。[④] 另据中研院社会科学研究所1929年的调查数据和中国科学院经济研究所1958年的追踪调查，无锡11村中，外居城市人口占农村总人口的比例，1929年为9%，1936年为10%，1948年为14%；流入城市的农村劳动力占劳动力总数的比例，1929年为12%，1936年为14%，1948年为20%。到城市工作的人员中，工厂工人的比例1929年为28%，1948年增长到了46%。在外人口每年寄回的现金，1929年占家庭总收入的8%，1936年占9%，1948年占12%。[⑤] 依据以上中、日两国不同机构的调查结果，有学者指出，1936～1948年这段时间，无锡农村劳动力的转移速度明显高于1929～1936年。[⑥]

除养殖蚕桑和进城做工外，无锡农民还从事其他一些农村副业，如动物饲养、果蔬种植、做花边、织网花、接麻线、扎黄线、织布、摇袜、酿酒、

① 顾倬等编《江苏无锡县农村经济调查第一集·第四区》，江苏省农民银行总行，1931，第21～25页。

② 顾倬等编《江苏无锡县农村经济调查第一集·第四区》，第13页。

③ 阮荫槐：《无锡实习调查日记》，《民国二十年代大陆土地问题资料》第98册，台北：成文出版社有限公司、（美国）中文资料中心，1977，第51602页。

④ 満鉄上海事務所調査室编『江蘇省無錫県農村実態調査報告書』昭和16年（1941）、99～101頁；张丽：《非平衡化与不平衡——从无锡近代农村经济发展看中国近代农村经济的转型（1840～1949）》，第240页。

⑤ 张丽：《非平衡化与不平衡——从无锡近代农村经济发展看中国近代农村经济的转型（1840～1949）》，第240～241页。

⑥ 张丽：《非平衡化与不平衡——从无锡近代农村经济发展看中国近代农村经济的转型（1840～1949）》，第325页。

编筐等。据统计，抗战前无锡农村的副业生产已有二三十个大类，主要物产在八十种以上。[①] 此外，传统非农产业者如铁匠、木匠、裁缝等，在无锡农村也有一定比重。

总体来看，作为近代中国工业化程度最高地区之一的无锡，其农村经济、农家生活的水平与城市工商业的兴衰密切相关，不再是自我独立的封闭体系。中华人民共和国成立之初的土改及其后的发展过程，无一不受到这一特点的影响。

二　无锡土改后的农村经济状况

1949 年 4 月无锡解放后，成为苏南行政区的首府和土改试验县。1950 年 7 月至 1951 年 2 月，在中共苏南区委的直接领导下，无锡县前后分为 3 期，完成了 191 个乡的土地和四大财产的没收、征收与分配工作。[②]

作为一场翻天覆地的革命，土改对于农村社会的冲击和影响是深刻和全面的。王文主要依据《江苏省农村经济情况调查资料》，将土改后苏南农村经济社会的变化归纳为以下几个方面：地权更加细碎化，租佃和雇佣关系减少，民间借贷停滞，土地买卖极少，饲养大牲畜的数量减少，农民普遍存在怕富心理等。无锡也不例外。但作为商品经济较发达地区，无锡在土改后呈现的农村经济状况和所面临的问题，与纯农业地区又确有所不同。

根据苏南农村工作团 1951 年秋至 1953 年春对东亭区江溪乡、东亭区福寿乡、南泉区壬港乡和东亭区三蠡乡第三村、江溪乡江东、蠡绛代表村的调查，这些地方大都属于平原，土壤肥沃，灌溉便利，具备较好的农业生产条件，同时在地理位置上距离无锡城区不远，交通发达，经济结构具有对城市工商业和各种农村副业较为倚重的特点。土改后，其农业生产均已步入恢复发展之途。但因农业生产周期长、需要多种投入、

① 汤可可等：《抗战前的无锡农村副业》，江苏省中国现代史学会编印《江苏近现代经济史文集》，1983，第 369 页。

② 中共无锡县委编《无锡县土改进度及运动情况报告》（1951 年 1 月 14 日），锡山区档案馆藏，档案号：B1 -1 -4。

收益相对有限且不稳定，当地农民在以工商业作为比较和参照的情况下，仍有相对不重视农业生产的心理特点。例如，关于东亭区福寿乡的调查（1953）提到，该乡农民现有生活水平并不算低，但因其接近无锡工业城市，农民受城市工人生活的影响很深，干部和农民（主要是青年农民）中已产生了不安心农业生产的思想。上年过春节，工人带了许多礼物回来，农民看得眼热，觉得“工人一只手拿肉，一只手拿笋，钞票一大把，赚钱赚到像混水里摸鱼”，“工人有钱阔气”，“工人是毛主席的亲生儿子，农民是毛主席的晚儿子”。有些农民羡慕工人，认为种田吃苦，说“做泥水匠几个月回来，蛮像样，列宁装、皮领头”，“种田不及工人，究底工人会技术的好，我俚总规是落后了”。青年男女农民，大多想当工人，“脚踏田里，眼望城里，心在厂里”。积极想争取入团，认为“入了团底板硬（意思是有了靠山），找工作做有把握”。1952 年无锡市进行失业工人再就业时，该乡有 200 多名当过泥水匠、木匠、烧热水汀和在工厂做过工的农民到城里登记。[①] 相比之下，苏南的纯农业地区，群众的主要经济来源为农业收入，一般对生产比较重视。[②]

人多田少，本是无锡农村的普遍事实。以上乡、村因距城较近之故，土地资源紧张的现象更为突出。就土地平均数而言，东亭区福寿乡全乡可耕田平均每人 1.35 亩，农业人口平均每人 1.584 亩；南泉区壬港乡土改时，农民分得土地第一平均数为 1.1 亩，第二平均数为 0.8 亩；东亭区江溪乡土改时第一平均数为 0.85 亩，第二平均数为 0.65 亩；江东、蠡绛两个代表村土改后平均每人占有田 1.1 亩，可耕地每人仅有 8～9 分。[③] 而中共江苏省委农村工作委员会调查的苏南 9 个县 9 个乡 9 个典型村，土改后每人占地的平

① 《无锡县东亭区福寿乡农业生产与农民生活情况的调查（初稿）》（1953 年 4 月），锡山区档案馆藏，档案号：B1－2－39。

② 《江苏省农村经济情况调查资料》，第 237、241 页。

③ 《无锡县东亭区福寿乡农业生产与农民生活情况的调查（初稿）》（1953 年 4 月），锡山区档案馆藏，档案号：B1－2－39；《无锡县南泉区壬港乡农村经济调查报告》（1952 年 12 月），锡山区档案馆藏，档案号：B1－2－39；《无锡县江溪乡农村经济情况调查报告》（1952 年 11 月 30 日），锡山区档案馆藏，档案号：B1－1－13；《苏南无锡江东、蠡绛二个代表村农村经济调查报告》（1952 年 12 月 12 日），锡山区档案馆藏，档案号：B1－2－39。

均数普遍都在 2 亩以上，最多者达 3.5 亩。[①]

尽管如此，无锡上述乡、村在土改后，并未出现苏南纯农业地区普遍存在的剩余劳动力缺乏出路的现象，[②] 相反由于外流人口较多，在家实际从事农业生产的劳动力不足，以上乡、村均不同程度地存在种田请工行为，离城最近的东亭区江溪乡江东村尤为突出。据 1952 年 11 月的调查，该村尽管人均土地数量较少，但由于人口外流和从事其他职业者较多，并且土改后在技术上更强调精耕细作，在农业生产上，反而产生了劳动力不足的现象；在麦收麦种和秋收秋种两大忙季，都需要雇进大批流动客工来协助耕作，“这是历年不误农时，完成收割栽种的主要力量”。埌坝头自然村全村仅有 13 个男性全劳动力，内有 5 个过去兼做泥水匠、木匠的农民，正积极准备外出参加城市工会，脱离农业生产；剩下的 8 个劳动力，每人平均将要负担 20 亩以上土地的耕作。但实际上，每个劳动力在一季生产内的耕作能力只是 4.5 亩地左右。粗略计算，该自然村除妇女劳动力外，还缺少约 1388 个人工。“其他各自然村与这里比较虽没有这样严重，但不同程度的缺劳状况是一致的现象。”江东村全村共有男劳动力 107 人，妇女劳动力 134 人（包括全劳动力与半劳动力），土改后流向其他劳动的特别是男劳动力的数量逐年增加，计 1950 年 8 人，1951 年 11 人，1952 年 19 人，这些人流出后都完全脱离了农业生产。参加农业的劳动力中，闲时做副业，忙时回家或转向农业生产的，也计有 63 人。由于缺乏劳动力，雇人耕作管吃，每工需 1.5 万元，有些农民认为种田不合算，“政府号召加工，劳力又不足，现在种田要种好，种少，不要多种了”。据两个组的具体调查，因无农业劳动力或家里有人从事其他职业有别样收入，因而在秋种中出租或包耕土地的计中农 5 户、

① 宜兴县前红乡良庄村，土改时原耕户每人分得 2.3 亩，新得田户每人分得 2.25 亩，土改后平均每人占地 2.76 亩；武进县胜东乡土改后每人平均占地 2.1 亩，第四村土改后每人平均占地 2.293 亩；青浦县盈中乡南安村土改后每人平均占地 3.58 亩；句容县延福乡两个典型村，土改后每人平均占地 3.15 亩；江宁县麒麟乡土改后每人平均占地 2.8 亩，第三村土改后每人平均占地 2.53 亩；溧水县乌山乡土改后每人平均占地 2.67 亩，徐母塘村土改后每人平均占地 2.44 亩；太仓县新建乡大同村土改后每人平均占地 2.75 亩；常熟县扶海乡土改后每人平均占地 1.89 亩；奉贤县砂碛乡周家村土改后每人平均占地 2.998 亩。《江苏省农村经济情况调查资料》，第 105～106、127～128、143～144、159～160、173～174、189、192、204、225、239 页。

② 《江苏省农村经济情况调查资料》，第 225 页。

7.5 亩，贫农 5 户、6.3 亩（内包出田 4 亩），其他成分 15 亩。[①] 另据同一时期的调查，江东、蠡绛两个代表村共有全劳动力 367 人（包括妇女劳动力折合在内），如以每一全劳动力耕作 4 亩田计算，两个村全年尚少 2152 工，这些缺少的劳动力一般均需依靠外来客工解决。[②]

土改之后，随着政局的安定和劳动力的相对增加，各新解放区农业生产开始恢复和发展，多数农家生活都趋于好转，[③] 社会结构普遍出现"中农化"现象，[④] 苏南也不例外。但与其他纯农业地区"生活好坏全视年成丰歉而转移"[⑤] 的情况不同的是，在无锡，工商业和各种副业在促进农村社会阶层分化中也扮演了较为重要的角色。据 1952 年 12 月关于南泉区壬港乡 8 个典型农户的调查，1949 年后生活水平上升的原因，主要是土改后农民分得了土地，副业逐渐恢复，职工收益增加；生活水平下降的原因，主要是副业收益减少而影响了农业生产，其次是病、死等特殊情况。如中农顾阿五，过去烧糟酒，近年不做，减少了收益，养猪连年死亡，生产资料减少，施肥不足，农业产量不高，生活水平逐渐下降。贫农顾长根解放前在上海某瓷器店做工，每年约可收入三千斤稻谷，解放后失业在家，并连续死猪死人，虽分得土地，生活仍然困难。[⑥] 另据 1953 年春对东亭区福寿乡 4 个自然村 216 户（贫农 144 户、中农 72 户）的调查，其生活与收入概况是：够吃够穿，稍有积余的户约占 26%；不欠债，可以维持生活，比以前稍好的户约占 60%；欠债或生活不及以前的约占 13%。上升户主要是分得了土地，农业产量提

---

① 《无锡县江溪乡农村经济调查报告》（1952 年 11 月 30 日），锡山区档案馆藏，档案号：B1-1-13。

② 《苏南无锡江东、蠡绛二个代表村农村经济调查报告》（1952 年 12 月 12 日），锡山区档案馆藏，档案号：B1-2-39。

③ 尽管学界对土改的经济绩效评价不一，但有一点是肯定无疑的，那就是它通过对土地所有权的重新分配，在一定程度上刺激了农民（尤其是在土改运动中受益最大的贫农阶层）的生产积极性，从而带动了基本投入的增加，有助于农业产量的提高。但是，土地的分配和生产投入的增加以及产量的提升、生活的改善之间，并不存在必然联系。

④ 苏少之：《论我国农村土地改革后的"两极分化"问题》，《中国经济史研究》1989 年第 3 期，第 1~17 页；王瑞芳：《新中农的崛起：土改后农村社会结构的新变动》，《史学月刊》2003 年第 7 期，第 109~118 页；常明明：《主动上升与被动保持：土改后农民阶层的内部分化解析——以豫、鄂、湘、赣、粤五省为中心》，《中国农史》2013 年第 3 期，第 114~122 页。

⑤ 《江苏省农村经济情况调查资料》，第 114 页。

⑥ 《无锡县南泉区壬港乡农村经济调查报告》（1952 年 12 月），锡山区档案馆藏，档案号：B1-2-39。

高，使得生活好转；有一部分上升较快的户多系家中有人在工厂做工，或从事其他职业，工薪收入较多。如陈巷自然村生活水平上升的 5 户贫农，均系家中有人外出做工，每月有钱补贴家庭。生活比过去稍有提高的农户，其生活主要来源为农业收入（包括蚕桑收入），没有副业与工薪收入或副业、工薪收入甚少，其中亦有因欠旧债太多者。生活水平下降的农户，主要是因婚、丧、疾病、死人亏债未清。[①] 在以上事例中，影响生活水平上升和下降的因素都是多样的，农民生活水平的高低，取决于家庭收入与支出的总体比较。在分得土地、增加生产的基础上，更多的来自农业之外的收益，固然有助于提高生活水平；如果农业外的收益减少，且出现病、死等特殊情况，即使土地的收益增加，生活水平也很可能下降。其中，上升和下降最快的农户都是由于农业之外的因素，来自土地和农业的收入在农村社会分化中的作用不可高估，单纯的农业生产对于农村经济和农民生活的调节程度有限。苏南农村工作团 1952 年 11 月关于东亭区江溪乡的调查结论也印证了此点："在阶级关系变化上，我们认为在本地区由于地少人多，土地使用分散，其他收入占一定比重，因此在生活上升经济好转引起阶级变化，如以纯农业收入论，是较少而迟缓的，因此引起成份上升、下降的变化，尚不突出，中农以上上升的便成为困难。"[②]

综上，无锡土改之后的农村社会经济状况，和苏南纯农业地区既有相近之处，也有区别。将各种情况结合起来看，或能更完整地反映土改后农村情况的复杂面相。

三　农村经济发展的路向选择

包括苏南在内的新解放区土改结束之后，中共中央随即开始推行农业合作化运动。传统小农经济延续数千年的个体、分散、独立的经营方式由此被打破，开始按照社会主义国家的建设蓝图和战略需要被纳入统

① 《无锡县东亭区福寿乡农业生产与农民生活情况的调查（初稿）》（1953 年 4 月），锡山区档案馆藏，档案号：B1－2－39。

② 《无锡县江溪乡农村经济情况调查报告》（1952 年 11 月 30 日），锡山区档案馆藏，档案号：B1－1－13。

一的发展轨道。

农业合作化的动因为何？传统观点认为，对个体农业进行社会主义改造，是中国社会发展的必然趋势。理由是：土改后小农经济分散薄弱，无力进行扩大再生产；任凭小农经济的自由发展，将不可避免地导致农村两极分化；中华人民共和国成立后优先发展重工业的战略抉择也要求农业必须走合作化的道路。20世纪90年代以后，学界更侧重从中共自身的角度探讨农业合作化运动的缘起。部分学者指出，农业合作化运动的兴起，既不是农村生产力发展的必然要求，也不是作为国家工业化建设的配套措施，更不是亿万人民自己的互助合作需要。中共受传统社会主义理论影响所进行的自上而下的引导，对于农业合作化运动的发动具有决定性作用。①

具体到苏南，王海光教授通过引入“农业经营机制”概念，主要从经济层面解释农业集体化的起源，与学界既有的看法有所不同。他指出，土改前，苏南城乡融合，市场发达，农业商品率高，基于儒家文化的地权关系、租佃关系、雇佣关系、业佃关系和借贷关系等构成了一个细密的社会交换网络，生产要素的流动极有效率。土改时期，中共通过阶级斗争的大规模群众运动，将国家权力植入乡村社会，彻底改变了传统农村的政治生态、经济关系、文化价值和农民的社会生活。土改在推翻传统地权结构的同时，也改变了传统的农业经营模式。过去市场调节的土地流转机制、资源配置方式、资金借贷系统，都陷入了瘫痪和半瘫痪状态。土改后恢复和发展农业生产的关键，是建构起一个能够激励农民生产积极性的农业经营机制。在市场化和集体化两种不同的农业发展路径之间，中共选择了后者。在毛泽东的主导下，中共开始按照苏联模式的农业集体化道路，通过大力推广生产领域的互助合作，对中国农业进行社会主义改造。“土地改革提供了农业集体化的制度路径，农业集体化是土地改革的必然选择。”②

王海光教授对于苏南地区土改前传统农业经营机制的评价是否完全准确，姑且不论。对其描述的土改后苏南农村经济社会变化的事实，笔者深为

① 叶扬兵：《20世纪80年代以来农业合作化运动研究述评》，《当代中国史研究》2008年第1期，第62页。

② 王海光：《土改后的农村经济发展路向之管窥》，《中共党史研究》2015年第6期，第68、79～81页。

赞同。然而，对于其将农业合作化的实行视为一种带有地方色彩的“经营机制”选择，笔者却始终觉得费解。

从现有调查来看，苏南土改结束后，刚分配到小块土地的农民，实际对组织起来进行互助合作的兴趣不高。[①] 农业合作化的展开，主要源于中共政权力量从全国范围着眼的通盘考虑以及其自上而下的层层推动，并非因地制宜的特殊考量，更非乡土社会的自发要求。

在苏南农业合作化运动的开展过程中，其指导思想直接来源于党中央的统一决策部署，具体步骤与其他地区也似乎并无二致。1951 年 12 月，中共中央下发了《关于农业生产互助合作的决议草案》，提倡在自愿互利的原则下，提高农民劳动互助的积极性。由此，苏南各县积极引导农民开展互助合作，纷纷建立互助组。到 1952 年底，全省加入互助组的农户已占总农户的 42.8%，其中临时性互助组 373410 个，常年互助组 145116 个。[②] 1955 年秋，毛泽东《关于农业合作化问题的讲话》和中共中央《关于发展农业生产合作社的决议》发表后，苏南也掀起了农业合作化运动的高潮。

苏南农业合作化的动因，既非内生于地区本身，也非单纯农业经济观点所能解释。正如既往学界所论证的那样，1952 年，在全国性的土改尚未结束、土改运动的社会经济成效尚未全部显现的情况下，中共中央便急于大规模推行农业合作化，归根结底，还是和其长期以来希望建立一个平均、平等社会的理想模式有关。通过土改平分土地，只是中共解决土地问题的最初环节。共产主义要消灭私有产权，不能容忍阶级或阶层分化，而农民一旦拥有了土地就想发家致富，二者在本质上是相违背的。因此，主要是意识形态和政治角度的考量而非其他因素，决定了中共在土改结束后不久很快就选择了集体化的道路。

---

① 《苏南无锡江东、蠡绛二个代表村农村经济调查报告》（1952 年 12 月 12 日），锡山区档案馆藏，档案号：B1 - 2 - 39；《农村经济情况调查报告——无锡江溪乡江东村典型调查材料》（1952 年 12 月），锡山区档案馆藏，档案号：B1 - 2 - 39；《农村阶级经济情况调查报告——无锡三蠡乡第三村典型调查材料》（1951 年 12 月 10 日），锡山区档案馆藏，档案号：B1 - 1 - 13；《苏南无锡县江溪乡农村经济情况调查报告》，锡山区档案馆藏，档案号：B1 - 1 - 13；《无锡县江溪乡农村阶级经济情况调查报告》，锡山区档案馆藏，档案号：B1 - 1 - 13；《无锡县三蠡乡第三村土改后经济情况调查》，锡山区档案馆藏，档案号：B1 - 1 - 13。

② 江苏省地方志编纂委员会编《江苏省志·农业志》，江苏古籍出版社，1997，第 61 ~ 62 页。

从现有材料看，在席卷全国的农业合作化运动大潮中，虽然各地面对合作化的道路方向缺乏选择余地和讨价还价的空间，但在运动具体推行过程中，其进度和成效既取决于领导态度和群众发动的程度，也受原有社会经济结构的制约。以无锡为例，1953 年该县农协的一份小结指出，各区运动开展得不平衡。八士、蠡涠等远离市区的区乡，纯农户较多，开展得较好，一般在原有基础上整理、恢复 80% ~90%，组织农户 20% ~30%（蠡涠区恢复到 1952 年秋天的 98%）；东亭、西漳等与市区接壤的区乡，开展得较差，一般只恢复到原有数的 40% ~50%，组织总农户的 10% 左右。[①] 根据中共江苏省委调查，截至 1954 年春，无锡县下辖 15 个区已组织起来的农户占总农户的比例，除八士区无数字外，东亭区最低（15%），其背景是“靠近城市，地少人多，大部分农民都从事副业生产，致农业与副业的矛盾很大……同时由于人多地少、劳力过剩，部分农民不安于农业生产……互助合作的基础较差”；蠡涠区最高（78%），其背景是“本区系纯农村，离城市远，农民无副业，在外做工的也很少……土地较多，每人平均占地二亩到三亩。农民专心从事农业劳动……互助积极性很高”。[②] 同一时期中共无锡县委的总结，将全县发展互助合作运动的情况区分为“较好”“一般”“较差”三种类型。属于第一类型的有八士、蠡涠两个区，特点是离城较远，土地多，副业少，生产条件较好，又有一定的伴工历史基础。其中蠡涠区尤好，运动的发展速度居全县首位。属于第二类型的有十个区（华庄、南泉、新渎、藕塘、东亭、安镇、墙门、西漳、梅村、荡口），包括两种情况：一种是虽然接近城区，土地少，与城市有关的副业多，生产条件一般，但由于领导重视，群众基础较好，因而运动开展较好；另一种是生产条件与群众基础一般，由于领导不够重视，发展一般。属于第三类型的有玉祁、洛社两个区，其特点是领导未重视，群众基础也较差，且小型工厂、手工业较多。[③]

① 江苏省苏南区无锡县农民协会编《无锡县一九五三年上半年互助合作运动小结》（1953 年 7 月），无锡市档案馆藏，档案号：XB1 - 1 - 22。

② 中国共产党江苏省委员会办公厅编印《江苏省农业生产情况 · 苏州专区 · 无锡县》，第 3、25 页。

③ 《全县发展互助合作运动情况汇辑》（1954 年），无锡市档案馆藏，档案号：XB1 - 1 - 22。

四 结语

苏南是近代中国商品经济最为发达的地区之一，无锡又是苏南地区发展最快的典型。土改之后，无锡农村和其他地区一样，在农业生产恢复发展的同时，租佃、雇佣、私人借贷和土地买卖等传统生产关系停滞或减少，社会结构整体呈现“中农化”趋势。作为受工商业影响较深的地区，无锡的发展道路又体现出自己的特性：在城市劳动相对农村劳动收入高的驱动下，部分农民存在不重视农业生产的心理；一些地方由于进城务工的劳动力较多，在乡实际从事农业生产的劳动力不足，种田不得不请工，部分农民认为种田不合算；在影响农村阶层分化的诸多因素中，工商业和各种农村副业扮演了较为重要的角色；等等。以上不同于苏南纯农业地区的特点，反映了苏南农村社会经济的复杂性，也证明了土改后中国农村的发展轨迹存在多样性。

土改结束不久，包括苏南在内的新解放区随即开始走上农业合作化的道路，其直接原因来自中共政权力量从全国范围着眼的通盘考虑和决策部署，其深层动力在于中共长期以来希望建立一个平均、平等社会的理想模式。主要是意识形态和政治角度的考量而非其他因素，决定了中共在土改结束后不久很快就选择了集体化道路。苏南地区土改后农村经济发展路向的决定因素，既非因地制宜的特殊考虑，也非农业经济角度的单纯考量。面临合作化运动的大潮，各地虽缺乏自主选择的空间，但运动的进度和成效，在一定程度上仍受到地方社会经济基础的制约。由无锡的个案事实，可窥知一二。

图书在版编目（CIP）数据

中国社会科学院近代史研究所青年学术论坛. 2016 年卷/中国社会科学院近代史研究所编. -- 北京: 社会科学文献出版社, 2018. 12
ISBN 978 - 7 - 5201 - 3944 - 1

Ⅰ. ①中…　Ⅱ. ①中…　Ⅲ. ①中国历史 - 近代史 - 学术会议 - 2016 - 文集　Ⅳ. ①K250. 7 - 53

中国版本图书馆 CIP 数据核字（2018）第 261013 号

中国社会科学院近代史研究所青年学术论坛（2016 年卷）

编　　者／中国社会科学院近代史研究所

出 版 人／谢寿光
项目统筹／宋荣欣
责任编辑／宋　超　赵　晨　李蓉蓉　汪延平

出　　版／社会科学文献出版社 · 近代史编辑室（010）59367256
地址: 北京市北三环中路甲 29 号院华龙大厦　邮编: 100029
网址: www. ssap. com. cn
发　　行／市场营销中心（010）59367081　59367083
印　　装／三河市龙林印务有限公司

规　　格／开　本: 787mm × 1092mm　1/16
印　张: 23. 5　字　数: 381 千字
版　　次／2018 年 12 月第 1 版　2018 年 12 月第 1 次印刷
书　　号／ISBN 978 - 7 - 5201 - 3944 - 1
定　　价／108. 00 元

本书如有印装质量问题，请与读者服务中心（010 - 59367028）联系

版权所有 翻印必究